齐齐哈尔经济统计年鉴

QIQIHAR ECONOMIC STATISTICAL YEARBOOK

2015

（总第27期No.27）

Compiled by

Statistical Bureau Of Qiqihar City

齐齐哈尔市统计局　编

中国统计出版社

China Statistics Press

图书在版编目（C I P）数据

齐齐哈尔经济统计年鉴. 2015 / 齐齐哈尔市统计局编.
-- 北京 : 中国统计出版社, 2015.9
ISBN 978-7-5037-7565-9

Ⅰ. ①齐… Ⅱ. ①齐… Ⅲ. ①经济统计 - 齐齐哈尔市 - 2015 - 年鉴 Ⅳ. ①F127.353-54

中国版本图书馆CIP数据核字(2015)第201254号

齐齐哈尔经济统计年鉴-2015

作　　者 / 齐齐哈尔市统计局
责任编辑 / 陈越月
装帧设计 / 徐淑梅 郭永齐
出版发行 / 中国统计出版社
地　　址 / 北京市丰台区西三环南路甲6号 邮政编码/100073
电　　话 / 邮购(010)63376909 书店(010)68783171
网　　址 / http://csp.stats.gov.cn
印　　刷 / 哈尔滨超群印务有限公司
经　　销 / 新华书店
开　　本 / 890mm × 1240mm 1/16
字　　数 / 1050 千字
印　　张 / 28印张
版　　别 / 2015年9月第1版
版　　次 / 2015年9月第1次印刷
定　　价 / 360元

如有印装差错，由本社发行部调换。

《齐齐哈尔经济统计年鉴－2015》编辑委员会

主　任：孙　珅　齐齐哈尔市委副书记、市政府市长
副主任：季星星　齐齐哈尔市政府副市长
　　　　金　伟　齐齐哈尔市政府秘书长
委　员：（按姓氏笔画为序）
　　　　马汇川　齐齐哈尔市统计局局长
　　　　王　洪　齐齐哈尔市发展和改革委员会主任
　　　　王喜臣　齐齐哈尔市地方税务局局长
　　　　王德海　齐齐哈尔市政府副秘书长
　　　　石　力　国家统计局齐齐哈尔调查队队长
　　　　刘德忠　齐齐哈尔市工商行政管理局局长
　　　　许静波　齐齐哈尔市国家税务局局长
　　　　孙炜航　齐齐哈尔市审计局局长
　　　　李生龙　中国人民银行齐齐哈尔市中心支行行长
　　　　李会明　齐齐哈尔市人力资源和社会保障局局长
　　　　李鸣镝　齐齐哈尔市教育局局长
　　　　李维军　齐齐哈尔市商务局局长
　　　　吴　昊　齐齐哈尔市农业委员会主任
　　　　张大伟　齐齐哈尔市民政局局长
　　　　郑松岩　齐齐哈尔市财政局局长
　　　　赵成华　齐齐哈尔市政府法制办公室主任
　　　　侯一枝　齐齐哈尔市物价监督管理局局长
　　　　黄　宇　齐齐哈尔市住房和城乡建设局局长
　　　　温　和　齐齐哈尔市政府办公厅主任
　　　　程少坤　齐齐哈尔市工业和信息化委员会党委副书记
　　　　韩毅峰　齐齐哈尔市国有资产监督管理委员会主任

《齐齐哈尔经济统计年鉴－2015》编辑部

总 编 辑：马汇川
副总编辑：耿文鑫　刘洪哲　杨国才　陈敬东
编　　辑：（按姓氏笔画为序）
　　　　　韦铁索　刘东环　刘海燕　孙雅君　杜金岩　李成录　杨　义　杨永春
　　　　　杨伟超　邴业鹏　赵学武　姜　颖　郭永齐　郭丽华　徐淑梅
版面设计：徐淑梅

齐齐哈尔市

市委书记 韩冬炎

市长 孙珅

齐齐哈尔市牢固树立抓民生就是抓发展的理念，坚持心怀群众、情系人民，人民生活明显改善，各项民生事业取得了显著成就。2014年民生实事完成29件。城乡就业一体化改革取得重大突破，城镇新增就业11.8万人，城镇登记失业率控制在4.1%。医疗保险管理和待遇水平有新提高，居民养老保险覆盖面进一步扩大。新农合参合率达到99.68%，人均筹资额达到390元。按政策提高了企业离退休职工基本养老金标准。环卫工人月工资增加200元。城乡低保应保尽保，保障标准高于省定标准且地方财政补助水平全省最高。五保供养达到省级标准。全市开发各类商品房507万平方米；开工建设棚改回迁房1.87万套，基本建成1.44万套；建设公租房、廉租房2397套，14万平方米；改造农村泥草(危)房5.2万户，新建、续建灾后房屋2771户。全市既有建筑节能改造357万平方米，中心城区改造老旧小区楼房343栋。在全省率先开展职业教育改革试点市创建工作。推进医疗一体化改革，市带县医联体达到100%，县乡一体化率达到99%。出台鼓励社会力量兴办养老服务机构的扶持政策，签约养老服务业项目8个，市养老护理综合实训基地开工建设，新建100张床位以上民营养老机构5家，被确定为全国养老服务业综合改革试点城市。新创建城市示范社区8个、农村示范社区16个，城市社区公益用房面积平均达到790平方米。改革完善食品药品监管体系，蝉联中国十佳食品安全城市。加强社会治安综合治理，不断加大案件侦办力度，城区重点部位监控全覆盖，平安城市建设成效显著。

市委书记韩冬炎在纪念抗战胜利70周年大会上致辞

市长孙珅视察我市文化产业

齐齐哈尔市龙沙动植物园开园仪式

鹤城好声音颁奖晚会

低温楼改造使老旧小区居民住上了暖屋子

棚改提升市民幸福指数

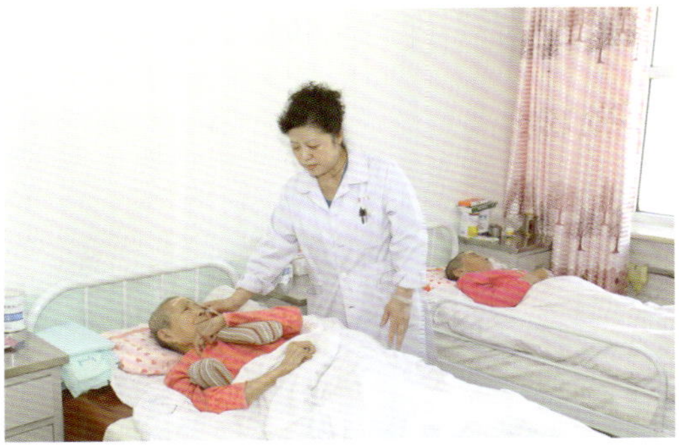

集医疗、养老、临终关怀、善后服务为一体的诚信失能老人护理院

全市美丽乡村建设工作推进会议

群众性的社区文体活动

社会保障解除市民的后顾之忧

讷河市

Neheshi

政务中心服务全，群众办事不再难

讷河市坚持执政为民理念，不断加大投入力度，增进民生福祉。一是城乡面貌明显改观。完成18.6公里绕城公路和公铁立交桥建设，升级城区道路51.8万平方米，新建文化、人民2个广场，安装路灯1471基杆，亮化楼体212栋，建设廉租房324套、公租房1163套，改造棚户区8690户、低温楼96万平方米。改造农村泥草房28815户、修建公路183公里。二是社会事业加快发展。完成教育基础设施建设104项，建成省级标准化学校28所，成功入围国家现代农村职业教育改革试点县、国家职成教育示范县。深化医药卫生体制改革，健全三级医疗服务网络。实施“文化惠民工程”，农家书屋实现村级全覆盖，广播电视通村率100%，农村有线电视入户率60%，城区数字电视入户率77%。三是社会保障能力持续提高。城镇新增就业33397人，登记失业率控制在3.5%以内。城镇职工、城镇居民医疗保险最高支付限额分别由6.5万元、2万元提高到37万元、15万元；新农合最高支付限额由8万元提高到15万元，重特大疾病支付限额由6万元提高到20万元。 “五七工、家属工”和“农林牧渔”四场职工全部纳入社会养老保险。企业退休职工养老保险人均月增942元。城市低保人均月增156元，农村低保人均年发放由900元提高到1632元。农村五保分散供养和集中供养标准分别由每人每年1800元、3500元上调至3800元、5400元。

智慧城市全监控，百姓安全有保证.jpg

展民生工作成就·建全面小康社会

养老体系再完善，又建一处敬老院

打造清洁亮丽城，魅力讷河夜通明

城乡交通大发展，公铁立交是亮点

服务群众在基层，社区建设上水平

贫困家庭低收入，廉租房里把楼住

市委政府为民想，机关迁出建广场

文化中心好阵地，传播文明弘正气

职成教育人称赞，荣获国家示范县

龙江县

LongJiangXian

近年来，龙江县委、县政府始终坚持把保障和改善民生作为整体工作的重中之重，下大力气解决事关人民群众切身利益的问题，努力做到发展为了人民，发展依靠人民，发展成果由人民共享，广大人民群众得到了更多实惠。

我县始终坚持“先吃饭，后建设，重民生，保稳定”的原则，把有限的资金真正用到夯实基础、保障民生的工程上。近三年来，县财政用于民生的支出均保持在50%以上，累计超过30余亿元，有力保证了民生工作的落实。

一是大力发展社会事业。坚持教育优先发展战略，三年累计投资11.8亿元，实施了中小学校舍安全工程、配套工程，大力改善办学条件；加大捐资助学力度，多方面筹集资金，全县捐资助学蔚然成风；大力发展广电文化事业，加强文体基础设施建设，完成了乡镇文化站、农村健身广场、农家书屋建设；实施了农村无线数字村村通工程，开通无线数字电视。全面加强卫生计生工作，重点实施了乡镇卫生院改扩建和村卫生室达标工程，完成了县人民医院门诊楼、县妇幼保健院建设，极大地改善就医条件。

二是不断改善人居环境。我们以开展城乡联创活动为抓手，加强环境卫生整治，不断完善城市功能，全力打造宜居宜业城市。投资16000万元第二自来水厂、8700万元污水处理厂、5600万元垃圾处理厂和4500万元天然气工程，城市基础设施不断加强。强制取缔20多家供热小锅炉，实施集中供热，龙江大气质量得到根本改善。投资改建新建了县府街、文化街、北出城口、新城东出口，城市骨架骤然拉大，城市面积扩大一倍，等于新建了一个龙江老城。投资新建了八一广场、植物园，城镇人均绿地面积达8087平方米，成为广大市民休闲、娱乐、聚会的好去处，让群众真正享受到了现代都市生活。

三是着力推进农业产业化。农业产业是确保农民持续增收的强有力支撑。我们强力推进“千亿粮食、规模养殖、特色经济林”三大农业产业化基地建设，政府出台优惠政策下拨专项扶助资金支持农民购买大型农业机械和喷灌设备，有效调动了广大农民的种粮积极性，发展经济果林8.5万亩，培育规模养殖户5500户，农业三大基地初具规模。同时，全面实施农村饮水安全、道路畅通等一批基础设施建设项目，广大农村居民的生产生活条件得到进一步改善。

四是全面落实“五有标准”，扶贫助困利民事

我们提出了“有饭吃、有学上、有医看、有事干、有人管”的五有标准，全县上下形成了关注弱势群体，呵护弱势群体、扶助弱势群体的良好社会风尚。

龙江县正阳路、建设路、县府街、市场街等街路改扩建工程总投资3亿多元，城市面貌焕然一新

三年来龙江县共改造老旧低温楼23.2万平方米

新城社区

龙江县污水处理厂项目投资8700万元

龙城热力公司新建热源锅炉210吨，集中供热面积78万平方米，极大地减少了烟尘排放，主城区空气质量明显好转

龙江县医院综合门诊楼项目投资7000万元，极大地改善了城乡居民就医条件

龙江县城市垃圾处理厂项目投资5600万元，日处理200吨垃圾，做到无害化填埋处理

龙江县中普燃气项目投资4500万元，新增用户4000户，极大的方便了居民生活

龙江县第二水厂项目总投资1.6亿元，日供水4万立方米，水质优良，保障了居民用水安全

龙江新城

龙江县妇幼保健院总投资3465万元

龙江站前广场改造升级，方便了百姓出行

依安县

依安县位于黑龙江省西部、松嫩平原北缘，全县幅员面积3678平方公里，辖6镇9乡148个行政村和7个农林牧场，总人口50万；耕地407.8万亩，主栽作物为水稻、玉米、大豆、马铃薯、甜菜等，年粮豆薯总产近150万吨，是国家重要商品粮基地县，先后被国家授予“全国产粮大县”、“中国白鹅之乡”、“中国紫花油豆角之乡”、和“全国食品工业强县”称号，这里物宝天华，人杰地灵，文化底蕴深厚，相继涌现出全国道德模范王贵连、英雄航天员刘伯明、世界女子马拉松冠军白雪等英雄人物。

几年来，依安县立足“食品、陶瓷、生化”三大产业定位，大力推进“产业项目向专业园区集中、农村土地向规模经营集中、人口居住向中心社区集中、民生服务向基层群众集中”四个集中战略，全力推进民生工作发展。土地规模经营成效显著，全县规模经营面积达到240万亩，农业机械化率达到96.5%以上；居民收入稳步提高，工业园区建设长足发展，共有规模以上工业企业24家，年内新增规模以上工业企业10户，增量居全市首位；文教卫生事业健康发展，实验中学新校区投入使用，医疗卫生条件逐渐改善，社会保障能力明显增强，社保、医保、农保工作全力推进，新农合参合率达到99.8%。医疗费用核销比例同比增加5个百分点，其中4种重大疾病的核销比例达到100%。农村泥草房改造和城镇棚户区改造发展迅猛，“美丽乡村”建设初见成效，居民居住条件得到有效提升。

YIANXIAN

依安县植物园七彩喷泉景区

依安县新兴镇兴福村的农民别墅小区

办事百姓在依安县政务服务大厅享受到贴心服务

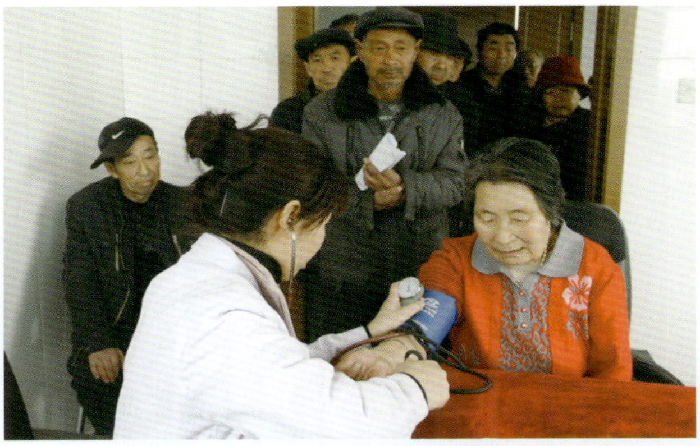

对全县低保户、五保户和优抚对象集中开展“惠民义诊”活动

老年人在社区文化活动室进行台球比赛

泰安新城的居民乘坐5路公交车出行办事

为民服务热线“0452-7912345”工作人员在接听群众电话

依安县汇利薯业有限公司的现代化生产车间

依安县人社局的“15分钟服务圈”工作人员搀扶老人上楼办事，并帮助她们办理各种相关手续

依安县农村五保供养中心老人进行秧歌表演

泰来县

TAILAIXIAN

近年来，泰来县深入实施“项目富县、产业富民”发展战略，大力推进上项目、惠民生、强党建“三件大事”，坚持从解决百姓最需要的问题入手，不断加大民生投入，改善群众居住条件、丰富群众文化生活、提高教育医疗服务水平，有效提升了百姓的幸福指数。

泰来县始终坚持把改善群众的居住条件列入民生实事来抓，全力推进棚户区、旧楼小区、低温楼改造工程建设，实施了江桥、塔子城两个历史文化名镇建设，百姓居住环境更加舒适整洁。

泰来县有着深厚的文化底蕴和文化内涵。近年来，着力打造“湿地、抗战、抗洪、辽金”四种文化，建设了泰湖国家湿地公园、抗战主题公园和纪念馆、九八抗洪纪念馆、重建了辽塔并修建了博物馆。目前，这里不仅是外地游客的旅游胜地，也成为了全县群众休闲娱乐的最佳去处。为丰富百姓业余文化生活，先后对县文化宫进行了维修加固，建设了县文体活动中心，维修改造了县体育场，建设了四处“敬老之家”，成立了老年大学，并免费向全县老年人开放。建设了泰湖广场、文化宫广场、县标广场、健康广场、一中文化广场等公共室外活动场所，在31个镇村建设了文化广场。

泰来县不断加大对医疗卫生、文化教育、居民养老等社会事业的投入力度。在医疗卫生方面，实施城乡医疗卫生服务一体化建设，健全县乡村三级医疗卫生服务网络，初步实现了“小病不出村、常见病不离乡、大病不出县”。在教育事业上，相继完成多所标准化学校建设，发展专兼营校车，改善了办学条件，保障了学生乘车安全。在养老敬老上，建设了县养老服务中心和医养结合爱心护养院，切实提升了养老服务水平。

如今，泰来县紧抓民生工程不放松，使百姓安居乐业、社会和谐稳定，全县人民上下齐心，向着打造幸福泰来的宏伟目标稳步前进！

倾力打造的“抗战、抗洪、湿地、辽金”四种文化

“暖屋子”工程施工现场

爱心护养院

“乐”在敬老之家

医务工作者义诊发放药品现场

泰来县养老服务中心

泰来湖畔新城

甘南县

GanNanxian

甘南县始终坚持把民生福祉作为全县工作的出发点和落脚点，全力推进社会事业协调发展。“十二五”期间，全县城镇新增就业32028人。城镇职工养老保险参保人数达到20305人，参保率达100%。累计发放城乡低保金、救灾款等救助资金2.9亿元。筹集资金2.84亿元，实施既有建筑节能改造192栋、79万平方米，完成老旧散楼基础设施改造36栋，城市面貌焕然一新，居民居住条件明显改善。投资2085万元，完成文明公园扩建、繁荣公园改造工程，为县城群众休闲娱乐创造了良好条件。制定出台《物业服务收费管理办法》，成立业主委员会116家，物业管理水平全面提升。投资866万元，维修改造敬老院6处，养老服务体系日趋完善。实施学校新建、改扩建工程22个，办学条件得到改善。投资1.88亿元，实施卫生基建项目13个，县人民医院新建项目正式投入使用，改善了群众就医环境。实施农村门诊统筹、单病种与床日制相结合的支付方式改革，让农民享受到更多实惠。新农合参合人口达20.3万人，参合率达到100%。举办各类文体活动450余次，送戏下乡260场次，送书下乡1.8万余册，群众性文体活动蓬勃开展。乡村文体基础设施逐步完善，农家书屋和文化信息资源共享工程实现全覆盖。农村数字电视整体转换工作圆满完成，数字电视信号实现村屯全覆盖。

为改善群众居住环境，筹集资金2.84亿元，实施既有建筑节能改造

甘南县五保供养中心

具有百年历史的省级标准化小学一甘南县实验小学

宝山乡胜利村休闲广场面积7000平方米，每年举办各类活动十余场次

东风社区构建管理、就业创业、应急、代办等五个社会化服务体系，着力打造“看得见、摸的着、用得上、靠得住”的贴心社区

甘南县举办以“寻梦金长城，同走健康路”为主题的第二届金长城徒步大会

甘南县人民医院综合楼于2014年投入使用，极大改善了人民群众看病就医条件

老旧散楼节能改造后城市面貌焕然一新，居民居住条件明显改善

富裕县

FuYuXian

几年来，县委县政府十分重视民生工作，努力为群众办实事。

通过棚户区改造，去年363户家庭实现了搬出平房，住上楼房的梦想；投入480万元，对54栋老旧散楼进行改造，使2580户居民楼内外卫生、上下水、漏雨的问题得到了彻底解决，生存环境得以极大改善。

历时两年，上下关注的县政务服务中心于去2014年8月20日正式投入使用，这标志着百姓办事更加方便快捷，其历史意义必将永载富裕史册；县政务服务中心办事大厅总面积2020平方米，共设置88个办事窗口，进驻工作人员125人，全县38个具有行政审批职能的部门共328项行政审批事项和131项服务事项进驻政务服务中心集中办理，实现了“一门受理、一口对外、一口说清、一口收费、一条龙服务、重大事项一班人联合踏查”，有效解决了过去群众普遍反映的“门难进、脸难看、话难听、事难办”问题。截止2015年6月末，累计办理审批事项21179件、服务事项80631件，办结率100%，群众满意率100%。

针对企业反映比较强烈的项目建设审批手续繁琐、时间较长等问题，梳理了《富裕县项目建设基本程序》，探索了并联审批模式，采取政务中心集中受理、综合协调、一次告知、限时办结、无偿代办的方式，使项目建设审批由202个工作日优化减少到37个工作日。同时，组建了“中介超市”，共挂牌进驻涉及为项目建设提供中介服务的机构293家，使项目建设单位有了更多的选择余地和议价空间。

为解决群众无室内活动场所的问题，我们把最好的原宏晨社区、人社局、民政局、林业局、房产处、富裕镇等6处办公楼腾退出来给百姓，改建为群众之家，真正用行动践行了“党为群众服务，群众在党心中”；出于良知和对环卫工人的同情，我们在临街单位腾退出14处场所，建立了“环卫之家”，作为环卫工人临时休息、存放衣物工具、遮风避雨、喝点热水的地方。

大力发展养老事业。在机构养老上，充分利用国家养老政策，向上争取资金，用好现在的公共资源，新建1处高标准的养老机构；对民办托老所进行规范和提高，达到标准，使之享受到国家支持政策。在社区养老上，核心是办好群众之家，通过在那里打扑克、玩麻将，玩乒乓、打台球等活动，使老年人无偿享受到立体式、温暖快乐的日间照料；丰富老年大学和老干部艺术团的生活，使我们县的老年人快乐、高兴的度过每一天。在居家养老上，要发挥好呼叫平台作用，让老年人24小时享受到养老服务，初步构建“机构养老、社区养老、居家养老”并行格局，实现养老模式的多元化、社会化。

县城中心城区鸟瞰

省督导组领导视察社区建设工作

副市长季星星视察富裕县民生工作

政务中心外景

政务大厅办公区一角

富裕县五保供养中心

富裕县中心敬老院

鑫鑫社区（群众之家）群众活动中心

鑫鑫社区群众之家内部活动

克山县 KeShanXian

克山县幅员面积3320平方公里，有7镇8乡122个行政村总人口50万，其中农业人口38万。城镇居民人均可支配收入实现17333元，农村居民人均纯收入实现10062元。

“十二五”期间，县城累计开发房地产85.8万平方米，改造棚户区42.7万平方米，配发廉租住房300套。县城主大街及二道街全部拓宽升级为黑色路面，铺装步道板7.3万平方米，新安路灯351基，城区人均绿地面积达到0.43平方米，城区面貌焕然一新。改造农村泥草房1.54万户，美丽乡村建设加快推进，通行政村道路全部硬化，南出城口克拜路改造升级成省一级公路，乡村环境大幅改观。“十二五”期末，克山县城镇登记失业率控制在3.5％，城乡居民社会养老保险参保、企业职工养老保险、医疗保险实现全覆盖，全省率先完成新农合并轨改革，低保实现应保尽保，全县民办养老机构发展到7所，县城有4个社区超过千平方米。社会救助大厅和残疾人综合服务中心投入运行，县福利中心加快建设，城乡五保人员全部实现集中供养。“十二五”期间，克山县建成标准化学校19所，新建、改建公办幼儿园8所，新建了县第四中学，教育教学质量逐年提升。县城3所公立医院全部建成二级甲等医院，新建了县中医院、120急救中心，全市首家规模型医养康复中心投入运营，建成了首家民营性质的厚德医院，通过医药卫生体制改革激发了16个乡镇卫生院活力，群众就医条件得到改善。新建了县文化馆、图书馆，修缮了居民活动场所，乡镇农家书屋、农民健身工程体系日益完善，群众文体生活丰富多彩。

为民湖畔

天泽文化社区乒乓球活动

马铃薯专列

天泽广场文艺演出

送戏下乡

居民办理医保

社区文体活动

克山风力发电

克东县

KeDongXian

“十二五”期间，克东县坚持把保障和改善民生，作为一切工作的出发点和落脚点，加大投入、精心组织、科学调度、合力推进，开创了全县民生工作新局面。教育事业持续向好。投资2.2亿元，实施了校安、标准化学校及改薄工程，全县改造中小学校舍和农村学校食堂10万平方米，改造农村小火炉学校18所，新建职教中心学生公寓综合楼，新建、改建公办幼儿园5所，实施了“阳光入学”和“阳光分班”，有效解决了大班额、重点校问题。医疗服务水平稳步提高。投资7900万元，新建了县医院住院楼、保健院综合楼，扩建和改造6所乡镇卫生院业务用房，新建了乡镇卫生院职工周转房，招聘医护人员64名，为三所县级医院更新医疗设备，三所县级医院全部晋升为二级甲等医院，实施了基本药物制度改革，新农合参合率达到99%。文体事业健康发展。建成了县级群众活动中心2个、乡镇文化站7个、村文化活动室98个、农家书屋98个、中心村文化广场26个，兢山广场、飞鹤广场2个大型综合文化广场已建成全面投入使用，县、乡、村、户四级文化服务网络得到完善。城乡面貌焕然一新。投入4.1亿元，升级改造城区主次干道12条，改造棚户区面积11万平方米，配建廉租房1358套7万平方米，改造低温楼73栋37.7万平方米，改造农村泥草房和危房7710户，污水处理厂、垃圾处理厂建成投入使用，城乡人居环境更加宜居。社会保障工作有序推进。养老、医疗、失业、工伤、生育五险参保人数扩增到8万人，发放再就业小额贷款4143万元，扶持小微企业11户，城镇新增就业人员19160人。城镇居民医保参保率达到98%。累计发放低保金20478万元，城乡低保动态管理机制已经形成，城乡低保水平稳步提升。投入资金95万元，维修改造保安社区、庆祥社区和春和社区。投入资金172.8万元，建成了农村示范社区3个。投入资金120万元，将腾退的原林业局办公楼维修改造成兢山人之家老年活动中心。县财政投入2736.5万元，为县财政开支人员匹配住房公积金。与2010年相比，2014年全县地区生产总值实现35.8亿元，增长34.6%；财政收入5.2亿元，增长80.6%；社会消费品零售总额10.4亿元，增长82.5%；城镇居民人均可支配收入13497元，增长61.1%；农民人均纯收入8373元，增长25.0%。

克东县低温楼改造样板楼

克东县龙源幼儿园

二克山公园群众文化广场

克东县兢山广场

克东县第一中学

克东县克东镇道路绿化美化示范街

克东县惠民家园

克东县人民医院

克东县圣水路拓宽改造现场

克东县政务服务中心

拜泉县 Baiquanxian

2014年，拜泉县全面贯彻落实党的十八届三中全会和市委十二届四次全会精神，以全面深化改革为引领，突出为民务实清廉主题，加速城市化、城镇化、城乡一体化进程，着力抓好项目建设、农民专业合作社建设、城镇体系建设，着力保障和改善民生、促进社会公平正义，协调推进经济、政治、文化、社会、生态文明和党的建设。全县地区生产总值实现86.7亿元，增长10.7%；全口径财政收入实现44,552万元，增长16.6%；地方财政收入实现31,720万元，增长15%；规模以上工业增加值实现12.3亿元，增长26.1%；全社会固定资产投资完成42.7亿元，增长58.3%；社会消费品零售总额完成19.3亿元，增长13.6%；城镇、农村居民人均可支配收入实现14,420元和5,395元，分别增长13.3%和12.4%。

拜泉县紧紧围绕群众最关心最直接最现实的利益问题，坚持量力而行、尽力而为的原则，着力实施县委县政府30件民生实事工程，在促进就业再就业和社会保障提标扩面的同时，重点建设廉租房450套，改造低温楼20万平方米、老旧小区7个，硬化城区街路19条、通乡公路27.9公里，新建城区休闲广场2处，升级改造硕果公园、步行街；新建改造集中供热管网33公里，铺设污水管网12.8公里；新打城区水源勘测井12眼，改造城区低压无水区域管网1100延长米；新建改造文化小学教学楼、特殊教育学校教学楼、三道镇小学教学楼、城乡4所幼儿园和县人民医院综合楼、县中医院住院部、县精神病院门诊综合楼、“120”急救中心；新建乡镇健身工程2个、农村文化广场29个，启动县体育场项目建设；新建星火社区、东方红社区、育新社区标准化城市社区3个，提升了人民群众幸福感和满意度。

国富镇德润社区

政务服务中心大厅

花园般小区

全国第一所农村敬老院——兴华光荣院

独具特色的有机鸭稻米原料基地

育新社区

老道山小流域秋色

梅花鹿保护区

龙沙区

LONGSHAQU

龙沙区是齐齐哈尔市的中心城区，也是全市经济、文化、商贸、金融、服务的核心聚集区。幅员188平方公里，辖7个街道办事处、32个城市社区和6个行政村，总人口35万，拥有汉、满、蒙、回、朝鲜、达斡尔等20多个民族。2014年，实现地区生产总值118.9亿元，财政总收入5.1亿元，全社会固定资产投资90亿元，农村居民人均纯收入15809元。在全市年终目标考评活动中，龙沙区荣获综合成绩第一名。

——区域经济平稳运行。项目建设成效显著，24个全市重点项目完成投资12.6亿元，占年计划209.5%。产业结构逐步优化，三次产业比调整为1.2:57.6:41.2，创建国家级高新技术企业1户，创建第一批省级机电产品出口基地企业2户。园区建设初具规模，累计吸纳26户企业入驻中小企业集中发展园区。助企发展务实有效，建立龙沙区中小企业服务中心，为12户企业担保贷款4880万元，为19户企业委托贷款1.75亿元。

——城乡环境再添新貌。两个家园续建多层29栋、10.8万平方米，商服21栋、4.3万平方米，高层2栋、2.9万平方米，同步完善园配套建设。完成150栋“老旧散”楼房改造、106栋低温楼改造、14条道路升级改造和13个重点项目征收净地工作。拆除各类违建2637处，完成数量占中心城区42.8%。建设2100平方米环卫车库，打造2条省级标准环卫保洁示范街路。实施5条街路和14个住宅小区美化绿化，新增绿地3.6万平方米。成立社区物业便民服务中心、业主联合委员会及人民调解委员会,接管无物业楼房，实现业主委员会和物业服务全覆盖。

——社会事业繁荣进步。启动恒昌高中、五十九中、民意小学等6所中小学校基础设施和环境建设，三十四中中考再获佳绩。举办龙沙区第五届职工学生运动会，合唱、诵读、舞蹈等比赛项目均取得省市优异成绩。重点打造纸厂等千米示范社区，全区社区公益用房总面积达2.6万平方米、平均面积803平方米。实行“分级诊疗”，与三级甲等医院建立医疗服务联合体，全面兑现奖励扶助计生政策，新农合参合率100%。

——民生保障日益增强。完成就业培训基地一期建设，城镇失业率控制在3.8%以内。审批发放小额担保贷款5976万元，第三批失地农民养老保险累计参保2737人。发放各类救助资金6000万元，社会救助“12357”工作法在全市推广。完成社会福利中心基本建设，承接市居家养老改革试点。提高环卫工人、社区工作人员工资标准，兑现社会工作师待遇。筹建为民服务信息平台，完善规范政务服务中心建设，累计办件38619件，办结率、群众满意率均100%。

齐齐哈尔南站站房工程

以新站建设为契机对临近区域内的三合村及新光村实施“城中村”改造

中 恒 集 团

北方高科致力于三种稀土新材料研发

精铸良装备制造有限公司高速铁路新型配件产业化（二期）项目

居然之家齐齐哈尔店

齐齐哈尔市精铸良装备制造有限公司

龙沙区政务服务中心

“老旧散”楼房改造后小区面貌焕然一新

滨江社区以“打造全市第一个全服务社区”为目标，向居民提供文化娱乐、康复医疗、政务代办、社会工作等服务。

建华区

JIANHUAQU

建华区是齐齐哈尔市中心城区之一，位于市区北半部，是老卜奎的发源地，幅员面积316平方公里，辖5个街道办事处、33个社区和4个行政村、5个农村实业公司，总人口30万。近年来，区委、区政府坚持以市委“三化”建设为统领，坚持围绕一个“民”字谋划工作、开展工作，把保障和改善民生落到实处。

——人居环境显著改善。全力推进棚户区、“城中村”改造，攻克了建北、医学院、中市场等地段拆迁硬任务，特别是全市瞩目、全省最大的建北棚户区平稳完成动迁1.1万户、回迁6600余户。累计改造低温楼134栋、63.83万平方米，改造升级道路近百条，综合整治小区53个，人居面貌和城区品位得到极大提升。

——民生服务不断提升。大力推进社区建设，全区社区用房突破3.3万平方米，社区用房总面积是2009年的13倍，方兴社区当选“中国爱心社区”。探索居家养老社会化新模式，诚信失能老人护理院院长易连军当选“中国爱心典范人物”和“感动龙江十大人物”，“孝行建华”成为品牌。

——社会事业全面进步。大力加强校园基础设施建设，全区中小学校全部通过省标准化验收；教学电子白板实现学校班级全覆盖，教育信息化率居全省前列；中考成绩取得十二连冠。医疗卫生服务实现全覆盖，全区6个社区卫生服务中心有4个被评为全国和省示范中心。文体事业更加繁荣，编撰出版《卜奎史话》、《卜奎回眸》、《卜奎回民》系列历史文献，清真饮食文化节、社区文化艺术节等特色活动广受欢迎；建华女排、少年冰球队员在各类赛事中摘金夺银，女排队员王宁、王琦进入国家队，建华区列入全国排球特设示范区。

齐市最大的连片棚户区建北片区改造对比图

投入200余万元购置净水设备，在全市率先解决师生饮水难问题

立足少数民族聚居的实际，连续举办三届清真饮食文化节

“十大孝星”颁奖现场

社区居民利用信息化手段查询服务项目

二马路小学教师在利用电子白板进行教学

社区“百家宴”接近邻里距离

区委书记姚卿到困难老人家中走访慰问

建华女排在各类赛事上屡获佳绩

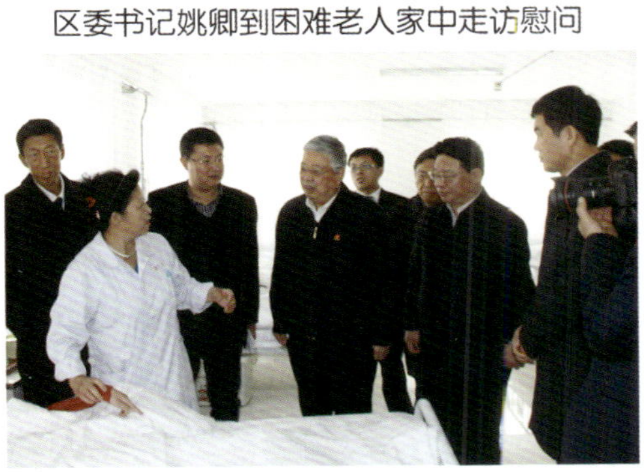

民政部部长李立国到诚信失能老人护理院慰问

TieFengQv 铁锋区

五年来，铁锋区把解决民生、维护民利、落实民权作为出发点和落脚点，突出重点，狠抓落实，有力地促进了各项民生事业的发展。

一、解决民生，切实保障困难群众的基本生活

一是城乡低保工作扎实推进。严格执行省、市低保工作要求，抓好各项低保政策的落实。五年来，累计救助城乡低保对象235538户次、563792人次，累计发放低保金1.99亿。筹集发放临时救助金581.8万元。二是综合救助工作及时到位。建立区、街（乡）、社区（村）“三级”医疗救助保障制度，开展城乡低保、五保供养对象医疗救助工作。五年来，共救助患有重大疾病的弱势群体2825人次，医疗救助资金累计支出149.6万元。积极与市附属三院合作，在全市首家实行了门诊、住院“一站式”服务，彻底解决了重点优抚对象住房难、看病难等实际问题。三是救灾救济工作保障了灾民的基本生活。建立了灾害应急救助体系，重新制定了《铁锋区自然灾害应急救助预案》，绘制了全区高风险地图与预警图例，对30个社区、12个村屯设定了避难场所，确保灾害来临时，最大程度的保护群众生命和财产安全。四是积极开展慈善救助工作。2013年成立了铁锋区捐资助学基金，共筹集助学资金419.63万元，截至目前，共救助贫困大学生455人,累计支出212.55万元。

二、维护民利，切实落实特殊群体的各项政策

一是全面落实各项抚恤优待政策。五年来，共为重点优抚对象发放优抚资金985.28万元；定期定量补助210.5万元。二是社会福利工作进一步加强。五年来，积极开展居家养老服务工作，共发放居家养老补贴199.6万元。累计发放高龄生活津贴200.9万元，失能半失能老人护理补贴181万元。共发放孤儿生活费35.8万元。积极开展“鹤城爱心助残行动”，为“三无”低保户、“五保”户、低收入群体中的残疾人办理了装配康复器具申请。三是成立铁锋区日间照料中心为辖区老年人提供服务。2014年11月26日，铁锋区日间照料中心正式启用，中心建筑面积1000平方米，设有日托休息室、图书阅览室、健身康复室、棋牌娱乐室、配餐室、老年课堂、心理咨询室，可同时为100名老年人提供服务。

三、落实民权，切实保障人民群众的合法权益

一是社区建设水平不断提高。五年来，政府共投入3794.56万元加强社区建设，城市社区公益用房面积增加至24917.65平方米，社区公益用房面积年增幅15%。铁锋区首次获得“全国和谐社区建设示范城区”荣誉。二是社区服务水平不断提升。本着“小办公大服务”的服务理念，设置社区服务功能，公益用房为民服务利用率达100%，其中用于老年人的活动空间占总面积的85%以上。三是创新网格化社会管理工作。将全区30个社区划分为679个网格，采取副科级以上领导干部包扶网格工作模式，按照“五步闭环”服务流程，对33个部门的百项业务和事项进行办理。

飞鹤乳业生态观光牧场

扎龙御汤温泉旅游名镇

铁锋区万力项目

扎龙国奥三生农业项目

在全市率先成立了铁锋区民政局“弱帮弱”爱心助力服务站

小办公大服务

东北亚现货交易中心

捐资助学

2014年11月26日，铁锋区社区日间照料中心正式启用

建军节慰问

富拉尔基区

FULAERJI

近年来，富拉尔基区统筹发展社会事业，全力办好民生实事，全面加快“幸福富区”建设步伐。以“减负提质”为核心，完善综合素质评价机制，开展教师教学基本功和课堂大比武活动，深化教学改革，整合优势资源，创办“联合高中”，带动教学质量全面提高，高考成绩位居全市前列。深化职业教育改革，推动校企融合。在向阳小学建成全区首个校园标准运动场。引进市喜洋洋幼教机构与向阳小学合办高档幼儿园，3所公办幼儿园投入使用，学前教育整体水平得到提升。成功举办第六届“红岸滚冰节”，被省文明办列为“我们的节日”系列活动。隆重俭朴地组织庆祝建区60周年系列活动，制作高质量的宣传片和画册、文集。成立全市首家中老年群众艺术协会，举办全区田径运动会、首届有氧健身操比赛等体育活动。加强老龙头遗址、洪河遗址等文物管理保护工作，4处文物被列入省级保护单位。完成江心岛生态恢复工程，红岸公园晋升AAA级景区。实施“上联外引下延”工程，区内各类医院都与省市大医院建立了医疗联合体，继续深化医药卫生体制改革，新型农村合作医疗参合率达99.8%。医疗服务质量不断提升，被评为“省级慢性病管理示范区”。实施食品药品监管体制改革，组建区食品药品监督管理局。成兴隆、公园社区公益用房改造。探索建立新机制，引进民间资本780万元，使占地1.5万平方米、建筑面积3000平方米的区养老中心投入使用，成为全省首家正式运营的“公建民营、医养结合”的养老机构。

第六届红岸滚冰节

红岸滚冰节

AAA级红岸公园一角

三级甲等医院齐哈尔医学院第一附院

纪念毛主席畅游长江47周年

富区敬老中心

青少年活动中心

一重技师学院

区中老年舞蹈协会

洪河遗址考古现场

第十八届文化艺术节开幕式

昂昂溪区

滨洲铁路昂昂溪公铁立交桥

五年来，在市委、市政府的正确领导下，昂昂溪区高度关注民生，尽心竭力为群众解难事、办实事。

五年来，新建小区楼房81栋23万平方米，回迁安置3300户。主要街路升级改造5条3.81公里、周边硬化2.1万平方米，巷道升级改造15条4.34公里。滨洲铁路公铁立交桥、昂齐公路和2.1公里昂昂溪道路连接线同步竣工通车。投资5561万元的污水处理厂，今年7月底投入使用。对氧化塘进行消险加固并实施地下排水管道工程。2014年投资1000万元对城区室内温度最低的9栋4.87万平方米居民低温楼进行了改造，2015年计划投资1270万元再改造14栋6.2万平方米。2014年投资60余万元对8栋“老旧散”小区楼房上下水进行了维修，积极引进塞纳豪庭物业公司全面接管41栋“老旧散”小区楼房物业管理工作。港华民用天然气入户通气3768户。对城区老楼二次供水水箱进行了更换和维修，对部分管线进行了更新。为8个小区4000余户居民解决历史遗留的办理房产证问题。城区累计栽植乔灌木6万余株、花卉75万余株。新安装路灯271盏，LED节日美化灯426组。清运垃圾19万余吨，取缔无证占道经营2100余处，清理乱贴乱画5400余处，清理牌匾142个。

五年来，累计投入资金近4000万元，新建区第二小学、齐市第十一中学实验楼、水师中学宿舍楼，水师小学教学楼、青少年校外活动中心等教育工程，投资100万元正在建设职业高中实训基地，高考二表上线率平均达到35.6%、中考重点高中上线率平均达到33.9%。投资800万元，新建1500平方米区卫生监督所和疾控中心，区第一人民医院与市中医院实现了托管医疗合作。2013年中东铁路建筑群被国务院公布为全国重点文物保护单位，2015年4月，罗西亚大街被评为全国第一批30个中国历史文化街区。

五年来，城镇累计新增就业人员10037人，累计发放城乡居民基础养老金、城乡低保金、小额贷款、五保供养金等保障资金1.27亿元。为两镇、4个街道办事处和10个社区逐年增加了办公经费。2014年和2015年兑现了2002年至2010年全区机关工勤和一类事业单位在职干部及工人的职称工资，2016年年底前全部兑现完毕。2015年全部兑现了在职社区干部“三险一金”待遇。

五年来，全区10个城市社区服务中心有6个达到了1000平方米以上，总面积达到9795.2平方米。18个农村社区服务中心总面积达到6600平方米。今年，正在对置换后的4个派出所办公用房和5个村的学校校舍进行装修，作为社区群众活动场所。区、镇、村三级政务服务体系全部完成。全区社区文化活动中心、活动室、阅览室达到13个，累计开展群众性文体活动150余场次。我区正在建设总投资3000万元的2422平方米艺体馆和400米标准塑胶跑道工程、总投资700万元的3500平方米区敬老中心养老护理楼、总投资242万元的1272平方米区档案馆。同时，切实抓好了信访、安全、稳定工作，保障了经济社会良好的发展环境。

昂昂溪古遗址赋碑

俄式俱乐部

昂昂溪区污水处理厂

新兴社区服务中心

长兴街绿化

新建的昂昂溪区第二小学校

街路升级改造

浩源欧洲假日小区

低温楼改造

碾子山区 Nianzisanqu

2011年以来，碾子山区坚持以人为本，加大财政投入力度，解决了一批群众最关心、最直接、最现实的利益问题，使发展成果更多更好地惠及山城百姓。

着力办好人民满意的教育。坚持教育优先发展，克服财力紧张的实际困难，相继完成标准化学校、示范性幼儿园、青少年活动中心、艺体馆等建设，教育教学质量不断提高，升学率逐年提升。

着力改善医疗条件。投资3200万元建成8700平米的区人民医院综合楼，成功晋级为国家二级甲等医院。推进区人民医院和市第一医院、区中医院和市中医院“联合体”建设，实现了医疗资源共享。

着力拓宽群众就业渠道。通过招商引资、全民创业等方式，扩大就业容量，保持就业形势总体稳定。累计新增就业10262人（次），城镇登记失业率控制在3.8%以内。

着力完善社会保障体系。加快推进城乡居民社会保障体系建设，参保人数9648人，参保率达98%。发放低保资金8813万元、廉租住房补贴2774万元。

着力改善群众生活环境。在棚户区改造方面，坚持循序渐进、量力而行的原则，逐步改善平房区群众居住环境，累计棚改面积7.4万平方米、受益户1397户。在供热方面，加快推进集中供热，供热面积达80万平方米，受益户1万户。在供水方面，引进国中水务集团投资6000万元实施供水改（扩）建工程，新建饮用水处理厂1座，城区饮用水质量明显改善。在污水处理方面，完成总投资8300万元的污水处理厂建设，现已通过省环保厅验收并投入运行。

第十四届6.28登山节

碾子山人民医院新外科大楼

改造后的七一运河休闲区

城西棚户区改造

站前社区服务中心内景

国中水务净水厂

青少年校外活动中心

区委书记高尚国、区长陆欣深入棚改现场指导工作

区政务服务中心内景

国家级养老高级护工培训基地

梅里斯达斡尔族区

梅里斯达斡尔族区把民生作为和谐之基、稳定之基、发展之基，坚持新增财力重点向民生工作倾斜。

2011年以来，不断加强社会保障体系建设，共办理各类小额担保贷款13082万元，城镇登记失业率控制在4.1%以内，城乡居民养老保险、城镇居民医疗保险、新型农村合作医疗保险参保率分别达到92%、98%和99.2%。不断扩大弱势群体救助范围，共发放城乡大病救助、灾后重建补助、社会救助、优抚双拥、廉租住房补贴等各类资金10229.5万元。不断统筹城乡建设管理，全面完成“一城、四镇、十六社区、十八个民族村”布局规划，实施城区绿化美化亮化和“美丽乡村”建设工程，共种植补植树木3.1万棵，花卉26万株，整修道路13.8公里，安装达斡尔族民俗文化大型景观雕塑七处、彩虹门十组、景观灯76盏、路灯200盏；启动鲜明城中村改造工程，改造农村泥草（危）房705户、“老、旧、散”楼和低温楼改造29栋，开发建设棚改小区6个,垃圾填埋场建设完成,污水处理厂、区医院综合楼、客运枢纽工程、城区天燃气等项目正在积极推进中。社会事业的发展、民生工程的实施，促进了梅里斯民族更交融、经济更发展、文化更繁荣、民生更改善、社会更和谐。

四牛轭杠犁

群众性健身活动

展民生工作成就·建全面小康社会

广场夜景

新建胜利社区

梅里斯湖

区医院

新建达斡尔族小学

老旧散楼、体育场改造

编 辑 说 明

一、《齐齐哈尔经济统计年鉴—2015》是一部全面反映齐齐哈尔市经济和社会发展状况的资料性工具书。本书收录了全市及各县(市)、区2014年经济和社会各方面的统计数据，以及历史重要年份的主要统计数据。

二、全书主体共分18部分：1.行政区划和自然资源；2.综合；3.人口；4.从业人员和职工工资；5.固定资产投资；6.能源消费与库存；7.财政、金融及保险；8.物价指数；9.人民生活；10.城市概况；11.农业；12.工业；13.建筑业；14.交通运输和邮电通信业；15.批发和零售贸易、餐饮业；16.对外经济贸易和国际旅游业；17.教育、科技和文化事业；18.体育、卫生及其他事业。另附：各篇首附有简要说明，篇末附有主要统计指标解释。

三、资料采用国际统一标准的计量单位。

四、本年鉴的资料大部分来自年度统计报表，部分数据来自抽样调查、普查和专业部门年报，部分专业历史数据和资料来源口径有调整，请留意表中注释。

五、本年鉴中的符号使用说明："空格"表示该项数据数据太小，不足本表计量单位；"#"表示其中主要项。

六、为便于对地方经济发展情况的了解，本年鉴将黑龙江农垦总局齐齐哈尔分局统计资料单列。目口全市总计由市区、市辖县和农场局三部分组成。

《齐齐哈尔经济统计年鉴》自创刊以来，得到各级领导和有关部门的大力支持与配合，在此谨表诚挚的谢意。本年鉴在编印中纰漏、不足之处，敬请批评指正。

目 录

一、行政区划和自然资源

1-1 行政区划 ……3
1-2 各县区街道办事处、镇及乡一览表 ……4
1-3 自然状况和资源 ……5
1-4 土地面积和人口密度 ……6
1-5 气象 ……6
主要统计指标解释 ……7

二、综合

2-1 各部门机构数 ……11
2-2 主要年份国民经济和社会发展总量指标 ……12
2-3 主要年份国民经济和社会发展比例和效益指标 ……16
2-4 国民经济主要指标发展速度 ……18
2-5 主要年份国民经济和社会发展结构指标 ……19
2-6 主要年份人均社会经济主要指标 ……22
2-7 地区生产总值 ……22
2-8 1978–2014年地区生产总值 ……23
2-9 1978–2014年地区生产总值指数 ……24
2-10 1978–2014年地区生产总值指数 ……25
2-11 地区生产总值构成 ……26
2-12 按支出法计算的地区生产总值 ……27
2-13 人均居民消费水平 ……28
2-14 分行业增加值构成及经济增长分析指标 ……29
2-15 法人单位及产业活动单位数 ……30
主要统计指标解释 ……31

三、人口

3-1 1978–2014年总人口 ……35
3-2 户数和总人口 ……36
3-3 1978–2014年人口自然变动 ……37

3-4　各县（市）、区人口自然变动 ……38
3-5　户数和总人口 ……38
3-6　各民族人口 ……39
3-7　各种文化程度人口 ……40
3-8　计划生育 ……40
主要统计指标解释 ……41

四、从业人员和职工工资

4-1　1999-2014年就业基本情况 ……45
4-2　主要年份按经济类型分的从业人员 ……46
4-3　主要年份分产业的从业人员和构成 ……46
4-4　城镇单位从业人员 ……47
4-5　各县（市）按行业分的在岗职工人数 ……48
4-6　各县（市）按行业分的国有、集体单位在岗职工人数 ……49
4-7　其他经济类型单位在岗职工人数及工资 ……51
4-8　各县（市）按行业分的城镇个体私营劳动者人数 ……52
4-9　全市单位女从业人员数 ……53
4-10　国有、集体单位职工人数 ……54
4-11　全市工业企业在岗职工人数 ……55
4-12　全市国有工业企业在岗职工人数 ……57
4-13　全市在岗职工平均人数 ……59
4-14　1978-2014年职工平均工资和指数 ……60
4-15　各县（市）按行业分的在岗职工工资总额 ……61
4-16　国有单位在岗职工人数和工资总额 ……62
4-17　各县（市）按行业分的国有、集体单位在岗职工工资总额 ……64
4-18　各县（市）国有、集体单位从业人员劳动报酬 ……66
4-19　市辖县（市）按行业分的国有、集体单位从业人员劳动报酬 ……67
4-20　按行业分的国有单位从业人员劳动报酬 ……68
4-21　按行业分的集体单位从业人员劳动报酬 ……69
4-22　集体单位在岗职工人数和工资总额 ……70
4-23　各县（市）工业企业在岗职工工资总额 ……72
4-24　各县（市）国有工业企业在岗职工工资总额 ……74
4-25　主要年份各县（市）国有、集体单位在岗职工平均工资 ……76
4-26　各县（市）全部单位在岗职工平均工资 ……77
4-27　按行业分的集体单位在岗职工平均工资 ……79
4-28　国有单位在岗职工平均工资 ……80
4-29　国民经济各部门单位数 ……82

4-30 各县（市）国民经济各部门单位数 ……83
4-31 单位其他从业人员和劳动报酬 ……84
主要统计指标解释 ……85

五、投资部分

5-1 固定资产投资效果 ……89
5-2 历年固定资产投资和新增固定资产 ……90
5-3 主要年份固定资产投资 ……92
5-4 全市固定资产投资 ……95
5-5 市区固定资产投资 ……96
5-6 按登记注册类型分的建设项目固定资产投资 ……97
5-7 1978-2014年新增固定资产 ……98
5-8 各县（市）建设项目固定资产投资房屋建筑面积和项目数 ……99
5-9 固定资产建设项目及其新增固定资产 ……100
5-10 建设项目固定资产投资 ……101
5-11 建设项目固定资产投资资金来源 ……103
5-12 全部建设项目投资情况 ……104
5-13 省重点产业项目投资情况 ……105
5-14 市重点产业项目投资情况 ……105
5-15 主要年份房地产开发基本情况 ……106
5-16 按隶属关系分房地产开发投资经济指标 ……107
5-17 按经济类型分房地产开发投资经济指标 ……109
5-18 按控股情况分房地产开发经营主要经济指标 ……111
5-19 各县（市）房地产开发经营主要经济指标 ……113
5-20 房地产开发面积综合指标 ……117
5-21 各县（市）房地产开发施工、销售和待售情况 ……118
5-22 建设项目固定资产投资新增生产能力 ……119
主要统计指标解释 ……120

六、能源消费与库存

6-1 主要年份主要能源消费量、库存量 ……125
6-2 主要能源消费量 ……125
6-3 工业企业能源加工转换 ……126
主要统计指标解释 ……128

七、财政、金融及保险

7-1 主要年份财政预算内收入 ……131

7-2 主要年份全市财政预算内支出 ……134
7-3 主要年份市区财政预算内支出 ……137
7-4 财政预算内收入 ……139
7-5 财政预算内支出 ……141
7-6 主要年份各项税收 ……143
7-7 各项税收 ……144
7-8 主要年份财政预算外收入、支出 ……145
7-9 主要年份金融机构可比口径人民币存、贷款余额 ……147
7-10 金融机构分行业贷款 ……149
7-11 主要年份商业银行人民币存、贷款余额 ……150
7-12 银行与其他金融机构本外币存贷款 ……152
7-13 主要年份金融机构现金收入和支出 ……154
7-14 主要年份农村信用社存、贷款余额 ……155
7-15 各县（市）金融机构本外币存贷款 ……157
7-16 财产保险业务经济指标 ……159
主要统计指标解释 ……160

八、物价指数

8-1 1979-2014年各种物价总指数 ……163
8-2 主要年份商品零售价格分类指数 ……164
8-3 居民消费价格分类指数 ……165
8-4 各县（市）消费品价格分类指数 ……166
主要统计指标解释 ……168

九、人民生活

9-1 城市居民人均收入情况 ……171
9-2 城市居民人均支出情况 ……172
9-3 主要年份城镇居民家庭生活基本情况 ……173
9-4 城镇居民家庭年人均购买主要粮食商品数量 ……173
9-5 城镇居民家庭人均主要消费品拥有量 ……175
9-6 城镇居民家庭居住情况 ……176
9-7 主要年份城镇居民家庭主要消费品拥有量 ……178
9-8 主要年份农民家庭基本情况 ……178
9-9 农民家庭年总收入和总支出 ……179
9-10 主要年份农民家庭作物产量情况 ……180
9-11 主要年份农民家庭耐用消费品拥有量 ……180
9-12 农民家庭平均每人年购买商品 ……181

主要统计指标解释 ……182

十、城市概况

10–1　主要年份城市公用事业 ……185
10–2　主要年份城市建筑面积和居住面积 ……186
10–3　主要年份城市市政工程设施情况 ……186
10–4　主要年份全市用电量 ……186
10–5　主要年份城市工业“三废”排放治理情况 ……187
10–6　主要年份城市环境卫生 ……187
主要统计指标解释 ……188

十一、农业

11–1　主要年份农村基层组织和劳动力 ……191
11–2　农村基层组织、人口及纯收入 ……192
11–3　主要年份农村社会基础设施 ……192
11–4　各地区乡村人口及从业人员 ……193
11–5　1978–2014年耕地面积 ……194
11–6　各地区耕地面积 ……195
11–7　主要年份耕地面积增减变化情况 ……196
11–8　主要年份农业机械化、能源物资消耗及农田水利建设 ……196
11–9　主要年份农林牧渔业总产值指数 ……197
11–10　农林牧渔业总产值 ……198
11–11　农林牧渔业增加值 ……198
11–12　各县（市）农林牧渔业增加值 ……199
11–13　各县（市）农林牧渔业增加值构成 ……200
11–14　主要农业机械拥有量 ……201
11–15　农业机械化情况 ……203
11–16　农田水利建设 ……203
11–17　主要年份水库、除涝、治水及治碱情况 ……204
11–18　主要年份主要农作物播种面积和产量 ……205
11–19　主要农作物播种面积 ……206
11–20　主要农产品产量 ……209
11–21　主要年份畜牧业生产情况 ……211
11–22　各县（市）区畜牧业生产情况 ……212
11–23　市县属蔬菜播种面积 ……216
11–24　市县属蔬菜生产情况 ……217
11–25　主要年份林业生产情况 ……218

11-26 各县（市）林业生产情况 ……219
11-27 各县（市）渔业生产情况 ……219
11-28 主要年份渔业生产情况 ……220
11-29 特色种植业播种面积 ……220
11-30 绿色种植业生产情况 ……221
11-31 绿色种植业播种面积 ……222
11-32 特色种植养殖业生产情况 ……223
11-33 特色养殖业生产情况 ……223
11-34 市县属农林牧渔业总产值 ……225
11-35 市县属耕地面积 ……226
11-36 主要年份市县属主要农作物播种面积 ……227
11-37 市县属主要农作物播种面积 ……229
11-38 主要年份市县属主要农产品产量 ……232
11-39 市县属农产品产量 ……234
11-40 主要年份市县属畜牧业生产情况 ……236
11-41 市县属畜牧业生产情况 ……238
11-42 农业主要能源和物质消耗 ……242
11-43 1990-2014年农村经济收入分配 ……244
11-44 主要年份农垦系统农场基本情况 ……245
11-45 乡镇经济基本情况 ……246
主要统计指标解释 ……251

十二、工业

12-1 规模以上工业企业单位数和工业总产值 ……255
12-2 各县（市）规模以上工业企业单位数 ……264
12-3 各县（市）按行业分规模以上工业企业单位数 ……266
12-4 各县（市）规模以上工业总产值 ……268
12-5 各县（市）按行业分规模以上工业总产值 ……270
12-6 主要年份规模以上工业增加值 ……272
12-7 主要年份按行业分规模以上工业增加值 ……272
12-8 规模以上工业企业主要经济指标 ……273
12-9 规模以上工业企业主要经济指标 ……275
12-10 全市规模以上工业企业主要经济指标 ……277
12-11 市区规模以上工业企业主要经济指标 ……281
12-12 各县（市）规模以上工业企业主要经济指标 ……285
12-13 全市国有控股工业企业主要经济指标 ……287
12-14 市区国有控股工业企业主要经济指标 ……291

12-15 各县（市）国有控股工业企业主要经济指标 ……295
12-16 主要年份工业产品产量 ……297
12-17 工业企业主要经济指标 ……298
12-18 全市分行业大中型工业企业主要经济指标 ……299
12-19 市区分行业大中型工业企业主要经济指标 ……303
12-20 各县（市）主要工业产品产量 ……307
12-21 工业品出厂价格指数 ……311
主要统计指标解释 ……312

十三、建筑业

13-1 建筑企业主要经济指标 ……317
13-2 主要年份国有、城镇集体建筑企业主要经济指标 ……318
13-3 建筑业企业生产指标 ……319
13-4 建筑业企业设备、人员情况 ……320
13-5 各县（市）建筑业企业主要指标 ……321
13-6 各县（市）建筑业企业全员劳动生产率 ……321
13-7 建筑业企业财务指标 ……322
13-8 各县（市）建筑业企业财务指标 ……324
13-9 各县（市）建筑业企业房屋建筑竣工面积 ……325
13-10 建筑业企业房屋建筑施工面积 ……326
13-11 各县（市）建筑业企业房屋建筑施工面积 ……326
13-12 建筑企业主要经济指标 ……327
13-13 各县（市）建筑企业主要经济指标 ……329
13-14 劳务分包建筑企业主要经济指标 ……330
主要统计指标解释 ……332

十四、交通运输和邮电通信业

14-1 1978-2014年客货运输量 ……335
14-2 各县（市）公路线路里程 ……336
14-3 各县（市）道路运输经营业户和营运车辆 ……337
14-4 主要年份机动车辆拥有量 ……337
14-5 非营运机动车保有量 ……338
14-6 主要年份全社会公路客、货运输量 ……339
14-7 主要年份公路运输营运车辆 ……339
14-8 1978-2014年邮电业务量 ……340
14-9 各县（市）邮政业务量 ……341
14-10 各县（市）邮电局、所和邮电线路 ……341

主要统计指标解释 …………342

十五、批发和零售贸易、餐饮业

15-1 全市社会消费品零售额分月 …………345
15-2 历年全市社会消费品零售额 …………346
15-3 主要年份全市批发、零售贸易业商品销售总额 …………347
15-4 全市限额以上住宿业和餐饮业法人企业经营情况 …………348
15-5 全市限额以上批发、零售贸易业财务状况 …………350
15-6 全市星级以上住宿业、限额以上餐饮业财务状况 …………354
15-7 城乡个体工商业基本情况 …………358
15-8 按行业分的城乡个体工商业户数 …………359
15-9 按行业分的城乡个体工商业人数 …………362
15-10 主要年份城乡私营企业基本情况 …………365
15-11 按行业分的城乡私营企业户数 …………366
15-12 按行业分的城乡私营企业人数 …………369
主要统计指标解释 …………372

十六、对外经济贸易和国际旅游业

16-1 主要年份对外贸易进出口总值 …………375
16-2 主要年份对外贸易进出口分国别（地区）总值 …………376
16-3 主要年份对外贸易进口主要商品数量和金额 …………377
16-4 主要年份接待旅游人数 …………379
主要统计指标解释 …………380

十七、教育、科技及文化事业

17-1 主要年份各类学校学生和教师数 …………383
17-2 高等学校基本情况 …………385
17-3 中等专业学校基本情况 …………385
17-4 普通中学基本情况 …………386
17-5 中等职业学校基本情况 …………386
17-6 小学基本情况 …………387
17-7 主要年份成人高等学校基本情况 …………387
17-8 主要年份特殊学校基本情况 …………388
17-9 幼儿园基本情况 …………388
17-10 主要年份中小学升学情况 …………388
17-11 主要年份国有单位专业技术人员 …………389
17-12 事业单位专业技术人员分专业基本情况 …………390

17-13 主要年份文化单位机构数 ……391
17-14 艺术事业基本情况 ……391
17-15 群众艺术馆、文化馆（文化中心、站）活动情况 ……391
17-16 图书馆事业基本情况 ……392
17-17 主要年份广播和电视事业发展情况 ……393
17-18 广播电视主要统计指标 ……393
17-19 广播节目制作时间 ……394
17-20 电视节目制作时间 ……394
主要统计指标解释 ……395

十八、体育、卫生及其他事业

18-1 主要年份体育事业发展情况 ……399
18-2 等级运动员和等级裁判员分项人数 ……400
18-3 主要年份体育系统职工人数 ……400
18-4 全市卫生机构、床位及人员数 ……401
18-5 全市卫生机构卫生技术人员数 ……402
18-6 市区卫生机构、床位数 ……403
18-7 各县（市）卫生机构、床位数 ……404
18-8 全市医疗机构运营情况 ……406
18-9 齐齐哈尔市所属医院基本情况一览表 ……407
18-10 主要年份社会福利事业基本情况 ……410
18-11 主要年份享受救济补助人员情况 ……410
18-12 主要年份婚姻登记情况 ……411
18-13 主要年份律师、公证及调解工作基本情况 ……411
18-14 主要年份国内公证文书分类 ……412
主要统计指标解释 ……413
齐齐哈尔市2014年国民经济和社会发展统计公报 ……415
齐齐哈尔市统计局2014年大事记 ……419

BRIEFCONTENTS

1. *AdministrativeDivisionandNaturalResources*

2. *GeneralSurvey*

3. *Population*

4. *EmploymentandWages*

5. *InvestmentinFixedAssets*

6. *ConsturmptionofEnergyandRawMaterials*

7. *NationalPublicFinance, BankingandInsurance*

8. *PriceIndices*

9. *People śLivelihood*

10. *GeneralSurveyCities*

11. *Agriculture*

12. *Industry*

13. *Construction*

14. *Ttansportation, PostalandTelecommunicationServices*

15. *WholesaleandRetailTtadeandDiningDrinkingService*

16. *ForeignEconomyTradeandTourism*

17. *Education, ScienceandCulture*

18. *Sports, PublicHealthandOthers*

Appendix. MainSocialandEconomicIndicatorsofProvinces

一、行政区划和自然资源

ADMINISTRATIVE DIVISION AND NATURAL RESOURCES

简要说明

本篇包括齐齐哈尔市行政区划、自然状况和自然资源状况。“行政区划”由市民政局提供。

自然状况包括土地、气象状况。自然资源包括土地、林木、水利、矿产资源四部分。

土地资料、矿产资料由市国土资源局提供；

林木资料由市林业局提供；

水利资料由齐齐哈尔水文水资源堪测局提供；

气象资料由市气象局提供。

1-1 行 政 区 划

（2014年底） 单位:个

地　　区	街道办事处	社区居民委员会	镇政府	乡政府	村民委员会
全　　市	**38**	**214**	**70**	**53**	**1259**
市　　区	**36**	**148**	**10**	**3**	**126**
龙沙区	7	32			6
建华区	5	33	1		16
铁锋区	7	30	1		12
富拉尔基区	8	30		2	10
昂昂溪区	4	10	3		24
碾子山区	4	7			9
梅里斯区	1	6	5	1	49
市辖县(市)	**2**	**66**	**60**	**50**	**1133**
讷河市	2	9	11	4	171
龙江县		11	8	6	158
依安县		7	6	9	148
泰来县		5	7	2	77
甘南县		8	5	5	95
富裕县		8	5	4	78
克山县		6	6	9	122
克东县		6	5	2	98
拜泉县		6	7	9	186

1－2　各县区街道办事处、镇及乡一览表

（2014年底）

地　区	街道办事处和镇	乡
龙沙区	五龙、湖滨、彩虹、正阳、 南航、江安、大民	
建华区	中华、建设、西大桥、文化、卜奎、塔哈镇	
铁锋区	站前、北局宅、光荣、通东、 南浦、东湖、龙华、扎龙镇	
富拉尔基区	红宝石、幸福、红岸、沿江、 电力、铁北、北兴、和平	长青乡、杜尔门沁达斡尔族乡
昂昂溪区	新兴、道北、新建、林机、 榆树屯镇、水师营满族镇、汤池镇	
碾子山区	东安、繁荣、富强、跃进	
梅里斯区	梅里斯、达呼店镇、雅尔塞镇、梅里斯镇 卧牛吐达斡尔族镇、共和镇	莽格吐达斡尔族乡
讷河市	雨亭、通江、拉哈镇、老莱镇、通南镇、 讷南镇、龙河镇、二克浅镇、学田镇、 六合镇、同义镇、九井镇、长发镇	孔国乡、和盛乡、同心乡、 兴旺鄂温克族乡
龙江县	龙江镇、景星镇、龙兴镇、七棵树镇、 山泉镇、白山镇、杏山镇、头站镇	黑岗乡、广厚乡、济沁河乡 鲁河乡、华民乡、哈拉海乡
依安县	依安镇、依龙镇、双阳镇、中心镇、 三兴镇、新兴镇	太东乡、上游乡、红星乡、 先锋乡、阳春乡、解放乡、 新发乡、富饶乡、新屯乡
泰来县	泰来镇、平阳镇、克利镇、大兴镇、 塔子城镇、江桥蒙古族镇、和平镇	宁姜蒙古族乡、胜利蒙古族乡
甘南县	甘南镇、平阳镇、东阳镇、 兴十四镇、巨宝镇	长山乡、中兴乡、兴隆乡、 宝山乡、查哈阳乡
富裕县	富裕镇、富路镇、富海镇、 二道湾镇、龙安桥镇	繁荣乡、绍文乡、忠厚乡、 友谊达翰尔族满族柯尔克孜族乡
克山县	克山镇、北兴镇、西城镇、 北联镇、古城镇、西河镇	河南乡、双河乡、河北乡、 西建乡、发展乡、西联乡、 向华乡、曙光乡、古北乡
克东县	克东镇、宝泉镇、乾丰镇、玉岗镇 蒲峪路镇	润津乡、昌盛乡
拜泉县	拜泉镇、三道镇、兴农镇、长春镇、 龙泉镇、国富镇、富强镇	上升乡、兴华乡、大众乡、 永勤乡、爱农乡、新生乡、 兴国乡、丰产乡、时中乡

1－3 自 然 状 况 和 资 源

（2014年）

项　　目	单位	全　市	项　　目	单位	全　市
一、自然状况			河川径流量		
1.土地总面积	平方公里	42469	嫩江（入境）	亿立方米	164.5
2.气候			（出境）	亿立方米	239.7
年平均气温	℃	5.1	诺敏河	亿立方米	50.26
年降水量	毫米	427.5	黄蒿沟	亿立方米	0.8771
年日照总时数	小时	2719.7	音　河	亿立方米	2.52
二、自然资源			雅鲁河	亿立方米	15.4
1.土地资源			罕达罕河	亿立方米	0.7
耕　　地	万亩	3597	乌裕尔河	亿立方米	17.55
林　　地	万亩	745	润津河	亿立方米	1.534
草　　原	万亩	810	4.矿产资源		
			泥炭	千吨	467
2.林木资源			膨润土	千吨	141795
林地总面积	万公顷	58.53	砂质高岭土	千吨	3360
有林地面积	万公顷	40.72	石英砂	千吨	1346
用 材 林	万公顷	8.47	石　油	千吨	9553
防 护 林	万公顷	44.03	颜料矿物（颜料黄土）	千吨	670
经 济 林	万公顷	0.08	水泥配料用页岩	千吨	362
薪 炭 林	万公顷	3.79	水泥配料用粘土	千吨	14705
特 用 林	万公顷	0.01	岩棉用玄武岩	千吨	2030
活立木总蓄积	万立方米	3621.00	水泥用大理岩	千吨	5120
森林覆盖率	%	10.39	褐　煤	千吨	270
3.水利资源			红陶土矿	千吨	2899

1－4 土地面积和人口密度

（2014年底）

地　区	土地面积(平方公里)		总人口(人)		人口密度(人/平方公里)
	土地面积	比重(%)	总人口	比重(%)	
全　市	**42469**	**100.0**	**5532349**	**100.0**	**130.27**
市　区	**4310**	**10.1**	**1382338**	**25.0**	**320.73**
市辖县(市)	**38159**	**89.9**	**4150011**	**75.0**	**108.76**
讷河市	6648	15.6	717160	17.3	107.88
龙江县	6200	14.6	596536	14.4	96.22
依安县	3678	8.7	489403	11.8	133.06
泰来县	3922	9.2	318226	7.7	81.14
甘南县	4787	11.3	386822	9.3	80.81
富裕县	4060	9.6	291236	7.0	71.73
克山县	3186	7.5	485862	11.7	152.50
克东县	2080	4.9	288453	7.0	138.68
拜泉县	3598	8.5	576313	13.9	160.18

注：土地面积数为2008年数据。

1－5 气　　象

（2014年）

地　区	平均气温(℃)	日照时数(小时)	平均气压(毫巴)	年降水量(毫米)	平均风速(米/秒)
市　区	**5.1**	**2719.7**	**997.2**	**427.5**	**2.1**
讷河市	2.6	2271.7	990.0	727.2	2.1
龙江县	5.3	2686.3	991.8	466.0	1.5
依安县	3.1	2781.9	987.0	675.4	2.5
泰来县	5.2	2622.2	1022.0	421.9	2.7
甘南县	4.7	3015.1	992.4	593.1	2.2
富裕县	3.8	2450.9	1018.0	609.6	2.1
克山县	2.5	2393.3	985.9	680.0	2.2
克东县	2.5	2445.5	1000.4	680.2	3.2
拜泉县	2.8	2384.9	1007.8	703.0	2.0

主要统计指标解释

行政区划 指国家对行政区域的划分。根据宪法规定，我国的行政区域划分如下：(1)全国分为省、自治区、直辖市；(2)省、自治区分自治州、县、自治县、市；(3)自治州分为县、自治县、市；(4)县、自治县分为乡、镇；(5)直辖市和较大的市分为区、县；(6)国家在必要时设立特别行政区。

气候 指地球与大气之间长期能量交换与质量交换所形成的一种自然环境状态，它是多种因素作用的结果。气候既是人类生活和生产的环境要素之一，又是供给人类生活和生产的重要资源。气温、降水、湿度等气象要素的多年平均值是用来描述一个地区状况的主要参数，而各种气象要素某年、某月的平均值(或总量)则可以反映出该时期天气气修状况的重要特征。

自然资源 指人类可以直接从自然界获得，并用于生产和生活的物质资源。自然资源一般可以分成可再生资源和非再生资源两大类。可再生资源指在较短时间内可以再生、可以循环利用的资源，包括土地资源、水资源、气候资源、生物资源和海洋资源等。非再生资源指在使用后不能再生的资源，包括矿产资源和地热能源。

土地资源 土地指陆地的表层部分，它主要由岩石、岩石的风化物和土壤构成。土地资源按利用类型可以分为农用地、建筑用地和未利用地。农用地包括耕地、园地、林地、牧草地和水面。建筑用地包括居民点及工矿用地、交通用地和水利设施用地。未利用地指农用地和建筑用地以外的土地，包括滩涂、荒漠、戈壁、冰川和石山等。

耕地面积 指经过开垦用以种植农作物并经常进行耕耘的土地面积。包括种有作物的土地面积、休闲地、新开荒地和抛荒未满三年的土地面积。

林业用地面积 指生长乔木、竹类、灌木、沿红树林等林木的土地面积，包括有林地、灌木林、疏林地、末成林造林地、迹地、苗圃等。

森林资源 指森林、林木、林地以及依托森林、林木、林地生存的野生支物、植物和微生物。林木指树木和竹子。森林指以乔木为主体的植物群落，是集生的乔木及共同作用的植物、动物、微生物和土壤、气候等的总体。

森林蓄积量 指一定森林面积上存在着的林木树干部分的总材积。它是反映一个国家或地区森林资源总规模和水平的基本指标之一，它是反映森林资源的丰富程度、衡量森林生态环境优劣的重要依据。

森林覆盖率 指一个国家或地区森林面积占土地总面积的百分比。森林覆盖率是反映森林资源的丰富程度和生态平衡状况的重要指标。在计算森林覆盖率时，森林面积包括郁闭度0. 2以上的乔木林地面积的竹林面积，国家特别规定的灌木林地面积、农田林网以及四旁(村旁、路旁、水旁、宅旁)林木的覆盖面积。计算公式为：

森林覆盖率(%)＝森林面积／土地总面积×100%

水资源 水在自然界中以固体、液体和气态三种聚集状态存在，分布于海洋、陆地(包括土壤)以及大气之中，通过水循环形成水资源。水资源包括经人类控制并直接可供灌溉、发电、给水、航运、养殖等用途的地表水和地下水，以及江河、湖泊、井、泉、潮汐、港湾和养殖水域等。水资源是发展国民经济不可缺少的重要自然资源。

径流 指陆地上接受降水、冰雪融水后扣除损耗外，从地表和地下流动的水流。径流可分为地表径流、地下径流和壤中流。地表径流指沿地表向河流、湖泊、沼泽、海洋等汇集的水集；地下径流指沿潜水层或隔水层间的含水层，向河流、湖泊、沼泽、海洋等汇集的地下水水集。

径流量 指在一定时段内通过河流某一过水断面的水量，用以反映一个国家或地区水资源的丰歉程度。

计算公式为：径流量＝降水量－蒸发量

矿产资源 矿产指由地质作用形成，富集于地壳中或出露于地表达到工农业利用要求的有用矿物。矿产是一种重要的自然资源，是社会发展的重要物质基础。

气温 指空气的温度，我国一般以摄氏度(℃)为单位表示。气象观测的温度表是放在离地面约1. 5米处通风好的百叶箱里测量的，因此，通常说的气温指的是离地面1. 5米处百叶箱的温度。其统计计算方法为：用平均气温是将全月各日的平均气温相加，除以该月的天数而得。年平均气温是将12个月的月平均气温累加后除以12而得。

二、综　合

GENERAL SURVEY

简要说明

一、本篇包括国民经济综合资料及国民经济核算资料两部分内容。

二、国民经济综合资料中的"各部门机构数"及国民经济总量、速度、比例的数据均来自本年鉴各篇。

三、国民经济核算资料主要包括地区生产总值及总产出、总投资、总消费及人均居民消费水平。

地区生产总值及其产业构成的资料，是根据不同产业部门的特点和资料来源情况而采用不同的方法计算的，有的部门以生产法计算的增加值为准，有的部门以收入法计算的增加值为准，最后将各产业部门增加值求和得到地区生产总值，这一结果是地区生产总值的标准数据。按支出法计算的地区生产总值等于最终消费、资本形成总额、货物和服务净出口之和，它与按上述方法计算的地区生产总值不相等，两者的差率称为统计误差.为了避免在应用时产生混乱，国家统计局国民经济核算司对生产法、收入法和支出法地区生产总值的名称作了如下规定：按生产法和按收入法计算的地区生产总值简称为地区生产总值；按支出法计算的地区生产总值简称为支出法地区生产总值。国民生产总值是在上述地区生产总值标准数据的基础上加上来自国外的净要素收入求得。

2-1 各部门机构数

（2014年）

项目	单位	全市	项目	单位	全市
一、农村基层单位			**五、卫　生**		
乡政府	个	53	医　院	个	100
镇政府	个	70	卫生院	个	150
村民委员会	个	1259	门诊部	个	54
乡村户数	万户	97	急救中心(站)	个	1
二、工业企业			妇幼保健院(所、站)	个	17
规模以上工业企业	个	341	专科疾病防治院(所、站)	个	9
内资企业	个	323	疾病预防控制中心	个	18
#国有	个	10	**六、教　育**		
集体	个	8	高等学校	所	6
港、澳、台商投资企业	个	7	中等专业学校	所	5
外商投资企业	个	11	普通中学	所	250
三、建筑施工企业			中等职业学校	所	40
国有企业	个	4	小　学	所	840
集体及其他	个	116	幼儿园	所	941
四、城乡个体工商业户			特殊学校	所	13
采矿业	户	109	**七、文化事业**		
制造业	户	7442	艺术表演专业剧团	个	5
建筑修缮业	户	345	博物馆	个	13
交通运输仓储业	户	1798	公共图书馆	个	13
批发、零售贸易业	户	79354	文化馆	个	16
住宿和餐饮业	户	21610	广播电台	座	11
居民服务业和其他服务业	户	24956	电视台	座	14
农林牧渔业	户	4299	电视发射台、转播台	座	11
其　他	户	5871	电视人口覆盖率	%	100

2－2　主要年份国民经济和社会发展总量指标

指　　标	单位	1985年	1990年	1995年	2000年	2005年	2010年	2013年	2014年
人口与就业									
年末总人口	万人	521.21	542.26	543.53	559.62	556.99	568.11	556.99	553.23
男性人口	万人	266.83	278.15	278.76	285.23	283.52	288.03	282.17	280.34
女性人口	万人	254.38	264.11	264.78	274.39	273.47	280.08	274.82	272.89
非农业人口	万人	165.46	181.02	190.66	196.55	202.30	203.58	197.62	196.45
市区非农业人口	万人	97.02	107.01	111.16	112.38	111.51	111.15	108.66	108.52
农业人口	万人	355.75	361.24	352.88	363.07	354.69	364.53	359.38	356.78
从业人员数	万人	176.83	194.20	213.41	254.72	267.32	270.77	279.58	288.70
职工人数	万人	92.22	102.24	98.11	54.30	39.97	37.26	38.00	37.28
国民核算									
地区生产总值	亿元	39.20	73.59	170.03	266.83	416.12	841.32	1169.37	1209.34
第一产业	亿元	14.73	30.25	69.22	84.42	109.40	190.53	278.71	289.95
第二产业	亿元	15.58	23.18	49.70	67.94	115.15	323.03	396.46	396.45
第三产业	亿元	8.89	20.16	51.11	114.47	191.57	327.76	494.20	522.94
支出法地区生产总值	亿元		73.59	176.69	271.70	416.13	880.46		
#最终消费	亿元		50.88	121.60	180.75	279.03	530.73		
居民消费	亿元		43.92	104.71	151.50	222.32	438.48		
政府消费	亿元		6.96	16.89	29.25	56.71	92.25		
资本形成总额	亿元		23.64	58.95	91.75	134.80	373.45		
固定资本形成	亿元		7.63	32.42	70.93	120.82	359.98		
固定资产投资									
固定资产投资总额	万元	54701	83784	225709	442083	980493	5106448	7207213	7630877
城镇固定资产投资	万元						4835283		
农村固定资产投资	万元						134517		
农 场 局	万元						136648	202769	79858
新增固定资产	万元	37713	81792	226099	324012	517450	4141433	5776400	6203334
财　　政									
财政预算内收入	万元			144069	194558	342075	1105355	1449614	1418532
地方财政收入	万元			75597	119815	211052	787391	1046567	960651
财政预算内支出	万元			139501	234883	624122	2345769	3283277	3405265
物价总指数(上年=100)									
居民消费价格总指数	%	112.0	104.7	116.1	97.7	101.6	103.2	102.1	101.3
商品零售价格总指数	%	112.6	104.8	114.8	95.6	101.4	103.4	102.3	100.5

2-2　续1

指　　标	单位	1985年	1990年	1995年	2000年	2005年	2010年	2013年	2014年
农　业									
耕地面积	万亩	2383.30	2427.10	2540.50	2723.10	3018.80	3599.32	3599.60	3596.75
乡村劳动力	万人	81.12	87.39	158.59	171.13	175.96	189.50	207.97	205.20
农林牧渔业劳动力	万人	74.07	77.12	140.63	148.04	138.49	133.23		
农林牧渔业总产值	万元	239538	466959	1247323	1343231	2175321	4054187	5895326	6082635
主要农产品产量									
粮　食	万吨	258.30	364.40	490.70	468.22	672.47	1068.90	1210.34	1259.45
#水　稻	万吨	5.60	25.10	54.60	76.90	85.36	172.42	193.67	214.80
玉　米	万吨	61.50	136.70	214.40	194.50	326.98	654.36	870.74	886.83
大　豆	万吨	58.40	57.80	71.00	98.70	137.76	177.09	107.52	97.19
薯　类	万吨	14.70	25.50	35.90	46.20	77.48	44.69	25.70	37.18
油　料	万吨	14.30	5.70	6.00	14.56	25.71	8.97	3.09	1.77
蔬　菜	万吨	73.40	93.00	132.30	278.76	173.77	98.16	61.42	97.40
肉类总产量	万吨		7.51	25.48	27.88	50.72	58.18	62.06	58.67
工业(规模以上)									
工业总产值	亿元				139.74	285.26	832.06	960.08	987.25
轻 工 业	亿元				44.47	80.63	322.67	404.61	481.26
重 工 业	亿元				95.27	204.63	509.39	555.48	505.99
主要工业产品产量									
糖	万吨	11.93	12.03	10.80	6.90	10.90	9.89	6.75	3.25
白　酒	万吨	3.71	5.26	5.59	1.84	1.01	3.60	2.94	3.74
啤　酒	万吨	4.85	5.92	11.96	8.30	9.84	4.97	17.87	17.90
机制纸及纸板	万吨	12.15	11.71	14.80	12.20	11.60	13.07	7.23	6.87
焦　炭	万吨	52.30	55.49	56.70	54.20	80.70	69.22	64.92	53.46
水　泥	万吨	31.18	31.08	34.51	50.30	88.80	484.85	698.06	665.64
平板玻璃	万重量箱	18.93	188.90	236.30	234.70	159.40	161.10		
钢	万吨	53.45	58.96	51.70	46.40	60.20	97.26	104.94	99.05
钢　材	万吨	30.05	35.49	35.20	27.90	32.00	63.35	70.27	68.58
金属切削机床	台	1711	666	724	357	3963	2925	3493	752
发 电 量	亿千瓦时	43.33	80.28	86.48	70.13	81.16	103.02	112.27	111.84
货　车	辆	6855	6000	6807	6401	5024	10953	10721	7889
财务指标									
工业增加值	亿元				32.29	77.94	284.74	278.50	262.30
主营业务收入	亿元	37.46	60.64	139.49	123.23	283.31	817.23	925.68	933.15
税金总额	亿元	2.23	3.69	7.79	7.62	14.21	41.12	40.74	38.38
利税总额	亿元	4.55	2.52	3.35	6.44	21.63	122.13	96.12	87.59
利润总额	亿元	2.32	−1.17	−4.44	−1.18	7.46	81.01	55.38	49.21

注:从2002年起粮食产量中不包括薯类和杂豆。

2-2　续2

指　　标	单位	1985年	1990年	1995年	2000年	2005年	2010年	2013年	2014年
年底固定资产原值	亿元	46.45	79.79	151.19	203.07	232.37	412.83	638.27	700.56
年底固定资产净值	亿元	30.49	52.25	97.87	126.64	138.07	289.94	428.79	457.52
建 筑 业									
建筑业总产值	万元	41489	60417	144400	248328	348327	644937	716007.8	592491.7
施工房屋面积	万平方米	170.90	118.00	187.00	272.09	270.96	390.92	327.06	340.34
竣工房屋面积	万平方米	90.50	79.40	113.00	183.87	211.63	237.71	197.16	218.97
交通运输									
铁路货运量	千吨	9533	8870	9444	10340	9988	22557	16255	14485
铁路客运量	千人	15767	14399	17375	16167	14367	17035	15643	16557
公路货运量	千吨	15596	21029	21062	35510	53900	76050	95820	112070
公路客运量	千人	14869	15513	13568	24840	31067	50350	40760	43650
邮电通讯业									
邮电业务总量	万元	1394	5218	26052	134515	218245	847325	341066	422607
函　　件	万件	1925	2118	2037	858	776	410	688	386
报刊期发数	万份	12488	5452	4174	3441	3379	3609	3908	3355
交换机容量	万门	2.14	5.06	20.86	71.49	140.30			
批发零售贸易业									
商品销售总额	万元		432653	980833	226184	1842859	4452397	7712984	9244196
社会消费品零售总额	万元	201936	416235	709462	1071889	1639550	3692812	5594932	6350063
对外经济贸易									
进出口总额	万美元			7022	9644	9693	89271	82459	90643
进 口 额	万美元			2392	6655	2652	14846	15700	16110
出 口 额	万美元			4630	2989	7041	74425	66759	74533
实际利用外资额	万美元			841	1105	3057	9200	41550	47783
国际旅游人数	人			2194	3764	6719	30384	47762	
金　　融									
金融机构各项存款	亿元	15.50	40.85	124.76	250.95	416.16	876.97	1293.30	1434.74
金融机构各项贷款	亿元	45.59	88.65	186.84	273.16	333.33	540.40	908.18	1164.29

注:从2012年起实际利用外资额含间接利用外资额。

2-2　续3

指　　标	单位	1985年	1990年	1995年	2000年	2005年	2010年	2013年	2014年
教　育									
在校学生数									
高等学校	人	7493	9900	11867	16078	34838	49867	51255	54815
中等专业学校	人	7090	7061	11059	11038	5094	11091	11174	9909
普通中学	人	284043	266391	274800	377668	290435	232525	176918	175197
小　学	人	776712	635833	578733	383539	303450	248093	219675	215004
专任教师数									
高等学校	人	1433	1806	1575	1164	2057	2939	3220	3593
中等专业学校	人	462	651	677	680	246	335	378	378
普通中学	人	16880	18079	17605	19380	17441	16688	17541	17591
小　学	人	32238	30225	29150	23281	20792	18653	14218	13388
文　化									
图书馆	个	13	13	11	11	11	12	13	13
艺术表演团体	个	16	16	14	14	13	12	5	5
广播节目制作时间	小时			6452	6379	16384	16384	6348	6375
电视节目制作时间	小时			2758	2865	35588	35588	4629	4624
生　活									
家庭总户数	万户	118.54	139.03	144.18	162.90	182.34	199.55	209.02	
平均每户家庭人口	人	4.40	3.90	3.77	3.44	3.05	2.86	2.67	
结婚数	对	57156	45215	41017	30866	35762	40127	43694	40299
离婚数	对	1392	3412	2530	12741	13820	20411	21191	22201
职工平均工资	元	1012	1651	3731	7358	12573	27050	37956	42195
城镇居民人均可支配收入	元	747.8	1247.2	3248.9	4453.3	7232.6	13377.2	19063.9	21283.2
农村居民人均可支配收入	元	355.5	516.5	1823.1	2056.6	2455.9	6125.0	9984.0	11310.0
城乡储蓄存款余额	万元	82522	313744	982506	1914311	3235154	6010100	8653208	9634645
人均储蓄存款	元	159.00	582.00	1810.00	3438.90	5834.50	10547.03	15506.79	17356.14
城市居民人均建筑面积	平方米		5.03	6.50	8.40	20.46	27.44	25.82	26.01
农村居民人均居住面积	平方米				18.8	24.1	28.6	26.2	31.60
卫　生									
医院、卫生院	个	645	686	620	576	285	778	986	992
医　生	人	7226	8478	8605	9472	6817	8154	9021	9364
医院床位数	张	13636	15117	15567	14682	13228	18522	23706	25726
市政建设									
自来水供应量	万立方米		12309	12938	11104	12627	7462	9531	9590
下水道长度	公里		556	444	498	637	693	723	733
天然气供应量	万立方米		0	1064	2538	4403	18090	21791	21516
液化石油气供应量	吨		0	18379	12500	10541	6070	6500	5000
铺装道路长度	公里		611	454	496	530	528	537	546

注：城市人均建筑面积2002年以前为城市居民人均居住面积；1996年以前城镇居民人均可支配收入为人均生活费收入；2002年以前医院、卫生院中不包括医务室、卫生所及门诊部。2013起城市居民人均建筑面积为国调队数家调查队统计数，2014年以前农村居民人均可支配收入为农村居民人均纯收入。

2-3　主要年份国民经济和社会发展比例和效益指标

指　　标	单位	1985年	1990年	1995年	2000年	2005年	2010年	2013年	2014年
人口与就业									
出 生 率	‰	14.09	20.26	9.72	10.84	9.23	9.99	7.65	7.27
死 亡 率	‰	4.40	6.02	4.07	5.43	3.36	14.31	5.46	6.63
自然增长率	‰	6.09	14.24	5.65	5.41	5.87	-4.32	2.19	0.64
每一就业人员负担人口(含本人)	人	2.95	2.79	2.55	2.20	2.08	2.10	1.99	2.03
三次产业从业人员比例									
(第一产业=100)									
第二产业	%	60.14	64.75	56.56	20.26	27.63	32.11		
第三产业	%	49.64	57.20	63.80	32.88	52.25	57.86		
城镇登记失业率	%				3.50	4.00	3.80	3.70	3.70
国民核算									
三次产业增加值比例									
(第一产业=100)									
第二产业	%	105.70	76.64	71.80	80.48	105.25	169.54	142.25	136.73
第三产业	%	60.37	66.64	73.84	135.60	175.11	172.02	177.32	180.36
人均地区生产总值	元	755	1362	3132	4793	7884	15584	22219	23099
全社会劳动生产率	元/人		3770	8117	9985	15643	31112	42197	42561
第一产业	元/人		3355	7368	4943	7303	13475		
第二产业	元/人		4148	8983	18874	27957	78175		
第三产业	元/人		4103	8490	18943	25540	40092		
固定资产投资									
固定资产投资相当于GDP比例	%	13.95	11.39	13.27	16.57	23.56	60.70	61.63	63.10
固定资产交付使用率	%	69.2	99.9	100.7	73.3	52.8	81.1	70.3	81.3
房屋建筑竣工率	%	51.1	63.4	64.0	67.1	61.5	67.9	43.5	36.5
财　政									
人均地方财政收入	元			139.26	215.23	380.63	1381.78	187548	1730.55
地方财政收入相当于GDP比例	%			4.45	4.49	5.07	9.36	8.95	7.94
地方财政支出相当于GDP比例	%			7.06	7.12	11.90	16.64	16.99	16.11
农　业									
人均耕地面积	公顷	0.31	0.30	0.31	0.32	0.36	0.42	0.43	0.43
农业从业者人均耕地面积	公顷	0.45	0.45	0.48	0.49	0.61	1.80		
每公顷耕地农业机械总动力	千瓦	0.77	1.04	1.04	1.38	1.96	2.61	3.26	3.45
每公顷耕地用电量	千瓦	167.92	190.15	201.07	199.81	205.70	234.49	303.56	310.06
每公顷耕地化肥施用量(折纯)	公斤	43.45	75.21	100.37	102.89	102.75	104.37	119.58	123.53
每公顷耕地生产的农业总产值	元		2136	5357	4756	10809	16896	24567	25367
农业从业者人均农产品产量	公斤								
粮　　食	公斤		4578	3502	3107	4856	8023		
油　　料	公斤		72	43	97	186	67		
麻　　类	公斤		48	66	19	22	0.0		
甜　　菜	公斤		1851	989	687	686	959		

2-3　续

指标	单位	1985年	1990年	1995年	2000年	2005年	2010年	2013年	2014年
烟　叶	公斤		109	1	1	1	1		
肉　类	公斤		94	182	185	366	437		
水产品	公斤		25	23	37	39	40		
工业(规模以上)									
资产负债率	%				72.10	77.33	55.47	59.42	62.70
流动资产周转率	次/年				0.80	1.68	2.69	1.40	1.40
成本费用利润率	%				-1.20	2.98	7.94	6.02	5.50
全员劳动生产率	元/人				11082	57400	228392		246273
产品销售率	%				97.90	98.77	92.57	95.16	95.10
建筑业									
技术装备率	元/人				5030	9862	12811	18187	29072
动力装备率	千瓦/人				5.53	4.87	3.78	5.32	8.85
产值利税率	%				3.5	0.9	6.6	3.7	3.8
全员劳动生产率(增加值)	元/人				10264	13818	28853	75240	81556
国内商业、对外贸易									
人均社会消费品零售额	元	388	771	1307	1926	2957	6480	10026	11439
金　融									
金融机构存款增加额相当于GDP比例	%			13.70	5.86	11.33	12.61	2.48	3.58
金融机构贷款增加额相当于GDP比例	%			11.98	-5.05	-5.61	7.66	2.61	3.47
银行现金支出相当于收入比例	%			106.73	101.93	100.81	101.22		
生　活									
城镇居民家庭恩格尔系数	%			55.25	39.46	35.40	39.0	34.4	29.0
农村居民家庭恩格尔系数	%					36.52	35.6	34.9	30.0
教育、科技、卫生及其他									
学龄儿童入学率	%		98.7	99.6	99.4	99.8	99.9	100.0	100.0
专任教师负担系数	%								
高等学校		5.20	5.40	7.50	13.80	16.94	16.97	15.92	15.26
中等学校		15.30	10.80	16.30	16.20	20.71	33.11	29.56	26.21
普通中学		16.80	14.70	16.00	19.50	16.65	13.93	10.09	9.96
小　学		24.10	21.00	19.90	16.50	14.59	13.30	15.45	16.06
离婚率	‰		1.90	1.80	4.60	2.49	3.58	3.80	4.00
每万人拥有卫生技术人员	人	38.00	39.70	39.30	37.40	28.89	35.43	42.49	44.53
每万人拥有卫生机构床位数	张	26.20	28.00	28.70	26.40	23.86	32.60	42.56	46.50

2-4　国民经济主要指标发展速度

指　　标	2014年比下列各年(+、-%)					平均每年递增(%)	
	1990年	2000年	2005年	2010年	2013年	1991-2014年	2001-2014年
年末总人口	2.02	-1.14	-0.67	-2.62	-0.67	0.08	-0.08
从业人员数	38.26	13.34	8.00	6.62	3.26	1.36	0.90
#职工人数	-65.41	-31.40	-6.80	-0.03	-1.98	-4.33	-2.66
地区生产总值	785.04	248.45	135.52	37.40	22.13	9.51	9.33
固定资产投资总额	9007.80	1626.12	678.27	49.44	5.88	20.68	22.56
金融机构各项存款	16461.37	471.72	244.76	63.60	10.94	23.73	13.26
城乡居民储蓄存款	2838.06	403.30	197.81	60.31	11.34	15.12	12.24
农林牧渔业总产值	319.04	119.93	59.39	12.43	-0.42	6.15	5.79
社会消费品零售总额	1425.60	492.41	287.31	71.96	13.50	12.02	13.55
进出口总额		839.89	835.14	1.54	9.92		17.36
进　口　额		142.07	507.47	8.51	2.61		6.52
出　口　额		2393.58	958.56	0.15	11.64		25.83
实际利用外资额		4224.25	1463.07	419.38	15.00		30.87
城镇居民人均可支配收入	1606.48	377.92	194.27	59.10	11.64	12.55	11.82
农民人均纯收入	2089.74	449.94	360.52	84.65	13.28	13.72	12.95
在校学生数	-50.51	-42.29	-28.22	-16.00	-0.89	-2.89	-3.85
普通高等学校	453.69	240.93	57.34	9.92	6.95	7.39	9.16
中等专业学校	40.33	-10.23	94.52	-10.66	-11.32	1.42	-0.77
普通中学	-34.23	-53.61	-39.68	-24.65	-0.97	-1.73	-5.34
小　　学	-66.19	-43.94	-29.15	-13.34	-2.13	-4.42	-4.05
医　　生	10.45	-1.14	37.36	14.84	3.80	0.42	-0.08
医院床位	70.18	75.22	94.48	38.89	8.52	2.24	4.09

2-5　主要年份国民经济和社会发展结构指标

单位:%

指　　标	1985年	1990年	1995年	2000年	2005年	2010年	2013年	2014年
人口、就业								
人口性别结构								
男	51.2	51.3	51.3	51.0	50.9	50.7	50.7	50.7
女	48.8	48.7	48.7	49.0	49.1	49.3	49.3	49.3
人口非农业、农业结构								
非 农 业	31.7	33.4	35.1	35.1	36.3	35.8	35.5	35.5
农　　业	68.3	66.6	64.9	64.9	63.7	64.2	64.5	64.5
从业人员产业结构								
第一产业	47.7	45.1	45.3	65.3	55.6	52.6		
第二产业	28.7	29.2	25.8	13.2	15.4	16.9		
第三产业	23.6	25.7	28.9	21.5	29.0	30.5		
国民核算								
地区生产总值产业结构								
第一产业	37.6	41.1	40.7	31.6	26.3	22.6	23.8	24.0
第二产业	39.7	31.5	29.2	25.5	27.7	38.4	33.9	32.8
第三产业	22.7	27.4	30.1	42.9	46.0	39.0	42.3	43.2
固定资产投资								
城镇固定资产投资						94.7		
农村固定资产投资						2.6		
农 场 局						2.7	2.5	1.0
登记注册类型结构								
内　　资				98.3	97.5	95.9	96.6	96.4
港、澳、台商投资				0.6		0.5	0.9	0.6
外商投资				1.1	0.4	1.3	0.7	0.5
个体经营					0.1	2.3	1.9	2.4
资金来源结构								
国家预算内资金			4.6	5.3	12.7	4.4	4.2	3.6
国内贷款			9.6	34.2	17.1	10.2	1.9	1.8
债　　券				5.5	0.2			
利用外资			4.1	0.4	0.9	1.6	0.1	0.4
自筹资金			48.7	28.6	57.9	81.1	87.5	84.9
其他投资			33.0	26.0	11.2	2.7	6.3	9.4

2－5　续1　　　　单位:%

指　标	1985年	1990年	1995年	2000年	2005年	2010年	2013年	2014年
农　业								
农林牧渔业总产值结构								
农　业	81.1	81.0	72.0	64.3	60.6	59.4	57.3	57.8
林　业	4.4	2.0	2.0	2.1	1.6	1.1	1.1	1.0
牧　业	13.7	15.9	24.5	31.0	35.8	37.4	39.7	39.4
渔　业	0.8	1.1	1.5	2.6	1.7	1.6	1.5	1.5
农林牧渔服务业					0.3	0.5	0.5	0.3
工业(规模以上)								
工业总产值结构								
国有控股企业				79.6	62.7	38.9	31.4	29.7
其他企业				20.4	37.3	61.1	68.6	70.3
工业总产值轻重工业结构								
轻工业				31.8	28.3	38.8	42.1	48.7
重工业				68.2	71.7	61.2	57.9	51.3
交通运输业								
货运量结构								
铁　路	37.6	29.2	30.8	22.6	15.6	22.9	14.5	11.4
公　路	61.5	69.3	68.7	77.4	84.4	77.1	85.5	88.6
水　运	0.9	1.5	0.5					
航　空								
客运量结构								
铁　路	51.5	48.1	56.1	39.4	31.6	25.2	27.6	27.4
公　路	48.5	51.8	43.8	60.5	68.3	74.6	71.9	72.3
水　运								
航　空		0.1	0.1	0.1	0.1	0.2	0.5	0.3
对外经济贸易								
进出口总额结构								
进　口			34.1	69.0	27.4	16.6	19.0	17.8
出　口			65.9	31.0	72.6	83.4	81.0	82.2

2－5　续2　　　　单位:%

指　　标	1985年	1990年	1995年	2000年	2005年	2010年	2013年	2014年
国内贸易								
社会消费品零售总额								
地区结构								
市			62.7	64.7	65.3			
县			21.4	18.8	18.3			
县以下			15.9	16.5	16.4			
行业结构								
批发零售贸易业			78.2	81.2	91.5	93.7	92.3	92.0
餐 饮 业			5.9	5.9	7.1	5.7	6.9	6.9
其他行业			15.9	12.9	1.4	0.6	0.7	1.0
教　　育								
在校学生结构								
普通高等学校	0.7	1.1	1.3	2.0	5.5	9.2	11.2	12.0
中等专业学校	0.7	0.7	1.3	1.4	0.8	2.0	2.4	2.2
普通中学	23.9	29.0	31.4	47.9	45.8	42.9	38.5	38.5
小　　学	74.7	69.2	66.0	48.7	47.9	45.8	47.9	47.3
专任教师结构								
普通高等学校	2.8	3.6	3.2	2.6	5.1	7.6	9.1	10.3
中等专业学校	0.9	1.3	1.4	1.6	0.6	0.9	1.1	1.1
普通中学	33.1	35.6	35.9	43.5	43.0	43.2	49.6	50.3
小　　学	63.2	59.5	59.5	52.3	51.3	48.3	40.2	38.3
生　　活								
城镇居民消费结构								
食 品 类		56.3	55.3	39.5	35.4	39.0	34.4	28.8
衣 着 类		16.0	12.8	12.3	11.3	10.9	11.5	11.4
居　　住		2.5	8.2	7.9	14.3	13.8	10.7	20.8
用品及其他		25.2	23.7	40.3	39.0	36.2	43.4	39.0
农村居民消费结构								
食 品 类					36.5	34.7	34.9	30.5
衣 着 类					9.3	9.8	9.3	8.0
居　　住					13.4	24.3	14.5	19.2
用品及其他					40.8	31.2	41.3	42.3

2-6　主要年份人均社会经济主要指标

指　　标	单位	1985年	1990年	1995年	2000年	2005年	2010年	2013年	2014年
地区生产总值	元/人	755	1362	3132	4793	7884	15584	22219	23099
工农业总产值	元/人	1164	2391	3870	6680	9068	21716	27770	28742
工业总产值	元/人	795	1573	2457	4267	5145	14602	17205	17785
农业总产值	元/人	369	816	1414	2413	3923	7115	10565	10957
耕地面积	亩/人	4.6	4.5	4.7	4.9	5.4	6.2	6.5	6.5
粮食产量	公斤/人	356.0	521.0	904.0	841.1	1212.8	1875.8	2169.0	2268.8
固定资产投资总额	元/人	105.0	155.3	415.8	794.2	1768.3	8961.2	12915.5	13746.5
社会消费品零售总额	元/人	412.0	771.0	1535.0	2166.2	2956.9	6480.5	10026.3	11439.2
财政收入	元/人			265.4	349.5	616.9	1939.8	2597.7	2555.4
城镇居民人均可支配收入	元/人	748.0	1247.0	3248.9	4453.3	7232.6	13377.2	19063.9	21283.19
农民人均纯收入	元/人	356.0	516.0	1823.0	2056.6	2455.9	6125.0	9984.0	11310.0
全部职工平均工资	元/人	1012	1651	3731	7358	12573	27050	37956	42195
城乡居民储蓄	元/人	159.0	582.0	1810.0	3438.9	5834.5	10547.0	15506.79	17356.14
居住面积	平方米/人	3.8	5.0	6.5	8.4	20.5	27.4		
生活用水量	吨/人	36.2	36.6	52.5	63.0	77.0	36.2	40.7	36.9
人均拥有道路面积	平方米/人	2.4	2.5	2.9	4.5	5.7	8.0	8.7	9.0
拥有医院床位	张/千人	2.3	2.5	2.6	2.6	2.4	3.3	4.2	4.6
拥有医生	人/千人	1.4	1.6	1.6	1.7	1.2	1.4	1.6	1.7

注:2014年农民纯收入改为农村居民人均可支配收入。

2-7　地　区　生　产　总　值

（2014年,按当年价格计算）

单位:万元

地　　区	地区生产总值	第一产业	第二产业	工业	建筑业	第三产业	人均地区生产总值（元/人）
全　　市	**12093360**	**2899456**	**3964451**	**3691803**	**273255**	**5229453**	**23099**
市　　区	**5731460**	**232808**	**1932114**	**1776905**	**155209**	**3566538**	**41441**
市辖县(市)	**6130697**	**2558593**	**1730879**	**1538768**	**192169**	**1841225**	**14631**
讷　河　市	1001808	333477	300322	249229	51151	368009	13800
龙　江　县	816556	397850	205756	191845	13911	212950	13150
依　安　县	660699	286532	203143	183768	19375	171024	13442
泰　来　县	474144	194855	127807	126557	1250	151482	14900
甘　南　县	628052	310649	127383	108883	18500	190020	15786
富　裕　县	627614	286456	185746	159483	26263	155412	19202
克　山　县	696143	289986	163677	149036	14641	242480	14271
克　东　县	358242	133909	149784	146800	2984	74549	12305
拜　泉　县	867439	324879	267261	223167	44094	275299	15027

2-8　1978-2014年地区生产总值

（按当年价格计算）

单位:万元

年　　份	地区生产总值	第一产业	第二产业			第三产业	地区人均生产总值(元/人)
				工　业	建筑业		
1978	154951	59355	63413	56684	6729	32183	308
1979	167322	64581	68859	59508	9351	33882	330
1980	187569	73124	74033	63342	10691	40412	367
1981	215008	88206	76497	63753	12744	50305	418
1982	242770	96577	87111	71178	15933	59082	467
1983	277881	123327	94771	79341	15430	59783	534
1984	321312	136028	118282	100357	17925	67002	620
1985	391999	147330	155733	136417	19316	88936	755
1986	446320	172677	167406	143787	23619	106237	856
1987	482144	176840	174640	143018	31622	130664	918
1988	581135	205292	223750	183836	39914	152093	1095
1989	633858	219818	240975	201243	39733	173064	1184
1990	735901	302484	231829	195799	36030	201588	1362
1991	816305	303439	266165	226151	40014	246701	1504
1992	937840	336692	311804	267783	44021	289344	1726
1993	1117408	426336	349503	290166	59337	341569	2057
1994	1480677	622805	447874	390857	57017	409998	2732
1995	1700283	692163	496988	433503	63485	511132	3132
1996	2103495	852026	593604	523461	70143	657865	3858
1997	2403488	945770	637617	552615	85002	820101	4378
1998	2518848	865668	671961	570786	101175	981219	4575
1999	2558490	840389	643331	547393	95938	1074770	4635
2000	2668282	844183	679385	576169	103216	1144714	4793
2001	2819483	814534	704770	597631	107139	1300179	5036
2002	3087183	920343	732892	627382	105510	1433948	5507
2003	3145969	723433	807672	703737	103935	1614864	6026
2004	3683801	985130	924589	816149	108440	1774082	6920
2005	4161269	1094045	1151492	1030207	121285	1915732	7884
2006	4670864	1131599	1443960	1294064	149896	2095305	8593
2007	5463443	1220979	1913483	1761215	152268	2328981	10123
2008	6381082	1588586	2266607	2091392	175215	2525889	11760
2009	6727554	1577088	2322033	2144411	178009	2828433	12387
2010	8413204	1905330	3230282	3020333	210475	3277592	15584
2011	10138726	2416893	3937977	3701808	236796	3783856	18936
2012	11052620	2826314	3801712	3528231	274074	4424594	20806
2013	11693687	2787118	3964554	3717000	248210	4942015	22219
2014	12093360	2899456	3964451	3691803	273255	5229453	23099

注:本表中2009-2013年数据为三经普后修订数据。

2-9　1978-2014年地区生产总值指数

（1978年=100）

年　份	地区生产总值	第一产业	第二产业			第三产业	地区人均生产总值
				工业	建筑业		
1978	100.0	100.0	100.0	100.0	100.0	100.0	100.0
1979	102.6	101.0	100.9	100.9	100.7	109.7	101.5
1980	118.8	115.9	113.0	108.9	151.1	137.6	116.5
1981	127.4	135.4	114.2	107.5	175.6	138.3	124.0
1982	135.0	136.2	128.1	117.9	221.6	147.8	130.6
1983	155.7	171.3	144.9	137.4	213.8	145.4	150.6
1984	164.3	173.2	155.8	147.2	236.2	163.4	159.4
1985	181.1	178.7	168.7	155.3	293.8	212.7	175.6
1986	205.4	207.8	178.8	164.8	312.0	257.2	198.3
1987	213.8	208.0	199.0	183.8	343.5	258.5	205.1
1988	235.2	216.3	229.8	210.6	411.2	288.5	223.3
1989	243.9	215.0	236.0	222.8	362.3	324.6	229.7
1990	265.4	260.4	210.0	197.4	330.4	396.0	247.5
1991	278.4	258.3	227.4	214.6	350.2	433.2	257.2
1992	308.7	281.3	252.0	239.7	370.2	492.1	283.3
1993	345.4	331.9	275.2	254.1	475.3	529.5	317.2
1994	419.7	392.6	362.7	349.6	491.5	605.2	353.9
1995	463.3	414.6	402.6	384.9	573.6	700.8	388.6
1996	528.6	470.2	456.5	437.6	640.1	812.2	442.0
1997	582.5	499.4	507.2	478.7	779.6	922.7	484.6
1998	619.2	477.4	552.3	512.7	926.9	1061.1	516.7
1999	655.7	506.0	560.0	526.5	879.6	1175.7	550.8
2000	674.1	489.3	602.0	564.9	953.5	1216.8	577.3
2001	709.8	465.3	629.7	592.0	988.8	1377.4	613.4
2002	778.7	522.5	656.1	618.0	1018.5	1531.7	677.0
2003	783.4	400.2	704.7	688.5	859.6	1718.6	743.3
2004	899.3	496.6	799.8	784.2	950.7	1914.5	838.4
2005	997.3	548.2	947.8	937.9	1040.1	2048.5	937.3
2006	1108.0	592.7	1136.4	1124.5	1248.1	2204.2	1011.4
2007	1224.4	550.0	1462.5	1491.1	1198.2	2387.2	1124.7
2008	1368.8	660.5	1635.1	1676.1	1243.7	2571.0	1250.6
2009	1467.4	663.1	1736.5	1778.3	1333.2	2871.8	1339.4
2010	1709.5	733.4	2141.1	2210.4	1477.2	3276.7	1569.8
2011	1923.2	815.5	2445.1	2542.0	1512.7	3656.8	1780.2
2012	2071.3	906.1	2609.0	2699.6	1733.5	3905.5	1933.2
2013	2234.9	960.4	2796.8	2923.6	1565.4	4288.2	2105.3
2014	2348.9	1025.7	2894.7	3014.3	1725.0	4536.9	2225.3

注：本表中2009-2013年数据为三经普后修订数据。

2-10　1978-2014年地区生产总值指数

（上年=100）

年　份	地区生产总值	第一产业	第二产业			第三产业	地区人均生产总值
				工业	建筑业		
1978	103.3	100.9	107.0	106.1	115.8	101.4	101.7
1979	102.6	101.0	100.9	100.9	100.7	109.7	101.5
1980	115.8	114.8	112.0	107.9	150.0	125.4	114.8
1981	107.2	116.8	101.1	98.7	116.2	100.5	106.5
1982	106.0	100.6	112.2	109.7	126.2	106.9	105.3
1983	115.3	125.8	113.1	116.5	96.5	98.4	115.3
1984	105.5	101.1	107.5	107.1	110.5	112.4	105.8
1985	110.2	103.2	108.3	105.5	124.4	130.2	110.1
1986	113.4	116.3	106.0	106.1	106.2	120.9	113.0
1987	104.1	100.1	111.3	111.5	110.1	100.5	103.4
1988	110.0	104.0	115.5	114.6	119.7	111.6	108.9
1989	103.7	99.4	102.7	105.8	88.1	112.5	102.9
1990	108.8	121.1	89.0	88.6	91.2	122.0	107.7
1991	104.9	99.2	108.3	108.7	106.0	109.4	103.9
1992	110.9	108.9	110.8	111.7	105.7	113.6	110.1
1993	111.9	118.0	109.2	106.0	128.4	107.6	112.0
1994	121.5	118.3	131.8	137.6	103.4	114.3	111.6
1995	110.4	105.6	111.0	110.1	116.7	115.8	109.8
1996	114.1	113.4	113.4	113.7	111.6	115.9	113.7
1997	110.2	106.2	111.1	109.4	121.8	113.6	109.6
1998	106.3	95.6	108.9	107.1	118.9	115.0	106.6
1999	105.9	106.0	101.4	102.7	94.9	110.8	106.6
2000	102.8	96.7	107.5	107.3	108.4	103.5	104.8
2001	105.3	95.1	104.6	104.8	103.7	113.2	106.3
2002	109.7	112.3	104.2	104.4	103.0	111.2	110.4
2003	100.6	76.6	107.4	111.4	84.4	112.2	109.8
2004	114.8	124.1	113.5	113.9	110.6	111.4	112.8
2005	110.9	110.4	118.5	119.6	109.4	107.0	111.8
2006	111.1	108.1	119.9	119.9	120.0	107.6	107.9
2007	110.5	92.8	128.7	132.6	96.0	108.3	111.2
2008	111.8	120.1	111.8	112.4	103.8	107.7	111.2
2009	107.2	100.4	106.2	106.1	107.2	111.7	107.1
2010	116.5	110.6	123.3	124.3	110.8	114.1	117.2
2011	112.5	111.2	114.2	115.0	102.4	111.6	113.4
2012	107.7	111.1	106.7	106.2	114.6	106.8	108.6
2013	107.9	106.0	107.2	108.3	90.3	109.8	108.9
2014	105.1	106.8	103.5	103.1	110.2	105.8	105.7

注：本表中2009-2013年数据为三经普后修订数据

2-11　地区生产总值构成

（2014年，按当年价格计算）　　单位：万元

分　　类	增加值	劳动者报酬	生产税净额	#补　贴	固定资产折旧	营业盈余
全　市						
地区生产总值	12093360	5648401	1782105	253670	1666489	2996365
农、林、牧、渔业	2917695	2475054	-253670	253670	182829	513482
工　业	3691803	1021645	875083		731566	1063509
建筑业	273255	142913	82251		7924	40167
交通运输、仓储和邮政业	951465	484215	104313		87327	275610
信息传输、软件和信息技术服务业	165250	41823	11568		40505	71354
批发和零售业	1566406	342034	580615		69530	574227
住宿和餐饮业	176254	81198	35097		21588	38371
金融业	441131	155493	57603		42356	185679
房地产业	541926	124013	165149		54722	198042
租赁和商务服务业	20082	14653	5453		7514	-7538
科学研究和技术服务业	30907	22152	5581		1414	1760
水利、环境和公共设施管理业	80876	26624	12754		81971	-40473
居民服务、修理和其他服务业	124952	49036	12314		27883	35719
教　育	469799	311406	31600		97563	29230
卫生和社会工作	212377	144897	1230		60681	5569
文化、体育和娱乐业	20611	12198	2783		4450	1180
公共管理、社会保障和社会组织	408571	199047	52381		146666	10477
第一产业	2899456	2459582	-252084	252084	181686	510272
第二产业	3964451	1164410	957182		739381	1103478
第三产业	5229453	2024409	1077007	1586	745422	1382615
市　区						
地区生产总值	5731460	1746735	1625773	20386	731612	1627340
农、林、牧、渔业	234496	198921	-20386	20386	14693	41268
工　业	1776905	92920	887363		247383	549239
建筑业	155209	81175	46719		4501	22814
交通运输、仓储和邮政业	728349	376633	78134		68809	204773
信息传输、软件和信息技术服务业	146923	35054	9105		37640	65124
批发和零售业	1091576	238682	412777		47701	392416
住宿和餐饮业	84516	38885	16820		10294	18517
金融业	403959	134427	44216		29915	195401
房地产业	341050	104574	82523		21847	132106
租赁和商务服务业	10476	7628	2839		3909	-3900
科学研究和技术服务业	16474	11573	3690		539	672
水利、环境和公共设施管理业	61674	20424	10063		62335	-31148
居民服务、修理和其他服务业	46880	18436	4643		10570	13231
教　育	297366	197109	20002		61754	18501
卫生和社会工作	125471	85385	253		36756	3077
文化、体育和娱乐业	13597	9159	1815		2414	209
公共管理、社会保障和社会组织	196539	95750	25197		70552	5040
第一产业	232808	197489	-20239	20239	14587	40971
第二产业	1932114	174095	934082		251884	572053
第三产业	3566538	1375151	711930	147	465141	1014316

2-12　按支出法计算的地区生产总值

（2014年）　　　　单位:万元

分　　类	全　市	市　区	市辖县(市)	讷河市	龙江县	依安县
地区生产总值	**12093360**	**5731460**	**6130697**	**1001808**	**816556**	**660699**
最终消费	6719863	3238275	3782200	653778	699009	331511
居民消费	5659033	2817299	2852311	561753	463628	308965
农村居民	2564728	507114	1811463	347204	361863	189832
城镇居民	3094305	2310185	1040848	214549	101765	119133
政府消费	1060830	420976	929889	92025	235381	22546
资本形成总额	7082650	3094988	2294228	328879	105836	322869
固定资本形成总额	6360137	2847388	1844220	172487	103277	279620
存货增加	722513	247600	450008	156392	2559	43249
货物和服务净出口	-1709153	-601803	54269	19151	11711	6319

2-12　续　　　　（2014年）　　　　单位:万元

分　　类	泰来县	甘南县	富裕县	克山县	克东县	拜泉县
地区生产总值	**474144**	**628052**	**627614**	**696143**	**358242**	**867439**
最终消费	268085	287728	274789	615483	214893	436924
居民消费	166783	202464	258168	392059	144997	353494
农村居民	75901	115438	113655	274812	83387	249371
城镇居民	90882	87026	144513	117247	61610	104123
政府消费	101302	85264	16621	223424	69896	83430
资本形成总额	214477	332896	349045	74048	137625	428553
固定资本形成总额	159469	256688	339733	60285	111149	361512
存货增加	55008	76208	9312	13763	26476	67041
货物和服务净出口	-8418	7428	3780	6612	5724	1962

2-13 人均居民消费水平

（2014年）

分　　类	单位	全　市	市　区	市辖县(市)	讷河市	龙江县	依安县
当年价格居民消费水平	**元**	**10809**	**20370**	**6807**	**7757**	**7570**	**6313**
农村居民	元	7859	17067	5578	5835	7869	4684
城镇居民	元	15689	21274	11041	16603	6669	14165
可比价格居民消费水平	**元**	**11128**	**21064**	**6365**	**7704**	**7649**	**6283**
农村居民	元	8020	17417	5236	5775	7790	4666
城镇居民	元	16270	22062	10256	16586	7222	14072
居民年平均人口	**人**	**5235525**	**1383044**	**4190163**	**724220**	**612425**	**489403**
农村居民	人	3263297	297133	3247482	594995	459839	405302
城镇居民	人	1972228	1085911	942681	129225	152586	84101

2-13　续　　　　（2014年）

分　　类	单位	泰来县	甘南县	富裕县	克山县	克东县	拜泉县
当年价格居民消费水平	**元**	**5241**	**5089**	**8847**	**8037**	**4980**	**6124**
农村居民	元	3158	4439	6608	7222	3567	4981
城镇居民	元	11670	6316	12062	10930	10738	13583
可比价格居民消费水平	**元**	**5143**	**4827**	**7986**	**7618**	**4495**	**5672**
农村居民	元	2872	4324	5953	6845	3177	4614
城镇居民	元	12152	5776	10906	10360	9862	12582
居民年平均人口	**人**	**318226**	**397845**	**291813**	**487811**	**291148**	**577272**
农村居民	人	240352	260060	172003	380542	233773	500616
城镇居民	人	77874	137785	119810	107269	57375	76656

2-14　分行业增加值构成及经济增长分析指标

（2014年）

行　　　　业	增加值（万元）	增加值构成（%）	贡献率（%）	拉动率（%）
总　　计	12093360	100.0	100.0	5.1
农林牧渔业	2917695	24.1	30.0	1.5
工　　业	3691803	30.5	21.9	1.1
采矿业	36697	0.3	-1.0	-0.1
制造业	3238232	26.8	20.8	1.1
电力、煤气及水的生产和供应业	416874	3.4	2.1	0.1
建 筑 业	273255	2.3	4.0	0.2
交通运输、仓储和邮政业	951465	7.9	-5.4	-0.3
信息传输、软件和信息技术服务业	165250	1.4	1.6	0.1
批发和零售业	1566406	13.0	29.3	1.5
住宿和餐饮业	176254	1.5	2.4	0.1
金融业	441131	3.6	9.4	0.5
房地产业	541926	4.5	2.6	0.1
租赁和商务服务业	20082	0.2	0.1	
科学研究和技术服务业	30907	0.3	0.1	
水利、环境和公共设施管理业	80876	0.7	0.8	
居民服务、修理和其他服务业	124952	1.0	0.5	
教　　育	469799	3.9	2.2	0.1
卫生和社会工作	212377	1.8	0.9	
文化、体育和娱乐业	20611	0.2	-0.1	
公共管理、社会保障和社会组织	408571	3.4	-0.1	
第一产业	2899456	24.0	29.8	1.5
第二产业	3964451	32.8	25.9	1.3
第三产业	5229453	43.2	44.3	2.3

2-15　法人单位及产业活动单位数

（2008年第二次全国经济普查资料）　　单位:个

分　　类	法人单位合计	单产业法人单位	多产业法人单位	产业活动单位合计	多产业法人所属产业活动单位
总　　计	**16345**	**15379**	**966**	**22411**	**7032**
按行业分					
农、林、牧、渔业	2317	2300	17	2413	113
采矿业	73	72	1	77	5
制造业	2145	2106	39	2194	88
电力、燃气及水的生产和供应业	157	138	19	376	238
建筑业	397	375	22	456	81
交通运输、仓储和邮政业	382	358	24	691	333
信息传输、计算机服务和软件业	61	56	5	398	342
批发和零售业	2941	2847	94	3596	749
住宿和餐饮业	144	138	6	172	34
金融业	61	25	36	891	866
房地产业	475	461	14	521	60
租赁和商务服务业	623	613	10	706	93
科学研究、技术服务和地质勘查业	389	378	11	441	63
水利、环境和公共设施管理业	208	199	9	242	43
居民服务和其他服务业	190	186	4	208	22
教　育	689	567	122	1587	1020
卫生、社会保障和社会福利业	688	580	108	1842	1262
文化、体育和娱乐业	454	451	3	495	44
公共管理和社会组织	3951	3529	422	5105	1576
按地区分					
市　　区	6181	5813	368	7616	1803
龙沙区	1454	1384	70	1659	275
建华区	1312	1252	60	1533	281
铁锋区	934	883	51	1137	254
昂昂溪区	463	444	19	553	109
富拉尔基区	1248	1171	77	1651	480
碾子山区	278	268	10	328	60
梅里斯区	492	411	81	755	344
市辖县(市)	10164	9566	598	14795	5229
讷河市	1765	1675	90	2484	809
龙江县	1277	1165	112	2024	859
依安县	879	826	53	1463	637
泰来县	1257	1211	46	1615	404
甘南县	1698	1623	75	2070	447
富裕县	775	707	68	1214	507
克山县	979	909	70	1649	740
克东县	608	590	18	767	177
拜泉县	926	860	66	1509	649

注:本版数据为普查初步数据。

主要统计指标解释

地区生产总值(CDP)　指一个地区所有常住单位在一定时期内生产活动的最终成果。地区生产总值有三种表现形态，即价值形态、收入形态和产品形态。从价值形态看，它是所有常住单位在一定时期内生产的全部货物和服务价值超过同期投入的全部非固定资产货物和服务价值的差额，即所有常住单位的增加值之和；从收入形态看，它是所有常住单位在一定时期内创造并分配给常住单位和非常住单位的初次收入分配之和；从产品形态看，它是所有常住单位在一定时期内最终使用的货物和服务价值与货物和服务净出口价值之和。在实际核算中，地区生产总值有三种计算方法，即生产法、收入法和支出法。三种方法分别从不同的方面反映地区生产总值及其构成。

总产出　指一定时期内一个地区常住单位生产的所有货物和服务的价值，既包括新增价值，也包括被消耗和使用产品的转移价值。它反映常住单位生产活动的总规模。

中间投入　指常住单位在生产或提供货物与服务过程中，消耗和使用的所有非固定资产货物和服务的价值，中间投入也称为中间消耗。一般按购买者价格计算。

增加值　指常住单位生产过程创造的新增价值和固定资产的转移价值。它可以按生产法计算，也可以按收入法计算，按生产法计算，它等于总产出减去中间投入；按收入法计算，它等于劳动者报酬、生产税净额、固定资产折旧和营业盈余之和。

劳动者报酬　指劳动者因从事生产活动所获得的全部报酬。包括劳动者获得的各种形式的工资、奖金和津贴，既包括货币形式的，也包括实物形式的；还包括劳动者所享受的公费医疗和医药卫生费、上下班交通补贴和单位支付的社会保险费等。对于个体经济来说，其所有者所获得的劳动报酬和经营利润不易区分，这两部分统一作为劳动者报酬处理。

生产税净额　指生产税减生产补贴后的余额。生产税指政府对生产单位从事生产、销售和经营活动以及因从事生产活动使用某些生产要素(如固定资产、土地、劳动力)所征收的各种税、附加费和规费。生产补贴与生产税相反，指政府对生产单位的单方面收入转移，因此视为负生产税，包括政策性亏损补贴、粮油价格补贴等。

固定资产折旧　指一定时期内为弥补固定资产损耗按照核定的固定资产折旧率提取的固定资产折旧，或按国民经济核算统一规定的折旧率虚拟计算的固定资产折旧。它反映了固定资产在当期生产中的转移价值。各类企业和企业化管理的事业单位的固定资产折旧是指实际计提并计人成本费中的折旧费；不计提折旧的政府机关、非企业化管理的事业单位和居民住房的固定资产折旧是按照统一规定的折旧率和固定资产原值计算的虚拟折旧。原则上，固定资产折旧应按固定资产的重置价值计算，但是目前我国尚不具备对全社会固定资产进行重估价的基础，所以暂时只能采用上述办法。

营业盈余　指常住单位创造的增加值扣除劳动者报酬、生产税净额和固定资产折旧后的余额。它相当于企业的营业利润加上生产补贴，但要扣除从利润中开支的工资和福利等。

支出法地区生产总值　指一个地区所有常住单位在一定时期内用于最终消费、资本形成总额，以及货物和服务净出口的总额，它反映本期生产的地区生产总值的使用情况。

最终消费　指常住单位在一定时期内对于货物和服务的全部最终消费支出，也就是常住单位为满足物质、文化和精神生活的需要，从本国经济领土和国外购买的货物和服务的支出；不包括非常住单位在本国经济领土内的消费支出。最终消费分为居民消费和政府消费。

居民消费　指常住住户对货物和服务的全部最终消费支出。它除了常住住户直接以货币形式购买货物和服务的消费之外，还包括以其他方式获得的货物和服务的消费，即单位以实物报酬及实物转移的形式提供给劳动者的货物和服务；住户生产并由住户自己消费的货物和服务，其中的服务仅指住户的自有住房服务和付酬的家庭服务；金融机构提供的金融媒介服务；保险公司提供的保险服务。

政府消费　指政府部门为全社会提供公共服务的消费支出和免费或以较低价格向住户提供的货物和服务的净支

出。前者等于政府服务的产出价值减去政府单位所获得的经营收入的价值,政府服务的产出价值等于它的经常性业务支出加上固定资产折旧;后者等于政府部门免费或以较低价格向住户提供的货物和服务的市场价值减去向住户收取的价值。

资本形成总额　指常住单位在一定时期内获得的减去处置的固定资产加存货的变动,包括固定资本形成总额和存货增加。资本形成总额指常住单位在一定时期内获得的减去处置的固定资产加存货的变动,包括固定资本形成总额和存货增加。

固定资本形成总额　指常住单位购置、转入和自产自用的固定资产,扣除固定资产的销售和转出后的价值,分有形固定资本形成总额和无形固定资本形成总额。有形固定资本形成总额包括一定时期内完成的建筑工程、安装工程和设备工器具购置(减处置)价值,以及土地改良、新增役、种、奶、毛、娱乐用牲畜和新增经济林木价值。无形固定资本形成总额包括矿藏的勘探、计算机软件、娱乐和文学艺术品原件等获得减处置。

存货增加　指常住单位存货实物量变动的市场价值,即期末价值减期初价值的差额。存货增加可以是正值,也可以是负值;正值表示存货增加,负值表示存货减少。它包括生产单位购进的原材料、燃料和储备物资等存货,以及生产单位生产的产成品、在制品等存货等。

货物和服务净出口　指货物和服务出口减货物和服务进口的差额。出口包括常住单位向非常住单位出售或无偿转让的各种货物和服务的价值;进口包括常住单位从非常住单位购买或无偿得到的各种货物和服务的价值。由于服务活动的提供与使用同时发生,因此服务的进出口业务并不发生出入境现象,一般把常住单位从国外得到的服务作为进口,非常住单位从本国得到的服务作为出口。

三、人　口

POPULATION

简要说明

一、本篇资料反映齐齐哈尔市2014年及历年人口方面的基本情况，包括市辖7区9县（市）的主要人口统计数据，如：全市历年人口总数、农业人口、非农业人口、各县（市）、区总人口、出生率、死亡率、自然增长率以及计划生育、人口受教育程度等。

二、本篇的8张表中，表3—5、表3—6、表3—7采用2000年及2010年两次人口普查数据，其余部分根据市公安局的户籍统计资料和市计划生育委员会的计划生育统计资料整理编制。

3-1 1978-2014年总人口

单位:人

年　份	总人口	按性别分		按非农业、农业分	
		男	女	非农业	农业
1978	5058324	2616679	2441645	1382357	3675967
1979	5108052	2633814	2474238	1482282	3625770
1980	5144604	2646389	2498215	1509604	3635000
1981	5180035	2662415	2517620	1541030	3639005
1982	5228241	2684720	2543521	1563002	3665239
1983	5224341	2685862	2538479	1581414	3642927
1984	5200085	2675653	2524432	1620057	3580028
1985	5212140	2668364	2543776	1654582	3557558
1986	5231737	2688883	2542854	1688444	3543293
1987	5269327	2702234	2567093	1723638	3545689
1988	5330118	2734172	2595946	1762802	3567316
1989	5368222	2753954	2614268	1794340	3573882
1990	5422611	2781558	2641053	1810219	3612392
1991	5433502	2784936	2648566	1829096	3604406
1992	5435832	2782609	2653223	1843019	3592813
1993	5433828	2776850	2656978	1855554	3578274
1994	5421451	2776246	2645205	1887570	3533881
1995	5435376	2787551	2647825	1906568	3528808
1996	5469061	2795180	2673881	1922973	3546088
1997	5510023	2816019	2694004	1943240	3566783
1998	5502357	2803857	2698500	1931434	3570923
1999	5537279	2819028	2718251	1940773	3596506
2000	5596191	2852315	2743876	1965532	3630659
2001	5600538	2854790	2745748	1976786	3623752
2002	5610566	2857177	2753389	1979793	3630773
2003	5410845	2763053	2647792	1930409	3471725
2004	5519838	2810401	2709437	1946186	3573652
2005	5569906	2835194	2734712	2022958	3546948
2006	5632076	2865700	2766376	2018796	3613280
2007	5677999	2884086	2793913	2042450	3635549
2008	5692322	2892013	2800309	2046798	3645524
2009	5715628	2899309	2816319	2038370	3677258
2010	5681137	2880310	2800827	2035781	3645356
2011	5673498	2880637	2792861	2022721	3650777
2012	5590597	2831551	2759046	1991970	3598627
2013	5569943	2821747	2748196	1976182	3593761
2014	5532349	2803448	2728901	1964517	3567832

3-2 户数和总人口

（2014年）

地　区	总户数（户）	总人口（人）	按性别分		按非农业、农业分		平均人口（人）
			男	女	非农业	农　业	
全　市	**2104355**	**5532349**	**2803448**	**2728901**	**1964517**	**3567832**	**5551146**
市　区	593307	1382338	682510	699828	1085199	297139	1383044
龙沙区	121053	290121	141880	148241	271353	18768	290603
建华区	102944	246061	118215	127846	233466	12595	245123
铁锋区	121357	284333	139111	145222	257378	26955	285350
富拉尔基区	107857	241066	121435	119631	197746	43320	240412
昂昂溪区	36158	77353	38967	38386	43899	33454	77731
碾子山区	34949	75344	37620	37724	51397	23947	75792
梅里斯区	68989	168060	85282	82778	29960	138100	168035
市辖县(市)	**1511048**	**4150011**	**2120938**	**2029073**	**879318**	**3270693**	**4168102**
讷河市	264818	717160	365593	351567	128091	589069	724220
龙江县	207675	596536	304982	291554	103213	493323	597758
依安县	166953	489403	249734	239669	84101	405302	491525
泰来县	115573	318226	163931	154295	77874	240352	318912
甘南县	146315	386822	197710	189112	126762	260060	387644
富裕县	113548	291236	148285	142951	120261	170975	291813
克山县	178039	485862	246749	239113	106458	379404	487812
克东县	110131	288453	146962	141491	56150	232303	291148
拜泉县	207996	576313	296992	279321	76408	499905	577272

3-3　1978-2014年人口自然变动

年　份	平均人口（人）	出生人口（人）	死亡人口（人）	自然增长人　口（人）	出生率（‰）	死亡率（‰）	自然增长率（‰）
1978	4833685	70608	24566	46042	14.61	5.08	9.53
1979	4875373	67710	25091	42619	13.89	5.15	8.74
1980	4919586	64269	26495	37774	13.06	5.39	7.67
1981	4954095	67942	26185	41757	13.71	5.29	8.42
1982	4995483	80226	25134	55092	16.06	5.03	11.03
1983	5019199	62255	24413	37842	12.40	4.36	7.50
1984	5007056	60105	24607	35498	12.00	4.31	7.09
1985	5206113	54578	22927	31651	10.49	4.40	6.09
1986	5221938	63702	24997	38705	12.20	4.79	7.41
1987	5150532	77829	23555	54274	14.82	4.49	10.33
1988	5299722	82064	23864	58200	15.48	4.50	10.98
1989	5349169	98947	24295	74652	18.50	4.54	13.96
1990	5395416	109294	32478	76816	20.26	6.02	14.24
1991	5428056	47642	21364	26338	8.78	3.92	4.86
1992	5434667	52231	21864	30367	9.61	4.02	5.69
1993	5434830	45869	21669	24200	8.44	3.99	4.45
1994	5427640	48171	21978	26193	8.88	4.05	4.83
1995	5428414	52857	22138	30719	9.72	4.07	5.65
1996	5452219	75000	22327	52673	13.76	4.10	9.66
1997	5489542	71878	29964	41914	13.04	5.44	7.60
1998	5506190	44755	28620	16135	8.13	5.20	2.93
1999	5519818	45779	24337	21442	8.29	4.41	3.88
2000	5566735	60636	30361	30275	10.84	5.43	5.41
2001	5598365	38687	22227	16460	6.90	3.90	3.00
2002	5605552	44461	21068	23393	7.93	3.76	4.17
2003	5510706	46609	38907	7702	8.46	7.06	1.40
2004	5465342	61777	36954	24823	11.30	6.76	4.54
2005	5544872	51158	18654	32504	9.23	3.36	5.87
2006	5600991	60481	17886	42595	10.80	3.19	7.61
2007	5655032	55424	28193	27231	9.80	4.99	4.81
2008	5685167	54329	35009	19320	9.56	6.16	3.40
2009	5703980	54628	25437	29191	9.58	4.46	5.12
2010	5698383	56931	81553	-24622	9.99	14.31	-4.32
2011	5677318	48266	25291	22975	8.50	4.45	4.05
2012	5632048	47292	77352	-30060	8.46	13.84	-5.38
2013	5580270	42633	30395	12238	7.65	5.46	2.19
2014	5551146	40349	36803	3546	7.27	6.63	0.64

3-4 各县(市)、区人口自然变动

(2014年)

地　区	出生人口 (人)	出生率 (‰)	死亡人口 (人)	死亡率 (‰)	自然增长人口 (人)	自然增长率 (‰)	迁入人口 (人)	迁出人口 (人)
全　市	**40349**	**7.27**	**36803**	**6.63**	**3546**	**0.64**	**48057**	**85584**
市　区	**9329**	**6.75**	**11561**	**8.36**	**-2232**	**-1.61**	**13251**	**17926**
龙沙区	2229	7.67	2494	8.58	-265	-0.91	6680	7977
建华区	2003	8.17	1844	7.52	159	0.65	2614	2870
铁锋区	1867	6.54	2565	8.99	-698	-2.45	1893	2434
富拉尔基区	1254	5.22	2385	9.92	-1131	-4.70	903	2691
昂昂溪区	436	5.61	713.00	9.17	-277	-3.56	330	637
碾子山区	406	5.36	701	9.25	-295	-3.89	301	683
梅里斯区	1134	6.75	859	5.11	275	1.64	530	634
市辖县(市)	**31020**	**7.44**	**25242**	**6.06**	**5778**	**1.39**	**34806**	**67658**
讷河市	5168	7.14	7790	10.76	-2622	-3.62	1791	11821
龙江县	4696	7.86	3363	5.63	1333	2.23	3673	7542
依安县	3424	6.97	2652	5.40	772	1.57	1253	6349
泰来县	2277	7.14	1737	5.45	540	1.69	4653	6077
甘南县	3281	8.46	2523	6.51	758	1.96	2623	5022
富裕县	2072	7.10	1536	5.26	536	1.84	11422	13033
克山县	3119	6.39	1989	4.08	1130	2.32	2267	7232
克东县	1969	6.76	1446	4.97	523	1.80	4729	3851
拜泉县	5014	8.69	2206	3.82	2808	4.86	2395	6731

3-5 户数和总人口

(2010年第六次人口普查资料)

地　区	总户数 (户)	总人口 (人)	按性别分		性别比 (女性=100)
			男	女	
全　市	**1823664**	**5367003**	**2710067**	**2656936**	**102**
市　区	**573075**	**1553788**	**784440**	**769348**	**102**
龙沙区	132115	354987	177582	177405	100
建华区	102572	292579	144428	148151	97
铁锋区	116574	331951	171856	160095	107
富拉尔基区	100986	256159	129359	126800	102
昂昂溪区	30802	80109	40991	39118	105
碾子山区	31371	72151	36059	36092	100
梅里斯区	58655	165852	84165	81687	103
市辖县(市)	**1250589**	**3813215**	**1925627**	**1887588**	**102**
讷河市	214851	625892	310509	315383	98
龙江县	190599	572764	292703	280061	105
依安县	145990	480035	244546	235489	104
泰来县	100012	302027	155162	146865	106
甘南县	125687	368734	186999	181735	103
富裕县	98058	276537	140916	135621	104
克山县	131726	403175	201602	201573	100
克东县	89843	264285	130085	134200	97
拜泉县	153823	519766	263105	256661	103

3-6 各民族人口

（人口普查资料）　　单位:人

民　族	2010年人口普查		2000年人口普查	
	全　市	市　区	全　市	市　区
总　人　口	**5367003**	**1553788**	**5419621**	**1540089**
汉　族	5223888	1481937	5222846	1451165
蒙古族	21034	6089	26652	7073
回　族	16355	12040	21023	15177
藏　族	64	39	195	62
维吾尔族	71	28	176	73
苗　族	195	117	291	120
彝　族	58	29	272	65
壮　族	223	151	239	131
布依族	41	30	137	59
朝鲜族	11957	6634	16806	9261
满　族	60543	25348	94542	33714
侗　族	61	22	64	41
瑶　族	47	25	22	12
白　族	42	16	28	12
土家族	116	64	137	68
哈尼族	6	4	8	5
哈萨克族	42	15	7	5
傣　族	5	2	1	
黎　族	72	42	2	1
傈僳族	6		4	2
佤　族	20	5	13	4
畲　族	6	5	13	7
高山族	3	1		
拉祜族	1			
水　族	18	11	8	5
东乡族	1	1		
纳西族	5	1	5	
柯尔克孜族	1243	110	1332	124
土　族	17	8	3	2
达斡尔族	28366	20215	31814	21943
仫佬族	2	2		
羌　族	4	1	2	1
布朗族	2	1		
撒拉族	2	1		
仡佬族	13	12		
锡伯族	899	335	1135	401
塔吉克族	1	1	8	3
怒　族	2	1		
乌孜别克族	1			
俄罗斯族	20	20	25	22
鄂温克族	1210	294	1389	372
京　族	5	5		
塔塔尔族			2	
独龙族	5		13	9
鄂伦春族	249	86	315	103
赫哲族	69	34	79	41
其它未识别民族	7	6	3	3
外国人加入中国籍	6		10	3

3-7 各种文化程度人口

（2010年第六次人口普查资料）　　单位:人

地　区	总人口	大学本科及以上	大学专科	高中	初中	小学	未上过学及扫盲班	0-5周岁人口
全　市	**5367003**	**117825**	**220605**	**732520**	**2433718**	**1495455**	**97400**	**269480**
市　区	**1553788**	**89312**	**135008**	**395696**	**625947**	**242094**	**18568**	**47163**
龙沙区	354987	21046	43241	105924	129206	43257	3006	9307
建华区	292579	46345	33740	78891	91808	31117	2259	8419
铁锋区	331951	10133	29470	101494	135886	43145	3969	7854
昂昂溪区	80109	847	2581	11469	41734	18782	1758	2938
富拉尔基区	256159	7503	17782	69465	107865	41756	4508	7280
碾子山区	72151	1857	4357	14128	31845	16507	1197	2260
梅里斯区	165852	1581	3837	14325	87603	47530	1871	9105
市辖县(市)	**3813215**	**28513**	**85597**	**336824**	**1807771**	**1253361**	**78832**	**222317**
讷河市	625892	5711	15963	58992	292919	204405	12206	35696
龙江县	572764	4765	12317	44665	253516	203719	18198	35584
依安县	480035	2588	8687	39166	223089	171309	9642	25554
泰来县	302027	3102	8683	27633	145670	94136	5906	16897
甘南县	368734	2628	8192	39627	167119	116743	10142	24283
富裕县	276537	2700	8718	35273	125504	84035	5261	15046
克山县	403175	2372	9837	37519	199493	124271	7075	22608
克东县	264285	2485	6128	21026	120843	90639	6723	16441
拜泉县	519766	2162	7072	32923	279618	164104	3679	30208

3-8 计划生育

（2014年）

地　区	已婚育龄妇女（人）	计划生育人数（人）	符合政策生育率（%）	晚婚率（%）	独生子女领证率（%）	综合避孕率（%）
全　市	**1116220**	**24684**	**92.3**	**43.49**	**60.2**	**94.2**
市　区	**285273**	**6302**	**98.3**	**84.40**	**79.2**	**90.7**
龙沙区	68882	1416	100.0	98.69	72.1	92.2
铁锋区	41198	1231	99.6	71.19	79.3	87.9
建华区	49236	1398	99.3	90.06	64.4	79.9
昂昂溪区	18899	268	98.9	70.23	89.6	93.3
富拉尔基区	60028	1104	99.7	78.31	89.0	93.5
碾子山区	13006	350	94.8	77.50	84.2	89.8
梅里斯区	34024	535	87.1	44.44	75.3	96.8
市辖县(市)	**830947**	**18382**	**90.4**	**34.23**	**52.3**	**95.5**
讷河市	140761	3945	90.3	49.44	50.7	94.7
龙江县	125324	2919	91.2	34.11	40.7	95.3
依安县	93613	1595	87.8	32.56	55.4	96.6
泰来县	69032	1142	86.2	37.95	48.4	97.0
甘南县	88837	2202	95.1	43.52	60.9	95.1
富裕县	54085	1067	91.8	49.22	49.9	93.7
克山县	94857	1666	90.3	16.36	60.9	96.0
克东县	61407	1178	85.4	25.58	73.3	93.8
拜泉县	103031	2668	91.2	41.58	43.7	97.7

主要统计指标解释

人口数　指一定时点、一定地区范围内的有生命的个人的总和。

年度统计的年末人口数是指每年12月31日24时的人口数。

市镇总人口和乡村总人口　一般是按常住人口划分的。

市镇总人口　指市、镇辖区内的全部人口。

乡村总人口　指县(不含镇)的全部人口。

市　是指经国家批准成立“市”建制的城市。

镇　是指经省、自治区、直辖市批准的镇。1963年以前为常住人口在2000人以上，非农业人口占50%以上的。1964年起改为常住人口在3000人以上，非农业人口占70%以上，或常住人口在2500人以上，不满3000人，非农业人口占85%以上的。1984年后又调整为，凡县级地方国家机关所在地；或总人口在20000人以上的乡，乡政府驻地非农业人口超过2000人的；或总人口在20000人以上的乡；乡政府驻地非农业人口占全乡人口10%以上；或少数民族地区、人口稀少的边远地区、山区和小型工矿区、小港口、风景旅游、边境口岸等地，非农业人口虽不足2000人，确有必要，都可建镇。

人口密度　指一定时点一定地区的人口数与该地区的面积数之比，即一定时点的单位土地面积上的人口数，通常以每平方公里的居民人数来表示：

$$人口密度=\frac{该地区的人口数}{一定地区的土地面积}$$

出生率(又称粗出生率)　指在一定时期内(通常为一年内)平均每千人所出生的人数的比率，一般用千分率表示。计算公式：

$$出生率=\frac{年出生人数}{年平均人数X1000\%}$$

出生人数是指活产婴儿，即胎儿脱离母体时(不管怀孕月数)，有过呼吸或其他生命现象。

年平均人数是年初、年末人口数的平均数，也可用年中人口数代替。

死亡率　指在一定时期内(通常为一年内)一定地区的死亡人数与同期平均人数(或期中人数)之比，一般用千分率表示。计算公式：

$$死亡率=\frac{死亡人数}{年平均人数\times1000\%}$$

人口自然增长率　在一定时期内(通常为一年内)人口自然增加数(出生人数减死亡人数)与平均人数(或期中人数)之比，一般用千分率表示。计算公式：

$$人口自然增长率=\frac{本年出生人数-本年死亡人数}{年平均人数}\times1000\%$$

人口自然增长率=人数/年平均人数×1000%

性别比　反映两性人口间比例的指标，指在总人口中或各年龄组人口中，男性人数与女性人数之比。通常以每100个女性人口，相对应的男性人口来表示。

$$性别比=\frac{男性人口}{女性人口}\times100$$

老年人口　老年人口的年龄起点一般定在60岁或65岁，即从满60周岁或65周岁起算老年。

老年人口占总人口的百分比称为老年人口比重，又称老年系数。少年人口指不满15周岁的人，即包括14岁组及其以下各年龄组。

少年人口　占总人口的百分比称为少年儿童比重，也称为少年儿童系数。

四、从业人员和职工工资

EMPLOYMENT AND WACE

简要说明

一、本篇资料反映齐齐哈尔市2014年劳动经济方面的基本情况，包括市辖7区9县（市）的全部从业人员的行业分布、地域分布及从业人员的构成，城镇各种经济类型单位从业人员劳动报酬及在岗职工二资总额。

二、本篇资料来源：

一是根据国家统计调查制度搜集编制的劳动统计年报和农村统计报表；

二是人力资源和社会保障局提供的有关年度统计资料；

三是市工商行政管理局提供的有关私营、个体从业人员的统计资料；

四是哈尔滨铁路分局、省农场总局驻齐齐哈尔分局提供的劳动统计年报。

三、根据新的方法制度的要求，城镇单位从业人员中不包括离岗职工人数，与之相对应的劳动报酬中扣除离岗职工生活费。

4-1 1999-2014年就业基本情况

指　　标	1999年	2000年	2005年	2010年	2011年	2012年	2013年	2014年
从业人员合计(人)	**2797075**	**2547244**	**2673194**	**2707662**	**2752282**	**2746574**	**2795812**	**2887009**
第一产业	1752359	1663449	1436087	1425330				
第二产业	382976	336934	410570	457613				
第三产业	661740	546861	776537	824719				
从业人员构成(%)	**100.0**	**100.0**	**100.0**	**100.0**				
第一产业	62.6	65.3	55.6	52.6				
第二产业	13.7	13.2	15.4	16.9				
第三产业	23.7	21.5	29.0	30.5				
按城乡分从业人员(人)	**2797075**	**2547244**	**2673194**	**2707662**	**2752282**	**2746574**	**2795812**	**2887009**
城镇从业人员	913726	782785	913546	812674	850647	905716	917537	985374
国有单位	474570	457741	331884	318640	280864	283477	276046	266872
城镇集体单位	88982	69583	24213	20189	18940	18285	17756	16872
其他单位	63753	56982	82079	80845	132134	129176	130731	131810
私营企业	26655	24821	49259	53095	55516	92314	102136	108673
个　　体	259766	173658	182995	180549	203353	217428	227155	265970
公益性岗位和灵活就业			243116	159356	159840	165036	163713	195177
乡村从业人员	1883349	1764459	1759648	1894988	1901635	1840858	1878275	1901635
城镇单位女性从业人员(人)	**227358**	**209135**	**155017**	**149733**	**147543**	**150872**	**148056**	**143881**
职工人数(人)	**589645**	**542992**	**399690**	**372597**	**381960**	**378507**	**380010**	**372495**
国有单位	449998	426714	300750	277629	238479	239636	240838	233481
城镇集体单位	78296	61629	23035	19992	18626	16856	17511	16635
其他单位	61351	54649	75905	74976	124855	122015	121661	122379
城镇登记失业人数(人)	**24593**	**23039**	**39005**	**34225**	**33694**	**35063**	**35468**	**39083**
城镇登记失业率(%)	**3.5**	**3.5**	**4.0**	**3.8**	**3.7**	**3.7**	**3.7**	**4.1**
职工工资总额(万元)	**358565**	**405550**	**508042**	**1015893**	**1191035**	**1348748**	**1512218**	**16062968**
国有单位	284732	330108	406063	814270	770536	875963	1007858	10700423
城镇集体单位	33216	32675	18489	29136	33296	32066	49299	505428
其他单位	40617	42767	83490	172487	387203	440719	455061	4857117

4－2　主要年份按经济类型分的从业人员

单位:人

年　　份	从业人员合　　计	国有单位	集体单位	其他单位	城镇个体劳 动 者	乡　村劳动者	公益性岗位和灵活就业
1978	1406503	575736	104425			726342	
1980	1720369	614488	238516		8133	859232	
1985	1768281	614923	307281		34871	811206	
1990	1941952	722718	298250	1485	45554	873945	
1991	1918712	675135	301548	2468	53816	885745	
1992	2014718	753241	297377	2592	63874	897634	
1993	2043664	727573	280390	22830	79239	933632	
1994	2055317	745520	241252	24127	95623	948795	
1995	2134054	740465	235954	29315	153581	974739	
1996	2403249	717659	220751	32395	192445	1239999	
1997	2718482	705927	205571	39364	234130	1533490	
1998	3083608	658901	188284	70351	259797	1906275	
1999	2797075	474570	88982	63753	286421	1883349	
2000	2547244	457741	69583	56982	198479	1764459	
2001	2505398	430581	58421	53140	249243	1714013	
2002	2467684	406581	47446	60991	237403	1715263	
2003	2411403	363125	35342	75879	214313	1722744	
2004	2647096	335601	31828	77625	220113	1734664	247265
2005	2673194	331884	24213	82079	232254	1759648	243116
2006	2657369	326417	23470	91304	238637	1747509	230032
2007	2664246	339726	24284	91301	222437	1742249	244249
2008	2727849	312889	24366	80835	226360	1857656	225743
2009	2700684	312622	22676	80647	232815	1886924	165000
2010	2707662	318640	20189	80845	233644	1894988	159356
2011	2752282	280864	18940	132134	258869	1901635	159840
2012	2746574	283477	18285	129176	309742	1840858	165036
2013	2795812	276046	17756	130731	329291	1878275	163713
2014	2887009	266872	16872	131810	374643	1901635	195177

注:1998年以后全社会从业人员中不含离岗职工。

4－3　主要年份分产业的从业人员和构成

年份	从业人员（人）				构　　成(%)		
		第一产业	第二产业	第三产业	第一产业	第二产业	第三产业
1985	1768281	842919	506937	418425	47.7	28.7	23.6
1988	1867320	829315	555220	482785	44.4	29.7	25.9
1989	1961807	928311	551279	482217	47.3	28.1	24.6
1990	1941952	874980	566516	500456	45.1	29.2	25.7
1991	1918712	810739	602733	505240	42.3	31.4	26.3
1992	2014718	901468	590648	522602	44.7	29.4	25.9
1993	2043664	903547	610448	529669	44.2	29.9	25.9
1994	2055317	911709	556573	587035	44.4	27.1	28.5
1995	2134054	967089	549929	617036	45.3	25.8	28.9
1996	2403249	1048526	645204	709519	43.6	26.9	29.5
1997	2718482	1492757	554897	670828	54.9	20.4	24.7
1998	3083608	1836423	543578	703607	59.6	17.6	22.8
1999	2797075	1752359	382976	661740	62.6	13.7	23.7
2000	2547244	1663449	336934	546861	65.3	13.2	21.5
2001	2505398	1582535	321679	601184	63.2	12.8	24.0
2002	2467684	1526113	304241	637330	61.9	12.3	25.8
2003	2411403	1512393	285903	613107	62.7	11.9	25.4
2004	2647096	1510253	413176	723667	57.1	15.6	27.3
2005	2673194	1486087	410570	776537	55.6	15.4	29.0
2006	2657369	1472200	413619	771550	55.4	15.6	29.0
2007	2664246	1416795	441578	805873	53.2	16.6	30.2
2008	2727849	1478856	443175	805818	54.2	16.2	29.6
2009	2700684	1472307	427446	800931	54.5	15.8	29.7
2010	2707662	1425330	457613	824719	52.6	16.9	30.5
2011	2752282						
2012	2746574						
2013	2795812						
2014	2887009						

4-4 城镇单位从业人员

（2014年底）

单位：人

地区	合计	国有单位	集体单位	其他单位	内资	港、澳、台商投资	外商投资
全市	**415554**	**266872**	**16872**	**131810**	**119149**	**5695**	**6966**
市区	**231508**	**110912**	**12652**	**107944**	**99689**	**4411**	**3844**
市辖县(市)	**120282**	**92196**	**4220**	**23866**	**19460**	**1284**	**3122**
讷河市	19966	15537	899	3530	2630		900
龙江县	17756	13164	345	4247	2779	1106	362
依安县	12696	8966	633	3097	2581	178	338
泰来县	11713	10223	329	1161	1119		42
甘南县	9829	7751	724	1354	932		422
富裕县	13608	9523	277	3808	3705		103
克山县	13004	10388	357	2259	2259		
克东县	10143	7245	297	2601	1646		955
拜泉县	11567	9399	359	1809	1809		
农场局	**63764**	**63764**					

4－5　各县(市)按行业分的在岗职工人数

（2014年底）　　单位：人

行　　业	全　市	市　区	市辖县(市)	讷河市	龙江县	依安县
总　　计	**372495**	**221806**	**117776**	**19522**	**17452**	**12694**
农、林、牧、渔业	37393	380	4100	2018	283	161
采 矿 业	113	51	62			
制 造 业	81023	66888	14135	2017	2562	1515
电力、煤气及水的生产和供应业	12997	8930	4067	752	415	294
建 筑 业	16813	12744	4069	579	981	697
批发和零售业	10703	7481	3222	658	293	810
交通运输、仓储和邮政业	48671	43682	4989	646	1179	458
住宿和餐饮业	562	391	171	46	62	
信息传输、计算机服务和软件业	5254	4803	451	67	27	
金 融 业	13030	6239	6791	1307	519	966
房地产业	4944	3923	1021	134	133	82
租赁和商务服务业	6026	5407	619	172	34	26
科学研究技术服务和地质勘查业	6082	3838	2244	259	157	288
水利、环境和公共设施管理业	10751	6240	4511	757	599	603
居民服务和其他服务业	645	337	308	41	38	17
教　　育	45771	16715	29056	4847	4944	3050
卫生、社会保障和社会福利业	26045	15377	10668	1615	1140	1162
文化、体育和娱乐业	3600	2204	1396	280	229	182
公共管理和社会组织	42072	16176	25896	3327	3857	2383

4－5续　　（2014年底）　　单位：人

行　　业	泰来县	甘南县	富裕县	克山县	克东县	拜泉县	农场局
总　　计	**11610**	**9825**	**13473**	**12734**	**9298**	**11168**	**32913**
农、林、牧、渔业	467	208	40	303	519	101	32913
采 矿 业			62				
制 造 业	440	1387	2367	1353	1751	743	
电力、煤气及水的生产和供应业	521	345	497	726	271	246	
建 筑 业	324	14	928	99	30	417	
批发和零售业	120	196	412	497	100	136	
交通运输、仓储和邮政业	505	388	481	686	223	423	
住宿和餐饮业		35				28	
信息传输、计算机服务和软件业	105	122	117			13	
金 融 业	550	647	825	741	560	676	
房地产业	90	158	181	87	57	99	
租赁和商务服务业	187	73	33	46	48		
科学研究技术服务和地质勘查业	97	414	184	297	269	279	
水利、环境和公共设施管理业	421	181	750	486	266	448	
居民服务和其他服务业	25	54	98	28	7		
教　　育	2669	2495	2497	3208	2138	3208	
卫生、社会保障和社会福利业	1130	1040	1382	1181	856	1162	
文化、体育和娱乐业	85	98	76	75	196	175	
公共管理和社会组织	3874	1970	2543	2921	2007	3014	

4－6　各县(市)按行业分的国有、集体单位在岗职工人数

(2014年底)　　单位:人

行　　业	全　市	市　区	市辖县(市)	讷河市	龙江县	依安县
国　　有	**233481**	**109668**	**90900**	**15192**	**13113**	**8966**
农、林、牧、渔业	37377	364	4100	2018	283	161
采 矿 业						
制 造 业	3462	3227	235			
电力、煤气及水的生产和供应业	3173	338	2835	642	295	294
建 筑 业	1218	569	649		46	
批发和零售业	2278	574	1704	535	142	140
交通运输、仓储和邮政业	45485	41193	4292	602	1025	286
住宿和餐饮业	189	32	157	46	48	
信息传输、计算机服务和软件业	967	543	424	67		
金 融 业	5615	3318	2297	308	276	317
房地产业	1278	981	297	94		58
租赁和商务服务业	1077	716	361	145	34	26
科学研究技术服务和地质勘查业	5335	3168	2167	229	157	288
水利、环境和公共设施管理业	9369	4904	4465	757	599	602
居民服务和其他服务业	524	216	308	41	38	17
教　　育	45689	16633	29056	4847	4944	3050
卫生、社会保障和社会福利业	24819	14512	10307	1254	1140	1162
文化、体育和娱乐业	3554	2204	1350	280	229	182
公共管理和社会组织	42072	16176	25896	3327	3857	2383
集　　体	**16635**	**12420**	**4215**	**899**	**345**	**633**
农、林、牧、渔业	1	1				
采 矿 业	36		36			
制 造 业	7529	7084	445	34		4
电力、煤气及水的生产和供应业	279	279				
建 筑 业	1665	1618	47	15		32
批发和零售业	881	578	303		70	220
交通运输、仓储和邮政业	393	260	133		108	
住宿和餐饮业	47	33	14		14	
信息传输、计算机服务和软件业						
金 融 业	3826	978	2848	462	153	376
房地产业	11	11				
租赁和商务服务业	97	70	27	27		
科学研究技术服务和地质勘查业						
水利、环境和公共设施管理业	1337	1336	1			1
居民服务和其他服务业	23	23				
教　　育						
卫生、社会保障和社会福利业	510	149	361	361		
文化、体育和娱乐业						
公共管理和社会组织						

4 -6续 （2014年底） 单位：人

行　　业	泰来县	甘南县	富裕县	克山县	克东县	拜泉县	农场局
国　　有	**10220**	**7751**	**9414**	**10127**	**6789**	**9328**	**32913**
农、林、牧、渔业	467	208	40	303	519	101	32913
采 矿 业							
制 造 业	222		13				
电力、煤气及水的生产和供应业	440	345	232	341		246	
建 筑 业			580	23			
批发和零售业	87	166	299	223	64	48	
交通运输、仓储和邮政业	333	303	449	648	223	423	
住宿和餐饮业		35				28	
信息传输、计算机服务和软件业	105	122	117			13	
金 融 业	210	313	107	306	231	229	
房地产业		64	40	41			
租赁和商务服务业	55		7	46	48		
科学研究技术服务和地质勘查业	97	367	184	297	269	279	
水利、环境和公共设施管理业	421	171	750	486	231	448	
居民服务和其他服务业	25	54	98	28	7		
教　　育	2669	2495	2497	3208	2138	3208	
卫生、社会保障和社会福利业	1130	1040	1382	1181	856	1162	
文化、体育和娱乐业	85	98	76	75	196	129	
公共管理和社会组织	3874	1970	2543	2921	2007	3014	
集　　体	**329**	**724**	**277**	**352**	**297**	**359**	
农、林、牧、渔业							
采 矿 业			36				
制 造 业	7	400					
电力、煤气及水的生产和供应业							
建 筑 业							
批发和零售业		13					
交通运输、仓储和邮政业	16	9					
住宿和餐饮业							
信息传输、计算机服务和软件业							
金 融 业	306	302	241	352	297	359	
房地产业							
租赁和商务服务业							
科学研究技术服务和地质勘查业							
水利、环境和公共设施管理业							
居民服务和其他服务业							
教　　育							
卫生、社会保障和社会福利业							
文化、体育和娱乐业							
公共管理和社会组织							

4－7　其他经济类型单位在岗职工人数及工资

（2014）

分　　类	单位数（个）	年末人数（人）	平均人数（人）	在岗职工工资总额（千元）	在岗职工平均工资（元）
全　　市	**666**	**122379**	**125224**	**4857117**	**38787**
按登记注册类型分					
内　　资	636	109798	112707	4332213	38438
港、澳、台商投资	10	5662	5751	223718	38901
外商投资	20	6919	6766	301186	44515
按行业分					
农、林、牧、渔业	2	15	15	121	8067
采 矿 业	4	77	78	2813	36064
制 造 业	189	70032	70805	2766113	39067
电力、煤气及水的生产和供应业	21	9545	9667	439335	45447
建 筑 业	115	13930	16159	459542	28439
批发和零售业	74	7544	7396	251080	33948
交通运输、仓储和邮政业	25	2793	2766	113414	41003
住宿和餐饮业	9	326	326	7173	22003
信息传输、计算机服务和软件业	4	4287	4334	238660	55067
金 融 业	55	3589	3573	213564	59772
房地产业	131	3655	3665	125519	34248
租赁和商务服务业	13	4852	4706	155521	33047
科学研究技术服务和地质勘查业	12	747	739	44035	59587
水利、环境和公共设施管理业	2	45	45	1310	29111
居民服务和其他服务业	4	98	98	2996	30571
教　　育	1	82	82	4598	56073
卫生、社会保障和社会福利业	4	716	724	29713	41040
文化、体育和娱乐业	1	46	46	1610	35000
市　　区	**428**	**99718**	**100466**	**4138658**	**41195**
按登记注册类型分					
内　　资	410	91510	92237	3741083	40559
港、澳、台商投资	7	4411	4406	174114	39517
外商投资	11	3797	3823	223461	58452
按行业分					
农、林、牧、渔业	2	15	15	121	8067
采 矿 业	1	51	51	2277	44647
制 造 业	118	56577	57385	2390936	41665
电力、煤气及水的生产和供应业	12	8313	8449	400175	47364
建 筑 业	85	10557	10661	303442	28463
批发和零售业	52	6329	6148	209194	34026
交通运输、仓储和邮政业	13	2229	2206	93540	42403
住宿和餐饮业	9	326	326	7173	22003
信息传输、计算机服务和软件业	3	4260	4307	238060	55273
金 融 业	27	1943	1933	159637	82585
房地产业	78	2931	2921	107010	36635
租赁和商务服务业	10	4621	4498	147247	32736
科学研究技术服务和地质勘查业	9	670	662	42539	64258
水利、环境和公共设施管理业					
居民服务和其他服务业	4	98	98	2996	30571
教　　育	1	82	82	4598	56073
卫生、社会保障和社会福利业	4	716	724	29713	41040
文化、体育和娱乐业					

4-8 各县(市)按行业分的城镇个体私营劳动者人数

（2014年底） 单位:人

行业	全市	市区	市辖县(市)	讷河市	龙江县	依安县
总计	**374643**	**225899**	**148744**	**45180**	**11827**	**14970**
农、林、牧、渔业	5375	3602	1773	446	151	241
采矿业	341	304	37			9
制造业	38454	26840	11614	1864	466	915
电力、煤气及水的生产和供应业	806	364	442	98	80	31
建筑业	7947	5909	2038	406	45	332
批发和零售业	191854	120205	71649	17188	9365	8340
交通运输、仓储和邮政业	7464	2367	5097	1433	222	304
住宿和餐饮业	49102	27210	21892	9753	146	2278
信息传输、计算机服务和软件业	5318	3781	1537	150	154	130
金融业	180	116	64	11		5
房地产业	4280	2353	1927	153	125	190
租赁和商务服务业	9126	6654	2472	496	232	353
科学研究技术服务和地质勘查业	4265	3740	525	62	116	81
水利、环境和公共设施管理业	281	186	95	10	3	23
居民服务和其他服务业	41875	16291	25584	13000	478	1415
教育	154	77	77			8
卫生、社会保障和社会福利业	729	506	223	3	5	122
文化、体育和娱乐业	4694	3221	1473	107	239	187
公共管理和社会组织	2398	2173	225			6

4-8续 （2014年底） 单位:人

行业	泰来县	甘南县	富裕县	克山县	克东县	拜泉县
总计	**12484**	**13702**	**12679**	**15069**	**14278**	**8555**
农、林、牧、渔业	38	586		36	174	101
采矿业		18			10	
制造业	315	1126	2185	2426	1530	787
电力、煤气及水的生产和供应业	20	26	6	6	80	95
建筑业	124	176	149	214	421	171
批发和零售业	7236	7367	5600	6983	7218	2352
交通运输、仓储和邮政业	196	663	655	407	506	711
住宿和餐饮业	2387	1030	1089	2182	1194	1833
信息传输、计算机服务和软件业	163	218	105	69	6	542
金融业	8	12			18	10
房地产业	75	237	165	354	479	149
租赁和商务服务业	94	417	65	250	291	274
科学研究技术服务和地质勘查业	12	60	3	61	92	38
水利、环境和公共设施管理业		8			45	6
居民服务和其他服务业	1464	1576	2562	1726	1937	1426
教育		5	8	14	37	5
卫生、社会保障和社会福利业	22	17		9	33	12
文化、体育和娱乐业	142	129	87	332	207	43
公共管理和社会组织	188	31				

4－9　全市单位女从业人员数

（2014年底）

分　类	女从业人员数（人）	国有单位	集体单位	其他单位	占单位从业人员的比重(%)	国有单位	集体单位	其他单位
总　计	**143881**	**100899**	**6221**	**36761**	**34.6**	**37.8**	**36.9**	**27.9**
按机关企事业分								
企　业	52047	9569	5740	36738	29.6	33.0	37.8	27.9
事　业	49461	48957	481	23	47.6	48.0	28.3	65.7
机　关	42373	42373			31.2	31.2		
按行业分								
农、林、牧、渔业	28731	28728	1	2	42.0	42.0	100.0	13.3
采 矿 业	17		1	16	15.0		2.8	20.8
制 造 业	20513	778	2953	16782	25.0	22.5	38.3	23.7
电力、煤气及水的生产和供应业	3145	637	77	2431	22.6	19.0	27.6	23.7
建 筑 业	3953	92	617	3244	20.4	7.6	36.8	19.6
批发和零售业	4626	678	343	3605	42.6	29.6	38.7	47.0
交通运输、仓储和邮政业	8612	8097	68	447	17.7	17.8	17.0	15.9
住宿和餐饮业	326	101	30	195	58.0	53.4	63.8	59.8
信息传输、计算机服务和软件业	2428	372		2056	46.2	38.4		48.0
金 融 业	9071	2446	1516	5109	50.2	43.3	39.3	59.8
房地产业	1837	445	8	1384	36.2	33.6	72.7	37.0
租赁和商务服务业	1007	394	30	583	16.7	36.4	30.9	12.0
科学研究技术服务和地质勘查业	1845	1607		238	29.8	29.6		31.0
水利、环境和公共设施管理业	4582	4373	202	7	40.4	44.0	15.1	15.6
居民服务和其他服务业	221	160	17	44	34.3	30.5	73.9	44.9
教　育	24045	24015		30	52.3	52.3		30.0
卫生、社会保障和社会福利业	16205	15279	358	568	60.5	59.8	69.1	78.8
文化、体育和娱乐业	1348	1328		20	37.4	37.3		43.5
公共管理和社会组织	11369	11369			26.7	26.7		
按地区分								
市　区	**72152**	**38568**	**4696**	**28888**	**31.2**	**34.8**	**37.1**	**26.8**
市辖县(市)	**44158**	**34760**	**1525**	**7873**	**36.7**	**37.7**	**36.1**	**33.0**
讷 河 市	7035	5424	487	1124	35.2	34.9	54.2	31.8
龙 江 县	5851	4888	66	897	33.0	37.1	19.1	21.1
依 安 县	4704	3543	208	953	37.1	39.5	32.9	30.8
泰 来 县	4402	4013	92	297	37.6	39.3	28.0	25.6
甘 南 县	3717	2858	159	700	37.8	36.9	22.0	51.7
富 裕 县	5811	3925	179	1707	42.7	41.2	64.6	44.8
克 山 县	4991	4077	110	804	38.4	39.2	30.8	35.6
克 东 县	3765	2585	115	1065	37.1	35.7	38.7	40.9
拜 泉 县	3882	3447	109	326	33.6	36.7	30.4	18.0
农 场 局	**27571**	**27571**			**43.2**	**43.2**		

4-10 国有、集体单位职工人数

（2014年底） 单位：人

分类	国有单位		集体单位	
	全市在岗职工人数	市区在岗职工人数	全市在岗职工人数	市区在岗职工人数
总计	**233481**	**109668**	**16635**	**12420**
按机关企事业分				
企业	28574	16631	14938	11101
事业	100388	43622	1697	1319
机关	104519	49415		
按行业分				
农、林、牧、渔业	37377	364	1	1
采矿业			36	
制造业	3462	3227	7529	7084
电力、煤气及水的生产和供应业	3173	338	279	279
建筑业	1218	569	1665	1618
批发和零售业	2278	574	881	578
交通运输、仓储和邮政业	45485	41193	393	260
住宿和餐饮业	189	32	47	33
信息传输、计算机服务和软件业	967	543		
金融业	5615	3318	3826	978
房地产业	1278	981	11	11
租赁和商务服务业	1077	716	97	70
科学研究技术服务和地质勘查业	5335	3168		
水利、环境和公共设施管理业	9369	4904	1337	1336
居民服务和其他服务业	524	216	23	23
教育	45689	16633		
卫生、社会保障和社会福利业	24819	14512	510	149
文化、体育和娱乐业	3554	2204		
公共管理和社会组织	42072	16176		

4-11 全市工业企业在岗职工人数

（2014年底）　　单位：人

行　　业	全　市	市　区	市辖县(市)	讷河市	龙江县	依安县
总　计	**94133**	**75869**	**18264**	**2769**	**2977**	**1809**
石油和天然气开采业	51	51				
非金属矿采选业	58		58			
其他采矿业	4		4			
农副食品加工业	7375	1030	6345	1827	1127	953
食品制造业	6938	3219	3719	94	362	
酒、饮料制造业	1798	1048	750			
纺 织 业	78	78				
纺织服装、服饰业	70	70				
皮革、毛皮、羽毛及其制品和制鞋业	3	3				
木材加工及木、竹、藤、棕草制品业	971	381	590		43	4
家具制造业	866	866				
造纸及纸制品业	542		542			
印刷业和记录媒介复制业	215	181	34	34		
文教、工美、体育和娱乐用品制造业						
石油加工、炼焦及核燃料加工业	3971	3971				
化学原料及化学制品制造业	2800	2532	268		43	150
医药制造业	476	435	41			
橡胶和塑料制品业	388	388				
非金属矿物制品业	5222	4281	941	62	379	408
黑色金属冶炼及压延加工业	6577	6537	40		40	
有色金属冶炼及压延加工业	210	210				
金属制品业	5217	5217				
通用设备制造业	9403	9035	368		363	
专用设备制造业	15561	15071	490		205	
汽车制造业	550	550				
铁路、船舶、航空航天和其他运输设备制造业	10780	10780				
电气机械及器材制造业	836	829	7			
计算机、通信和其他电子设备制造业						
仪器仪表制造业						
其他制造业	46	46				
废弃资源综合利用业	124	124				
金属制品、机械和设备修理业	6	6				
电力、热力的生产和供应业	10323	6762	3561	618	403	294
燃气生产和供应业	937	937				
水的生产和供应业	1737	1231	506	134	12	

4-11续　　(2014年底)　　单位:人

行　　业	泰来县	甘南县	富裕县	克山县	克东县	拜泉县
总　计	**961**	**1732**	**2926**	**2079**	**2022**	**989**
石油和天然气开采业						
非金属矿采选业			58			
其他采矿业			4			
农副食品加工业	13	227	243	1345	571	39
食品制造业	169	908	1170		930	86
酒、饮料制造业	42	252	366		90	
纺 织 业						
纺织服装、服饰业						
皮革、毛皮、羽毛及其制品和制鞋业						
木材加工及木、竹、藤、棕草制品业						543
家具制造业						
造纸及纸制品业			542			
印刷业和记录媒介复制业						
文教、工美、体育和娱乐用品制造业						
石油加工、炼焦及核燃料加工业						
化学原料及化学制品制造业						75
医药制造业			16		25	
橡胶和塑料制品业						
非金属矿物制品业			30	8	54	
黑色金属冶炼及压延加工业						
有色金属冶炼及压延加工业						
金属制品业						
通用设备制造业					5	
专用设备制造业	209				76	
汽车制造业						
铁路、船舶、航空航天和其他运输设备制造业						
电气机械及器材制造业	7					
计算机、通信和其他电子设备制造业						
仪器仪表制造业						
其他制造业						
废弃资源综合利用业						
金属制品、机械和设备修理业						
电力、热力的生产和供应业	440	302	442	604	271	187
燃气生产和供应业						
水的生产和供应业	81	43	55	122		59

4-12　全市国有工业企业在岗职工人数

（2014年底）　　单位:人

行　　业	全市	市区	市辖县(市)	讷河市	龙江县	依安县
总　　计	**6635**	**3565**	**3070**	**642**	**295**	**294**
石油和天然气开采业						
非金属矿采选业						
其他采矿业						
农副食品加工业	13		13			
食品制造业						
酒、饮料制造业						
纺 织 业						
纺织服装、服饰业						
皮革、毛皮、羽毛及其制品和制鞋业	3	3				
木材加工及木、竹、藤、棕草制品业	106	106				
家具制造业						
造纸及纸制品业						
印刷业和记录媒介复制业	136	136				
文教、工美、体育和娱乐用品制造业						
石油加工、炼焦及核燃料加工业						
化学原料及化学制品制造业	153	153				
医药制造业						
橡胶和塑料制品业						
非金属矿物制品业	255	242	13			
黑色金属冶炼及压延加工业						
有色金属冶炼及压延加工业						
金属制品业	16	16				
通用设备制造业						
专用设备制造业	2478	2269	209			
汽车制造业						
铁路、船舶、航空航天和其他运输设备制造业	302	302				
电气机械及器材制造业						
计算机、通信和其他电子设备制造业						
仪器仪表制造业						
其他制造业						
废弃资源综合利用业						
金属制品、机械和设备修理业						
电力、热力的生产和供应业	2848	273	2575	618	283	294
燃气生产和供应业						
水的生产和供应业	325	65	260	24	12	

4－12续　　(2014年底)　　单位:人

行　　业	泰来县	甘南县	富裕县	克山县	克东县	拜泉县
总　计	**662**	**345**	**245**	**341**		**246**
石油和天然气开采业						
非金属矿采选业						
其他采矿业						
农副食品加工业	13					
食品制造业						
酒、饮料制造业						
纺织业						
纺织服装、服饰业						
皮革、毛皮、羽毛及其制品和制鞋业						
木材加工及木、竹、藤、棕草制品业						
家具制造业						
造纸及纸制品业						
印刷业和记录媒介复制业						
文教、工美、体育和娱乐用品制造业						
石油加工、炼焦及核燃料加工业						
化学原料及化学制品制造业						
医药制造业						
橡胶和塑料制品业						
非金属矿物制品业			13			
黑色金属冶炼及压延加工业						
有色金属冶炼及压延加工业						
金属制品业						
通用设备制造业						
专用设备制造业	209					
汽车制造业						
铁路、船舶、航空航天和其他运输设备制造业						
电气机械及器材制造业						
计算机、通信和其他电子设备制造业						
仪器仪表制造业						
其他制造业						
废弃资源综合利用业						
金属制品、机械和设备修理业						
电力、热力的生产和供应业	440	302	232	219		187
燃气生产和供应业						
水的生产和供应业		43		122		59

4－13 全市在岗职工平均人数

（2014年底） 单位：人

分类	合计	国有单位	城镇集体单位	其他单位
总计	**380684**	**238854**	**16606**	**125224**
按机关企事业分				
企业	170009	29910	14907	125192
事业	101716	99985	1699	32
机关	108959	108959		
按行业分				
农、林、牧、渔业	41544	41528	1	15
采矿业	114		36	78
制造业	81961	3602	7554	70805
电力、煤气及水的生产和供应业	13044	3098	279	9667
建筑业	20284	2463	1662	16159
批发和零售业	10560	2307	857	7396
交通运输、仓储和邮政业	48900	45741	393	2766
住宿和餐饮业	562	189	47	326
信息传输、计算机服务和软件业	5301	967	0	4334
金融业	12988	5618	3797	3573
房地产业	4959	1283	11	3665
租赁和商务服务业	5869	1064	99	4706
科学研究技术服务和地质勘查业	6087	5348	0	739
水利、环境和公共设施管理业	10688	9306	1337	45
居民服务和其他服务业	648	527	23	98
教育	45797	45715	0	82
卫生、社会保障和社会福利业	25846	24612	510	724
文化、体育和娱乐业	3479	3433		46
公共管理和社会组织	42053	42053		
按地区分				
市区	**222886**	**109982**	**12438**	**100466**
市辖县(市)	**120727**	**91801**	**4168**	**24758**
讷河市	19073	15136	899	3038
龙江县	18772	13122	345	5305
依安县	13342	8990	605	3747
泰来县	11610	10230	329	1051
甘南县	9874	7752	722	1400
富裕县	14774	10270	267	4237
克山县	12759	10162	352	2245
克东县	9328	6817	290	2221
拜泉县	11195	9322	359	1514
农场局	**37071**	**37071**		

4-14 1978-2014年职工平均工资和指数

年 份	全部职工平均工资（元）	指数（1978=100）		国有职工平均工资（元）	指数（1978=100）		城镇集体职工平均工资（元）	指数（1978=100）	
		货币工资	实际工资		货币工资	实际工资		货币工资	实际工资
1978	658			699			545		
1979	687	104.4	99.0	772	110.4	105.6	513	94.1	90.0
1980	761	116.1	102.2	827	118.3	104.1	629	115.4	101.6
1981	771	117.2	100.0	845	120.9	103.2	627	115.0	98.1
1982	815	123.9	103.8	866	123.9	103.8	708	130.0	108.9
1983	832	126.4	103.2	866	123.9	101.1	769	141.1	115.2
1984	905	137.5	107.3	957	136.9	106.9	810	148.6	116.0
1985	1012	154.0	107.3	1083	154.9	107.9	872	160.5	118.5
1986	1162	176.6	115.9	1251	179.0	117.5	973	178.5	117.2
1987	1249	189.8	114.3	1329	190.1	114.5	1075	197.3	118.9
1988	1532	232.8	115.9	1660	237.5	118.2	1223	224.4	111.7
1989	1541	234.2	101.7	1671	239.1	102.2	1218	223.5	95.4
1990	1651	250.9	102.5	1910	273.2	111.5	1323	242.7	99.1
1991	1779	270.4	102.3	2023	289.4	109.5	1504	275.9	104.4
1992	2038	309.7	105.6	2221	317.7	108.4	1559	286.1	97.6
1993	2433	369.8	108.8	2567	367.2	108.0	1932	354.5	104.3
1994	3183	483.7	118.9	3449	493.4	121.3	2096	384.6	94.5
1995	3731	567.0	120.5	4056	580.3	123.4	2381	436.8	92.9
1996	3988	606.1	120.0	4368	624.9	114.8	2485	456.0	90.2
1997	4135	628.4	118.9	4567	653.4	123.6	2425	445.0	84.2
1998	5657	859.7	159.4	5915	846.2	156.9	4005	734.9	136.3
1999	6022	915.2	173.6	6262	895.9	169.9	4232	776.5	147.3
2000	7358	1118.2	217.0	7664	1096.4	212.8	5220	957.8	185.9
2001	8376	1272.9	249.8	8756	1252.6	245.9	5821	1068.1	209.6
2002	9411	1430.2	282.9	9955	1424.2	281.7	6766	1241.5	245.6
2003	10081	1532.1	298.0	10746	1537.3	299.0	6882	1262.7	245.6
2004	10895	1655.8	310.9	11555	1630.1	310.4	7955	1459.6	274.1
2005	12573	1910.8	353.1	13429	1921.2	355.1	8057	1478.3	273.2
2006	14216	2160.5	393.0	15547	2224.2	404.6	8653	1587.7	288.8
2007	17552	2667.5	463.0	19223	2750.1	477.4	9782	1794.9	311.5
2008	21933	3333.3	552.1	23911	3420.8	566.6	11092	2035.3	337.0
2009	24001	3647.6	602.3	26287	3760.7	621.0	12805	2349.5	387.9
2010	27050	4110.9	657.8	29374	4202.3	672.4	14438	2649.2	423.8
2011	30573	4646.4	703.4	32071	4588.1	694.5	17651	3238.7	490.2
2012	34157	5191.1	767.4	35160	5030.0	743.5	18946	3476.3	513.8
2013	37956	5768.5	835.2	39677	5676.2	821.6	27503	5046.4	730.5
2014	42195	6412.7	916.6	44799	6409.0	915.8	30436	5584.6	798.0

注：（1）实际工资指数为扣除消费价格变动后的指数。
（2）1998年以后职工工资中不含离岗职工工资。

4－15　各县(市)按行业分的在岗职工工资总额

（2014年）　　单位:千元

行　　业	全　市	市　区	市辖县(市)	讷河市	龙江县	依安县
总　　计	**16062968**	**10843477**	**4039609**	**618921**	**579396**	**441813**
农、林、牧、渔业	1290226	13627	96717	51548	6076	4794
采 矿 业	3098	2277	821			
制 造 业	3129114	2742567	386547	44222	80241	42879
电力、煤气及水的生产和供应业	578540	438683	139857	24340	18919	9643
建 筑 业	594297	376078	218219	11182	74069	24942
批发和零售业	365975	253559	102416	15793	6973	29941
交通运输、仓储和邮政业	3035637	2838067	147570	25575	21018	12478
住宿和餐饮业	12334	8636	3698	1203	1320	
信息传输、计算机服务和软件业	280379	268589	11790	2060	600	
金 融 业	775813	451749	324064	45784	20747	47413
房地产业	177789	144424	33365	9210	3096	2116
租赁和商务服务业	200344	179333	21011	5378	946	931
科学研究技术服务和地质勘查业	282816	205052	77764	9880	4279	9994
水利、环境和公共设施管理业	301112	203016	98096	17460	10822	10546
居民服务和其他服务业	21649	13739	7910	1570	810	584
教　　育	2050199	957430	1092769	172690	170944	119084
卫生、社会保障和社会福利业	1107427	727254	380173	55566	37631	38444
文化、体育和娱乐业	128349	84475	43874	8253	5591	5898
公共管理和社会组织	1727870	874922	852948	117207	115314	82126

4－15续　　（2014年）　　单位:千元

行　　业	泰来县	甘南县	富裕县	克山县	克东县	拜泉县	农场局
总　　计	**367181**	**359848**	**567415**	**450454**	**298712**	**355869**	**1179882**
农、林、牧、渔业	8315	6686	1115	6746	9976	1461	1179882
采 矿 业			821				
制 造 业	10324	47307	61369	35889	46044	18272	
电力、煤气及水的生产和供应业	16690	13238	18541	22555	9333	6598	
建 筑 业	5368	2180	86478	2156	722	11122	
批发和零售业	4193	4288	16580	15020	6169	3459	
交通运输、仓储和邮政业	13531	15192	18873	21237	6379	13287	
住宿和餐饮业		803				372	
信息传输、计算机服务和软件业	2961	2427	3329			413	
金 融 业	32176	41869	41330	35574	22120	37051	
房地产业	2379	4792	4507	3026	1532	2707	
租赁和商务服务业	6968	2140	1003	2078	1567		
科学研究技术服务和地质勘查业	3880	11453	8043	11859	9195	9181	
水利、环境和公共设施管理业	7395	4881	21203	8771	7320	9698	
居民服务和其他服务业	930	1440	1580	788	208		
教　　育	95504	96958	123675	129914	77564	106436	
卫生、社会保障和社会福利业	30162	42076	59863	53172	27353	35906	
文化、体育和娱乐业	2863	2888	3993	2914	5785	5689	
公共管理和社会组织	123542	59230	95112	98755	67445	94217	

4－16 国有单位在岗职工人数和工资总额

（2014年）

分类	职工人数（人）			职工工资总额（千元）		
	全市	#市区	#市辖县（市）	全市	#市区	#市辖县（市）
总计	**233481**	**109668**	**90900**	**10700423**	**6359343**	**3161198**
按隶属关系分						
中央	47815	44298	3517	3300862	3115517	185345
省、自治区、直辖市	57618	15076	9629	2336374	785863	370629
地区	30553	29361	1192	1556100	1504642	51458
县及县以下	97385	20823	76562	3504088	950322	2553766
其他	110	110		2999	2999	
按企业、事业、机关分						
企业	28574	16631	11943	1338541	877586	460955
事业	100388	43622	56766	4145541	2167939	1977602
机关	104519	49415	22191	5216341	3313818	722641
按国民经济行业分						
农、林、牧、渔业	37377	364	4100	1290093	13494	96717
农业	33830	44	553	1195844	1209	14753
林业	2474	160	2474	61436	4542	56894
畜牧业	255		255	4779		4779
渔业						
农、林、牧、渔服务业	818	160	818	28034	7743	20291
采矿业						
制造业	3462	3227	235	131373	127183	4190
电力、煤气及水的生产和供应业	3173	338	2835	128270	27573	100697
建筑业	1218	569	649	102227	40973	61254
房屋建筑业	46		46	386		386
土木工程建筑业	1172	569	603	101841	40973	60868
建筑安装业						
建筑装饰和其他建筑业						
批发和零售业	2278	574	1704	102262	45610	56652
批发业	1853	381	1472	88979	39826	49153
零售业	425	193	232	13283	5784	7499
交通运输、仓储和邮政业	45485	41193	4292	2915337	2789158	126179
铁路运输业	35162	35162		2543049	2543049	
道路运输业	5295	2606	2689	150845	80305	70540
水上运输业	33	28	5	1289	1225	64
航空运输业	200	200		11810	11810	
管道运输业						

4-16续 (2014年)

分类	职工人数(人)			职工工资总额(千元)		
	全市	#市区	#市辖县(市)	全市	#市区	#市辖县(市)
装卸搬运和运输代理业	83	68	15	3351	2830	521
仓储业	1695	448	1247	54013	13163	40850
邮政业	3017	2681	336	150980	136776	14204
住宿和餐饮业	189	32	157	4279	851	3428
住宿业	161	32	129	3907	851	3056
餐饮业	28		28	372		372
信息传输、计算机服务和软件业	967	543	424	41719	30529	11190
电信、广播电视和卫星传输服务业	952	537	415	41431	30434	10997
互联网和相关服务	15	6	9	288	95	193
软件和信息技术服务业						
金融业	5615	3318	2297	390595	255944	134651
#货币金融服务业	5536	3318	2218	385448	255944	129504
房地产业	1278	981	297	52161	37305	14856
#房地产开发经营	481	481		14128	14128	
物业管理	35	28	7	971	591	380
房地产中介服务	91		91	3052		3052
租赁和商务服务业	1077	716	361	42183	29935	12248
租赁业						
商务服务业	1077	716	361	42183	29935	12248
科学研究、技术服务业	5335	3168	2167	238781	162513	76268
研究与试验发展	676	504	172	32579	26063	6516
专业技术服务业	3682	2593	1089	169981	131916	38065
科技推广和应用服务业	977	71	906	36221	4534	31687
水利、环境和公共设施管理业	9369	4904	4465	279725	182965	96760
水利管理业	1277	350	927	53177	20764	32413
生态保护和环境治理业	185	149	36	7041	5533	1508
公共设施管理业	7907	4405	3502	219507	156668	62839
居民服务和其他服务业	524	216	308	18105	10195	7910
教育	45689	16633	29056	2045601	952832	1092769
卫生、社会保障和社会福利业	24819	14512	10307	1063103	692886	370217
#卫生	23714	13615	10099	979586	620756	358830
文化、体育和娱乐业	3554	2204	1350	126739	84475	42264
#新闻出版业	694	597	97	25409	22137	3272
广播、电视、电影和影视录音制作业	1051	370	681	34038	14464	19574
文化艺术业	1488	951	537	51935	33825	18110
体育	303	274	29	14530	13435	1095
公共管理和社会组织	42072	16176	25896	1727870	874922	852948
#国家机构	38195	14611	23584	1565175	787537	777638

4－17　各县(市)按行业分的国有、集体单位在岗职工工资总额

（2014年）　　　　单位：千元

行　　业	全市	市区	市辖县(市)	讷河市	龙江县	依安县
国　　有	**10700423**	**6359343**	**3161198**	**513222**	**401867**	**316318**
农、林、牧、渔业	1290093	13494	96717	51548	6076	4794
采 矿 业						
制 造 业	131373	127183	4190			
电力、煤气及水的生产和供应业	128270	27573	100697	21999	13188	9643
建 筑 业	102227	40973	61254		386	
批发和零售业	102262	45610	56652	12940	4608	5488
交通运输、仓储和邮政业	2915337	2789158	126179	24512	18545	6201
住宿和餐饮业	4279	851	3428	1203	1050	
信息传输、计算机服务和软件业	41719	30529	11190	2060		
金 融 业	390595	255944	134651	14050	11677	20988
房地产业	52161	37305	14856	8248		1623
租赁和商务服务业	42183	29935	12248	4889	946	931
科学研究技术服务和地质勘查业	238781	162513	76268	8983	4279	9994
水利、环境和公共设施管理业	279725	182965	96760	17460	10822	10520
居民服务和其他服务业	18105	10195	7910	1570	810	584
教　　育	2045601	952832	1092769	172690	170944	119084
卫生、社会保障和社会福利业	1063103	692886	370217	45610	37631	38444
文化、体育和娱乐业	126739	84475	42264	8253	5591	5898
公共管理和社会组织	1727870	874922	852948	117207	115314	82126
集　　体	**505428**	**345476**	**159952**	**29492**	**9171**	**20657**
农、林、牧、渔业	12	12				
采 矿 业	285		285			
制 造 业	231628	224448	7180	663		57
电力、煤气及水的生产和供应业	10935	10935				
建 筑 业	32528	31663	865	366		499
批发和零售业	12633	8755	3878		1357	2131
交通运输、仓储和邮政业	6886	5369	1517		1100	
住宿和餐饮业	882	612	270		270	
信息传输、计算机服务和软件业						
金 融 业	171654	36168	135486	18018	6444	17944
房地产业	109	109				
租赁和商务服务业	2640	2151	489	489		
科学研究技术服务和地质勘查业						
水利、环境和公共设施管理业	20077	20051	26			26
居民服务和其他服务业	548	548				
教　　育						
卫生、社会保障和社会福利业	14611	4655	9956	9956		
文化、体育和娱乐业						
公共管理和社会组织						

4－17 续　　　　（2014年）　　　　单位：千元

行　　业	泰来县	甘南县	富裕县	克山县	克东县	拜泉县	农场局
国　　有	**322386**	**277126**	**426949**	**376271**	**229092**	**297967**	**1179882**
农、林、牧、渔业	8315	6686	1115	6746	9976	1461	1179882
采 矿 业							
制 造 业	3905		285				
电力、煤气及水的生产和供应业	14918	13238	12214	8899		6598	
建 筑 业			60536	332			
批发和零售业	3627	3459	11149	9001	4591	1789	
交通运输、仓储和邮政业	9029	9635	18024	20567	6379	13287	
住宿和餐饮业		803				372	
信息传输、计算机服务和软件业	2961	2427	3329			413	
金 融 业	13763	20687	4774	21273	12909	14530	
房地产业		1974	1809	1202			
租赁和商务服务业	1592		245	2078	1567		
科学研究技术服务和地质勘查业	3880	10854	8043	11859	9195	9181	
水利、环境和公共设施管理业	7395	4771	21203	8771	6120	9698	
居民服务和其他服务业	930	1440	1580	788	208		
教　　育	95504	96958	123675	129914	77564	106436	
卫生、社会保障和社会福利业	30162	42076	59863	53172	27353	35906	
文化、体育和娱乐业	2863	2888	3993	2914	5785	4079	
公共管理和社会组织	123542	59230	95112	98755	67445	94217	
集　　体	**17953**	**26688**	**17544**	**10333**	**8369**	**19745**	
农、林、牧、渔业							
采 矿 业			285				
制 造 业	183	6277					
电力、煤气及水的生产和供应业							
建 筑 业							
批发和零售业		390					
交通运输、仓储和邮政业	291	126					
住宿和餐饮业							
信息传输、计算机服务和软件业							
金 融 业	17479	19895	17259	10333	8369	19745	
房地产业							
租赁和商务服务业							
科学研究技术服务和地质勘查业							
水利、环境和公共设施管理业							
居民服务和其他服务业							
教　　育							
卫生、社会保障和社会福利业							
文化、体育和娱乐业							
公共管理和社会组织							

4－18 各县(市)国有、集体单位从业人员劳动报酬

(2014年) 单位:千元

地 区	劳动报酬	在岗职工工资总额	其他从业人员劳动报酬
国 有	**11695720**	**10700423**	**995297**
市 区	**6384365**	**6359343**	**25022**
市辖县(市)	**3181754**	**3161198**	**20556**
讷河市	519093	513222	5871
龙江县	403067	401867	1200
依安县	316318	316318	
泰来县	322468	322386	82
甘南县	277126	277126	
富裕县	429373	426949	2424
克山县	381041	376271	4770
克东县	234462	229092	5370
拜泉县	298806	297967	839
农场局	**2129601**	**1179882**	**949719**
集 体	**509653**	**505428**	**4225**
市 区	**349647**	**345476**	**4171**
市辖县(市)	**160006**	**159952**	**54**
讷河市	29492	29492	
龙江县	9171	9171	
依安县	20657	20657	
泰来县	17953	17953	
甘南县	26688	26688	
富裕县	17544	17544	
克山县	10387	10333	54
克东县	8369	8369	
拜泉县	19745	19745	

4－19　市辖县(市)按行业分的国有、集体单位从业人员劳动报酬

（2014年）　　单位：千元

分　　类	劳动报酬	在岗职工工资总额	其他从业人员劳动报酬
国　　有	**3181754**	**3161198**	**20556**
农、林、牧、渔业	97888	96717	1171
采 矿 业			
制 造 业	4190	4190	
电力、煤气及水的生产和供应业	103058	100697	2361
建 筑 业	61254	61254	
批发和零售业	56807	56652	155
交通运输、仓储和邮政业	126662	126179	483
住宿和餐饮业	3428	3428	
信息传输、计算机服务和软件业	11190	11190	
金 融 业	135078	134651	427
房地产业	15520	14856	664
租赁和商务服务业	12283	12248	35
科学研究技术服务和地质勘查业	77060	76268	792
水利、环境和公共设施管理业	101092	96760	4332
居民服务和其他服务业	7910	7910	
教　　育	1094285	1092769	1516
卫生、社会保障和社会福利业	374091	370217	3874
文化、体育和娱乐业	42410	42264	146
公共管理和社会组织	857548	852948	4600
集　　体	**160006**	**159952**	**54**
农、林、牧、渔业			
采 矿 业	285	285	
制 造 业	7180	7180	
电力、煤气及水的生产和供应业			
建 筑 业	865	865	
批发和零售业	3878	3878	
交通运输、仓储和邮政业	1517	1517	
住宿和餐饮业	270	270	
信息传输、计算机服务和软件业			
金 融 业	135540	135486	54
房地产业			
租赁和商务服务业	489	489	
科学研究技术服务和地质勘查业			
水利、环境和公共设施管理业	26	26	
居民服务和其他服务业			
教　　育			
卫生、社会保障和社会福利业	9956	9956	
文化、体育和娱乐业			
公共管理和社会组织			

4-20 按行业分的国有单位从业人员劳动报酬

（2014年） 单位：千元

行业	劳动报酬	在岗职工工资总额	其他从业人员劳动报酬
全 市	**11695720**	**10700423**	**995297**
农、林、牧、渔业	2241064	1290093	950971
采矿业			
制造业	131373	131373	
电力、煤气及水的生产和供应业	130631	128270	2361
建筑业	102227	102227	
批发和零售业	102424	102262	162
交通运输、仓储和邮政业	2917184	2915337	1847
住宿和餐饮业	4279	4279	
信息传输、计算机服务和软件业	41806	41719	87
金融业	391948	390595	1353
房地产业	53292	52161	1131
租赁和商务服务业	42265	42183	82
科学研究技术服务和地质勘查业	241271	238781	2490
水利、环境和公共设施管理业	288096	279725	8371
居民服务和其他服务业	18105	18105	
教育	2048680	2045601	3079
卫生、社会保障和社会福利业	1078490	1063103	15387
文化、体育和娱乐业	126909	126739	170
公共管理和社会组织	1735676	1727870	7806
市 区	**6384365**	**6359343**	**25022**
农、林、牧、渔业	13575	13494	81
采矿业			
制造业	127183	127183	
电力、煤气及水的生产和供应业	27573	27573	
建筑业	40973	40973	
批发和零售业	45617	45610	7
交通运输、仓储和邮政业	2790522	2789158	1364
住宿和餐饮业	851	851	
信息传输、计算机服务和软件业	30616	30529	87
金融业	256870	255944	926
房地产业	37772	37305	467
租赁和商务服务业	29982	29935	47
科学研究技术服务和地质勘查业	164211	162513	1698
水利、环境和公共设施管理业	187004	182965	4039
居民服务和其他服务业	10195	10195	
教育	954395	952832	1563
卫生、社会保障和社会福利业	704399	692886	11513
文化、体育和娱乐业	84499	84475	24
公共管理和社会组织	878128	874922	3206

4－21　按行业分的集体单位从业人员劳动报酬

（2014年）　　单位：千元

行　　业	劳动报酬	在岗职工工资总额	其他从业人员劳动报酬
全　市	**509653**	**505428**	**4225**
农、林、牧、渔业	12	12	
采 矿 业	285	285	
制 造 业	234378	231628	2750
电力、煤气及水的生产和供应业	10935	10935	
建筑业	32622	32528	94
批发和零售业	12744	12633	111
交通运输、仓储和邮政业	7071	6886	185
住宿和餐饮业	882	882	
信息传输、计算机服务和软件业			
金 融 业	172518	171654	864
房地产业	109	109	
租赁和商务服务业	2640	2640	
科学研究技术服务和地质勘查业			
水利、环境和公共设施管理业	20077	20077	
居民服务和其他服务业	548	548	
教　　育			
卫生、社会保障和社会福利业	14832	14611	221
文化、体育和娱乐业			
公共管理和社会组织			
市　区	**349647**	**345476**	**4171**
农、林、牧、渔业	12	12	
采 矿 业			
制 造 业	227198	224448	2750
电力、煤气及水的生产和供应业	10935	10935	
建 筑 业	31757	31663	94
批发和零售业	8866	8755	111
交通运输、仓储和邮政业	5554	5369	185
住宿和餐饮业	612	612	
信息传输、计算机服务和软件业			
金 融 业	36978	36168	810
房地产业	109	109	
租赁和商务服务业	2151	2151	
科学研究技术服务和地质勘查业			
水利、环境和公共设施管理业	20051	20051	
居民服务和其他服务业	548	548	
教　　育			
卫生、社会保障和社会福利业	4876	4655	221
文化、体育和娱乐业			
公共管理和社会组织			

4－22　集体单位在岗职工人数和工资总额

（2014年）

分　　类	职工人数（人）			职工工资总额（千元）		
	全市	市区	市辖县（市）	全市	市区	市辖县（市）
总　计	**16635**	**12420**	**4215**	**505428**	**345476**	**159952**
按企业、事业、机关分						
企　业	14938	11101	3837	471879	322479	149400
事　业	1697	1319	378	33549	22997	10552
机　关						
按国民经济行业分						
农、林、牧、渔业	1	1		12	12	
#林　业	1	1		12	12	
畜牧业						
采矿业	36		36	285		285
制造业	7529	7084	445	231628	224448	7180
电力、燃气及水的生产和供应业	279	279		10935	10935	
建筑业	1665	1618	47	32528	31663	865
房屋建筑业	439	439		6501	6501	
土木工程建筑业	979	964	15	19033	18667	366
建筑安装业	63	31	32	1905	1406	499
建筑装饰和其他建筑业	184	184		5089	5089	
批发和零售业	881	578	303	12633	8755	3878
批发业	403	137	266	6207	2889	3318
零售业	478	441	37	6426	5866	560
交通运输、仓储和邮政业	393	260	133	6886	5369	1517
道路运输业	163	46	117	1846	620	1226
装卸搬运和运输代理业	230	214	16	5040	4749	291
住宿和餐饮业	47	33	14	882	612	270

4-22 续 (2014年)

分 类	职工人数(人)			职工工资总额(千元)		
	全 市	市 区	市辖县(市)	全 市	市 区	市辖县(市)
住 宿 业	15	1	14	282	12	270
餐 饮 业	32	32		600	600	
信息传输、计算机服务和软件业						
金 融 业	3826	978	2848	171654	36168	135486
#货币金融服务业	3467	978	2489	151909	36168	115741
房地产业	11	11		109	109	
#房地产开发经营						
租赁和商务服务业	97	70	27	2640	2151	489
租 赁 业						
商务服务业	97	70	27	2640	2151	489
水利、环境和公共设施管理业	1337	1336	1	20077	20051	26
公共设施管理业	1337	1336	1	20077	20051	26
居民服务和其他服务业	23	23		548	548	
居民服务业	1	1		12	12	
其他服务业	22	22		536	536	
教 育						
中等教育						
卫生、社会保障和社会福利业	510	149	361	14611	4655	9956
卫 生	502	141	361	14429	4473	9956
社会工作	8	8		182	182	
公共管理和社会组织						
国家机构						
群众社团、社会团体和宗教						

4-23 各县(市)工业企业在岗职工工资总额

(2014年)

单位:千元

行业	全市	市区	市辖县(市)	讷河市	龙江县	依安县
总计	**3710752**	**3183527**	**527225**	**68562**	**99160**	**52522**
按工业部门分						
石油和天然气开采业	2277	2277				
非金属矿采选业	774		774			
其他采矿业	47		47			
农副食品加工业	208100	33011	175089	39429	44929	26123
食品制造业	211043	111170	99873	2182	6000	
酒、饮料制造业	67736	43913	23823			
纺 织 业	1421	1421				
纺织服装、服饰业	1734	1734				
皮革、毛皮、羽毛及其制品和制鞋业	75	75				
木材加工及木、竹、藤、棕草制品业	22874	10318	12556		800	57
家具制造业	31053	31053				
造纸及纸制品业	15844		15844			
印刷业和记录媒介复制业	5566	4903	663	663		
文教、工美、体育和娱乐用品制造业						
石油加工、炼焦及核燃料加工业	100037	100037				
化学原料及化学制品制造业	86892	80785	6107			3392
医药制造业	11232	10562	670			
橡胶和塑料制品业	9735	9735				
非金属矿物制品业	150963	119182	31781	1948	13109	13307
黑色金属冶炼及压延加工业	273781	272341	1440		1440	
有色金属冶炼及压延加工业	5243	5243				
金属制品业	180334	180334				
通用设备制造业	277856	272886	4970		4920	
专用设备制造业	856426	842878	13548		8423	
汽车制造业	18390	18390				
铁路、船舶、航空航天和其他运输设备制造业	550267	550267				
电气机械及器材制造业	37146	36963	183			
计算机、通信和其他电子设备制造业						
仪器仪表制造业						
其他制造业	1156	1156				
废弃资源综合利用业	3945	3945				
金属制品、机械和设备修理业	265	265				
电力、热力的生产和供应业	492583	363459	129124	21196	18587	9643
燃气生产和供应业	35953	35953				
水的生产和供应业	50004	39271	10733	3144	332	

4-23 续 (2014年) 单位:千元

行业	泰来县	甘南县	富裕县	克山县	克东县	拜泉县
总计	**27014**	**60545**	**80731**	**58444**	**55377**	**24870**
按工业部门分						
石油和天然气开采业						
非金属矿采选业			774			
其他采矿业			47			
农副食品加工业	220	10930	6681	35710	9969	1098
食品制造业	5208	27557	28556		26990	3380
酒、饮料制造业	1028	8820	9327		4648	
纺 织 业						
纺织服装、服饰业						
皮革、毛皮、羽毛及其制品和制鞋业						
木材加工及木、竹、藤、棕草制品业						11699
家具制造业						
造纸及纸制品业			15844			
印刷业和记录媒介复制业						
文教、工美、体育和娱乐用品制造业						
石油加工、炼焦及核燃料加工业						
化学原料及化学制品制造业						2095
医药制造业			220		450	
橡胶和塑料制品业						
非金属矿物制品业			741	179	2497	
黑色金属冶炼及压延加工业						
有色金属冶炼及压延加工业						
金属制品业						
通用设备制造业					50	
专用设备制造业	3685				1440	
汽车制造业						
铁路、船舶、航空航天和其他运输设备制造业						
电气机械及器材制造业	183					
计算机、通信和其他电子设备制造业						
仪器仪表制造业						
其他制造业						
废弃资源综合利用业						
金属制品、机械和设备修理业						
电力、热力的生产和供应业	14918	11990	16825	20742	9333	5890
燃气生产和供应业						
水的生产和供应业	1772	1248	1716	1813		708

4－24　各县(市)国有工业企业在岗职工工资总额

（2014年）　　单位：千元

行　　业	全　市	市　区	市辖县(市)	讷河市	龙江县	依安县
总　　计	**259643**	**154756**	**104887**	**21999**	**13188**	**9643**
按工业部门分						
石油和天然气开采业						
其他采矿业						
农副食品加工业	220		220			
食品制造业						
酒、饮料制造业						
纺 织 业						
纺织服装、服饰业						
皮革、毛皮、羽毛及其制品和制鞋业	75	75				
木材加工及木、竹、藤、棕草制品业	2799	2799				
家具制造业						
造纸及纸制品业						
印刷业和记录媒介复制业	3723	3723				
文教、工美、体育和娱乐用品制造业						
石油加工、炼焦及核燃料加工业						
化学原料及化学制品制造业	4704	4704				
医药制造业						
橡胶和塑料制品业						
非金属矿物制品业	3934	3649	285			
黑色金属冶炼及压延加工业						
有色金属冶炼及压延加工业						
金属制品业	239	239				
通用设备制造业						
专用设备制造业	92799	89114	3685			
铁路、船舶、航空航天和其他运输设备制造业	22880	22880				
电气机械及器材制造业						
计算机、通信和其他电子设备制造业						
其他制造业						
废弃资源综合利用业						
电力、热力的生产和供应业	121662	25869	95793	21196	12856	9643
燃气生产和供应业						
水的生产和供应业	6608	1704	4904	803	332	

4－24 续　　(2014年)　　单位:千元

行　　业	泰来县	甘南县	富裕县	克山县	克东县	拜泉县
总　　计	**18823**	**13238**	**12499**	**8899**		**6598**
按工业部门分						
石油和天然气开采业						
其他采矿业						
农副食品加工业	220					
食品制造业						
酒、饮料制造业						
纺 织 业						
纺织服装、服饰业						
皮革、毛皮、羽毛及其制品和制鞋业						
木材加工及木、竹、藤、棕草制品业						
家具制造业						
造纸及纸制品业						
印刷业和记录媒介复制业						
文教、工美、体育和娱乐用品制造业						
石油加工、炼焦及核燃料加工业						
化学原料及化学制品制造业						
医药制造业						
橡胶和塑料制品业						
非金属矿物制品业			285			
黑色金属冶炼及压延加工业						
有色金属冶炼及压延加工业						
金属制品业						
通用设备制造业						
专用设备制造业	3685					
铁路、船舶、航空航天和其他运输设备制造业						
电气机械及器材制造业						
计算机、通信和其他电子设备制造业						
其他制造业						
废弃资源综合利用业						
电力、热力的生产和供应业	14918	11990	12214	7086		5890
燃气生产和供应业						
水的生产和供应业		1248		1813		708

4－25　主要年份各县(市)国有、集体单位在岗职工平均工资

单位:元

地　　区	1990年	1995年	2000年	2005年	2010年	2011年	2012年	2013年	2014年
国　　有	**1910**	**4056**	**7664**	**13429**	**29374**	**32071**	**35160**	**39677**	**44799**
市　　区	**2212**	**4487**	**8953**	**16427**	**36034**	**41275**	**39698**	**44876**	**51269**
市辖县(市)	**1506**	**3765**	**6445**	**10577**	**23449**	**25492**	**28020**	**30743**	**34435**
讷 河 市	1574	4370	6286	9624	21191	24564	28693	30776	33907
龙 江 县	1427	3590	6272	9480	22087	22602	24783	27745	30625
依 安 县	1615	3561	6459	11173	26130	28123	29324	31960	35186
泰 来 县	1468	3275	7040	10671	23909	25367	27130	29247	31514
甘 南 县	1506	3791	7471	10436	20608	23208	26636	30891	35749
富 裕 县	1599	4169	6603	11863	24706	25926	29503	33327	41572
克 山 县	1545	3293	6552	11245	25545	28040	30210	33525	37027
克 东 县	1518	3700	6172	10967	24442	28416	30170	31855	33606
拜 泉 县	1527	3961	5733	11410	23479	24956	26370	28410	31964
农 场 局	**1240**	**2232**	**3836**	**8059**	**15733**	**21261**	**25649**	**27872**	**31828**
集　　体	**1323**	**2381**	**5220**	**8057**	**14438**	**17651**	**18946**	**27503**	**30436**
市　　区	**1449**	**2456**	**5301**	**8092**	**13088**	**16046**	**16388**	**26585**	**27776**
市辖县(市)	**1054**	**2190**	**4980**	**7930**	**18857**	**22875**	**27103**	**30654**	**38376**
讷 河 市	1050	2718	4437	5819	8250	16363	25675	27235	32805
龙 江 县	1269	2792	4994	5534	15915	19939	22617	25319	26583
依 安 县	706	1959	5844	8375	24692	21161	20055	20365	34144
泰 来 县	1128	1869	4776	7705	23212	44771	45974	45203	54568
甘 南 县	1275	2354	5382	14725	30179	17170	24407	29582	36964
富 裕 县	983	2384	4188	9426	29920	30745	38853	40259	65708
克 山 县	1017	1377	5406	13037	29442	31206	21617	36517	29355
克 东 县	1015	2345	5000	11166	19955	25095	18721	23627	28859
拜 泉 县	760	1968	5345	9556	19173	28374	35205	40000	55000
农 场 局	**1969**								

4-26 各县(市)全部单位在岗职工平均工资

(2014年) 单位:元

行业	全市	市区	市辖县(市)	讷河市	龙江县	依安县
总计	**42195**	**46251**	**33461**	**32450**	**30865**	**33114**
按机关企事业分						
企业	39213	41484	32145	29154	30993	31478
事业	41095	49292	34729	34037	31007	33917
机关	47874	51760	32638	32947	30253	34869
按行业分						
农、林、牧、渔业	31057	31873	23601	25544	21470	30151
采矿业	27175	44647	13032			
制造业	38178	40413	27419	24298	31816	25800
电力、煤气及水的生产和供应业	44353	48441	35069	35533	46599	32359
建筑业	29299	28502	30783	29819	31653	21137
批发和零售业	34657	36064	31493	24002	23799	36513
交通运输、仓储和邮政业	62078	65742	29692	39713	17707	27545
住宿和餐饮业	21947	22087	21626	26152	21290	
信息传输、计算机服务和软件业	52892	55379	26142	30746	22222	
金融业	59733	72558	47924	35030	39975	49804
房地产业	35852	36890	31959	64859	23634	24894
租赁和商务服务业	34136	34023	35135	31267	27824	33250
科学研究技术服务和地质勘查业	46462	53385	34623	38594	27255	35190
水利、环境和公共设施管理业	28173	32353	22229	23065	18067	20966
居民服务和其他服务业	33409	40528	25599	38293	21316	32444
教育	44767	57847	37365	35511	34590	37156
卫生、社会保障和社会福利业	42847	47921	35630	34406	33010	33961
文化、体育和娱乐业	36892	40691	31272	29475	24415	31206
公共管理和社会组织	41088	54018	32988	35229	29851	34594

4-26续　　(2014年)　　单位:元

行　　业	泰来县	甘南县	富裕县	克山县	克东县	拜泉县
总　　计	**31626**	**36444**	**38406**	**35305**	**32023**	**31788**
按机关企事业分						
企　　业	31538	39100	34558	32006	28647	32886
事　　业	31400	36621	43208	38169	34091	31600
机　　关	32053	30711	36909	34010	33494	31082
按行业分						
农、林、牧、渔业	17805	32144	27875	22264	19222	14465
采 矿 业			13032			
制 造 业	23733	34231	25338	26604	26132	24559
电力、煤气及水的生产和供应业	31790	38260	37609	31067	35219	27041
建 筑 业	16517	25349	38867	21778	24067	25925
批发和零售业	34942	21878	40439	29509	58752	24532
交通运输、仓储和邮政业	26901	39155	39156	31935	28351	31411
住宿和餐饮业		22943				13286
信息传输、计算机服务和软件业	28200	19893	28453			31769
金 融 业	58396	64713	50712	48008	39928	54809
房地产业	26433	30329	25039	34782	26877	23746
租赁和商务服务业	38077	39630	30394	45174	32646	
科学研究技术服务和地质勘查业	40000	27664	41674	39929	34182	32907
水利、环境和公共设施管理业	17565	26967	28195	18047	27519	21647
居民服务和其他服务业	37200	26667	16122	28143	29714	
教　　育	35769	38861	49470	40396	36127	33178
卫生、社会保障和社会福利业	26645	40458	43316	43908	31954	30900
文化、体育和娱乐业	33682	29469	52539	38853	29515	32509
公共管理和社会组织	31874	30066	38152	33809	33356	31301

4－27 按行业分的集体单位在岗职工平均工资

（2014年） 单位：元

行业	全市	市区	市辖县（市）	讷河市	龙江县	依安县
总计	**30436**	**27776**	**38376**	**32805**	**26583**	**34144**
按行业分						
农、林、牧、渔业	12000	12000				
采矿业	7917		7917			
制造业	30663	31563	16208	19500		14250
电力、煤气及水的生产和供应业	39194	39194				
建筑业	19572	19606	18404	24400		15594
批发和零售业	14741	15253	13703		19386	10655
交通运输、仓储和邮政业	17522	20650	11406		10185	
住宿和餐饮业	18766	18545	19286		19286	
信息传输、计算机服务和软件业						
金融业	45208	37133	47994	39000	42118	48761
房地产业	9909	9909				
租赁和商务服务业	26667	29875	18111	18111		
科学研究技术服务和地质勘查业						
水利、环境和公共设施管理业	15016	15008	26000			26000
居民服务和其他服务业	23826	23826				
教育						
卫生、社会保障和社会福利业	28649	31242	27579	27579		
文化、体育和娱乐业						
公共管理和社会组织						

4－27续 （2014年） 单位：元

行业	泰来县	甘南县	富裕县	克山县	克东县	拜泉县
总计	**54568**	**36964**	**65708**	**29355**	**28859**	**55000**
按行业分						
农、林、牧、渔业						
采矿业			7917			
制造业	26143	15771				
电力、煤气及水的生产和供应业						
建筑业						
批发和零售业		30000				
交通运输、仓储和邮政业	18188	14000				
住宿和餐饮业						
信息传输、计算机服务和软件业						
金融业	57121	65877	74714	29355	28859	55000
房地产业						
租赁和商务服务业						
科学研究技术服务和地质勘查业						
水利、环境和公共设施管理业						
居民服务和其他服务业						
教育						
卫生、社会保障和社会福利业						
文化、体育和娱乐业						
公共管理和社会组织						

4-28 国有单位在岗职工平均工资

（2014年） 单位:元

分　　类	全　市	市　区	市辖县(市)	讷河市	龙江县	依安县
总　计	**44799**	**51269**	**34435**	**33907**	**30625**	**35186**
按隶属关系分						
中　央	68478	69725	52655	44150	35472	67716
省	37303	37676	35440	36860	36260	35648
地　区	50635	50937	43133	35760		63783
县及县以下	36059	46253	33326	33016	29920	33799
其　他	27264	27264				
按机关企事业分						
企业	44752	51261	36040	33282	29383	44412
其中:地方	34681	39459	30655	31201	25796	33595
事　业	41462	50283	34774	34258	30999	33917
其中:地方	41488	50313	34770	34252	31075	33917
机　关	47874	51760	32638	32947	30253	34869
其中:地方	36232	37846	32413	32442	30028	34834
按行业分						
农、林、牧、渔业	31066	31883	23601	25544	21470	30151
采 矿 业						
制 造 业	36472	37773	17830			
电力、煤气及水的生产和供应业	41404	84064	36353	38259	45164	32359
建 筑 业	41505	44584	39672		8391	
批发和零售业	44327	77833	32918	24187	32451	39200
交通运输、仓储和邮政业	63736	67267	29502	40853	17953	21912
住宿和餐饮业	22640	26594	21834	26152	21875	
信息传输、计算机服务和软件业	43143	56223	26392	30746		
金 融 业	69526	77115	58569	45617	42308	66208
房地产业	40655	37950	49520	87745		26607
租赁和商务服务业	39646	42703	33741	33717	27824	33250
科学研究技术服务和地质勘查业	44649	51121	35163	39748	27255	35190
水利、环境和公共设施管理业	30059	37045	22157	23065	18067	20956
居民服务和其他服务业	34355	46766	25599	38293	21316	32444
教　育	44747	57856	37365	35511	34590	37156
卫生、社会保障和社会福利业	43194	48443	35912	36372	33010	33961
文化、体育和娱乐业	36918	40691	31145	29475	24415	31206
公共管理和社会组织	41088	54018	32988	35229	29851	34594

4-28续　　　　　　　　　　（2014年）　　　　　　　　　　单位:元

分　类	泰来县	甘南县	富裕县	克山县	克东县	拜泉县	农场局
总　计	**31514**	**35749**	**41572**	**37027**	**33606**	**31964**	**31828**
按隶属关系分							
中　央	57591	57788	49827	73242	56514	53443	
省	29656	37521	42217	33538	31262	32871	31828
地　区			35130	51008		35000	
县及县以下	31033	34147	41411	35046	32493	31062	
其　他							
按机关企事业分							
企　业	30613	39298	40610	37947	31397	37022	31828
其中:地方	24285	30915	39318	28328	19395	27929	
事　业	31400	36621	43208	38169	34091	31600	
其中:地方	31367	36632	43400	38049	34095	31605	
机　关	32053	30711	36909	34010	33494	31082	
其中:地方	31833	29870	36909	34010	32751	31050	
按行业分							
农、林、牧、渔业	17805	32144	27875	22264	19222	14465	31828
采 矿 业							
制 造 业	17590		21923				
电力、煤气及水的生产和供应业	33599	38260	53570	25945		27041	
建 筑 业			41041	14435			
批发和零售业	41690	20837	37288	37661	70631	37271	
交通运输、仓储和邮政业	27114	31799	40053	32802	28351	31411	
住宿和餐饮业		22943				13286	
信息传输、计算机服务和软件业	28200	19893	28453			31769	
金 融 业	65227	66093	44617	69520	55642	63450	
房地产业		30844	45225	29317			
租赁和商务服务业	28945		35000	45174	32646		
科学研究技术服务和地质勘查业	40000	29575	41674	39929	34182	32907	
水利、环境和公共设施管理业	17565	27901	28195	18047	26494	21647	
居民服务和其他服务业	37200	26667	16122	28143	29714		
教　育	35769	38861	49470	40396	36127	33178	
卫生、社会保障和社会福利业	26645	40458	43316	43908	31954	30900	
文化、体育和娱乐业	33682	29469	52539	38853	29515	31620	
公共管理和社会组织	31874	30066	38152	33809	33356	31301	

4－29　国民经济各部门单位数

（2014年底）　　单位:元

分类	全市				市区			
		国有单位	集体单位	其他单位		国有单位	集体单位	其他单位
总计	**6843**	**5745**	**432**	**666**	**1790**	**1150**	**212**	**428**
按单位性质分								
企业	1394	342	387	665	760	127	206	427
事业	2632	2586	45	1	657	650	6	1
机关	2817	2817			373	373		
按国民经济行业分								
农、林、牧、渔业	1742	1739	1	2	26	23	1	2
采矿业	5		1	4	1			1
制造业	334	14	131	189	255	11	126	118
电力、煤气及水的生产和供应业	42	18	3	21	18	3	3	12
建筑业	144	6	23	115	109	3	21	85
批发和零售业	197	65	58	74	95	9	34	52
交通运输、仓储和邮政业	133	100	8	25	50	32	5	13
住宿和餐饮业	17	5	3	9	12	1	2	9
信息传输、计算机服务和软件业	21	17		4	14	11		3
金融业	280	81	144	55	58	30	1	27
房地产业	174	42	1	131	110	31	1	78
租赁和商务服务业	84	65	6	13	43	29	4	10
科学研究技术服务和地质勘查业	250	238		12	83	74		9
水利、环境和公共设施管理业	177	171	4	2	71	68	3	
居民服务和其他服务业	37	30	3	4	18	11	3	4
教育	1178	1177		1	231	230		1
卫生、社会保障和社会福利业	398	348	46	4	99	87	8	4
文化、体育和娱乐业	107	106		1	42	42		
公共管理和社会组织	1523	1523			455	455		

注:统计口径为辖区内城镇非私营单位,不包括乡镇企业、私营单位、个体工商户。

4-30 各县(市)国民经济各部门单位数

(2014年底) 单位:个

行业	全市	市区	市辖县(市)	讷河市	龙江县	依安县
总计	**6843**	**1790**	**3436**	**527**	**413**	**468**
按行业分						
农、林、牧、渔业	1742	26	99	32	13	12
采矿业	5	1	4			
制造业	334	255	79	12	12	13
电力、煤气及水的生产和供应业	42	18	24	3	3	1
建筑业	144	109	35	5	4	3
批发和零售业	197	95	102	15	13	24
交通运输、仓储和邮政业	133	50	83	8	18	7
住宿和餐饮业	17	12	5	1	2	
信息传输、计算机服务和软件业	21	14	7	1	1	
金融业	280	58	222	35	40	11
房地产业	174	110	64	6	8	3
租赁和商务服务业	84	43	41	12	4	5
科学研究技术服务和地质勘查业	250	83	167	16	8	38
水利、环境和公共设施管理业	177	71	106	23	12	14
居民服务和其他服务业	37	18	19	3	1	1
教育	1178	231	947	112	156	155
卫生、社会保障和社会福利业	398	99	299	83	24	25
文化、体育和娱乐业	107	42	65	7	8	7
公共管理和社会组织	1523	455	1068	153	86	149

4-30续 (2014年底) 单位:个

行业	泰来县	甘南县	富裕县	克山县	克东县	拜泉县	农场局
总计	**303**	**271**	**296**	**417**	**267**	**474**	**1617**
按行业分							
农、林、牧、渔业	14	4	1	8	11	4	1617
采矿业			4				
制造业	5	6	11	6	9	5	
电力、煤气及水的生产和供应业	2	3	3	4	3	2	
建筑业	3	2	13	2	1	2	
批发和零售业	8	12	11	10	5	4	
交通运输、仓储和邮政业	7	7	7	12	5	12	
住宿和餐饮业		1				1	
信息传输、计算机服务和软件业	1	2	1			1	
金融业	20	23	9	29	19	36	
房地产业	6	12	18	3	2	6	
租赁和商务服务业	6	1	3	4	6		
科学研究技术服务和地质勘查业	8	24	15	11	20	27	
水利、环境和公共设施管理业	4	14	10	5	16	8	
居民服务和其他服务业	3	4	4	1	2		
教育	89	26	52	179	34	144	
卫生、社会保障和社会福利业	21	30	19	38	16	43	
文化、体育和娱乐业	5	6	8	6	13	5	
公共管理和社会组织	101	94	107	99	105	174	

注:统计口径为辖区内全部独立核算企业(单位),不包括乡镇企业、私营单位、个体工商户。

4－31　单位其他从业人员和劳动报酬

（2014年）

分　　类	年末人数（人）	平均人数（人）	劳动报酬（千元）
全　　市	**43059**	**51079**	**1235165**
按机关企事业分			
企　　业	10088	10805	247387
事　　业	1699	1678	30356
机　　关	31272	38596	957422
按行业分			
农、林、牧、渔业	30971	38306	950971
采 矿 业			
制 造 业	1086	1043	20471
电力、煤气及水的生产和供应业	889	781	15266
建 筑 业	2598	3296	84654
批发和零售业	146	186	4559
交通运输、仓储和邮政业	80	187	5142
住宿和餐饮业			
信息传输、计算机服务和软件业	2	13	406
金 融 业	5023	5001	110993
房地产业	129	163	4358
租赁和商务服务业	5	5	82
科学研究技术服务和地质勘查业	112	115	2977
水利、环境和公共设施管理业	578	577	8371
居民服务和其他服务业			
教　　育	226	224	3228
卫生、社会保障和社会福利业	759	735	15711
文化、体育和娱乐业	9	9	170
公共管理和社会组织	446	438	7806

主 要 统 计 指 标 解 释

经济活动人口 指在16岁以上，有劳动能力，参加或要求参加社会经济活动的人口；包括从业人员和失业人员。

从业人员 指从事一定社会劳动并取得劳动报酬或经营收入的人员，包括全部职工、再就业的离退休人员、私营业主、个体户主、私营和个体从业人员、乡镇企业从业人员、农村从业人员、其他从业人员(包括民办教师、宗教职业者、现役军人等)。这一指标反映了一定时期内全部劳动力资源的实际利用情况，是研究我国基本国情国力的重要指标。

各单位的从业人员 指在各级国家机关、政党机关、社会团体及企业、事业单位中工作，取得工资或其他形式的劳动报酬的全部人员。包括在岗职工、再就业的离退休人员、民办教师以及在各单位中工作的外方人员和港澳台方人员、兼职人员、借用的外单位人员和第二职业者。不包括离开本单位仍保留劳动关系的职工。各单位的从业人员反映了各单位实际参加生产或工作的全部劳动力。

城镇私营和个体从业人员 城镇私营从业人员指在工商管理部门注册登记，其经营地址设在县城关镇(含城关镇)以上的私营企业从业人员；包括私营企业投资者和雇工。城镇个体从业人员指在工商管理部门注册登记，并持有城镇户口或在城镇长期居住，经批准从事个体工商经营的从业人员；包括个体经营者和在个体工商户劳动的家庭帮工和雇工。

城镇登记失业人员 指有非农业户口，在一定的劳动年龄内，有劳动能力，无业而要求就业，并在当地就业服务机构进行求职登记的人员。

城镇登记失业率 指城镇登记失业人数同城镇从业人数与城镇登记失业人数之和的比。计算公式为：

城镇登记失业率二城镇登记失业人数／(城镇从业人数+城镇登记失业人数)×100%

职工 指在国有经济、城镇集体经济、联营经济、股份制经济、外商和港、澳、台投资经济、其他经济单位及其附属机构工作，并由其支付工资的各类人员，不包括返聘的离退休人员、民办教师、在国有经济单位工作的外方人员和港、澳、台人员(1998年以后的数据均为在岗职工数据，其他相关指标如职工工资总额，职工平均工资等指标也从1998年按此口径进行了相应调整)。

国有单位职工 指在国有经济单位及其附属机构工作，并由其支付工资的各类人员。

城镇集体单位职工 指在城镇集体经济单位及其管理部门工作，并由其支付工资的各类人员。

其他单位职工 指在联营经济、股份制经济、外商投资经济、港、澳、台投资经济单位工作，并由其支付工资的各类人员。

在岗职工 指在本单位工作并由单位支付工资的人员，以及有工作岗位，但由于学习、病伤产假等原因暂未工作，仍由单位支付工资的人员。

职工工资总额 指各单位在一定时期内直接支付给本单位全部职工的劳动报酬总额。工资总额的计算原则应以直接支付给职工的全部劳动报酬为根据。各单位支付给职工的劳动报酬以及其他根据有关规定支付的工资，不论是计人成本的还是不计人成本的，不论是按国家规定列入计征奖金税项目的，还是未列入计征奖金税项目的，不论是以货币形式支付的还是以实物形式支付的，均包括在工资总额内。

职工平均工资 指企业、事业、机关单位的职工在一定时期内平均每人所得的货币工资额。它表明一定时期职工工资收入的高低程度，是反映职工工资水平的主要指标。计算公式为：

职工平均工资：报告期实际支付的全部职工工资总额／报告期全部职工平均人数

五、固定资产投资

INVESTMENT IN FIXED ASSETS

简要说明

一、固定资产投资统计的实施范围包括：城镇建设项目投资、房地产开发投资、农村非农户建设项目投资。

二、本篇资料根据固定资产投资年度统计报表整理编制。

三、按照现行的固定资产投产报表制度，固定资产投资按登记注册类型可分为：内资、港澳台商投资、外商投资、个体经营。

5-1 固定资产投资效果

（2014年）

指　　标	单　位	总　计	建设项目	房地产	农场局
全　市					
固定资产交付使用率	%	81.3	82.4	74.7	100.0
本年新增固定资产	万元	6203334	5152419	971057	79858
本年完成投资额	万元	7630877	6251248	1299771	79858
房屋建设面积竣工率	%	36.5	49.6	29.6	100.0
施工面积	平方米	17220767	5801546	11360973	58248
竣工面积	平方米	6292956	2874689	3360019	58248
住宅建设面积竣工率	%	31.3	100.0	30.6	100.0
施工面积	平方米	8857069	42506	8763124	51439
竣工面积	平方米	2772764	42506	2678819	51439
市　区					
固定资产交付使用率	%	79.3	84.3	67.8	
本年新增固定资产	万元	2222671	1647551	575120	
本年完成投资额	万元	2802916	1954273	848643	
房屋建设面积竣工率	%	20.7	41.6	18.6	
施工面积	平方米	7852288	705900	7146388	
竣工面积	平方米	1622445	293363	1329082	
住宅建设面积竣工率	%	21.1		21.1	
施工面积	平方米	5739637		5739637	
竣工面积	平方米	1209025		1209025	

5-2 历年固定资产投资和新增固定资产

单位:万元

年　份	固定资产投资总额	基本建设	更新改造	其他投资	房地产开发	新增固定资产
"恢复"时期						
1950	362	362				322
1951	3011	3011				2647
1952	4799	4799				4015
"一五"时期						
1953	8087	8087				7408
1954	13315	13315				9425
1955	12536	12536				11373
1956	20677	20677				11183
1957	20446	20446				22368
"二五"时期						
1958	35105	35105				18908
1959	26938	26938				31814
1960	23797	23797				23898
1961	8703	8703				6959
1962	4648	4648				3329
"调整"时期						
1963	6332	6332				5289
1964	8770	8770				12099
1965	5414	5414				6208
"三五"时期						
1966	5545	5545				4203
1967	3838	3838				2403
1968	4576	4576				2192
1969	6228	6228				4538
1970	7538	7538				5572
"四五"时期						
1971	5461	5461				3297
1972	7391	7391				4714
1973	8049	8049				
1974	12161	12161				6063
1975	12305	11928		377		9894

5－2 续　　　　单位:万元

年份	固定资产投资总额	基本建设	更新改造	其他投资	房地产开发	新　增固定资产
“五五”时期						
1976	13113	12644		469		9118
1977	12026	11829		197		5958
1978	18244	18106		138		9338
1979	23002	21369	1448	185		13681
1980	32741	28096	4198	447		19515
“六五”时期						
1981	37062	27698	7768	1596		30545
1982	45914	28021	13908	3985		45332
1983	40052	22525	11795	5732		44469
1984	40458	24225	9542	6691		41103
1985	54701	39612	11443	3646		37713
“七五”时期						
1986	72503	38801	29349	4353		65825
1987	83344	43578	34540	5226		74795
1988	96625	48857	39989	7779		86753
1989	88078	44992	37372	5714		77864
1990	83784	33402	40801	3371	6210	81792
“八五”时期						
1991	94334	36111	42466	5219	10538	83018
1992	112478	57340	37445	3462	14231	109041
1993	182336	85792	52303	7237	37004	140873
1994	171896	74216	66697	3102	27881	140900
1995	225709	95698	93167	4168	32676	215188
“九五”时期						
1996	222986	116387	68605	4216	33778	196227
1997	279771	161968	65788	12376	39639	190192
1998	305759	167025	67081	2585	69068	334601
1999	317716	215824	47846	6099	47947	236518
2000	442083	217314	144059	12073	68637	324012
“十五”时期						
2001	521991	243007	132154	50392	96438	356792
2002	571230	276192	130882	32864	131292	349358
2003	669218	317619	131502	39841	180256	499696
2004	779448	363970	134159	39647	241672	596673
2005	980493				244357	517450
“十一五”时期						
2006	1259235				202599	1034689
2007	1631424				216281	1121185
2008	2146955				340646	2132503
2009	3500561				435976	2557722
2010	5106448				587472	4141433
2011	5372831				852015	4632258
2012	7085172				1041284	5350812
2013	7207213				1172220	5776400
2014	7630877				1299771	6203334

5-3 主要年份固定资产投资

单位:万元

分 类	1990年	1995年	1999年	2000年	2001年	2002年	2003年
总 计	**83784**	**225709**	**317716**	**442083**	**521991**	**571230**	**669218**
按隶属关系分							
中 央	20280	56640	56322	18655	35380	42837	56123
省 属	21339	58663	28779	88496	216660	157387	119125
市 属	34063	64045	114820	197241	107462	170139	214000
县 属	8102	37445	105207	109546	84106	92016	142735
其 他		8916	12588	28145	78383	108851	137235
在总计中:住宅	12076	70514	94776	93427	109847	101717	191769
按构成分							
建筑工程	39569	120169	232340	230785	304974	329938	408716
安装工程	7947	17053	8731	28090	39249	39011	27981
设备工器具购置	30757	76729	49126	112683	104827	111498	128004
其他费用	5511	11758	27519	70525	72941	90783	104517
按建设性质分							
新 建	3844	24254	7763	1924	8544	12096	54520
扩 建	57920	158584	248866	389478	305659	338791	320821
改 建	17897	18297	13038	31112	190143	215826	293064
其 他	4123	24578	48049	19569	17645	4517	813
按国民经济行业分							
农、林、牧、渔业	678	4696	11702	4879	11475	14165	26346
采 掘 业	61		260	150			186
制 造 业	45006	84639	49584	140937	134949	130402	124531
电力、燃气及水的生产和供应业	15136	3594	13365	17720	35159	25340	32477
建 筑 业	110	720	33198	46498	15911	11429	11813
地质勘查业、水利管理业	167	679	10916	11715	4394	12728	47706
交通运输、仓储及邮电通信业	3470	54344	34956	56796	108707	83521	73025
批发和零售贸易、餐饮业	2467	5046	7523	7763	15354	28058	38361
金融、保险业	1167	5636	8515	4509	70	5088	3893
房地产业	539	33090	49058	73218	99105	133054	185749
社会服务业	824	1474	10383	10881	45655	29119	8852
卫生、体育和社会福利业	1530	3582	1278	1762	2108	8169	9867
教育、文化艺术和广播电视事业	3731	9963	11997	13802	10862	24197	58703
科学研究和综合技术服务业	51	120	151	78	582	3524	663
国家机关政党机关和社会团体	2299	17601	73643	49247	36421	62436	47046
其他行业	6548	525	1187	2128	1239		

5－3 续1

单位:万元

分　　类	2004年	2005年	2006年	2007年	2008年	2009年
总　　计	**779448**	**980493**	**1259235**	**1631424**	**2146955**	**3500561**
按隶属关系分						
中　　央	31653	141503	213963	151040	219051	297884
省　　属	91981	151552	196770	189526	227098	417142
市　　属	278369	255555	313295	379531	434968	716842
县　　属	200886	200373	289565	433751	698198	1212191
其　　他	176559	231510	245642	477576	567640	856502
在总计中:住宅	232193	72125	154454	143184	317530	593553
按构成分						
建筑工程	498784	590948	711378	918977	1208643	2095390
安装工程	23935	32405	35878	44845	64548	92710
设备工器具购置	120116	190088	406929	458253	624239	967909
其他费用	136613	167052	105050	209349	249525	344552
按建设性质分						
新　　建	314403	495238	563147	552733	686637	1045138
扩　　建	350278	190503	458441	671792	705588	1305263
改　　建	113711	287312	234358	403392	741221	1057795
其　　他	1056	7440	3289	3507	13509	92365
按国民经济行业分						
农、林、牧、渔业	47528	59647	55730	128148	118201	240947
采 矿 业		7700	14040	27689	560	7000
制 造 业	171130	281655	336724	518382	861539	1513118
电力、燃气及水的生产和供应业	24118	77905	164495	161536	105016	117218
建 筑 业	25937	21863	23016	6555	11480	9150
交通运输、仓储和邮政业	39414	60298	207386	288615	353053	551075
信息传输、计算机服务和软件业	48122	33825	34316	24417	13306	34036
批发和零售业	10317	24896	38647	59390	30454	74891
住宿和餐饮业	14307	8155	10578	3450	427	1300
金 融 业	1469	200	440	400	204	618
房地产业	254139	245644	207146	216281	443467	689823
租赁和商务服务业	4828	21586	7400	0	529	
科学研究、技术服务和地质勘查业	5965	2828	1807	2366	371	7692
水利、环境和公共设施管理业	49073	36584	38616	68694	80535	139375
居民服务和其他服务业	678	2930	8790	7195	6624	500
教　　育	23023	36593	51016	54822	53070	32000
卫生、社会保障和社会福利业	14421	14472	20566	13522	38095	29583
文化、体育和娱乐业	1011	16408	6800	12863	14957	7149
公共管理和社会组织	43968	27304	31722	37099	15067	45086

注:2004年起执行新的国民经济行业分类,故2004年以后数据在续表列示。

5－3 续2

单位:万元

分　　类	2010年	2011年	2012年	2013年	2014年
总　　计	**5106448**	**5372831**	**7085172**	**7207213**	**7630877**
按隶属关系分					
中　央	365464	329895	223500		318513
省　属	408450	517867	575165		93602
市　属	507599	416349	1232070		752176
县　属	1695552	1359467	1656264		1788149
其　他	2129383	2749253	3398173		4678437
在总计中:住宅	714830	887180	964712		1003747
按构成分					
建筑工程	2858752	3498674	4681664		5977150
安装工程	552838	178314	178566		136677
设备工器具购置	1361411	1334298	1785970		1198324
其他费用	333447	361545	438972		318726
按建设性质分					
新　建	1804758	2547419	3292307		6456931
扩　建	1854989	1646536	2529425		817894
改　建	1386340	996729	1201046		304477
其　他	60361	182147	62394		51575
按国民经济行业分					
农、林、牧、渔业	246839	613651	767719		1174701
采 矿 业	60600	82319	79662		26900
制 造 业	2679032	2611573	3295512		2654267
电力、燃气及水的生产和供应业	217000	173166	360455		229744
建 筑 业	10339	79927	18793		159756
交通运输、仓储和邮政业	428696	176724	146545		604338
信息传输、计算机服务和软件业	10951	130	178502		617221
批发和零售业	100214	164241	25100		13461
住宿和餐饮业	7900	27520	17095		63882
金 融 业	2742		3910		
房地产业	1012212	1081865	1564898		1347462
租赁和商务服务业		22700	70798		56702
科学研究、技术服务和地质勘查业	5301	14118	11200		33371
水利、环境和公共设施管理业	117247	130633	220174		232415
居民服务和其他服务业	3483	11550	43241		28508
教　育	33824	13189	6862		30823
卫生、社会保障和社会福利业	93277	55577	22999		127379
文化、体育和娱乐业	9504	11848	22900		27117
公共管理和社会组织	67287	102100	228807		202830

5-4 全市固定资产投资

(2014年)　　单位:万元

指　　标	总　计	建设项目完成投资	房地产	农场局
总　计	**7630877**	**6251248**	**1299771**	**79858**
按登记注册类型分				
内　资	7359968	6003184	1299771	57013
国　有	1156963	1067700	32250	57013
集　体	170114	170114		
股份合作	69896	69896		
联营企业	6860	6860		
国有独资公司	11493	11493		
其他有限责任公司	2369110	1678822	690288	
股份有限公司	648910	612419	36491	
私营企业	2294832	1754090	540742	
其他企业	631790	631790		
港澳台投资	45180	45180		
外商投资	40034	40034		
个体经营	185695	162850		22845
按隶属关系分				
中　央	318513	238655		79858
省	93602	60213	33389	
地　区	752176	392112	360064	
县	1788149	1582857	205292	
其　他	4678437	3977411	701026	
按建设性质分				
新　建	6456931	5077302	1299771	79858
扩　建	817894	817894		
改建和技术改造	304477	304477		
其　他	51575	51575		
按地区分				
全　市	**7630877**	**6251248**	**1299771**	**79858**
市　区	**2802916**	**1954273**	**848643**	
市辖县(市)	**4748103**	**4296975**	**451128**	
讷河市	635327	590797	44530	
龙江县	554153	434036	120117	
依安县	569244	499174	70070	
泰来县	700258	661758	38500	
甘南县	459629	433630	25999	
富裕县	429150	377942	51208	
克山县	530738	500256	30482	
克东县	442383	396452	45931	
拜泉县	427221	402930	24291	
农场局	**79858**			**79858**

5-5 市区固定资产投资

(2014年)　　单位:万元

分　类	总　计	建设项目	房地产
总　计	**2802916**	**1954273**	**848643**
按登记注册类型分			
内　资	2778992	1930349	848643
国　有	405557	373307	32250
集体企业	23100	23100	
股份合作	1536	1536	
联营企业			
国有独资公司			
其他有限责任公司	867311	386224	481087
股份有限公司	219935	204935	15000
私营企业	1140176	819870	320306
其他企业	121377	121377	
港澳台投资			
外商投资	18974	18974	
个体经营	4950	4950	
按隶属关系分			
中　央	133050	133050	
省	80781	47392	33389
地　区	689336	392112	297224
县	360308	289425	70883
其　他	1539441	1092294	447147
按建设性质分			
新　建	2383578	1534935	848643
扩　建	204443	204443	
改建和技术改造	210979	210979	
迁　建	3916	3916	

5-6 按登记注册类型分的建设项目固定资产投资

(2014年) 单位:万元

地　区	合　计	内　资	国有经济	集体经济	股份合作	联营企业	国有独资公　司	其他有限责任公司
全　市	**6251248**	**6003184**	**1067700**	**170114**	**69896**	**6860**	**11493**	**1678822**
市　区	**1954273**	**1930349**	**373307**	**23100**	**1536**			**386224**
市辖县(市)	**4296975**	**4072835**	**694393**	**147014**	**68360**	**6860**	**11493**	**1292598**
讷河市	590797	586297	47451				3993	142952
龙江县	434036	384426	94193					10500
依安县	499174	491244	73786	8300				730
泰来县	661758	613460	125626				7500	392798
甘南县	433630	433630	133071	13504				274055
富裕县	377942	377942	75004	96350	38200			82816
克山县	500256	406376	91656	1700	20660	6860		70131
克东县	396452	391472	31642		9500			248870
拜泉县	402930	387988	21964	27160				69746

5-6续 (2014年) 单位:万元

地　区	股份有限公　司	私　营	其他内资	港澳台投资	外商投资	个体经营
全　市	**612419**	**1754090**	**631790**	**45180**	**40034**	**162850**
市　区	**204935**	**819870**	**121377**		**18974**	**4950**
市辖县(市)	**407484**	**934220**	**510413**	**45180**	**21060**	**157900**
讷河市	34729	148905	208267			4500
龙江县		279283	450	45180	4430	
依安县		408428			7930	
泰来县		16550	70986		8700	39598
甘南县			13000			
富裕县	1500	9822	74250			
克山县	71099	13000	131270			93880
克东县	52538	36732	12190			4980
拜泉县	247618	21500				14942

5-7 1978-2014年新增固定资产

单位:万元

年　份	总　计	基本建设	更新改造	其他投资	房地产开发
1978	9338	9242		96	
1979	13681	12307	1127	247	
1980	19515	16241	3107	167	
1981	30545	24465	4757	1323	
1982	45332	30917	11276	3139	
1983	44469	28934	10482	5053	
1984	41103	28888	6539	5676	
1985	37713	26962	8001	2750	
1986	65825	35422	26271	4132	
1987	75095	45642	24903	4550	
1988	86753	49041	30660	7052	
1989	77864	39364	32339	6161	
1990	81792	32242	39016	2552	7982
1991	83018	22840	44619	6351	9208
1992	109041	61766	31599	2993	12683
1993	140873	64136	37572	14547	24618
1994	140900	61980	41151	2954	34815
1995	215188	96784	99002	4539	14863
1996	196227	105917	61073	4074	25163
1997	190192	85040	65037	9772	30343
1998	334601	207340	57539	2682	67040
1999	236518	160411	40075	5369	30663
2000	324012	143002	108147	8528	64335
2001	356792	117435	138099	13248	88010
2002	349358	149569	55783	22722	121284
2003	499696	212208	90809	30902	165777
2004	596673	301952	77417	34301	183003
2005	517450				183611
2006	1034689				131305
2007	1121185				107025
2008	2132503				296407
2009	2557722				344665
2010	4141433				462424
2011	4632258				553759
2012	5350812				718885
2013	5776400				995946
2014	6203334				971057

5-8 各县(市)建设项目固定资产投资房屋建筑面积和项目数

(2014年)

地　区	新增固定资产(万元)	施工房屋面积(平方米)	#住宅	竣工房屋面积(平方米)	#住宅
全　市	**5152419**	**5801546**	**42506**	**2874689**	**42506**
市　区	**1647551**	**705900**		**293363**	
市辖县(市)	**3504868**	**5095646**	**42506**	**2581326**	**42506**
讷河市	202681	1701287		428822	
龙江县	292280	25850		25850	
依安县	599882	183615		150301	
泰来县	656253	1021447		940495	
甘南县	411497	15480		11480	
富裕县	315474	658357	190	379682	190
克山县	282465	106075		38685	
克东县	448352	543241		268833	
拜泉县	295984	840294	42316	337178	42316

5－8续

(2014年)

地　区	竣工房屋价值(万元)	#住宅	施工项目(个)	#本年新开工	投产项目(个)
全　市	**746760**	**6885**	**1071**	**713**	**679**
市　区	**54660**		**295**	**146**	**172**
市辖县(市)	**692100**	**6885**	**776**	**567**	**507**
讷河市	38398		145	110	34
龙江县	6630		84	51	54
依安县	57730		57	27	44
泰来县	327803		129	124	121
甘南县	2911		45	32	36
富裕县	69505	25	118	86	84
克山县	10059		69	47	40
克东县	101555		58	48	41
拜泉县	77509	6860	71	42	53

5-9 固定资产建设项目及其新增固定资产

（2014年）

分　类	施工项目（个）	#本年新开工	投产项目（个）	项目建成投产率（%）	新增固定资产（万元）
总　计	**1071**	**713**	**679**	**63.4**	**5152419**
按登记注册类型分					
内　资	1031	680	649	62.9	4968591
国　有	242	169	184	76.0	968361
集　体	49	43	44	89.8	179410
股份合作	14	14	12	85.7	56910
其他联营	2	1			
国有独资公司	6	4	2	33.3	11500
其他有限责任公司	264	144	147	55.7	1604723
股份有限公司	66	35	27	40.9	328889
私　营	251	147	159	63.3	1384364
其他内资	137	123	74	54.0	434434
港澳台投资	1				
外商投资	6	2	2	33.3	37200
个体经营	33	31	28	84.8	146628
按隶属关系分					
中　央	17	10	8	47.1	177487
省	11	5	3	27.3	4771
地　区	30	12	15	50.0	239914
县	329	220	240	72.9	1386812
其　他	684	466	413	60.4	3343435
按建设性质分					
新　建	847	608	527	62.2	3987747
扩　建	157	78	105	66.9	793847
改建和技术改造	64	25	44	68.8	279451
迁　建	3	2	3	100.0	91374
按国民经济行业分					
农、林、牧、渔业	266	236	168	63.2	923574
采 矿 业	15	1	13	86.7	53800
制 造 业	409	203	215	52.6	2177726
电力、燃气及水的生产和供应业	38	25	23	60.5	126950
建 筑 业	33	20	29	87.9	169889
交通运输、仓储和邮政业	77	58	63	81.8	563139
信息传输、计算机服务和软件业	2	1			
批发和零售业	59	40	39	66.1	543220
住宿和餐饮业	6	3	2	33.3	5300
金 融 业					
房地产业	4	2	3	75.0	13442
租赁和商务服务业	5	2	1	20.0	32800
科学研究、技术服务和地质勘查业	4	4	4	100.0	31800
水利、环境和公共设施管理业	82	65	68	82.9	211634
居民服务和其他服务业	3	3	2	66.7	17000
教　育	16	14	13	81.3	32269
卫生、社会保障和社会福利业	15	6	8	53.3	90554
文化、体育和娱乐业	4	2	1	25.0	6100
公共管理和社会组织	33	28	27	81.8	153222

5-10 建设项目固定资产投资

（2014年）

单位:万元

分类	总计	中央	地方				
				省属	市属	县属	其他
本年完成投资	**6251248**	**238655**	**6012593**	**60213**	**392112**	**1582857**	**3977411**
其中:国有经济控股	1231536	238655	992881	41503	127739	705633	118006
按登记注册类型分							
内　资	6003184	238655	5764529	60213	392112	1582857	3729347
国　有	1067700	123589	944111	36868	127396	689763	90084
集　体	170114		170114			61464	108650
股份合作	69896		69896			14036	55860
联　营	6860		6860			6860	
国有独资公司	11493		11493				11493
其他有限责任公司	1678822	115066	1563756	23345	61121	593577	885713
股份有限公司	612419		612419		197233	88438	326748
私　营	1754090		1754090				1754090
其他内资	631790		631790		6362	128719	496709
港澳台投资	45180		45180				45180
外商投资	40034		40034				40034
个体经营	162850		162850				162850
按国经济行业分							
农、林、牧、渔业	1156803	4000	1152803	1607		178230	972966
采 矿 业	26900		26900				26900
制 造 业	2642845	97988	2544857	33540	60711	511534	1939072
电力、燃气及水的生产和供应业	156506		156506			140439	16067
建 筑 业	229744	51400	178344	1864	6362	20476	149642
交通运输、仓储和邮政业	603578		603578		175155	37254	391169
信息传输、计算机服务和软件业	618617	51000	567617		38192	254942	274483
批发和零售业	63481		63481			26800	36681
住宿和餐饮业	13440		13440		13440		
金 融 业							
房地产业	56702		56702			19000	37702
租赁和商务服务业	25288		25288		22078	3210	
科学研究、技术服务和地质勘查业	31300		31300			18900	12400
水利、环境和公共设施管理业	222756	9073	213683		15064	135525	63094
居民服务和其他服务业	23045		23045			3000	20045
教　育	28089		28089		1360	19269	7460
卫生、社会保障和社会福利业	123731		123731	12552	21694	89485	
文化、体育和娱乐业	26050		26050			4600	21450
公共管理和社会组织	202373	25194	177179	10650	38056	120193	8280

5-10续　　(2014年)　　单位:万元

分　类	总计	中央	地方	省属	市属	县属	其他
按地区分							
全　市	**6251248**	**238655**	**6012593**	**60213**	**392112**	**1582857**	**3977411**
市　区	**1954273**	**133050**	**1821223**	**47392**	**392112**	**289425**	**1092294**
市辖县(市)	**4296975**	**105605**	**4191370**	**12821**		**1293432**	**2885117**
讷河市	590797		590797			36763	554034
龙江县	434036		434036			42322	391714
依安县	499174		499174			82816	416358
泰来县	661758		661758	10957		277645	373156
甘南县	433630	101605	332025	1864		330161	
富裕县	377942	4000	373942			92149	281793
克山县	500256		500256			201047	299209
克东县	396452		396452			170785	225667
拜泉县	402930		402930			59744	343186

5-11 建设项目固定资产投资资金来源

（2014年）

单位:万元

分类	总计	中央	地方	省属	市属	县属	其他
全市							
本年资金来源合计	**6674592**	**241640**	**6432952**	**61787**	**408295**	**1623095**	**4339775**
上年末结余资金	153271		153271		1500	197	151574
本年资金来源小计	6521321	241640	6279681	61787	406795	1622898	4188201
国家预算内资金	232318	42301	190017	10199	9943	154992	14883
国内贷款	117850	51020	66830	5715	39000	547	21568
债券							
利用外资	24501		24501			24501	
其中:外商直接投资							
自筹资金	5534094	148319	5385775	45873	335852	1319457	3684593
企事业单位自有资金	986490		986490	16500	14335	196149	759506
其他资金来源	612558		612558		22000	123401	467157
本年各项应付款合计	**251916**		**251916**	**2382**	**388**	**66925**	**182221**
其中:工程款	12680		12680	758	388	4871	6663
市区							
本年资金来源合计	**2011863**	**136032**	**1875831**	**51348**	**408295**	**289662**	**1126526**
上年末结余资金	1500		1500		1500		
本年资金来源小计	2010363	136032	1874331	51348	406795	289662	1126526
国家预算内资金	19273	300	18973		9943	9030	
国内贷款	108235	50820	57415	5475	39000		12940
债券							
利用外资							
其中:外商直接投资							
自筹资金	1860855	84912	1775943	45873	335852	280632	1113586
企事业单位自有资金	124235		124235	16500	14335	600	92800
其他资金来源	22000		22000		22000		
本年各项应付款合计	**388**		**388**		**388**		
其中:工程款	388		388		388		
设备器材款							

5-12　全部建设项目投资情况

（2014年）　　　　单位:万元

地　　区	计划总投资	产业项目计划总投资	本年完成投资	产业项目本年完成投资	自行谋划产业项目完成投资	施工项目个数（个）	本年新开工
全　　市	**12818133**	**9126878**	**6251248**	**3886985**	**3128705**	**1071**	**713**
市　　区	**5333380**	**3707029**	**1954273**	**1083644**	**726496**	**295**	**146**
龙沙区	1286403	649401	562430	246082	157335	51	22
建华区	995720	881181	457483	343985	190450	49	36
铁锋区	1088677	901964	355532	232999	153338	58	20
昂昂溪区	245268	118053	63978	41103	34803	26	12
富拉尔基区	1252124	839932	321390	105193	76288	58	40
碾子山区	218700	130700	82500	35200	35200	28	7
梅里斯区	246488	185798	110960	79082	79082	25	9
市辖县(市)	**7484753**	**5419849**	**4296975**	**2803341**	**2402209**	**776**	**567**
讷河市	1289665	917538	590797	423165	371165	145	110
龙江县	1092213	894421	434036	290963	269963	84	51
依安县	739907	687807	499174	464290	247475	57	27
泰来县	849271	662596	661758	489496	489496	129	124
甘南县	573599	435050	433630	317497	263392	45	32
富裕县	757933	274383	377942	52628	40628	118	86
克山县	907768	563466	500256	192000	166900	69	47
克东县	629582	471878	396452	268258	248146	58	48
拜泉县	644815	512710	402930	305044	305044	71	42

5-12续　　　　（2014年）　　　　单位:个

地　　区	产业项目施工项目个数	本年新开工	自行谋划产业项目个数	本年投产项目个数	产业项目本年投产项目个数	自行确定投产产业项目个数
全　　市	**574**	**327**	**542**	**679**	**296**	**284**
市　　区	**168**	**71**	**152**	**172**	**72**	**69**
龙沙区	25	13	18	27	10	9
建华区	36	23	33	34	22	21
铁锋区	36	10	33	41	21	20
昂昂溪区	16	7	15	4		
富拉尔基区	26	10	24	27	1	1
碾子山区	11	3	11	22	8	8
梅里斯区	18	5	18	17	10	10
市辖县(市)	**406**	**256**	**390**	**507**	**224**	**215**
讷河市	94	67	90	34	23	22
龙江县	40	21	39	54	18	17
依安县	44	18	39	44	33	28
泰来县	86	83	86	121	81	81
甘南县	20	11	18	36	14	13
富裕县	27	7	26	84	3	3
克山县	27	13	25	40	4	4
克东县	25	16	24	41	20	19
拜泉县	43	20	43	53	28	28

5-13 省重点产业项目投资情况

（2014年）　　单位:万元

指标名称	计划总投资	本年完成投资	施工项目个数(个)	其中：本年新开工	本年投产项目个数（个）
总　计	**1897132**	**758280**	**31**	**7**	**11**
新材料产业	147000	87591	4	2	2
生物产业	159000	64745	3		1
新能源装备制造产业	25000	12380	1		1
新型农机装备制造产业					
交通运输设备制造产业	170000	45166	3	1	
绿色食品产业	485000	266227	11	2	6
煤化石化产业					
矿产经济产业	23132	10195	1		
林产品加工业					
现代服务业					
其他产业	888000	271976	8	2	1

5-14 市重点产业项目投资情况

（2014年）　　单位:万元

指标名称	计划总投资	本年完成投资	施工项目个数(个)	其中：本年新开工	本年投产项目个数（个）
总　计	**6399752**	**3149372**	**504**	**328**	**282**
新材料产业	228090	135625	23	14	13
生物产业	377989	118763	14	10	4
新能源装备制造产业	249650	66822	13	7	4
新型农机装备制造产业					
交通运输设备制造产业	110023	37017	8	2	2
绿色食品产业	1764604	952880	143	76	91
煤化石化产业	50400	41200	7	6	3
矿产经济产业	648123	171030	36	19	18
林产品加工业	244671	127303	21	9	15
现代服务业	1653481	823045	103	84	57
其他产业	1072721	675687	136	101	75

5-15 主要年份房地产开发基本情况

分　　类	1995年	2000年	2005年	2010年	2011年	2012年	2013年	2014年
房地产开发投资(万元)	**32676**	**68637**	**244357**	**587472**	**852015**	**1041284**	**1172220**	**1299771**
商品房建设投资	27230	64668	179440					
土地开发投资	1050	1663	4876					
按构成分								
建安工程	30073	59042	173541	507066	717957	924248	1006461	1090195
设备、工器具购置	102	39	301	1197	500	5646	6723	5581
其他费用	2501	9556	70515	79209	133558	111390	159036	203995
#土地购置费		1710	48365	47907	89001	65021	130166	174365
按用途分								
住　　宅	22737	42905	182931	475190	677063	858018	925632	975651
办 公 楼	1280	1752	2770	2029	1721	5336	4499	2169
商业营业用房	8035	20781	51830	77566	106505	112019	146585	208387
其　　他	624	3199	6826	32687	66726	65911	95504	113564
新增固定资产(万元)	**14863**	**64335**	**183611**	**462424**	**553759**	**718885**	**995946**	**971057**
施工面积(平方米)	**672411**	**1120948**	**2876812**	**5759230**	**8646107**	**9770554**	**11593662**	**11360973**
住　　宅	527221	758584	2172439	4714340	6889924	7809104	9156198	8763124
办 公 楼	29474	23602	49523	53177	32377	36602	51605	32742
商业营业用房	110635	307269	583174	674197	1017565	1033811	1336890	1456937
其　　他	5081	31493	71676	317516	706241	891037	1048969	1108170
竣工面积(平方米)	**312812**	**726726**	**1861903**	**3011984**	**3593308**	**3760692**	**4899537**	**3360019**
住　　宅	243852	489206	1464726	2497533	2826895	3086829	4037658	2678819
办 公 楼	3917	10218	35508	26249	14245	18840	24033	7291
商业营业用房	64543	210242	339553	350931	509975	410671	570772	445325
其　　他	500	17060	22116	137271	242193	244352	267074	228584
商品房屋销售建筑面积(平方米)	**187263**	**358306**	**1576036**	**2413605**	**2899942**	**2823472**	**2905389**	**2251008**
商品房屋竣工价值(万元)	**23124**	**56091**	**142129**	**423759**	**515276**	**645704**	**875321**	**652608**
商品房屋销售额(万元)	**24244**	**41798**	**245400**	**708876**	**946687**	**955392**	**1137692**	**938786**

5-16 按隶属关系分房地产开发投资经济指标

（2014年）　　单位:万元

分　　类	总　计	中　央	地　方				
				省　属	市　属	县　属	其　他
房地产开发投资	**1299771**		**1299771**	**33389**	**360064**	**205292**	**701026**
按构成分							
建筑工程	1056815		1056815	32389	305613	150741	568072
安装工程	33380		33380	1000	13542	4211	14627
设备工器具购置	5581		5581		750	599	4232
其他费用	203995		203995		40159	49741	114095
其中:旧建筑物购置费	9893		9893			5483	4410
其中:土地购置费	174365		174365		35040	33905	105420
按用途分							
住宅投资	975651		975651	31389	288736	146570	508956
其中:90平米住房	475340		475340	6000	175283	110036	184021
其中:144平米住房	28345		28345		12694	1354	14297
办公楼	2169		2169		312	400	1457
商业营业用房	208387		208387	1000	49812	29427	128148
其他	113564		113564	1000	21204	28895	62465
本年新增固定资产	**971057**		**971057**		**402634**	**125590**	**442833**
本年资金来源合计	**1313908**		**1313908**	**34000**	**331867**	**206415**	**741626**
上年末结余资金	104589		104589		57261	3351	43977
本年资金来源小计	1209319		1209319	34000	274606	203064	697649
国内贷款	42080		42080		30080		12000
其中:银行贷款	42040		42040		30040		12000
非银行金融机构贷款	40		40		40		
利用外资							
其中:外商直接投资							
自筹资金	694085		694085	34000	112642	113760	433683
其中:自有资金	317388		317388	34000	74753	62805	145830
股东投入资金	45495		45495		4435	8861	32199
借入资金	9900		9900		1500		8400
其他资金来源	473154		473154		131884	89304	251966
其中:定金及预付款	232429		232429		92122	49482	90825
个人按揭贷款	97930		97930		39721	39822	18387
各项应付款合计	**212417**		**212417**		**143841**	**20837**	**47739**
其中:工程款	62417		62417		39431	5247	17739
待开发土地面积(平方米)	**94262**		**94262**		**94262**		
本年购置土地面积(平方米)	**366625**		**366625**		**42910**	**68271**	**255444**
本年土地成交价款	**47573**		**47573**		**13178**	**2991**	**31404**
其中:拆迁补偿费	3130		3130			380	2750
土地使用权出让金	19843		19843		13178	2611	4054
契　　税	**1024**		**1024**		**642**	**239**	**143**

5-16续　　　　（2014年）　　　　单位:千元

分　　类	总　计	中　央	地　方	省　属	市　属	县　属	其　他
年初存货	17734444	308149	17426295	88630	8091680	2544451	6701534
期末资产负债情况							
流动资产合计	39235721	322964	38912757	232593	15899852	4854369	17925943
其中:应收账款	3816443		3816443	3543	687287	237750	2887863
存货	22740517	305940	22434577	95512	10251434	2805714	9281917
固定资产合计	2450180	1594	2448586	1016	2140878	38282	268410
固定资产原价	2745357	5053	2740304	1709	2360907	51056	326632
累计折旧	314706	3728	310978	693	221106	15200	73979
其中:本年折旧	46591	60	46531	470	22662	5722	17677
资产总计	44026853	324558	43702295	235707	18775338	5244940	19446310
负债总计	31983066	242299	31740767	154947	11101438	4042510	16441872
所有者权益合计	12043787	82259	11961528	80760	7673900	1202430	3004438
其中:实收资本	11044568	40002	11004566	51005	7333886	1008399	2611276
损益情况							
营业收入	6684723	24595	6660128	64179	1584874	1003020	4008055
其中:主营业务收入	6522551	24595	6497956	64179	1443305	1003020	3987452
土地转让收入	387819		387819				387819
商品房屋销售收入	6042156	24595	6017561	64179	1411169	1002785	3539428
房屋出租收入	91494		91494		32037	235	59222
其他收入	1082		1082		99		983
营业成本	4908854	24531	4884323	42217	1009334	797574	3035198
其中:主营业务成本	4879410	17599	4861811	42217	1009327	778505	3031762
营业税金及附加	813953	3172	810781	5307	182858	107513	515103
其中:主营业务税金及附加	810705	3172	807533	5307	181775	107243	513208
其他业务利润	3405		3405		3453		-48
销售费用	195100	21	195079	250	57748	15669	121412
管理费用	311866	297	311569	4979	109459	48332	148799
其中:税金	36826		36826	43	21138	3447	12198
财务费用	111743	4	111739	-16	38499	19735	53521
其中:利息收入	5169	8	5161	17	1217	241	3686
利息支出	93185		93185	1	37161	15804	40219
资产减值损失(损失以"-"号记)	1895		1895		91	800	1004
公允价值变动收益(损失以"-"号记)							
投资收益	2152		2152		1897		255
营业利润	343464	-3430	346894	11442	188782	13397	133273
营业外收入	30387		30387		3613	318	26456
营业外支出	12354		12354	-15	4572	2868	4929
利润总额	361497	-3430	364927	11457	187823	10847	154800
应交所得税	268256		268256		65402	23369	179485
人工成本							
应付职工薪酬(本年贷方累计发生额)	173052	701	172351	1587	54487	21281	94996

5-17 按经济类型分房地产开发投资经济指标

（2014年） 单位:万元

分类	总计	内资企业	国有企业	其他有限责任公司	股份有限公司	私营
房地产开发投资	1299771	1299771	32250	690288	36491	540742
按构成分						
建筑工程	1056815	1056815	28240	506319	35171	487085
安装工程	33380	33380	4010	23863	700	4807
设备工器具购置	5581	5581		4581		1000
其他费用	203995	203995		155525	620	47850
其中:旧建筑物购置费	9893	9893		5743		4150
其中:土地购置费	174365	174365		133228	457	40680
按用途分						
住宅投资	975651	975651	31990	536342	25410	381909
其中:90平米住房	475340	475340	31990	266717	9010	167623
其中:144平米住房	28345	28345		9693	5680	12972
办公楼	2169	2169		492	400	1277
商业营业用房	208387	208387	170	85929	9311	112977
其他	113564	113564	90	67525	1370	44579
本年新增固定资产	**971057**	**971057**	**87978**	**387097**	**62592**	**433390**
本年资金来源合计	**1313908**	**1313908**	**16760**	**677591**	**20039**	**599518**
上年末结余资金	104589	104589		56595	4750	43244
本年资金来源小计	1209319	1209319	16760	620996	15289	556274
国内贷款	42080	42080		30080		12000
其中:银行贷款	42040	42040		30040		12000
非银行金融机构贷款	40	40		40		
利用外资						
其中:外商直接投资						
自筹资金	694085	694085	16760	370656	10817	295852
其中:自有资金	317388	317388	1560	179981	5817	130030
股东投入资金	45495	45495		13296		32199
借入资金	9900	9900		1500		8400
其他资金来源	473154	473154		220260	4472	248422
其中:定金及预付款	232429	232429		142018	3130	87281
个人按揭贷款	97930	97930		78201	1342	18387
各项应付款合计	**212417**	**212417**	**18490**	**164838**	**13850**	**15239**
其中:工程款	62417	62417	18490	14838	13850	15239
待开发土地面积(平方米)	**94262**	**94262**		**94262**		
本年购置土地面积(平方米)	**366625**	**366625**		**160207**		**206418**
本年土地成交价款	**47573**	**47573**		**39169**		**8404**
其中:拆迁补偿费	3130	3130		380		2750
土地使用权出让金	19843	19843		15789		4054
契税	**1024**	**1024**		**881**		**143**

5-17续　　　　（2014年）　　　　单位：千元

分　　类	总　计	内资企业	国有企业	其他有限责任公司	股份有限公司	国有独资公司	私　营	港澳台商投资
期初存货	17734444	17301820	154086	11912822	309626	353758	4571528	432624
期末资产负债情况								
流动资产合计	39235721	38234418	495356	23415152	1586759	375742	12361409	1001303
其中：应收账款	3816443	3816443	9401	2755478	254177		797387	
存货	22740517	22192392	244071	14210427	966677	351974	6419243	548125
固定资产合计	2450180	2304218	11909	2073914	33413	8834	176148	145962
固定资产原价	2745357	2442249	14032	2143746	56906	14705	212860	303108
累计折旧	314706	157560	2124	80655	23496	6140	45145	157146
其中：本年折旧	46591	29900	369	18779	1069	411	9272	16691
资产总计	44026853	42868828	538613	26495819	1817685	384621	13632090	1158025
负债总计	31983066	30904945	362949	17208462	1468470	269379	11595685	1078121
所有者权益合计	12043787	11963883	175664	9287357	349215	115242	2036405	79904
其中：实收资本	11044568	10935338	102365	8684011	289600	22781	1836581	109230
损益情况								
营业收入	6684723	6655118	173294	3740514	254106	40777	2446427	29605
其中：主营业务收入	6522551	6492946	173294	3598945	254106	40777	2425824	29605
土地转让收入	387819	387819					387819	
商品房屋销售收入	6042156	6042156	173294	3591083	254106	40777	1982896	
房屋出租收入	91494	61889		7712			54177	29605
其他收入	1082	1082		150			932	
营业成本	4908854	4892163	118105	2692944	187403	30736	1862975	16691
其中：主营业务成本	4879410	4862719	118105	2670432	187403	23804	1862975	16691
营业税金及附加	813953	812295	11827	424772	21932	4695	349069	1658
其中：主营业务税金及附加	810705	809047	11827	421538	21932	4695	349055	1658
其他业务利润	3405	3405		3453			-48	
销售费用	195100	194067	1804	105522	6800	21	79920	1033
管理费用	311866	301902	11410	161545	23603	7332	98012	9964
其中：税金	36826	33556	620	12780	9654	400	10102	3270
财务费用	111743	111734	6538	53076	-41	-30	52191	9
其中：利息收入	5169	5169	17	1402	69	42	3639	
利息支出	93185	93176	6542	46611	27		39996	
资产减值损失（损失以"-"号记）	1895	1895		891			1004	
公允价值变动收益（损失以"-"号记）								
投资收益	2152	2152		1897			255	
营业利润	343464	343214	23610	303661	14409	-1977	3511	250
营业外收入	30387	30387		4978	63		25346	
营业外支出	12354	12254	338	7912	1013	6	2985	100
利润总额	361497	361347	23272	300727	13459	-1983	25872	150
应交所得税	268256	268256	7222	132485	8653	378	119518	
人工成本								
应付职工薪酬（本年贷方累计发生额）	173052	170294	6060	80922	8205	3708	71399	2758

5-18 按控股情况分房地产开发经营主要经济指标

（2014年）

单位:万元

分类	总计	国有控股	集体控股	私人控股	港澳台商控股	外商控股	其他
房地产开发投资	**1299771**	**146591**	**154727**	**853093**			**145360**
按构成分							
建筑工程	1056815	132572	122534	693409			108200
安装工程	33380	6541	5802	16187			4850
设备工器具购置	5581		829	4752			
其他费用	203995	7378	25562	138745			32310
其中:旧建筑物购置费	9893			8313			1580
其中:土地购置费	174365		25422	118376			30567
按用途分							
住宅投资	975651	136490	124724	623099			91338
其中:90平米住房	475340	132037	35303	264834			43166
其中:144平米住房	28345		5560	14865			7920
办公楼	2169	410	302	1277			180
商业营业用房	208387	4633	14231	151522			38001
其他	113564	5058	15470	77195			15841
本年新增固定资产	**971057**	**221357**	**90003**	**620790**			**38907**
本年资金来源合计	**1313908**	**41719**	**189407**	**893342**			**189440**
上年末结余资金	104589	246	15648	54330			34365
本年资金来源小计	1209319	41473	173759	839012			155075
国内贷款	42080	80		12000			30000
其中:银行贷款	42040	40		12000			30000
非银行金融机构贷款	40	40					
利用外资							
其中:外商直接投资							
自筹资金	694085	30137	83658	559630			20660
其中:自有资金	317388	5800	83658	210730			17200
股东投入资金	45495			44395			1100
借入资金	9900			8400			1500
其他资金来源	473154	11256	90101	267382			104415
其中:定金及预付款	232429	11216	71019	100863			49331
个人按揭贷款	97930		19081	23765			55084
各项应付款合计	**212417**	**112533**	**19960**	**63814**			**16110**
其中:工程款	62417	21217	5920	26180			9100
待开发土地面积(平方米)	**94262**						**94262**
本年购置土地面积(平方米)	**366625**		**89936**	**276689**			
本年土地成交价款	**47573**		**13650**	**33923**			
其中:拆迁补偿费	3130			3130			
土地使用权出让金	19843		13650	6193			
契税	**1024**		**683**	**341**			

5-18续　　　　　　　　　　　　　　（2014年）　　　　　　　　　　　　　　单位：千元

分　　类	总　计	国有控股	集体控股	私人控股	港澳台商控　股	外商控股	其　他
年初存货	17734444	6319861	1166578	8021087	432624		1794294
期末资产负债情况							
流动资产合计	39235721	9488701	2080557	21482802	1001303		5182358
其中：应收账款	3816443	11406	25759	3056679			722599
存　货	22740517	6797953	1384748	10989516	548125		3020175
固定资产合计	2450180	1920454	25891	278397	145962		79476
固定资产原价	2745357	1936163	43955	357938	303108		104193
累计折旧	314706	17767	18064	90012	157146		31717
其中：本年折旧	46591	1148	2310	18363	16691		8079
资产总计	44026853	11460045	2226231	23731976	1158025		5450576
负债总计	31983066	5050913	1533625	19605120	1078121		4715287
所有者权益合计	12043787	6409132	692606	4126856	79904		735289
其中：实收资本	11044568	6239674	452105	3466186	109230		777373
损益情况							
营业收入	6684723	603905	363853	5342481	29605		344879
其中：主营业务收入	6522551	465795	360394	5321878	29605		344879
土地转让收入	387819			387819			
商品房屋销售收入	6042156	463363	360339	4878620			339834
房屋出租收入	91494	2432		54412	29605		5045
其他收入	1082		55	1027			
营业成本	4908854	367368	240075	4045133	16691		239587
其中：主营业务成本	4879410	341367	240068	4045133	16691		236151
营业税金及附加	813953	57798	30956	651903	1658		71638
其中：主营业务税金及附加	810705	57701	30956	651619	1658		68771
其他业务利润	3405		3453	-48			
销售费用	195100	7528	3439	147690	1033		35410
管理费用	311866	32868	24868	213340	9964		30826
其中：税金	36826	1993	3160	22584	3270		5819
财务费用	111743	8341	-465	73670	9		30188
其中：利息收入	5169	145	580	3977			467
利息支出	93185	6584	15	56736	9		29841
资产减值损失（损失以“-”号记）	1895	91		1804			
公允价值变动收益（损失以“-”号记）							
投资收益	2152	66	1831	255			
营业利润	343464	129977	66811	209196	250		-62770
营业外收入	30387	2237	1329	26787			34
营业外支出	12354	580	1228	9024	100		1422
利润总额	361497	131634	66912	226959	150		-64158
应交所得税	268256	9508	6457	230603			21688
人工成本							
应付职工薪酬（本年贷方累计发生额）	173052	28544	5153	114307	2758		22290

5-19 各县(市)房地产开发经营主要经济指标

(2014年) 单位:万元

分类	全市	市区	市辖县(市)	讷河市	龙江县	依安县
本年完成投资	**1299771**	**848643**	**451128**	**44530**	**120117**	**70070**
按构成分						
建筑工程	1056815	665208	391607	41130	93419	66850
安装工程	33380	26014	7366	948	3468	
设备工器具购置	5581	3830	1751		1051	
其他费用	203995	153591	50404	2452	22179	3220
其中:旧建筑物购置费	9893		9893	150	8053	
其中:土地购置费	174365	145648	28717	2302	13427	2300
按用途分						
住宅投资	975651	662180	313471	34323	92061	51169
其中:90平米住房	475340	217383	257957	27767	84263	38687
其中:144平米住房	28345	25879	2466	200	1024	1241
办公楼	2169	1013	1156	434	422	
商业营业用房	208387	100391	107996	3117	18985	17545
其他	113564	85059	28505	6656	8649	1356
本年新增固定资产	**971057**	**575120**	**395937**	**50985**	**153717**	**43900**
本年资金来源合计	**1313908**	**920392**	**393516**	**45462**	**61587**	**59200**
上年末结余资金	104589	100788	3801		610	
本年资金来源小计	1209319	819604	389715	45462	60977	59200
国内贷款	42080	42080				
其中:银行贷款	42040	42040				
非银行金融机构贷款	40	40				
利用外资						
其中:外商直接投资						
自筹资金	694085	393458	300627	43462	33833	59200
其中:自有资金	317388	128813	188575	27000	33833	1400
股东投入资金	45495	36634	8861			500
借入资金	9900	7700	2200			
其他资金来源	473154	384066	89088	2000	27144	
其中:定金及预付款	232429	185863	46566	2000	16858	
个人按揭贷款	97930	55408	42522		10286	
各项应付款合计	**212417**	**179461**	**32956**	**10025**	**13920**	**5400**
其中:工程款	62417	44872	17545	10025		5000
待开发土地面积(平方米)	**94262**	**94262**				
本年购置土地面积(平方米)	**366625**	**160626**	**205999**	**30000**	**53299**	**107728**
本年土地成交价款	**47573**	**41782**	**5791**	**1600**	**822**	**1200**
其中:拆迁补偿费	3130	2750	380			
土地使用权出让金	19843	16032	3811		822	1200
契税	**1024**	**785**	**239**		**41**	

5-19续1 （2014年） 单位:万元

分　　类	泰来县	甘南县	富裕县	克山县	克东县	拜泉县
本年完成投资	**38500**	**25999**	**51208**	**30482**	**45931**	**24291**
按构成分						
建筑工程	38148	18636	41278	25473	42382	24291
安装工程	300		2460	100	90	
设备工器具购置			700			
其他费用	52	7363	6770	4909	3459	
其中:旧建筑物购置费		1690				
其中:土地购置费	52	2815	4687		3134	
按用途分						
住宅投资	15276	19043	25168	22520	35468	18443
其中:90平米住房	13809	16025	9037	20738	31818	15813
其中:144平米住房		1				
办 公 楼			120	180		
商业营业用房	22146	4813	22878	6730	7829	3953
其　　他	1078	2143	3042	1052	2634	1895
本年新增固定资产	**33639**	**24075**	**8993**	**16406**	**45931**	**18291**
本年资金来源合计	**21966**	**30612**	**50441**	**22500**	**32957**	**68791**
上年末结余资金	190	2001				1000
本年资金来源小计	21776	28611	50441	22500	32957	67791
国内贷款						
其中:银行贷款						
非银行金融机构贷款						
利用外资						
其中:外商直接投资						
自筹资金	19776	24667	43441	22500	32957	20791
其中:自有资金	18067	10147	35080	17500	24757	20791
股东投入资金			8361			
借入资金					2200	
其他资金来源	2000	3944	7000			47000
其中:定金及预付款	2000	2608	4300			18800
个人按揭贷款		1336	2700			28200
各项应付款合计	**740**	**2871**				
其中:工程款	320	2200				
待开发土地面积(平方米)						
本年购置土地面积(平方米)		**14972**				
本年土地成交价款		**2169**				
其中:拆迁补偿费		380				
土地使用权出让金		1789				
契　　税		**198**				

5-19续2　　(2014年)　　单位:千元

分　　类	全　市	市　区	市辖县(市)	讷河市	龙江县	依安县
期初存货	17734444	16203250	1531194	103354	540525	53238
期末资产负债情况						
流动资产合计	39235721	33950215	5285506	356863	1083720	122121
其中:应收账款	3816443	2957112	859331	75750	185674	53261
存　货	22740517	20098104	2642413	155086	667543	32945
固定资产合计	2450180	2239447	210733	40100	2483	71998
固定资产原价	2745357	2500349	245008	46895	3658	74077
累计折旧	314706	276165	38541	9028	1175	3058
其中:本年折旧	46591	34114	12477	2261	107	829
资产总计	44026853	37891881	6134972	456467	1087093	207379
负债总计	31983066	27758548	4224518	79108	911459	127533
所有者权益合计	12043787	10133333	1910454	377359	175634	79846
其中:实收资本	11044568	9638091	1406477	201000	155080	70296
损益情况						
营业收入	6684723	3895383	2789340	407523	107436	404482
其中:主营业务收入	6522551	3733211	2789340	407523	107436	404482
土地转让收入	387819	125758	262061	1		
商品房屋销售收入	6042156	3569841	2472315	407486	107436	350229
房屋出租收入	91494	37462	54032	2		53795
其他收入	1082	150	932	34		458
营业成本	4908854	2645188	2263666	323998	94986	353076
其中:主营业务成本	4879410	2615744	2263666	323998	94986	353076
营业税金及附加	813953	474129	339824	54836	7233	10239
其中:主营业务税金及附加	810705	471151	339554	54836	7233	10239
其他业务利润	3405	3405				
销售费用	195100	170697	24403	6769	101	3113
管理费用	311866	232495	79371	5998	12320	4373
其中:税金	36826	30202	6624	45	16	1820
财务费用	111743	96192	15551	2751	6222	1485
其中:利息收入	5169	4839	330	67	6	
利息支出	93185	82566	10619	2816	6079	805
资产减值损失(损失以"-"号记)	1895	1095	800			
公允价值变动收益(损失以"-"号记)						
投资收益	2152	2152				
营业利润	343464	277739	65725	13171	-13426	32196
营业外收入	30387	4275	26112	51		330
营业外支出	12354	8203	4151	289	231	2034
利润总额	361497	273811	87686	12933	-13657	30492
应交所得税	268256	230751	37505	8278	3788	160
人工成本						
应付职工薪酬(本年贷方累计发生额)	173052	134417	38635	6889	3227	5433

5-19续3　　　　（2014年）　　　　单位：千元

分　　类	泰来县	甘南县	富裕县	克山县	克东县	拜泉县
年初存货	111458	250236	43625	249312	5956	173490
期末资产负债情况						
流动资产合计	739404	322180	601844	1026891	322131	710352
其中：应收账款	134978	40461	106767	236830	13762	11848
存　货	492306	221826	148465	617007	191236	115999
固定资产合计	4996	2067	5148	2440	22032	59469
固定资产原价	10753	2670	5948	3588	27966	69453
累计折旧	5757	1501	804	1300	5934	9984
其中：本年折旧	4271	354	164	819	1753	1919
资产总计	823357	442653	798023	1200164	344163	775673
负债总计	638133	279939	434060	1066030	261840	426416
所有者权益合计	185224	162714	363963	134134	82323	349257
其中：实收资本	132185	126894	271372	125000	61100	263550
损益情况						
营业收入	351856	236996	323144	28907	427784	501212
其中：主营业务收入	351856	236996	323144	28907	427784	501212
土地转让收入						262060
商品房屋销售收入	351416	236761	323144	28907	427784	239152
房屋出租收入		235				
其他收入	440					
营业成本	262170	165934	279109	23888	381502	379003
其中：主营业务成本	262170	165934	279109	23888	381502	379003
营业税金及附加	73594	37020	40849	3345	35605	77103
其中：主营业务税金及附加	73594	37020	40849	3345	35605	76833
其他业务利润						
销售费用	2270	3958	1466	1965	1780	2981
管理费用	11565	7338	17720	8166	2557	9334
其中：税金	543	307	1727	1093	145	928
财务费用	-37	4582	259	99	143	47
其中：利息收入	54	2	5	-16	8	204
利息支出	17	504		28	140	230
资产减值损失（损失以"-"号记）						800
公允价值变动收益（损失以"-"号记）						
投资收益						
营业利润	2294	18164	-16259	-8556	6197	31944
营业外收入	641	235	1	24764		90
营业外支出	196	544	237	622		-2
利润总额	2739	17855	-16495	15586	6197	32036
应交所得税	4477	2876	11317		1708	4901
人工成本						
应付职工薪酬（本年贷方累计发生额）	6278	2838	2922	3187	2424	5437

5-20 房地产开发面积综合指标

（2014年）

项目	合计	按用途分					
		住宅	按户型结构		办公楼	商业用房	其他
			#90平方米以下	#144平方米以上			
房屋施工面积(平方米)	11360973	8763124	5095325	321710	32742	1456937	1108170
本年新开工面积(平方米)	4417199	3342689	1748832	58494	5170	699227	370113
房屋竣工面积(平方米)	3360019	2678819	2263519	8225	7291	445325	228584
不可销售面积(平方米)	801245	669489	663727	317	3076	102648	26032
商品住宅竣工套数(套)		35277	31481	51			
竣工房屋价值(万元)	652608	520362	442040	1651	1558	87629	43059
出租房屋面积(平方米)							
商品房销售面积(平方米)	2251008	1827645	1252853	72321	6559	249008	167796
现房销售面积(平方米)	635753	498076	362395	36698	4151	80326	53200
期房销售面积(平方米)	1615255	1329569	890458	35623	2408	168682	114596
商品房销售额(万元)	938786	695206	415986	43602	5998	164649	72933
现房销售额(万元)	258688	183047	118518	20956	2614	49622	23405
期房销售额(万元)	680098	512159	297468	22646	3384	115027	49528
商品住宅销售套数(套)		21500	16384	422			
现房销售套数(套)		5958	4812	214			
期房销售套数(套)		15542	11572	208			
待售面积(平方米)	1966594	1252587	818811	63119	18134	539199	156674
待售1-3年面积(平方米)	712211	429616	238867	46722	7969	206745	67881
待售3年以上面积(平方米)	54344	8574	6788	480		45703	67

5-21 各县(市)房地产开发施工、销售和待售情况

(2014年)

地区	施工房屋面积(平方米)	#住宅	新开工房屋面积(平方米)	#住宅	竣工房屋面积(平方米)	#住宅	竣工房屋价值(万元)	#住宅
全市	**11360973**	**8763124**	**4417199**	**3342689**	**3360019**	**2678819**	**652608**	**520362**
市区	**7146388**	**5739637**	**2030256**	**1625683**	**1329082**	**1209025**	**302880**	**272952**
市辖县(市)	**4214585**	**3023487**	**2386943**	**1717006**	**2030937**	**1469794**	**349728**	**247410**
讷河市	551856	441362	259165	204422	263508	204474	40694	29877
龙江县	841928	615921	537016	387409	644819	487809	143366	105526
依安县	594947	422535	466132	319363	159255	97029	27676	16616
泰来县	381473	232391	79187	28999	238826	179026	32221	21573
甘南县	419662	289548	249066	174010	140498	84184	19113	13270
富裕县	695688	489287	274246	188977	100607	77037	8990	6500
克山县	273476	174525	66576	55908	77690	23068	15906	5536
克东县	225979	182200	225979	182200	225979	182200	43471	34977
拜泉县	229576	175718	229576	175718	179755	134967	18291	13535

5-21续

(2014年)

地区	商品房销售面积(平方米)	#住宅	商品房销售额(万元)	#住宅	待售面积(平方米)	#住宅
全市	**2251008**	**1827645**	**938786**	**695206**	**1966594**	**1252587**
市区	**674169**	**596321**	**386800**	**334076**	**1131274**	**742515**
市辖县(市)	**1576839**	**1231324**	**551986**	**361130**	**835320**	**510072**
讷河市	160371	124776	53452	37273	69696	49049
龙江县	394175	291499	189854	102966	189101	113492
依安县	300772	227990	86960	55774	50621	38709
泰来县	61370	55284	23348	19339	226365	141856
甘南县	90033	67186	31565	19973	104864	59224
富裕县	127742	112337	38016	31755	142660	88242
克山县	36642	35085	12731	11960	52013	19500
克东县	225979	182200	72817	53670		
拜泉县	179755	134967	43243	28420		

5-22 建设项目固定资产投资新增生产能力

（2014年）

能 力 名 称	单　　位	本年新增能力
天然原油开采	万吨／年	0.4
钢　　材	万吨／年	16
风力发电	万千瓦	4.95
其他发电	万千瓦	0.8
水　　泥	万吨／年	4
氮　　肥	吨／年	25000
塑料树脂及共聚物	吨／年	13500
合成橡胶	吨／年	160
白酒	万吨／年	1.3
新建公路	公里	88.3
改建公路	公　里	588.4
二级公路	公　里	73.3
新建独立公路桥梁	延长米	868
新建独立公路桥梁	座	1

主 要 统 计 指 标 解 释

固定资产投资 固定资产投资是社会固定资产再生产的主要手段。通过建造和购置固定资产的活动,国民经济不断采用先进技术装备,建立新兴部门,进一步调整经济结构和生产力的地区分布,增强经济实力,为改善人民物质文化生活创造物质条件。这对我国的社会主义现代化建设具有重要意义。

固定资产投资额是以货币表现的建造和购置固定资产活动的工作量,它是反映固定资产投资规模、速度、比例关系和使用方向的综合性指标。全社会固定资产投资按登记注册类型可分为国有、集体、个体、联营、股份制、外商、港澳台商、其他等。

房地产开发投资 指房地产开发公司、商品房建设公司及其他房地产开发法人单位和附属于其他法人单位实际从事房地产开发或经营的活动单位统一开发的包括统代建、拆迁还建的住宅、厂房、仓库、饭店、宾馆、度假村、写字楼、办公楼等房屋建筑物和配套的服务设施,土地开发工程(如道路、给水、排水、供电、供热、通讯、平整场地等基础设施工程)的投资;不包括单纯的土地交易活动。

固定资产投资的资金来源 根据固定资产投资的资金来源不同,分为国家预算内资金、国内贷款、利用外资、自筹资金和其他资金来源。

(1)国家预算内资金:指中央财政和地方财政中由国家统筹安排的基本建设拨款和更新改造拨款,以及中央财政安排的专项拨款中用于基本建设的资金和基本建设拨款改贷款的资金等。

(2)国内货款:指报告期内企、事业单位向银行及非银行金融借入的用于固定资产投资的各种国内贷款。包括银行利用自有资金及吸收的存款发放的贷款、上级主管部门拨的国内贷款、国家专项贷款(包括煤代油贷款、劳改煤矿专项贷款等)、地方财政专项资金安排的贷款、国内储备贷款、周转贷款等。

(3)利用外资:指报告期内收到的用于固定资产投资的国外资金,包括统借统还、自借自还的国外贷款,中外合资项目中的外资,以及对外发行债券和股票等。国家统借还的外资指由我国政府出面同外国政府、团体或金融组织签订贷款协议,并负责偿还本息的国外贷款。

(4)自筹资金:指建设单位报告期内收到的,用于进行固定资产的投资的主管部门、地方和企、事业单位自筹资金。

(5)其他资金来源:指报告期内收到的除以上种款、借款、自筹资金以外其他用于固定资产投资的资金。

固定资产投资按国民经济行业分 建设项目归哪个行业,按其建成投产后的主要产品或主要用途及社会经济活动性质来确定。一般情况下,一个建设项目或一个企业、事业单位只能属于一种国民经济行业。为了更准确地反映国民经济各行业之间的比例关系,联合企业(总厂)所属分厂属于不同行业的,原则上按分厂划分行业。

固定资产投资按建设性质分 建设项目的性质一般分为新建、扩建、改建、迁建、恢复。基本建设按建设项目划分建设性质,更新改造、国有单位其他固定资产投资及城镇集体投资按整个企业、事业单位的建设情况确定建设性质,房地产开发单位、农村投资、城镇工矿区私人建房等投资不划分建设性质。

(1)新建:一般是指从无到有、"不地起家"新开始建设单位。有的单位原有的基础很小,经过建设后其新增加的固定资产价值超过原有固定资产价值(原值)三倍以上的也算新建。

(2)扩建:一般是指为扩大原有产品的生产能力,在厂内或其他地点增建主要生产车间(或主要工程)、独立的生产线或分厂的企业;事业单位和行政单位在原单位增建业务用房(如学校增建教学用房、医院增建门诊部或病床用品、行政机关增建办公楼等)也作为扩建。

(3)改建:一般是指现有企业、事业单位为了技术进步,提高产品质量,增加花色品种,促进产品升级换代,降低消耗和成本,加强资源综合利用和三废治理、劳保安全等,采用新技术、新工艺、新设备、新材料等对现有设施、工艺条件进行技术改造或更新(包括相应配套的辅助性生产、生活福利设施)。有的企业为充分发挥现有生产能力，进行填平补齐而增建不增加本单位主要产品生产能力的车间等，也属于改建。

固定资产投资按构成分 固定资产投资活动按其工作内容和实现方式分为建筑安装工程，设备、工具、器具购置，其他费用三个部分。

(1)建筑安装工程(建筑安装工作量)：指各种房屋、建筑物的建造工程和各种设备、装置的安装工程。包括各种房屋建造工程，各种用途设备基础和各种工业窑炉的砌筑工程；为施工而进行的各种佳备工作和临时工程以及完工后的清理工作等；铁珞、道路的铺设，矿井的开凿及石油管道的架设等；水利工程；防空地下建筑等特殊工程；以及各种机械设备的安装工程；为测定安装工程质量，对设备进行的试运工作。在安装工程中，不包括被安装设备本身的价值。

(2)设备、工具、器具购置：指购置或自制达到固定资产标准的设备、工具、器具的价值，固定资产的标准按财务部门规定。新建单位、扩建单位的新建车间按照设计和计划要求购置或自制的全部设备、工具、器具，不论是否达到固定资产标准均计人“设备、工具、器具购置”中。

(3)其他费用：指在固定资产建造和购置过程中发生的，除建筑安装工程和设备、工具、器具购置以外的各种应摊人固定资产的费用。

施工项目 指报告期内曾进行建筑或安装工程施工活动的建设项目，包括报告期内新开工项目、报告期以前开工跨人报告期继续施工的项目以及报告期施过工并在报告期内全部建成投产或停缓建的项目。

全部建成投产项目 工业项目是指设计文件规定形成生产能力的主体工程及其相应配套的辅助设施全部建成，经负荷试运转，证明具备生产设计规定合格产品的条件，并经过验收鉴定合格或达到竣工验收标准，与生产性工程配套的生活福利设施可以满足近期正常生产的需要，正式移交生产的建设项目。非工业项目是指设计文件规定的全部效益，经验收鉴定合格达到竣工验收标准，正式移交使用的建设项目。

新增生产能力 指通过固定资产投资活动而增加的设计能力或工程效益，它是用实物形态表示的固定资产投资的成果。

新增生产能力的计算，是以能独立发挥生产能力或工程效益的单项工程(或项目)对象。当单项工程(或项目)建成，经有关部门鉴定合格，正式移交投入生产，即可计算新增生产能力。新增生产能力或工程效益有以下几种表现形式：

(1)以建设项目或单项工程建成后的年产能力表示，如煤炭开采，石油开采等。

(2)以建设项目或单项工程建成后处理料的能力表示，如选矿工程的年处理矿石能力、洗煤石年洗原煤能力等。

(3)以新增的主要设备数量或容量表示，如棉纺锭锭数、发电机组容量等。

(4)以建筑物容积、容量、面积或长度表示，如水库容量、铁路公路里程等。

新增生产能力的数量一般按设计能力计算。设计能力是指设计文件中规定的在正常情况下能够达到的生产能力，而不论投产后的实际产量如何。以设备数量、建筑物容积、面积、长度等表示的新增生产能力或工程效益，则按建成的实际数量计算。

房屋建筑面积 指从房屋外墙线算起的各层平面面积的总和，包括可供使用的有效面积的房屋结构(如柱、墙)占用的面积。多层建筑各(包括地下室)面积总和计算。

住宅建筑面积 指施工和竣工房屋建筑面积中供居住用的施工和竣工房屋建筑面积。

施工面积 指报告期内施工的全部启发建筑面积包括本期新开工的面积、上期跨人本期继续施工的房屋面积、上期停缓建在本期恢复施工的房屋面积、本期竣工的房屋面积及本期施工后又停缓建的房屋面积。

竣工面积 指在报告期内房屋建筑按照设计要求已全部完工，达到住人和使用条件，经验收鉴定合格，正式移交使用单位的建筑面积。

房屋建筑面积竣工率 指一定时期内房屋竣工面积占同期房屋施工面积的比率。它是从房屋建筑施工速度的角度反映投资效果和建筑业经济效益的指标。

新增固定资产 指通过投资活动所形成的新的固定资产价值，包括已经建成投入生产或交付使用的工程价值和达到固定资产标准的设备、工具、器具的价值及有关应摊人的费用,它是以价值形式表示的固定资产投资成果的综合性指标,可以综合反映不同时期、不同部门、不同地区的固定资产投资成果。

建设项目投产率指一定时期内全部建成投入生产项目个数与同期正式施工项目个数的比率。它是从项目建设速度的角度反映投资效果的指标。

固定资产交付使用率 指一定时期新增固定资产与同期完成投资额的比率。它是反映各个时期固定资产动用速度,衡量建设过程中投资效果的一个综合性指标。

六、能源消费与库存

CONSUMPTION OF ENERGY AND RAW MATERIALS

简要说明

一、本篇包括的主要内容有：历年能源消费量及库存量，按行业分组的能源消费量，工业企业能源加工转换情况等。

二、调查范围：辖区内年主营业务收入2000万元及以上的法人工业企业。

6-1 主要年份主要能源消费量、库存量

物资名称	单位	1985年	1990年	1995年	2000年	2005年	2010年	2014年
消费量								
煤　炭	吨	7252660	10570718	8868914	8077895	10685956	12279307	11732124
焦　炭	吨	86147	107718	89543	136455	99627	129447	371442
焦炉煤气	万立方米						10959	8083
其他煤气	万立方米						159435	151025
原　油	吨	40163	73493	246858	302074	317225	3743	
燃料油	吨	270768	213745	153836	95789	14144	543	98
汽　油	吨	36080	42077	22859	6347	3667	3226	2142
柴　油	吨	19317	69978	15838	5342	10027	12810	8017
煤　油	吨	854	243	773	44	62	51	194
润滑油	吨	6826	5828	3540				8
电	万千瓦小时	196160	246150	399152	245724	317448	406848	465906
库存量								
煤　炭	吨	926000	1122000	570000	1027444	1160075	709145	753656
焦　炭	吨	13000	8600	8273	9107	9505	17036	26375
原　油	吨	1153	13539	9214		1903		
燃料油	吨	16000	19000	8848	20015	2361	117	
汽　油	吨	1934	2178	1234	510	75	107	30
柴　油	吨	2494	4615	1388	226	1905	2373	1427
煤　油	吨	47	45	24	6	3		2
润滑油	吨	1133	987	787				

6-2 主要能源消费量

（2014年）

能源名称	计量单位	消费量			
		合计	工业生产消费	非工业生产消费	合计中：运输工具消费
原　煤	吨	10749707	10709126	40581	
其中:一般烟煤	吨	5297871	5257393	40478	
褐煤	吨	5449940	5449837	103	
洗精煤	吨	916912	886448	30464	
煤制品	吨	2410	2250	160	
焦　炭	吨	371442	371442		
其它焦化产品	吨				
焦炉煤气	万立方米	8083	8071	12	
发生炉煤气	万立方米	100855	100855		
天然气(气态)	万立方米	10564	10520	44	
原　油	吨				
汽　油	吨	2142	1603	539	681
煤　油	吨	194	194		
柴　油	吨	8017	7584	433	2225
燃料油	吨	98	98		
液化石油气	吨				
溶剂油	吨	753	753		
其它石油制品	吨	1215	1215		
热　力	百万千焦	13414985	12374425	1040560	
电　力	万千瓦时	465906	462537	3369	76
其它燃料	吨标准煤				

6-3 工业企业能源加工转换

（2014年）

品种	单位	合计		火力发电		供热	
		投入量	产出量	投入量	产出量	投入量	产出量
能源合计	**吨标准煤**	**5842054**	**3282170**	**3097909**	**1226517**	**1698219**	**1225958**
按品种分							
原煤	吨	9809064		6499050		2931984	
洗精煤	吨	885267					
其他洗煤	吨	63094					
焦炭	吨		534609				
其他焦化产品	吨		33485				
焦炉煤气	万立方米		7972				
发生炉煤气	万立方米		100855				
原油	吨						
汽油	吨	17				17	
柴油	吨	1790		1585		205	
燃料油	吨						
液化石油气	吨						
石脑油	吨						
其他石油制品	吨						
热力	百万千焦		35951852				35951852
电力	万千瓦时		997980		997980		
生物质废料用于燃料	吨	240363		240363			
按工业行业分							
农副食品加工业	吨标准煤	222415	120029	94090	30640	128325	89389
造纸及纸制品业	吨标准煤	72082	36095	22171	6814	49911	29281
石油加工炼焦及核燃料加工业	吨标准煤	1225557	925277	56396	15769	292398	191127
非金属矿物制品业	吨标准煤						
黑色金属冶炼及压延加工业	吨标准煤	45049	32037				
通用设备制造业	吨标准煤						
专用设备制造业	吨标准煤	124114	79277				
交通运输设备制造业	吨标准煤	37744	27721			37744	27721
电力、热力的生产和供应业	吨标准煤	4115093	2061734	2925252	1173294	1189841	888440

6－3续 （2014年）

品种	单位	炼焦		炼油		制气	
		投入量	产出量	投入量	产出量	投入量	产出量
能源合计	**吨标准煤**	**672627**	**596163**			**373299**	**233532**
按品种分							
原煤	吨					378030	
洗精煤	吨	747363				137904	
其他洗煤	吨					63094	
焦炭	吨		534609				
其他焦化产品	吨		27379				6106
焦炉煤气	万立方米		7972				
发生炉煤气	万立方米						100855
原油	吨						
汽油	吨						
柴油	吨						
燃料油	吨						
液化石油气	吨						
石脑油	吨						
其他石油制品	吨						
热力	百万千焦						
电力	万千瓦时						
生物质废料用于燃料	吨						
按工业行业分							
农副食品加工业	吨标准煤						
造纸及纸制品业	吨标准煤						
石油加工炼焦及核燃料加工业	吨标准煤	672627	596163			204136	122218
非金属矿物制品业	吨标准煤						
黑色金属冶炼及压延加工业	吨标准煤					45049	32037
通用设备制造业	吨标准煤						
专用设备制造业	吨标准煤					124114	79277
交通运输设备制造业	吨标准煤						
电力、热力的生产和供应业	吨标准煤						

主要统计指标解释

工业企业的能源消费量　包括工业企业在生产过程中作为燃料、动力、原料、辅助材料使用的能原以及工艺用能、非生产用能。作为能源加工转换企业，还要包括能源加工转换的投人量(这部分能原不能理解为用作原材料，用作原材料的概念见后面的解释)。具体包括：

工业生产能源消费　指工业企业为进行工业生产活动所消费的能源。主要包括：

(1)用于本企业产品生产、工业性作业的能源，包括用作原料、材料、燃料、动力；作为能源加工转换企业，还包括用作加工转换的能源(这部分能源不能理解为用作原材料，用作原材料的概念见后面的解释)。

(2)产品生产过程中作为辅助材料使用的能源。

(3)生产工艺过程使用的能源。

(4)新技术研究、新产品试制、科学试验使用的能源。

(5)为了工业生产活动而在进行的各种修理过程中使用的能源。

(6)生产区内的劳动保护用能等。

非工业生产能源消费　指在工业企业能源消费中，除“工业生产能源消费”以外的能源消费，即非工业生产用能和工业企业附属的不从事工业生产活动的非独立核算单位用能。

交通运输工具用能　指在厂区内、外进行交通运输活动的交通运输工具所消费的能源。

能源加工、转换投入　能源加工、转换是为了特定的用途，将一种能源(一般为一次能源)，经过一定的工艺，加工或转换成另外一种能源(二次能源)。

能源加工，是能源物理形态的变化，比如用蒸馏的方式将原油炼制成汽油、煤油、柴油等石油制品；用筛选、水洗的方式将原煤洗选成洗煤；以焦化的方式将煤炭高温干馏成焦炭；以气化的方式将煤炭气化成煤气，等等。这些方法在加工前后能源均未发生质的变化。

能源转换，是能量形态以及物质化学形态的变化，比如经过一定的工艺过程，将煤炭、重油等转换为电力和热力，将热能转换为机械能，将机械能转换为电能，将电能转换为热能等；又比如，经过裂化，将重质石油转换成轻质石油(转换前、后的物质具有不同的化学结构和化学性质)。能源加工、转换的投入是指为生产二次能源产品，用能源产品作为能源加工、转换装置的原料(火力发电为燃料)消费数量。

能源加工转换产出量　指经过能源加工转换装置产出的二次能源产品(包括不作能源使用的其他副产品和联产品)，比如火力发电产出的电力，热电联产同时产出的电力、蒸汽、热水，洗煤产出的洗煤精、洗中煤、洗煤泥等，炼焦产出的焦炭、焦炉煤气和其他焦化产品，炼油产出的汽油、煤油、柴油、燃料油、液化石油气、炼厂干气和其他石油制品(石脑油、各种原料油、溶剂油、石蜡、润滑油、石油沥青等)，制气产出的是焦炉煤气、其他煤气、焦炭和其他焦化产品(煤焦油、粗苯等)。

能源库存量　它是企业在报告期的某时间点所拥有的各种能源数量。根据企业的生产经营活动性质，企业库存量分为生产企业产成品库存、经销企业(批发、零售企业)用于经营销售的库存、使用企业用于消费的库存。

七、财政、金融及保险

PUBLIC FINANCE，BANKING AND INSURANCE

简要说明

一、本篇反映齐齐哈尔市财政收支状况、金融机构信贷状况及保险机构业务状况。主要包括财政预算内收入与支出，各项税收，财政预算外资金收入与支出，金融机构信贷收支以及保险业经济技术指标等。

二、本篇资料来源：

财政状况由市财政局及市国家税务局、市地方税务局提供；

金融业状况由中国人民银行齐齐哈尔分行提供；

保险业状况由中保财产保险有限公司齐齐哈尔分公司提供。

7－1 主要年份财政预算内收入

单位:万元

项　　目	1995年	2000年	2003年	2004年	2005年	2006年
全　　市						
总　收　入	**144069**	**194558**	**257666**	**286360**	**342075**	**362512**
地方财政收入	75597	119815	154444	174074	211052	217075
工商税收	112633	129562	158457	175208	205933	227738
#增 值 税	69060	70592	80164	84564	105716	123836
营 业 税	20066	26214	38798	43682	49834	54182
农牧业税	16297	22843	23212	644		25
农业特产税	1005	878	127			
耕地占用税	2522	291	3095	4637	6728	1895
契　　税	425	1383	6806	10789	8239	8174
企业所得税	2040	7293	10860	8936	11911	17860
国有资产经营收益	346	40	247	19700	22301	15955
国有企业计划亏损补贴	-6290	-529	-313	-335	-289	-506
其他收入	5176	7045	5411	8678	9045	6827
罚没收入	3234	6286	8403	8646	6998	8722
行政性收费收入	801	3969	8219	8367	11221	13595
专项收入	4875	6009	5720	5837	7017	7936
#排污费收入	1354	1737	1482	1081	1310	1286
城市水资源费收入	1356	1024	983	929	1190	1274
教育费附加收入	2165	3248	3128	3680	4377	5205
基金收入		9488	27422	35253	52971	54291
#工业交通部门		1293	2682	2775	2387	2383
土地有偿使用收入	1007	3809	21772	29310	46482	48182
市　　区						
总 收 入	**86719**	**114913**	**174460**	**216169**	**258598**	**274783**
地方财政收入	39562	62249	98030	132051	160350	166739
工商税收	77143	90874	116556	131845	155202	170639
#增 值 税	47740	49724	58120	62712	79372	93652
营 业 税	13198	18424	28386	32028	36114	37416
农牧业税	723	1057	1391			
农业特产税	68	52	1			
耕地占用税	1759	26	28	45	37	33
契　　税	184	1000	6303	9969	7231	7107
企业所得税	1775	5717	9047	6738	9635	14305
国有资产经营收益	235	33	173	17579	20906	14348
国有企业计划亏损补贴	-4266					
其他收入	3119	2147	2849	7114	6498	4811
罚没收入	1202	2839	4286	4643	3296	4084
行政性收费收入	401	1825	5701	5430	7558	9545
专项收入	3784	4511	4453	4633	5606	6221
#排污费收入	1019	1208	1169	889	1059	1052
城市水资源费收入	1236	905	876	825	1060	1104
教育费附加收入	1529	2398	2350	2827	3432	3981
基金收入		4832	23672	28173	42629	43690
#工业交通部门		1287	2576	2646	2264	2239
土地有偿使用收入	592	1853	18750	22812	37509	38648

注:从2000年起基金收入中包含土地有偿使用收入。

7-1 续1

单位:万元

项目	2007年	2008年	2009年	2010年
全 市				
总 收 入	**460147**	**592183**	**775858**	**1105355**
上划收入	180438	227868	267567	317964
地方财政收入	279709	364315	508291	787391
一般预算收入	206787	279709	345336	513609
税收收入	131784	180065	218022	274017
#国内增值税	36765	41471	49134	54895
营业税	31267	36359	43506	61151
企业所得税	11909	30290	33897	35931
个人所得税	8426	10759	11667	15116
城市维护建设税	14508	15040	17932	19815
城镇土地使用税	4387	15363	18404	23967
土地增值税	1041	1343	1500	4057
房 产 税	9987	10124	11996	15687
契 税	9450	11808	18065	24032
非税收收入	75003	99644	127314	239592
专项收入	8910	9603	11728	14541
#教育费附加收入	5950	6761	8157	10452
行政事业性收费收入	15229	17737	29496	75269
罚没收入	12409	15817	18066	19149
#公 安	5118	7005	7564	8574
政府性基金收入	72922	84606	162955	273782
#国有土地使用权出让金	64905	73191	146909	248851
市 区				
总 收 入	**342856**	**437950**	**592585**	**832417**
上划收入	135567	169747	193909	224774
地方财政收入	207289	268203	398676	607643
一般预算收入	159201	216109	268103	400369
税收收入	101464	137990	164402	197583
#国内增值税	27890	30081	33983	38098
营 业 税	21449	24973	29579	37848
企业所得税	9652	25995	28400	27849
个人所得税	7115	8769	9686	12712
城市维护建设税	11984	12248	15055	15610
城镇土地使用税	3775	13776	16605	21805
土地增值税	848	1082	1122	3004
房 产 税	8389	8104	9796	13194
契 税	7218	8687	12352	16179
非税收收入	57737	78119	103701	202786
#专项收入	6799	7254	8779	10512
#教育费附加收入	4420	5053	6404	7782
行政事业性收费收入	10481	11622	21571	62449
罚没收入	6229	7921	9877	10236
#公 安	2136	3737	3776	4556
政府性基金收入	48088	52094	130573	207274
#国有土地使用权出让金	43310	44493	119028	186580

7-1 续 2

单位:万元

项　　目	2011年	2012年	2013年	2014年
全　　市				
总　收　入	**1413002**	**1226988**	**1449614**	**1418532**
上划收入	367594	352321	403047	457881
地方财政收入	1045408	874667	1046567	960651
公共财政预算收入	700753	550140	644333	746300
税收收入	325254	338304	391241	449278
#国内增值税	54242	46856	52049	53314
营　业　税	72416	81152	95370	101985
企业所得税	43866	44698	55422	74451
个人所得税	16737	15749	19511	21421
城市维护建设税	23455	23665	27062	29554
城镇土地使用税	25664	30658	28514	29951
土地增值税	8762	16709	23647	28211
房　产　税	16201	17575	19303	22389
契　　税	40093	39626	43347	47571
非税收收入	375499	211836	253092	297022
专项收入	14889	15578	18707	20535
#教育费附加收入	10796	11159	12903	14429
行政事业性收费收入	97337	100478	105657	110880
罚没收入	31227	37789	45183	43004
#公　　安	19025	19196	18852	16612
政府性基金收入	344655	324527	402234	214351
#国有土地使用权出让金	310722	295691	339780	174756
市　　区				
总　收　入	**1056523**	**843073**	**987344**	**853499**
上划收入	248605	225816	257063	283697
地方财政收入	807918	617257	730281	569802
公共财政预算收入	540149	363659	419616	478875
税收收入	220409	220363	247734	275050
#国内增值税	36738	29697	32905	34673
营　业　税	45125	48003	58040	59310
企业所得税	30545	28538	34705	44397
个人所得税	13466	12166	13841	14011
城市维护建设税	17370	17554	19675	21513
城镇土地使用税	21392	24818	22189	22479
土地增值税	5133	8535	14383	15678
房　产　税	13265	14665	16014	17349
契　　税	25903	24450	23737	24027
非税收收入	319740	143296	171882	203825
#专项收入	9783	10575	12609	12443
#教育费附加收入	7205	7480	8447	9330
行政事业性收费收入	70990	72516	75724	74441
罚没收入	19860	22479	19713	20427
#公　　安	13555	12773	10690	9172
政府性基金收入	267769	253598	310665	90927
#国有土地使用权出让金	241345	231315	257519	67165

注:2012年以前公共财政预算收入为一般预算收入。

7-2 主要年份全市财政预算内支出

单位:万元

项目	1995年	2000年	2003年	2004年	2005年	2006年
财政预算内支出	**139501**	**234883**	**424822**	**523686**	**624122**	**782750**
地方财政支出	120053	190034	326195	424801	495123	558825
基本建设支出				207	5037	26504
企业挖潜改造资金	9759	6185	3083	6846	4638	8597
简易建筑费	417					
科技三项费用	657	2324	1975	3017	2497	2797
农林水利气象等部门事业费	6641	10996	24728	36564	39469	46290
#农业事业费		2987	18617	27214	30269	34572
农业综合开发支出	1166	3661	3666	4760	5680	5723
支农支出	6798	5563				
工交商事业费	1596	3708	7278	8728	9780	18384
#工交事业费		2009	5574	6976	7110	15859
城市维护费	10802	8843	13010	25198	38948	46262
社会保障补助支出		15716	60039	68314	73145	68498
文教卫生事业费	49517	75245	126680	143866	168911	202331
文体广播事业费		8395	13628	15766	17671	21527
教育事业费		54620	97001	108702	127232	150870
卫生事业费		12230	16051	19398	24008	29934
科学支出	456	720	781	701	922	1143
抚恤和社会救济费	3320	6578	20683	22504	24746	42867
行政管理及其他部门事业费	27641	41769	72585	89987	101920	118526
#行政管理费		33052	59624	74601	85047	99698
公检法司支出	10307	22985	32618	33902	42862	49200
政策性补贴支出	2425	1010	1310	243	88	2772
专项支出	5310	5965	7110	8095	9014	9915
其他支出	2689	21123	49928	75310	101893	138397
#基金支出		9154	27421	35743	57929	67849
行政事业单位离退休支出		2492	3014	204	252	267

注:农林水利气象事业费从2004年起改为农林水利气象支出。

农业事业费改为农业支出,农业综合开发支出从2004年起包含在农业支出中。

7-2续 1

单位:万元

项目	2007年	2008年	2009年	2010年
总支出	**1011710**	**1229930**	**1699069**	**2345769**
地方财政支出	715565	856349	1073725	1399662
#一般预算地方财政支出	643591	785254	917119	1144298
一般预算支出	**928827**	**1156580**	**1528681**	**2080881**
#一般公共服务	135768	157630	172210	195556
国防	344	386	690	597
公共安全	65410	77172	99319	127488
#公安	42521	48430	61883	81429
检查	6951	8119	11241	13446
法院	9648	11777	14473	16877
教育	210359	276752	294170	337536
科学技术	5499	8547	7973	14807
文化体育与传媒	17535	18096	22461	27479
社会保障和就业	143617	163879	296620	289868
#抚恤	7096	9172	10325	12803
城镇居民最低生活保障	28967	36375	42397	42581
医疗卫生	53159	71463	158602	139352
环境保护	14315	21820	36034	74040
#污染防治	8558	13313	14930	44232
城乡社区事务	69558	85963	98708	146846
农林水事务	111013	141864	214099	419859
#农业	61607	84577	127277	272887
林业	9077	7121	15800	15299
水利	20564	27810	42749	42724
交通运输	57445	68958	69443	79824
#公路水路运输	56600	68839	66559	71995
政府性基金支出	**82883**	**73350**	**170388**	**264888**

7-2续2

单位:万元

项　　目	2011年	2012年	2013年	2014年
总　支　出	**2803746**	**3086815**	**3283277**	**3405265**
地方财政支出	1715837	1663122	1986538	1948085
#公共财政预算地方财政支出	1367959	1344250	1562580	1747788
公共财政预算支出	**2402541**	**2637766**	**2821949**	**3136822**
#一般公共服务	219467	220945	258906	247128
国　　防	581	558	782	1243
公共安全	124669	157118	169324	153937
#公　　安	79359	101203	104114	94484
检　　查	12852	15769	15454	18123
法　　院	16748	22865	27057	23778
教　　育	390144	537107	503661	493776
科学技术	21437	10395	19342	12913
文化体育与传媒	24915	29121	34848	31686
社会保障和就业	409102	390726	461917	571964
#抚　　恤	15253	14632	17553	17124
城镇居民最低生活保障	55431	55157	74529	46804
医疗卫生	196676	200288	218203	285999
环境保护	46113	65493	62039	82665
#污染防治	20660	22832	18265	17876
城乡社区事务	180153	104987	156069	188114
农林水事务	418345	572706	546000	605554
#农　　业	248766	327140	340228	331404
林　　业	20066	26689	22170	20041
水　　利	49515	112722	77562	115900
交通运输	73207	72496	143341	121498
#公路水路运输	32402	24011	38452	55520
政府性基金支出	**401205**	**449049**	**461328**	**268443**

注:2012年以前公共财政预算地方财政支出为一般预算地方财政支出;公共财政预算支出为一般预算支出。

7-3 主要年份市区财政预算内支出

单位:万元

项目	1995年	2000年	2003年	2004年	2005年	2006年
财政预算内支出	**78073**	**115887**	**223212**	**259701**	**303548**	**376115**
地方财政支出	69260	96438	161209	203411	238155	262729
基本建设支出					5000	11687
企业挖潜改造资金	8715	4564	2218	4934	1694	4417
简易建筑费	287					
科技三项费用	568	2033	1670	2245	1473	2080
农林水利气象等部门事业费	2220	3122	5694	7110	7340	9638
#农业事业费		907	4187	5233	5909	7464
农业综合开发支出	97	570	481	666	853	1185
支农支出	2859	901				
工交商事业费	958	2216	1648	1614	2557	2316
#工交事业费		1315	1030	999	1189	1393
城市维护费	9493	6515	8245	17068	26524	33480
社会保障补助支出		10738	49097	50656	53938	57773
文教卫生事业费	22642	33061	47241	49949	53855	67667
文体广播事业费		4753	6320	7296	6780	9674
教育事业费		20652	31833	33350	36701	46244
卫生经费		7656	9088	9303	10374	11749
科学支出	382	400	286	343	405	411
抚恤和社会救济费	1332	2778	10911	10960	11273	19829
行政管理及其他部门事业费	15001	21767	37144	46129	52243	59074
#行政管理费		17240	30038	37810	43511	49317
公检法司支出	6247	15109	21519	21772	28155	31477
政策性补贴支出	1705		148	20	20	1197
专项支出	4117	4383	5541	5897	6109	7983
其他支出	1450	7730	31756	40910	52863	66988
#基金支出		4725	23646	29161	43904	50287
行政事业单位离退休支出			94	94	99	98

注:农林水利气象事业费从2004年起改为农林水利气象支出。
农业事业费改为农业支出,农业综合开发支出从2004年起包含在农业支出中。

7-3 续

单位:万元

项　　　目	2007年	2008年	2009年	2010年	2011年	2012年	2013年	2014年
总　支　出	**465374**	**542289**	**875508**	**1083551**	**1404474**	**1220678**	**1347298**	**1235259**
地方财政支出	332209	395213	592881	786327	1017498	824538	989975	813888
#公共财政预算地方财政支出	284390	350570	472632	600347	741776	587972	692442	732776
公共财政预算支出	414276	497437	753686	895419	1111432	969684	1043247	1148977
#一般公共服务	62649	73068	85185	100623	107691	105931	116014	95887
国　　防	344	222	559	348	394	288	490	814
公共安全	38708	44126	56433	74466	74187	89167	102407	81491
#公　　安	25939	28882	35195	47461	47543	60960	66705	51126
检　　查	4326	4618	6474	8044	7614	7953	9578	8775
法　　院	5190	6096	7526	8749	9196	10590	13787	12072
教　　育	70028	96757	116975	144512	171165	168378	183312	190769
科学技术	3396	6151	5575	11406	18474	6621	9359	9308
文化体育与传媒	11897	10157	12702	12206	12963	17394	19797	15233
社会保障和就业	98104	99318	198981	174478	249098	209174	230454	317682
#抚　　恤	1806	2714	2931	3486	4521	3240	3588	2950
城镇居民最低生活保障	16842	19451	22352	22714	29018	28961	38948	21113
医疗卫生	18060	23299	77523	41332	72907	63498	57382	81138
环境保护	9729	11504	17252	35616	13257	20391	14547	42189
#污染防治	7604	9603	7487	25408	7923	9993	6592	11417
城乡社区事务	47404	58011	74820	118169	137201	61725	85366	93222
农林水事务	26070	27084	49600	53212	53926	81007	68051	57851
#农　　业	12605	14258	29408	26566	25938	33510	32487	32657
林　　业	3133	1689	5269	4701	6767	9045	6134	4578
水　　利	7786	8002	10848	11146	10928	25979	15395	11301
交通运输	6469	7965	28493	25689	35778	27096	72392	39469
#公路水路运输	6469	7846	26780	21292	16664	9652	11341	12939
政府性基金支出	**51098**	**44852**	**121822**	**188132**	**293042**	**250994**	**304051**	**86282**

注:2012前以前公共财政预算地方财政支出为一般预算地方财政支出;公共财政预算支出为一般预算支出。

7-4 财政预算内收入

（2014年） 单位:万元

项　　目	全　市	市　区	市辖县(市)	讷河市	龙江县	依安县
总收入	**1418532**	**853499**	**565033**	**87653**	**90029**	**62934**
上划收入	**457881**	**283697**	**174184**	**26415**	**28571**	**13921**
地方财政收入	**960651**	**569802**	**390849**	**61238**	**61458**	**49013**
公共财政预算收入	746300	478875	267425	41747	45101	30267
税收收入	449278	275050	174228	27917	28108	19605
国内增值税	53314	34673	18641	2074	2950	664
改征增值税	8803	5323	3480	479	275	452
营业税	101985	59310	42675	7258	8679	4148
企业所得税	74451	44397	30054	4750	4700	3533
个人所得税	21421	14011	7410	1217	1283	661
资源税	2143	385	1758	566	18	28
城市维护建设税	29554	21513	8041	1173	1860	482
房产税	22389	17349	5040	1319	605	590
印花税	10638	7106	3532	527	416	604
城镇土地使用税	29951	22479	7472	1345	1162	914
土地增值税	28211	15678	12533	2261	2116	1109
车船税	13920	8706	5214	664	629	356
耕地占用税	4927	93	4834	7	114	102
契税	47571	24027	23544	4277	3301	5962
非税收入	297022	203825	93197	13830	16993	10662
专项收入	20535	12443	8092	2215	1185	454
#排污费收入	2501	1943	558	115	88	68
水资源费收入	1236	747	489	30	63	15
教育费附加收入	14429	9330	5099	755	862	365
行政事业性收费收入	110880	74441	36439	4897	5762	5505
罚没收入	43004	20427	22577	4238	3088	1988
#公安罚没收入	16612	9172	7440	761	1146	932
检察院罚没收入	4634	3081	1553	40	20	32
法院罚没收入	3547	2323	1224	81	100	80
交通罚没收入	2024	514	1510	181	428	
国有资本经营收入	73947	72015	1932			316
#产权转让收入	14554	12622	1932			316
国有资源(资产)有偿使用收入	36315	17251	19064	2055	5189	105
其他收入	12341	7248	5093	425	1769	2294
政府性基金预算收入	214351	90927	123424	19491	16357	18746
#国有土地使用权出让收入	174756	67165	107591	15148	12991	16786
#土地出让价款收入	169079	66062	103017	14589	11152	15114

7-4续　　　　　　　　　　　　（2014年）　　　　　　　　　　　　单位:万元

项　　　目	泰来县	甘南县	富裕县	克山县	克东县	拜泉县
总收入	**53170**	**78769**	**56566**	**39522**	**51838**	**44552**
上划收入	**13997**	**25240**	**17975**	**12651**	**22582**	**12832**
地方财政收入	**39173**	**53529**	**38591**	**26871**	**29256**	**31720**
公共财政预算收入	24819	32868	31897	17126	20698	22902
税收收入	16649	21904	18964	12665	15872	12544
国内增值税	1739	2814	1381	1583	4217	1219
改征增值税	740	383	420	210	226	295
营业税	3699	5047	4795	3425	2397	3227
企业所得税	2065	4467	2902	1704	3781	2152
个人所得税	557	915	1023	618	549	587
资源税	624	32	172	4	5	309
城市维护建设税	588	962	812	584	1037	543
房产税	333	330	637	425	335	466
印花税	188	476	507	275	380	159
城镇土地使用税	924	598	875	646	445	563
土地增值税	1136	2243	1475	720	889	584
车船税	583	259	1858	339	146	380
耕地占用税	1502	781	640	1010	153	525
契税	1971	2597	1467	1122	1312	1535
非税收入	8170	10964	12933	4461	4826	10358
专项收入	793	782	930	596	762	375
#排污费收入	58	73	46	36	40	34
水资源费收入	34	43	197	16	91	
教育费附加收入	382	656	623	485	631	340
行政事业性收费收入	4565	3396	3899	1136	1260	6019
罚没收入	1871	2402	2270	2385	930	3405
#公安罚没收入	803	1195	786	713	524	580
检察院罚没收入	36		67	538	51	769
法院罚没收入	185	124	160	334	33	127
交通罚没收入	174	264	92	162	88	121
国有资本经营收入					1430	186
#产权转让收入					1430	186
国有资源(资产)有偿使用收入	615	4374	5796	344	444	142
其他收入	326	10	38			231
政府性基金预算收入	14354	20661	6694	9745	8558	8818
#国有土地使用权出让收入	13052	19202	5717	8857	8071	7767
#土地出让价款收入	12412	18413	5324	9284	8824	7905

7-5 财政预算内支出

（2014年）　　单位:万元

项目	全市	市区	市辖县(市)	讷河市	龙江县	依安县
总支出	**3405265**	**1235259**	**2170006**	**282680**	**307566**	**248941**
地方财政支出	1948085	813888	1134197	190564	178430	124777
其中:公共财政预算地方财政支出	1747788	732776	1015012	172490	158114	106019
公共财政预算支出	**3136822**	**1148977**	**1987845**	**264275**	**283046**	**223307**
一般公共服务支出	247128	95887	151241	22049	23092	15525
国防支出	1243	814	429		142	
公共安全支出	153937	81491	72446	7591	9961	7721
#公安	94484	51126	43358	4625	6518	5175
检察	18123	8775	9348	909	1114	606
法院	23778	12072	11706	1024	1281	1008
教育支出	493776	190769	303007	42843	39686	40720
科学技术支出	12913	9308	3605	1950	323	426
文化体育与传媒支出	31686	15233	16453	1230	2124	2426
社会保障和就业支出	571964	317682	254282	37955	42482	25595
#财政对社会保险基金的补助	249822	139637	110185	15881	19767	12450
就业补助	58517	31069	27448	3367	3723	3922
抚恤	17124	2950	14174	2410	2206	1564
城市居民最低生活保障	46804	21113	25691	2457	4093	2065
农村最低生活保障	25231	1923	23308	2664	5056	2009
医疗卫生与计划生育支出	285999	81138	204861	29384	30741	19993
节能环保支出	82665	42189	40476	4441	5556	4058
#污染防治	17876	11417	6459	1613	1303	180
污染减排	3215	812	2403	300	652	
城乡社区支出	188114	93222	94892	17688	11531	10836
农林水支出	605554	57851	547703	62572	75407	67578
#农业	331404	32657	298747	44927	53944	33111
林业	20041	4578	15463	2697	2325	1641
水利	115900	11301	104599	7596	10837	20873
交通运输支出	121498	39469	82029	9992	13788	5721
#公路水路运输	55520	12939	42581	6468	9278	3662
资源勘探电力信息等支出	61792	15081	46711	5782	6085	1101
商业服务业等支出	7583	2049	5534	216	240	190
金融监管等事务支出	2319		2319	314		
国土资源气象等支出	12231	4453	7778	1428	542	838
住房保障支出	160410	87275	73135	4914	6516	10754
#保障性安居工程支出	112778	55167	57611	1389	6403	9814
#廉租住房	11146	445	10701	5	214	3233
棚户区改造	58284	41231	17053	98	2214	1773
粮油物资管理支出	84316	4608	79708	13926	14830	9631
债务付息支出	5299	5299				
其他支出(类)	6395	5159	1236			194
政府性基金预算支出	**268443**	**86282**	**182161**	**18405**	**24520**	**25634**

7－5续　　(2014年)　　单位:万元

项　　目	泰来县	甘南县	富裕县	克山县	克东县	拜泉县
总　支　出	**225366**	**188781**	**225034**	**234627**	**193948**	**263063**
地方财政支出	105315	118425	102807	108922	92956	112001
其中:公共财政预算地方财政支出	91087	104340	96290	98916	85117	102639
公共财政预算支出	**192934**	**174157**	**207174**	**223424**	**173975**	**245553**
一般公共服务支出	18648	9115	14754	15391	11303	21364
国防支出		72	83		132	
公共安全支出	9744	8076	7444	6804	7147	7958
#公　　安	5041	4130	5055	4013	3817	4984
检　　察	546	2370	698	953	903	1249
法　　院	3187	811	919	1261	1276	939
教育支出	27597	26641	27634	39612	23461	34813
科学技术支出	209	65	150	151	105	226
文化体育与传媒支出	2410	1003	1651	1970	1415	2224
社会保障和就业支出	22889	25747	24155	29201	18766	27492
#财政对社会保险基金的补助	8618	8999	11471	13546	7215	12238
就业补助	2446	2287	3288	3013	2424	2978
抚　　恤	956	681	798	2413	972	2174
城市居民最低生活保障	2075	2438	2477	3662	3689	2735
农村最低生活保障	936	1313	2284	3370	2339	3337
医疗卫生与计划生育支出	15619	22349	14292	26165	16785	29533
节能环保支出	7147	2925	4137	3905	4113	4194
#污染防治	1154	264	10	1235	100	600
污染减排	901		10	540		
城乡社区支出	5221	14228	12255	5137	10638	7358
农林水支出	51792	39247	71850	60811	45595	72851
#农　　业	24775	27285	29805	32499	21991	30410
林　　业	1666	614	874	3981	841	824
水　　利	13130	765	18118	13164	3604	16512
交通运输支出	7687	4115	9939	7864	7345	15578
#公路水路运输	1728	3484	5760	5956	2637	3608
资源勘探电力信息等支出	9440	7198	5026	415	11564	100
商业服务业等支出	245	85	299	550	3384	325
金融监管等事务支出		2000	5			
国土资源气象等支出	746	1278	488	333	947	1178
住房保障支出	8724	4128	7690	12562	5030	12817
#保障性安居工程支出	6550	2074	5890	10860	4320	10311
#廉租住房	2713	196	2492	120	1220	508
棚户区改造	1388	387	1241	5696	487	3769
粮油物资管理支出	4730	5556	4838	12553	6245	7399
债务付息支出						
其他支出(类)	86	329	484			143
政府性基金预算支出	**32432**	**14624**	**17860**	**11203**	**19973**	**17510**

7-6 主要年份各项税收

单位:万元

项目	1990年	1995年	2000年	2005年	2010年	2013年	2014年
总计	**82495**	**134473**	**160684**	**238404**	**624927**	**1204050**	**1420611**
税收收入合计	64120	128209	157433	238404	614451	873898	975899
增值税	18994	83860	80577	117147	233115	237011	250543
营业税	24289	20263	30082	49834	122306	190737	203975
消费税		6692	8694	9291	15553	20254	19821
个人所得税	452	1655	10960	26248	37789	48824	53549
土地增值税			32	356	8116	47294	56423
外商投资企业和外国企业所得税			402	664			
城市维护建设税	3295	6212	6735	10630	19872	27065	29555
车船税		367	409	616	7781	12470	13921
房产和城市房地产税		3161	5635	8511	15687	19304	22390
屠宰税		191	280				
资源税			120	112	506	1408	2142
城镇土地使用税		2233	2756	2585	23966	40736	42785
印花税	387	583	732	1160	5392	8259	10639
固定资产投资方向调节税	1252	840	557				
工商税收税款滞纳金、罚款收入	329	2033					
企业所得税	9734	5506	9462	11249	89484	132179	174508
车辆购置税					33969	42073	43149
储蓄利息所得个人所得税					915		
教育费附加		2164	3251		10476	12902	14430
国家能源交通重点建设基金		226					
国家预算调节基金		256					

7-7 各项税收

（2014年） 单位:万元

项目	合计	国家税务局	#讷河市税务局	地方税务局	#讷河市税务局
总计	**1420611**	**321907**	**18640**	**1098704**	**90508**
税收收入合计	975899	387126	18599	588773	41275
增值税	250543	250543	12383		
消费税	19821	19821	80		
营业税	203975			203975	17358
企业所得税	174508	73608	3874	100900	7874
个人所得税	53549	5		53544	3207
资源税	2142			2142	18
固定资产投资方向调节税					
城市维护建设税	29555			29555	1861
房产税	22390			22390	605
印花税	10639			10639	416
城镇土地使用税	42785			42785	1660
土地增值税	56423			56423	4232
车船税	13921			13921	629
车辆购置税	43149	43149	2262		
烟叶税					
耕地占用税	4929			4929	114
契税	47570			47570	3301
其他税收					
出口退税	-65650	-65650			
非税收合计	510362	431	41	509931	49233
#教育费附加	14430			14430	862

7-8 主要年份财政预算外收入、支出

单位:万元

项 目	1995年	2000年	2004年	2005年	2006年	2007年
收 入 总 计	**40530**	**47029**	**48153**	**49336**	**49950**	**53530**
事业行政单位收入	37036	38506	48153	49336	49950	53530
行政事业性收费	31141	36654	46689	49151	49731	53199
基金和附加收入		1243	631			
主管部门集中收入		159	128		21	
其他收入	3229	450	705	181	198	331
乡镇自筹、统筹收入		8523				
乡镇自筹资金						
乡镇统筹资金		8523				
支 出 合 计	**34987**	**46114**	**57018**	**49375**	**47347**	**51209**
固定资产投资支出	1417					
奖励、福利支出	1034					
城市维护支出	4309	2318	2627			
事业行政支出	22952	32730	40769	41286	45691	51091
上缴国家能源交通基金	50					
上缴国家预算调节基金	50					
基本建设支出		1660				
挖潜改造资金		8549				
乡镇统筹支出						
社会保障基金支出						
政府调剂资金支出			3079	4780	492	
其他支出	5175	857	643	3309	1164	118

7-8 续

单位:万元

项　　　目	2008年	2009年	2010年	2011年
收 入 合 计	**61023**	**53826**	**14418**	**1755**
行政事业性收费	50131	46875	13747	1755
国有资源(资产)有偿使用	362	249	1	
彩票资金	484			
其他收入	10046	6702	670	
支 出 合 计	**63491**	**48299**	**30336**	**1869**
一般公共服务	7970	2669	226	28
外　　交				
国　　防		25		
公共安全	501	881	47	
教　　育	21307	20776	7574	1835
科学技术	7	24	6	
文化教育与传媒	3682	2824	523	
社会保障与就业	3504	2347	717	6
医疗卫生	2086	2015	237	
环境保护	69	60		
城乡社区事务	8597	5784	1960	
农林水事务	2562	984	86	
交通运输	7314	6278	169	
采掘电力信息等事务				
粮油物资储备等管理事务	38	6	5	
金融监管				
地震灾后恢复重建				
其他支出	5854	3626	18786	

7-9 主要年份金融机构可比口径人民币存、贷款余额

单位:万元

项　　目	1995年	2000年	2005年	2008年	2009年	2010年
各项存款	**1247643**	**2509525**	**4161576**	**6352995**	**7672016**	**8769658**
企业存款	215630	485162	633514	1042080	1488145	1672617
活期存款	183055	403280	517288	942523	1345058	1553375
定期存款	32575	81882	116227	99557	143087	119242
财政存款	13661	15969	30287	59548	96563	91098
机关团体存款	19767	34872	126222	162648	258345	620555
城乡储蓄存款	982506	1914311	3235154	4626711	5308983	6010100
城镇储蓄存款	839479	1651178	2773351			2467047
农户储蓄存款	143027	263133	461803			3543053
农业存款	3035	15983	48431	69085	140964	90144
信托存款	10149	1155				
委托存款				70790	21868	65762
其他存款	2895	42073	87969	322133	357148	219382
各项贷款	**1868419**	**2731558**	**3333250**	**3401637**	**4754310**	**5404009**
短期贷款	1591374	2136629	1923743	2128127	2828843	3176030
工业贷款	589852	655078	381820	541474	713312	
商业贷款	760582	1077357	852640	856366	955536	
建筑业贷款	18741	16556	10691	10750	7360	
农业贷款	60216	113136	325545	391100	607641	
乡镇企业贷款	51260	43776	34888			
三资企业贷款		26208	15308			
私营企业及个体贷款		13100	22256	20107	145905	
其他短期贷款		191418	280596	308330	399089	
其中:个人消费贷款			9160	3049	6951	
中期流动资金贷款		116641				
中长期贷款	228737	398826	1128684	1059838	1592057	2084189
基本建设贷款		85057	255580	300930	284232	620512
技术改造贷款		194534	43683	45000	151500	
其他中长期贷款		119235	829421	713908	1156325	
其中:个人消费贷款			446617		454559	
信托贷款	14775					
票据融资				213672	333411	143790
其他贷款	33533	79462	280823			
各项垫款						

注:2011年起各项指标为本外币存、贷款余额。

7-9续

单位:万元

项　　　目	2011年	2012年	2013年	2014年
各项存款	**9814619**	**11580531**	**12933048**	**14347447**
1.单位存款	2782520	3423860	3709520	3977949
其中:活期存款	2355353	2676190	2691103	2710652
定期存款	258851	316819	391894	528117
通知存款	2421	2399	707	11718
保证金存款	84341	111053	146066	208980
2.个人存款	6848154	7815817	8790269	9761616
储蓄存款	6844445	7805521	8653208	9634645
保证金存款	350	493	695	1567
结构性存款	3359	9802	136366	125405
3.财政性存款	131548	279598	394775	580019
4.临时性存款	36956	12892	11616	4796
5.委托存款	14067	2081	15	9
6.其他存款	1373	46283	26855	23058
各项贷款	**6372248**	**7606600**	**9081756**	**11642889**
(一)境内贷款	6372199	7606553	9081712	11642847
1.短期贷款	3724739	4542788	5228362	6876932
(1)个人贷款及透支	1157948	1353142	1515553	1622786
其中:个人消费贷款	12299	18884	38976	35363
(2)单位普通贷款及透支	2463852	3029172	3370512	5078386
其中:经营贷款	2451695	3029172	3366205	5063571
固定资产贷款	2500		1150	
(3)普通并购贷款				
(4)银团贷款	12000		25000	15000
(5)贸易融资	90938	160474	317297	160760
(6)境外筹资转贷款				
2.中长期贷款	2539933	2883914	3753082	4541910
(1)个人贷款	1495006	1760356	2317889	2692677
其中:个人消费贷款	952101	1139284	1552724	1837260
(2)单位普通贷款	983567	1075288	1399042	1808595
其中:经营贷款	45280	68221	259787	487834
固定资产贷款	938287	1007067	1139254	1320761
(3)普通并购贷款				12200
(4)银团贷款	57000	44000	32000	25000
(5)贸易融资				
(6)境外筹资转贷款	4361	4270	4151	3438
3.融资租赁				
4.票据融资	107527	179851	100118	223763
其中:贴现	107527	179851	100118	223763
5.各项垫款			150	242
(二)境外贷款	49	47	44	42

7-10 金融机构分行业贷款

(2014年) 单位:万元

分 类	本外币		人民币		外汇	
	余 额	比年初	余 额	比年初	余 额	比年初
各项贷款	**11642889**	**2561133**	**11638275**	**2562159**	**754**	**-171**
贷 款	**11419126**	**2437488**	**11414512**	**2438514**	**754**	**-171**
一、分行业贷款	7103621	1955469	7099074	1956467	743	-166
农、林、牧、渔业	270013	121133	270013	121133		
采 矿 业		-200		-200		
制 造 业	1771909	394887	1770799	395172	181	-47
电力、燃气及水的生产和供应业	419743	77613	418422	77883	216	-45
建 筑 业	52864	-27788	52864	-27788		
交通运输、仓储和邮政业	77280	41045	77280	41045		
信息传输、计算机服务和软件业	275	-10	275	-10		
批发和零售业	3688039	1265749	3688039	1265749		
住宿和餐饮业	5737	-7944	5737	-7944		
金 融 业						
房地产业	195574	74490	195574	74490		
租赁和商务服务业	153396	-35336	153396	-35336		
科学研究、技术服务和地质勘查业	700	694	700	694		
水利、环境和公共设施管理业	10000	2400	10000	2400		
居民服务和其他服务业	10563	-33	10563	-33		
教 育	8064	-2454	8064	-2454		
卫生、社会保障和社会福利业	177120	89183	177120	89183		
文化、体育和娱乐业	1001	-65	1001	-65		
公共管理和社会组织	261344	-37895	259228	-37451	346	-74
国际组织						
二、对境外贷款	42	-3	42	-3		
三、个人贷款	4315463	482021	4315397	482049	11	-5
其中:个人消费贷款	1872623	280923	1872557	280950	11	-5
票据融资	**223763**	**123645**	**223763**	**123645**		

7-11 主要年份商业银行人民币存、贷款余额

单位:万元

项 目	1995年	2000年	2005年	2008年	2009年	2010年
各项存款	**1056087**	**2211501**	**3035750**	**4429006**	**5444844**	**6042009**
企业存款	193004	478427	537251	951538	1378797	1428138
活期存款	161063	402852	457428	868123	1244054	1321443
定期存款	31941	75575	79824	83415	134743	106695
财政存款	13661	12513				
机关团体存款	19767	32884	120408	139649	203648	558465
储蓄存款	821519	1633340	2268199	3026069	3513037	3844017
农业存款	3035	2411	3040	864	7455	4796
信托存款	2206					
其他存款	2895	51926	106852	310886	341907	206594
各项贷款	**1723822**	**2562846**	**2224748**	**1862885**	**2681144**	**2760733**
短期贷款	1478740	1984770	989108	786337	1110757	1103863
工业贷款	575338	655070	380995	541474	713312	
商业贷款	760582	1077261	294354	30913	39917	
建筑业贷款	18741	16556	10691	10750	7360	
农业贷款	50963	68078	81111	2154	10709	
乡镇企业贷款	24865	16280	12771			
三资企业贷款		26208	15308			
私营企业及个体贷款		12623	18311	13626	135458	
其他短期贷款		112694	175567	187420	204001	
中期流动资金贷款		116455				
中长期贷款	224272	398780	954817	862877	1236975	1513779
基本建设贷款		85057	255580	300930	284232	401412
技术改造贷款		194534	43683	45000	151500	
其他中长期贷款		119189	655554	516947	801244	
信托贷款	6538					
票据融资				213671	333411	143091
其他贷款	14272	62841	280823			
各项垫款						

注:2007年以前为银行存、贷款余额;2011年起各项指标为本外币存、贷款余额。

7-11续

单位:万元

项　　目	2011年	2012年	2013年	2014年
一、各项存款	**6630337**	**7645401**	**8248042**	**8698646**
1.单位存款	2315504	2771650	2889666	2981483
其中:活期存款	1918676	2075837	2080548	1979689
定期存款	241275	286273	280406	447649
通知存款	2421	2399	707	987
保证金存款	71577	89741	100441	114371
2.个人存款	4276504	4814645	5320237	5690891
储蓄存款	4272856	4804350	5187188	5587274
保证金存款	288	493	695	949
结构性存款	3359	9802	132354	102668
3.临时性存款	36956	12822	11284	4215
4.其他存款	1373	46283	26855	22058
二、各项贷款	**3251189**	**3533983**	**4215423**	**5092703**
(一)境内贷款	3251140	3533936	4215379	5092661
1.短期贷款	1381336	1403194	1458025	1758669
(1)个人贷款及透支	199268	218147	234352	249519
其中:个人消费贷款	11509	17911	35926	32497
(2)单位普通贷款及透支	1079130	1024573	917154	1355123
其中:经营贷款	1066973	1024573	912847	1340308
固定资产贷款	2500		1150	
(3)普通并购贷款				
(4)银团贷款	12000		25000	15000
(5)贸易融资	90938	160474	281519	139027
(6)境外筹资转贷款				
2.中长期贷款	1762699	1976074	2688777	3234941
(1)个人贷款	1104260	1314828	1709242	1906485
其中:个人消费贷款	901986	1084390	1437323	1620292
(2)单位普通贷款	597079	612976	943384	1287818
其中:经营贷款	21808	54865	196646	462243
固定资产贷款	575271	558111	746737	825574
(3)普通并购贷款				12200
(4)银团贷款	57000	44000	32000	25000
(5)贸易融资				
(6)境外筹资转贷款	4361	4270	4151	3438
3.融资租赁				
4.票据融资	107105	154668	68427	98809
其中:贴现	107105	154668	68427	98809
5.各项垫款			150	242
(二)境外贷款	49	47	44	42

7-12　银行与其他金融机构本外币存贷款

（2014年）　　　　单位:万元

项　　目	农发银行	工商银行	农业银行	中国银行	建设银行	交通银行
一、各项存款	**203457**	**1940706**	**1439324**	**1200407**	**1334852**	**956584**
1.单位存款	203457	419778	349936	492076	493270	383382
其中:活期存款	191617	293958	248942	213321	336341	233173
定期存款	1400	106603	18844	18585	112353	46823
通知存款					987	
保证金存款	10440	12109	4585	20914	10396	21721
2.个人存款		1497070	1089330	708331	841488	571602
储蓄存款		1457656	1089209	708313	841485	507541
保证金存款		643	120	18	4	164
结构性存款		38772				63897
3.临时性存款		1836	31		85	1600
4.其他存款		22022	27		9	
二、各项贷款	**3658048**	**1385873**	**505879**	**1123310**	**763023**	**503508**
(一)境内贷款	3658048	1385873	505879	1123268	763023	503508
1.短期贷款	3398012	297257	218583	494173	248211	175718
(1)个人贷款及透支		7308	98917	35601	2021	7445
其中:个人消费贷款		630	13870	12653	53	412
(2)单位普通贷款及透支	3398012	235082	104667	382890	246191	167796
其中:经营贷款	3398012	232919	95174	379731	246191	167796
固定资产贷款						
(3)普通并购贷款						
(4)银团贷款			15000			
(5)贸易融资		54867		75682		477
(6)境外筹资转贷款						
2.中长期贷款	260036	1019355	279379	623554	498629	327790
(1)个人贷款		712692	176727	188558	254296	220875
其中:个人消费贷款		657172	147916	182117	233566	193694
(2)单位普通贷款	260036	294463	102651	407880	243011	106916
其中:经营贷款		36330	71009	291200	5000	
固定资产贷款	260036	258133	31642	116680	238011	106916
(3)普通并购贷款		12200				
(4)银团贷款				25000		
(5)贸易融资						
(6)境外筹资转贷款				2116	1322	
3.融资租赁						
4.票据融资		69261	7917	5540	16091	
其中:贴现		69261	7917	5540	16091	
5.各项垫款					92	
(二)境外贷款				42		

7-12 续　　(2014年)　　单位:万元

项　　目	广发银行	上海浦东银　　行	哈 尔 滨银　　行	龙江银行	邮政银行	村镇银行	农 信 社
一、各项存款	**85083**	**241013**	**118059**	**1826773**	**1900806**	**64202**	**2456154**
1.单位存款	51815	234483	70812	843041	71342	24829	339728
其中:活期存款	38981	46374	67044	653953	71100	19482	296365
定期存款	10925	24114	3185	144442		1000	39844
通知存款		10230	500				
保证金存款	1909	74069	83	44646	243	4348	3519
2.个人存款	32925	5298	47246	983070	1829463	39367	2116426
储蓄存款	20009	5298	37426	983070	1829463	39367	2115808
保证金存款							618
结构性存款	12916		9821				
3.临时性存款	343	232		662		6	
4.其他存款		1000					
二、各项贷款	**66680**	**261137**	**114226**	**811110**	**266527**	**67496**	**2116072**
(一)境内贷款	66680	261137	114226	811110	266527	67496	2116072
1.短期贷款	7076	106963	24568	324726	93067	46491	1442086
(1)个人贷款及透支	2404	2164	2302	98228	86887	22083	1257427
其中:个人消费贷款		891	120	4879	123	119	1613
(2)单位普通贷款及透支	4672	83056	22266	218498	6180	24408	184659
其中:经营贷款	4672	83056	22266	218498	6180	24408	184659
固定资产贷款							
(3)普通并购贷款							
(4)银团贷款							
(5)贸易融资		21733		8000			
(6)境外筹资转贷款							
2.中长期贷款	59604	144034	89658	486234	88652	21006	643980
(1)个人贷款	4604	38734	2407	353337	88652	20658	631137
其中:个人消费贷款	343	27264	246	205827	38955	2900	147260
(2)单位普通贷款	55000	105300	87251	132897		348	12843
其中:经营贷款		12400		58704		348	12843
固定资产贷款	55000	92900	87251	74193			
(3)普通并购贷款							
(4)银团贷款							
(5)贸易融资							
(6)境外筹资转贷款							
3.融资租赁							
4.票据融资		10140			84808		30006
其中:贴现		10140			84808		30006
5.各项垫款				150			
(二)境外贷款							

7-13 主要年份金融机构现金收入和支出

单位:万元

项目	1995年	2000年	2005年	2008年	2009年	2010年
现金收入	**4258494**	**8752464**	**17090478**	**20427890**	**23240077**	**27331351**
商品销售收入	781275	906798	1379706	1252669	1288802	1137666
服务事业收入	177293	423182	755461	754835	769274	1044781
税款收入	20835	45225	48026	110893	127279	149328
农村信用社收入	326038					
乡镇企事业收入	19145					
城乡个体经营收入	26853	91667	119461	102077	94335	96525
储蓄存款收入	2127590	5273779	11799178	15499079	17818706	21877983
其他金融机构收入	49738	8771	7530	25852	13391	3042
居民归还贷款收入		66676	525137	688902	808284	1013015
汇兑收入	147879	416576	496297	91202	153750	206828
其他收入	555048	1379158	1947713	1896784	2156518	1796693
有价证券收入	26800	140632	11969	5597	9738	5490
现金支出	**4544912**	**8921249**	**17228125**	**20514321**	**23309765**	**27664650**
工资性支出	517530	663294	933176	778646	759885	639475
产品采购支出	699038	608392	648628	1086167	1149043	906472
农副产品采购支出	651457	608392	648628	1086167	1149043	906472
工矿产品收购支出	47582	235015	227495	171762	161250	116507
行政企业管理费支出	190195	373098	496062	470993	522190	529181
农村信用社支出	338960					
乡镇企事业支出	21052					
城乡个体经营支出	35641	133162	191847	134700	145299	240660
储蓄存款支出	1982450	5202583	11715811	15251933	17630520	22823315
其它金融机构支出	65454	5720	31079	21445	16254	5194
居民提取贷款支出		61591	588006	717180	960374	729581
汇兑支出	77325	224436	499390	47230	40428	24694
其它支出	603422	1349941	1866676	1820105	1908972	1642687
有价证券支出	13844	64017	29955	14160	15550	6881

7-14　主要年份农村信用社存、贷款余额

单位:万元

项　　目	1995年	2000年	2005年	2008年	2009年	2010年
各项存款	**155308**	**283362**	**541943**	**880375**	**1041402**	**1197091**
企业存款	13226	6307	27520	13732	8344	52627
活期存款	12654					40980
定期存款	572	6307	27520	13732	8344	11647
财政存款						
机关团体存款			5814	22271	33720	29789
储蓄存款	143027	263133	461803	776138	865831	1041625
活期存款			137036	264787	317626	481805
定期存款			324767	511351	548205	559820
农业存款		13572	45391	68221	133504	73050
信托存款	-945			13		
其他存款		5350	1415		3	
各项贷款	**114631**	**150516**	**449644**	**647525**	**913699**	**1086732**
短期贷款	95735	150470	302883	485716	683730	793840
工业贷款						
农业贷款	9253	45058	216462	375353	515324	
乡镇企业贷款	26395	27496				
其他短期贷款	60087	77916	86421	110363	168406	
中长期贷款	4322	46	146761	161809	229969	292892
其他中长期贷款	4322	46	146761	161809	229969	
信托贷款						
其他贷款	14574					

注:2011年起各项指标为本外币存、贷款余额。

7-14续

单位:万元

项　　　目	2011年	2012年	2013年	2014年
一、各项存款	**1459408**	**1733334**	**2023031**	**2456154**
1.单位存款	218572	279518	307357	339728
其中:活期存款	202758	250990	276261	296365
定期存款	15368	28156	30124	39844
保证金存款	446	372	972	3519
2.个人存款	1240836	1453816	1715674	2116426
#储蓄存款	1240836	1453816	1715674	2115808
3.临时性存款				
4.其他存款				
一、各项贷款	**1179174**	**1390874**	**1696097**	**2116072**
(一)境内贷款	1179174	1390874	1696097	2116072
1.短期贷款	848603	1002046	1200887	1442086
(1)个人贷款及透支	781378	915213	1111322	1257427
其中:个人消费贷款	600	675	1542	1613
(2)单位普通贷款及透支	67225	86833	89565	184659
其中:经营贷款	67225	86833	89565	184659
2.中长期贷款	330571	364197	495210	643980
(1)个人贷款	307663	351380	484822	631137
其中:个人消费贷款	7405	12738	63939	147260
(2)单位普通贷款	22908	12817	10388	12843
其中:经营贷款	22908	12817	10388	12843
3.融资租赁				
4.票据融资		24631		30006
其中:贴现		24631		30006
5.各项垫款				
(二)境外贷款				

7-15 各县(市)金融机构本外币存贷款

（2014年） 单位:万元

项 目	全 市	市 区	市辖县(市)	讷河市	龙江县	依安县
一、各项存款	**14347447**	**8743694**	**5603753**	**1002359**	**636229**	**586896**
1.单位存款	3977949	2843103	1134846	171036	115278	119555
2.个人存款	9761616	5716680	4044936	734856	474642	445970
3.财政性存款	580019	156200	423818	96453	46207	21372
4.临时性存款	4796	4646	150	14	100	
5.委托存款	9	9				
6.其他存款	23058	23056	2		2	
二、各项贷款	**11642889**	**6925209**	**4717680**	**1039991**	**675445**	**948583**
(一)境内贷款	11642847	6925163	4717680	1039991	675445	948583
1.短期贷款	6876932	3489257	3387676	835392	491467	807259
(1)个人贷款及透支	1622786	603208	1019579	164291	110383	134907
(2)单位普通贷款及透支	5078386	2726690	2351696	671101	366084	672352
(3)普通并购贷款						
(4)银团贷款	15000		15000		15000	
(5)贸易融资	160760	159359	1401			
(6)境外筹资转贷款						
2.中长期贷款	4541910	3247853	1294057	204599	183978	105377
(1)个人贷款	2692677	1473541	1219136	176599	161236	103511
(2)单位普通贷款	1808595	1733674	74921	28000	22742	1866
(3)普通并购贷款	12200	12200				
(4)银团贷款	25000	25000				
(5)贸易融资						
(6)境外筹资转贷款	3438	3438				
3.融资租赁						
4.票据融资	223763	187816	35947			35947
5.各项垫款	242	242				
(二)境外贷款	42	42				

7-15 续　　　　(2014年)　　　　单位:万元

项　　目	泰来县	甘南县	富裕县	克山县	克东县	拜泉县
一、各项存款	**498573**	**712890**	**584046**	**708675**	**399458**	**474627**
1.单位存款	145325	157682	179555	102341	97908	46167
2.个人存款	304202	474511	398598	518470	279716	413971
3.财政性存款	49046	80696	5886	87858	21812	14488
4.临时性存款			7	6	22	1
5.委托存款						
6.其他存款			1			
二、各项贷款	**271889**	**495781**	**301315**	**398616**	**236530**	**349529**
(一)境内贷款	271889	495781	301315	398616	236530	349529
1.短期贷款	125213	333734	136271	309970	145966	202403
(1)个人贷款及透支	70509	105364	87127	125157	69202	152639
(2)单位普通贷款及透支	54704	228370	49145	184407	76764	48770
(3)普通并购贷款						
(4)银团贷款						
(5)贸易融资				406		995
(6)境外筹资转贷款						
2.中长期贷款	146676	162048	165044	88646	90563	147126
(1)个人贷款	144013	160336	159645	87613	84663	141519
(2)单位普通贷款	2663	1711	5399	1033	5900	5607
(3)普通并购贷款						
(4)银团贷款						
(5)贸易融资						
(6)境外筹资转贷款						
3.融资租赁						
4.票据融资						
5.各项垫款						
(二)境外贷款						

7-16 财产保险业务经济指标

（2014年） 单位:万元

项目	保险金额	保费收入	已决赔款	未决赔款	赔付率(%)
总 计	**9024497**	**35139**	**24863**	**7026**	**70.76**
财产险	2624186	1920	785	1769	40.87
企财险	2101730	1342	385	691	28.68
家财险	503328	541	212	41	39.12
工程险	19128	37	188	1037	505.60
责任险	2600576	1491	737	309	49.52
保证险	5610	7			
其它险					
机动车辆险	2135610	21997	14720	4773	66.92
船舶险					
货物运输险	411460	259	133	116	51.30
航空航天险					
能源险					
出口信用险					
农业险	97376	8206	7732	13	94.23
人生意外伤害险	1149679	1259	756	46	60.03

主要统计指标解释

财政预算收入 包括中央财政和地方财政两部分。是指按国家预算科目规定,包括(1)工商税收类:指增值税、营业税、消费税、专项调节税、个人所得税、证券交易税、遗产税、土地增值税、外商投资企业和外国企业所得税、城市维护建设税、车船税、房产税、屠宰税、资源税、土地使用税、印花税、固定资产投资方向调节税、工商税收及税款滞纳金、罚款收入等;(2)关税类:指海关征收和关税;(3)农牧业税和耕地占用税类;(4)企业所得税类;(5)国有企业上缴利润类;(6)国有企业计划亏损补贴类;(7)国家能源交通重点建设基金收入类;(8)债务收入类;(9)专项收人类;(10)基本建设贷款归还类;(11)其他收人类;(12)国家预算调节基金类;(13)国有企业承包收入退库类;(14)预算凋拨收人类;(15)社会保险基金收人类等。

地方财政收入 现行财政体制规定按税种划分,属地方收入范围内的,缴人地方金库。

财政支出 (1)基本建设拨款,是指国家预算内的基本建设拨款,不包括国家预算外自筹的各种基本建设资金。为加强基本建设投资规模的控制,提高资金使用效益,国家从一九八五年起,对预算内基本建设拨款实行拨款改贷款的新的管理办法。即由原来直接无偿的拨给建设单位,改为拨给建设银行视同信贷基金管理,建设银行根据国家预算安排的基建项目,给予有偿贷款,用投产后新增利润还本付息。因改革之中情况不一,目前仍有一些基建项目未实行拨改贷办法。(2)增拨企业流动资金,是指国家预算增拨各部门所属国有企业的流动资金和增拨银行的信贷资金。(3)文教科学卫生事业费,包括科学、文化、教育、卫生、公费医疗、体育、通讯和广播、地震、海洋、文物、计划生育等方面的事业费。

地方财政支出 通过地方财政金库拨补的各项开支,包括地方财政收入中安排的各项支出和中央的专项拨款。

存款 企业、机关、团体或居民根据可以收回的原则,把货币资金存人银行或其他信用机构保管并取得一定利息的一种信用活动形式。

根据存款对象的不同可划分:企业存款、财政存款、机关团体存款、对外贸易存款,城镇居民储蓄存款、农村存款等科目。

贷款 银行或其他信用机构根据必须归还的原则,按一定利率,为企业、个人等提供资金的一种信用活动形式。我国银行贷款,分流动资金贷款,中短期设备贷款以及农产贷款等科目。

承保额 又叫保险金额。它是保险人对被保险人负担损失补偿或约定给付的金额。它是保险合同上的最高责任额,也是计算保费的依据。

可保财产额 社会总财产额(包括固定资产和流动资产),剔除按保险公司财产保险条款规定不在保险范围内的财产额(如土地、货币等)和有自保能力不向保险公司投保单位的财产额,所余财产额。

保费 被保险人按其得到保险利益的保障程度(保险金额)的一定比率向保险人缴付的费用。

赔款 保险人对财产保险的保险事故给予的经济补偿或对人身保险的保险事故给付的保险金。分为已决赔款和未决赔款。

城乡居民储蓄年末余额 包括城镇居民储蓄和农民个人储蓄两部分的年末余额。不包括工矿企业、部队、机关团体等集团存款。储蓄存款余额,是指城乡居民存人银行及农村信用社储蓄的时点数(存人数扣除取出数的余额,)如月末、季末或年末数额。

八、物价指数

PRICE INDICES

简要说明

一、本篇资料反映齐齐哈尔市生产、流通、消费等环节的价格变动趋势和变动幅度。主要包括居民消费价格指数，商品零售价格指数。

二、 价格指数统计由国家统计局齐齐哈尔调查队负责市区的价格指数统计。

8-1 1979-2014年各种物价总指数

年 份	1978年=100			上年=100		
	居民消费价格指数	商品零售价格指数	服务项目价格指数	居民消费价格指数	商品零售价格指数	服务项目价格指数
1979	104.5	105.0	100.0	104.5	105.0	100.0
1980	113.6	114.2	108.2	108.7	108.8	108.2
1981	117.2	118.0	109.9	103.2	103.3	101.6
1982	119.4	120.5	109.9	101.9	102.1	100.0
1983	122.5	122.9	122.1	102.6	102.0	111.1
1984	128.1	128.2	131.3	104.6	104.3	107.5
1985	143.5	144.4	138.7	112.0	112.6	105.6
1986	152.3	153.2	147.7	106.1	106.1	106.5
1987	166.0	167.6	152.6	109.0	109.4	103.3
1988	200.9	203.6	176.1	121.0	121.5	115.4
1989	233.8	236.4	211.7	116.4	116.1	120.2
1990	244.9	247.7	220.0	104.7	104.8	104.0
1991	265.9	268.0	248.4	108.6	108.2	112.9
1992	293.0	292.1	298.3	110.2	109.2	120.1
1993	345.2	338.3	399.1	117.8	115.8	133.8
1994	413.2	406.6	447.7	119.7	120.2	109.6
1995	477.7	463.1	479.4	115.6	113.9	109.6
1996	505.4	486.7	608.8	105.8	105.1	127.0
1997	528.6	496.4	761.0	104.6	102.0	125.0
1998	539.2	491.4	915.5	102.0	99.0	120.3
1999	527.3	473.7	1040.0	97.8	96.4	113.6
2000	515.2	452.9	1167.9	97.7	95.6	112.3
2001	510.6	444.7	1193.6	99.1	98.2	102.2
2002	505.5	437.6	1241.4	99.2	98.4	102.3
2003	514.1	440.2	1252.6	101.7	100.6	100.9
2004	532.6	449.9	1268.9	103.6	102.2	101.3
2005	541.1	456.2	1289.2	101.6	101.4	101.6
2006	549.8	463.0	1296.9	101.6	101.5	100.6
2007	576.2	480.1	1302.1	104.8	103.7	100.4
2008	603.9	506.5	1243.5	104.8	105.5	95.5
2009	632.9	497.4	1258.4	100.3	98.2	101.2
2010	653.2	514.3	1306.2	103.2	103.4	103.8
2011	690.4	539.5	1353.2	105.7	104.9	103.6
2012	707.0	553.0	1366.7	102.4	102.5	101.0
2013	721.8	565.7	1394.0	102.1	102.3	102.0
2014	731.2	568.5	1414.9	101.3	100.5	101.5

注：本表为市区数。

8-2　主要年份商品零售价格分类指数

（上年=100）

类　　别	2013年	2014年	类　　别	2013年	2014年
商品零售价格总指数	**102.3**	**100.5**	五、家用电器及音像器材	93.9	92.7
一、食 品 类	104.7	102.1	家庭设备	97.7	93.5
粮　　食	105.9	104.3	文娱用耐用消费品	86.2	89.2
淀粉及薯类	103.5	103.5	音像器材类	102.1	100.0
干豆类及豆制品	105.8	100.0	六、文化办公用品	99.0	99.8
油　　脂	93.5	89.1	七、日用品	102.0	98.3
肉禽及其制品	110.0	99.7	日用百货	102.2	98.8
蛋	103.5	110.4	日用杂品	95.4	92.3
水 产 品	99.9	108.7	洗涤用品	106.1	99.6
菜	109.4	91.6	其他日用品	100.5	100.9
鲜　　菜	109.9	90.6	八、体育娱乐用品	124.1	99.3
干　　菜	99.1	107.8	体育用品	139.9	99.0
调 味 品	97.7	101.1	娱乐用品	100.0	100.0
糖	98.5	100.3	九、交通、通信用品	99.4	97.5
干鲜瓜果	98.7	119.6	交通运输机械	100.5	95.1
鲜　　果	98.3	122.4	通讯器材类	97.9	101.0
糕点饼干面包	102.1	104.5	十、家具	98.0	104.5
奶及奶制品	103.0	101.1	十一、化妆品类	101.4	99.6
在外用膳食品	103.7	99.1	十二、金银珠宝类	129.6	90.3
主　　食	127.9	104.0	十三、中西药品及医疗保健用品类	101.2	103.7
炒　　菜	92.1	95.3	医疗器具及用品	99.6	102.2
地方小吃	106.9	103.4	中药材及中成药	102.7	107.4
其他食品类	100.0	102.1	西药	100.2	101.6
二、饮料、烟酒	101.2	100.8	保健品及器具	103.1	102.4
茶及饮料	100.5	106.1	十四、书报杂志及电子出版物类	101.0	100.0
烟　　酒	101.4	99.5	教材及参考书	102.4	99.9
三、服装、鞋帽类	98.4	103.8	书报杂志	100.0	100.0
服　　装	98.8	103.5	电子音像制品	100.0	100.0
鞋 帽 袜	97.5	105.0	十五、燃料类	99.7	97.6
其　　它	100.0	97.4	煤炭及制品类	93.7	97.3
四、纺织品类	100.2	98.7	石油及制品类	102.2	97.7
衣着材料	108.2	100.0	十六、建筑材料及五金电料类	102.1	98.6
棉　　布	105.0	99.9	建筑装璜材料	99.7	97.9
床上用品	93.8	97.5	五金电料类	110.0	100.6

8-3 居民消费价格分类指数

（2014年，上年=100）

类　　别	2014年	类　　别	2014年
居民消费价格总指数	**101.3**	四、家庭设备用品及维修服务	99.2
非食品价格指数	101.1	耐用消费品	95.9
服务项目价格指数	101.5	室内装饰品	101.3
扣除鲜菜鲜果总指数	101.2	床上用品	100.0
消费品价格指数	101.2	家庭日用杂品	97.7
一、食　　品	101.7	家庭服务及加工维修服务	118.5
粮　　食	104.4	五、医疗保健和个人用品	102.4
淀粉及薯类	103.5	医疗保健	102.4
干豆类及豆制品	100.0	医疗器具及用品	102.2
油　　脂	88.9	中药材及中成药	106.2
肉禽及制品	99.4	西　　药	101.6
食用畜肉及副产品	97.8	保健器具及用品	102.9
禽	112.2	医疗保健服务	100.0
肉禽加工制品	100.0	个人用品及服务	102.4
蛋	110.3	化妆美容用品	99.4
水 产 品	107.1	清洁类化妆品	102.3
鱼	99.9	个人饰品	95.8
其它水产品	119.9	个人服务	105.7
菜	92.2	六、交通和通讯	100.7
调 味 品	101.1	交　　通	101.3
糖	100.9	交通工具	96.8
茶及饮料	103.5	车用燃料及零配件	98.1
茶　　叶	122.7	车辆使用及维修	100.0
饮　　料	99.0	市区公共交通	100.5
干鲜瓜果	118.2	城市间交通	108.0
糕点饼干面包	104.6	通　　信	100.2
奶及奶制品	101.9	通信工具	101.5
在外用膳食品	98.7	通信服务	100.0
其它食品及食品加工服务	102.1	七、娱乐教育文化用品及服务	101.2
二、烟酒及用品	99.4	文娱用耐用消费品及服务	95.6
烟　　草	100.0	教　　育	101.3
酒	98.7	文化娱乐类	100.5
		旅游及外出	106.7
三、衣　　着	103.5	八、居　　住	99.3
服　　装	103.6	建房及装修材料	98.9
衣着材料	100.0	租　　房	100.0
鞋 袜 帽	103.7	自有住房	99.6
衣着加工服务	100.0	水、电、燃料	99.0

注：本表为市区数。

8-4 各县(市)消费品价格分类指数

（2014年，上年=100）

类 别	市 区	讷河市	龙江县	依安县
居民消费价格总指数	**101.3**	**101.9**	**103.4**	**101.8**
一、食 品	101.7	101.4	105.2	103.3
1.粮 食	104.4	106.0	93.8	105.2
2.淀粉及薯类	103.5	113.6	103.4	108.6
3.干豆及豆制品	100.0	107.3	100.4	106.3
4.油 脂	88.9	86.4	111.3	87.9
5.肉禽及其制品	99.4	94.4	107.8	95.6
6.蛋	110.3	108.3	114.9	106.8
7.水 产 品	107.1	102.6	101.8	105.4
8.菜	92.2	89.6	121.8	91.6
9.调 味 品	101.1	100.4	102.0	102.1
10.糖	100.9	103.0	101.9	104.3
11.茶及饮料	103.5	107.0	100.0	106.5
12.干鲜瓜果	118.2	116.0	113.6	112.8
13.糕点饼干面包	104.6	104.4	87.1	103.8
14.奶及奶制品(液体钙与乳制品)	101.9	120.9	101.0	118.5
15.在外用膳制品	98.7	104.1	104.3	107.6
16.其他食品及加工	102.1	107.4	92.8	105.4
二、烟酒及用品	99.4	100.0	103.1	101.1
三、衣 着 类	103.5	105.3	100.9	103.0
1.服 装	103.6	104.0	100.1	104.3
2.衣着材料	100.0	105.8	100.0	106.8
3.鞋 帽 袜	103.7	105.4	103.0	107.5
四、家庭设备用品及服务	99.2	101.8	102.7	100.8
1.室内装饰品	101.3	100.0	111.2	100.3
2.床上用品	100.0	100.1	100.0	101.1
3.家庭日用杂品	97.7	100.4	100.0	102.7
五、医疗保健和个人用品	102.4	103.1	99.4	102.2
六、交通和通讯	100.7	101.1	100.1	100.7
七、娱乐教育文化用品服务	101.2	100.5	100.6	101.4
1.文娱耐用品及服务	95.6	102.6	99.8	103.6
2.教 育	101.3	100.0	100.0	102.1
3.文化娱乐用品	100.5	100.0	103.3	100.8
4.旅游及外出	106.7	100.0	100.0	100.7
八、居 住	99.3	101.6	102.8	101.9
1.租 房	100.0	108.1	107.5	100.7
2.自有住房	99.6	104.6	100.0	104.6
3.水.电.燃料	99.0	98.8	107.1	100.1

8－4续　（2014年，上年=100）

类　　别	泰来县	甘南县	富裕县	克东县	拜泉县
居民消费价格总指数	**101.50**	**103.80**	**101.40**	**105.10**	**102.30**
一、食品	101.60	110.90	102.60	106.40	99.00
1.粮食	101.00	103.70	105.30	118.70	98.70
2.淀粉及薯类	103.20	85.50	124.10	100.00	99.90
3.干豆及豆制品	100.00	104.40	105.20	100.00	101.40
4.油脂	100.60	132.50	92.60	99.60	94.70
5.肉禽及其制品	98.40	119.30	113.20	103.90	100.50
6.蛋	99.80	115.00	106.30	101.20	112.10
7.水产品	100.00	124.10	100.80	100.00	94.10
8.菜	101.40	111.10	79.70	86.00	85.20
9.调味品	100.00	95.21	115.40	100.00	100.00
10.糖	102.10	99.90	97.90	103.10	99.40
11.茶及饮料	100.60	107.80	100.00	100.80	100.00
12.干鲜瓜果	103.50	100.30	98.80	102.80	107.90
13.糕点饼干面包	102.10	92.60	104.90	102.00	105.70
14.奶及奶制品	95.20	112.80	126.60	104.10	104.20
15.在外用膳食品	100.70	115.50	102.00	109.80	100.40
16.其他食品及加工	100.30	98.70	100.00	102.80	102.70
二、烟酒及用品	99.60	110.10	100.80	123.60	100.00
三、衣着类	98.50	99.00	100.20	101.90	108.00
1.服装	98.20	102.10	100.00	101.40	108.10
2.衣着材料	98.30	87.60	100.00	100.00	100.50
3.鞋帽袜	99.10	86.40	100.80	103.90	108.50
四、家庭设备用品及服务	101.80	91.60	101.70	104.20	102.10
1.室内装饰品	102.40	86.70	100.00	156.00	100.00
2.床上用品	101.60	100.60	100.00	100.00	120.30
3.家庭日用杂品	101.60	96.70	109.20	103.10	99.80
五、医疗保健和个人用品	102.60	115.50	100.60	105.30	104.20
六、交通和通讯	100.40	101.60	99.90	101.50	104.20
七、娱乐教育文化用品服务	101.60	98.30	100.00	101.20	101.70
1.文娱耐用消费品服务	102.10	96.80	100.00	101.30	99.60
2.教育	101.80	91.00	100.00	100.10	100.00
3.文化娱乐用品	101.40	109.60	100.00	105.80	100.30
4.旅游外出	103.50	97.70	100.00		123.50
八、居住	102.70	98.70	99.80	101.90	104.30
1.租房	103.20	90.80	100.00	100.00	101.00
2.自有住房	102.50	93.00	100.00	100.00	106.90
3.水.电.燃料	100.70	102.50	99.70	100.00	100.00

主 要 统 计 指 标 解 释

商品零售价格 指数是反映城乡商品零售价格变动趋势的一种经济指数。零售物价的调整变动直接影响到城乡居民的生活支出和国家的财政收入,影响居民购买力和市场供需平衡,影响消费与积累的比例。因此,计算零售价格指数,可以从一个侧面对上述经济活动进行观察和分析。

居民消费价格 指数是反映一定时期内城乡居民所购买的生活消费品价格和服务项目价格变动趋势和程度的相对数,是对城市居民消费价格指数和农村居民消费价格指数进行综合汇总计算的结果。利用居民消费价格指数,可以观察和分析消费晶的零售价格和服务价格变动对城乡居民实际生活费支出的影响程度。

城市居民消费价格 指数是反映城市居民家庭所购买的生活消费品价格和服务项目价格变动趋势和程度的相对数。城市居民消费价格指数可以观察和分析消费品的零售价格和服务项目价格变动对职工货币工资的影响,作为研究职工生活和确定工资政策的依据。

九、人民生活

PEOPLE’S LIVELIHOOD

简要说明

一、本篇资料反映齐齐哈尔市人民生活状况，包括居民收支、消费、住房及主要消费品拥有量等。

二、本篇资料由国家统计局齐齐哈尔调查队统计。

9-1 城市居民人均收入情况

（2014年） 单位:元/人

项目	市区	讷河市	龙江县	依安县	泰来县	甘南县	拜泉县
一、可支配收入	21283.19	19097.54	13798.95	17383.00	14420.00	13982.00	14420.00
（一）工资性收入	12352.45	11236.79	5450.27	12012.00	7799.00	7900.72	7962.38
工资	11812.81	10957.22	5015.34	11981.00	7146.00	7737.07	7926.24
实物福利	34.70		16.72	31.00	39.80		
其他	504.93	279.57	418.21		613.20	163.65	36.14
（二）经营净收入	474.59	2390.54	1927.55	217.00	1967.00	2126.91	2502.80
第一产业经营净收入	91.81	-21.10	122.08			461.04	1338.25
第二产业经营净收入	371.28						
第三产业经营净收入	11.50	2411.64	1805.47	217.00	1967.00	1665.87	1164.55
（三）财产净收入	1631.94	1089.67	747.50	58.20	195.00	743.98	652.80
利息净收入	-4.08	2.24	20.79				149.47
红利收入	26.45						
储蓄性保险净收益	1.46			1.20			
转让承包土地经营权租金净收入	154.82	145.19	184.12	45.00		79.43	
出租房屋财产性收入	376.82	132.74	8.90	12.00	195.00	21.65	11.36
出租机械、专利、版权等资产的收入							
其他财产净收入	-37.18		2.74				159.09
房屋虚拟租金	1113.65	809.50	530.95			642.90	332.88
（四）转移净收入	6824.22	4380.54	5673.64	5095.80	4459.00	3210.39	3302.02
1、转移性收入	8132.52	4781.54	5884.38	5983.61	4512.00	3565.67	3457.48
养老金或离退休金	7417.25	4038.46	4749.14	5695.86	4306.00	3312.06	1973.58
社会救济和补助	105.72	373.54	139.78		49.00	172.04	795.48
政策性生活补贴	0.43	0.01	35.29	0.21			121.97
报销医疗费	35.25	72.44					27.05
家庭外出从业人员寄回带回收入			785.29			34.64	
赡养收入	467.82	289.58	164.81	287.54		46.93	47.73
其他经常转移收入	13.80		8.46				395.45
从政府和组织得到的实物产品和服务折价	40.50		0.59				
现金政策性惠农补贴	51.75	7.51	1.02		157.00		96.23
2、转移性支出	1308.30	401.00	210.74	887.81	53.00	355.28	155.45
个人所得税	17.40	11.68	3.40	8.81			
社会保障支出	839.80	383.73	206.46	569.00	53.00	315.59	38.18
外来从业人员寄给家人的支出							
赡养支出	381.27			310.00		39.69	18.94
其他转移性支出	69.82	5.59	0.88				98.33

9-2 城市居民人均支出情况

（2014年） 单位:元/人

项目	市区	讷河市	龙江县	依安县	泰来县	甘南县	拜泉县
二、人均总支出	22106.07	12009.50	11924.81	15885.00	13389.00	11611.29	10972.76
（一）消费支出	17381.08	9011.75	9188.09	14580.44	11311.00	10113.31	9851.59
食品烟酒	4999.42	3113.36	2959.25	4354.67	3541.00	3483.19	2663.24
衣着	1982.88	953.93	821.39	1306.22	957.00	1171.46	774.59
居住	3619.89	2500.15	2067.36	3452.00	1401.00	958.44	1461.41
生活用品及服务	1017.29	355.00	375.47	892.00	681.00	630.32	467.82
交通通信	1758.65	677.79	1054.30	1698.00	1056.00	1069.42	607.78
教育文化娱乐	1520.47	719.96	763.04	923.55	1628.00	779.08	3051.82
医疗保健	1729.88	613.90	1020.23	1437.00	1537.00	1205.19	568.29
其他用品和服务	752.60	77.66	127.04	517.00	510.00	816.21	256.64
（二）生产经营费用支出	908.85	1649.05	129.13		1108.00	0.18	196.97
第一产业经营费用支出	70.82	32.29	128.76				196.59
第二产业经营费用支出	75.32						
第三产业经营费用支出	762.72	1616.77	0.37		1108.00	0.18	0.38
（三）财产性支出	99.08		15.44	52.05			
生活贷款利息支出	61.90		14.71	32.00			
其他财产性支出	37.18		0.74	20.05			
（四）转移性支出	1310.20	401.00	210.74	887.81	53.00	359.42	155.45
个人所得税	17.40	12.00	3.40	8.81		13.00	
社会保障支出	839.80	383.73	206.46	569.00	53.00	306.27	38.18
外来从业人员寄给家人的支出	0.00						
赡养支出	381.27			310.00		40.15	18.94
其他转移性支出	71.73	5.59	0.88				98.33
（五）部分商业保险支出	147.32	1.81	32.82		81.00	15.00	1.74
意外伤害保险	6.82	1.18	22.65			2.00	0.23
商业医疗保险（含大病保险）	79.69		10.17		56.00	10.00	
其他非储蓄性商业保险	26.13	0.63				1.00	1.52
其他储蓄性商业保险	34.68				25.00	2.00	
（六）购置资产及非经常性转移支出	1479.82	938.04	1877.07		821.00	991.25	596.55
购置资产支出	83.16		5.20			21.39	
非经常性转移支出	1396.66	938.04	1871.88		821.00	969.86	596.55
（七）借贷性支出	779.71	7.85	471.52	364.70	15.00	132.13	170.45
存入储蓄款	33.50		367.85	24.70	15.00	10.00	159.09
借出款	64.29			56.00		1.46	
归还借款	70.88	7.85	27.94	72.00			11.36
购买有价证券	0.59						
其他投资支出	0.00						
归还住房贷款	589.43		18.38	212.00		115.93	
归还汽车贷款	0.00						
归还教育贷款	0.00						
归还其他贷款	3.38		57.35			4.74	
其他借贷支出	17.64						

9-3 主要年份城镇居民家庭生活基本情况

项　　目	单位	1985年	1990年	1995年	2000年	2005年	2010年	2013年	2014年
调查户数	户	200	200	200	300	300	300	168	208
家庭人口数	人	783	686	643	941	888	747	454	594
平均每户就业人口数	人	2.24	1.96	1.56	1.46	1.40	1.07	1.32	
平均每一就业者负担人数	人	1.75	1.75	2.03	2.15	2.11	2.33	2.04	
平均每人每年实际收入	元	822.20	1396.10	3251.00	4484.99	7841.10	14176.22	20414.02	
可支配收入	元	747.80	1247.20	3248.88	4453.26	7232.60	13377.24	19063.87	21283.19
平均每人每年实际支出	元	778.40	1261.20	2936.00	4451.87	7319.55	12898.06	18631.87	22106.07
消费性支出	元	714.40	1126.60	2494.00	3556.14	5526.65	10044.32	15178.62	17381.08

注:1996年以前人均可支配收入为人均生活费收入;人均消费性支出为人均生活费支出。

9-4 城镇居民家庭年人均购买主要粮食商品数量

（2014年）

项　　目	单　位	市　区	讷河市	龙江县	依安县	泰来县	甘南县	拜泉县
一、粮食消费量	公斤	122.80	146.27	138.95	105.00	125.00	53.90	123.19
（一）谷物消费量	公斤	108.97	134.39	124.43	95.68	109.00	50.22	117.91
1.小麦	公斤	55.76	53.00	49.80	50.20	36.88	23.71	67.61
2.稻谷	公斤	47.23	75.89	58.82	43.70	65.69	24.82	39.91
3.玉米	公斤	1.23	0.31	10.25	1.78	2.12	0.30	5.2
4.其他谷物	公斤	4.75	5.19	5.56		4.31	1.39	5.19
（二）薯类消费量	公斤	5.06	4.68	4.10	4.11	11.00	0.86	0.08
1.红薯	公斤	0.65	0.14	0.28	0.44	3.65	0.16	0.04
2.马铃薯	公斤	3.82	3.90	3.36	3.20	6.67	0.03	0.04
3.其他薯类	公斤	0.59	0.64	0.46	0.47	0.68	0.67	
（三）豆类消费量	公斤	8.77	7.19	10.42	5.21	5.00	2.82	5.2
1.大豆	公斤	0.45	0.26	0.62	0.32	2.31	0.58	0.28
2.其他豆类	公斤	8.32	6.93	9.81	4.89	2.69	2.24	4.92
二、油脂类消费量	公斤	12.53	13.67	12.53	10.22	11.33	3.14	12.6
（一）植物油	公斤	12.50	13.61	12.53	10.20	10.46	3.13	12.6
（二）动物油	公斤	0.04	0.06	0.01	0.02	0.87	0.01	
三、蔬菜及菜制品消费量	公斤	122.14	122.98	97.83	108.00	122.17	7.87	72.72
（一）鲜菜	公斤	117.95	121.41	94.81	105.40	118.50	7.35	71.91
（二）干菜及菜制品	公斤	2.04	1.10	1.19	1.22	1.88	0.08	0.05
（三）鲜菌	公斤	1.75	0.31	1.38	1.05	1.42	0.39	0.59
（四）干菌及菌制品	公斤	0.40	0.16	0.46	0.33	0.37	0.05	0.18
四、肉类	公斤	23.04	17.07	19.09	19.40	20.01	7.41	13.12
（一）猪肉	公斤	13.75	11.75	12.42	12.33	12.57	4.68	10.15
（二）牛肉	公斤	3.90	1.38	1.92	2.85	2.88	0.51	0.59
（三）羊肉	公斤	1.22	1.14	0.93	1.10	1.35	0.14	0.32
（四）其他肉类及制品	公斤	4.17	2.80	3.83	3.12	3.21	2.08	2.06
五、禽类	公斤	4.28	3.66	4.34	3.90	4.05	1.79	4.08
（一）鸡	公斤	1.87	1.22	2.1	1.99	1.57	0.85	2.83
（二）鸭	公斤	0.23	0.02	0.21	0.09	0.11	0.10	0.36
（三）鹅	公斤	0.05	0.10	0.49	0.10	0.34	0.11	0.14
（四）其他禽类及制品	公斤	2.12	2.32	1.53	1.72	2.03	0.73	0.75

9-4 续　　(2014年)

项　　目	单　位	市　区	讷河市	龙江县	依安县	泰来县	甘南县	拜泉县
六、水产品	公斤	10.81	7.52	6.89	5.40	10.84	2.40	6.02
(一)鱼类	公斤	8.51	6.66	5.99	4.61	9.07	1.69	4.49
(二)虾、贝、蟹类	公斤	0.74	0.28	0.32	0.26	0.11	0.24	0.2
(三)藻类	公斤	0.41	0.08	0.11	0.12	0.52		0.13
(四)其他	公斤	1.16	0.49	0.47	0.41	1.14	0.47	1.19
七、蛋类及蛋制品	公斤	11.19	7.59	9.52	10.04	11.79	1.24	6.69
(一)鲜蛋	公斤	10.56	7.57	9.45	9.79	11.21	1.21	6.57
(二)蛋制品	公斤	0.63	0.02	0.07	0.25	0.58	0.03	0.12
八、奶和奶制品	公斤	22.48	8.19	12.41	16.72	19.22	1.46	5.47
(一)鲜奶	公斤	17.47	6.43	8.25	13.21	15.55	1.19	3.23
(二)酸奶	公斤	3.63	0.72	1.15	2.45	2.47	0.09	1.46
(三)奶粉	公斤	0.36	0.15	0.27	0.21	0.31	0.07	0.16
(四)其他奶制品	公斤	1.02	0.90	2.74	0.85	0.89	0.11	0.62
九、干鲜瓜果类	公斤	67.59	43.46	43.85	48.51	64.36	7.92	27.09
(一)鲜瓜果	公斤	61.81	39.59	40.48	45.21	59.87	6.06	24.79
(二)瓜果制品	公斤	1.66	1.20	0.91	0.25	1.37	0.28	0.63
(三)坚果类	公斤	4.12	2.67	2.46	3.05	3.12	1.58	1.67
十、糖果糕点类	公斤	8.47	4.10	3.09	4.35	7.1	1.65	2.06
(一)食糖	公斤	1.78	1.07	1.14	1.12	1.61	0.62	0.83
(二)糖果	公斤	0.94	0.53	0.35	0.55	0.66	0.91	0.28
(三)糕点	公斤	5.20	2.00	1.48	2.68	4.83	0.10	0.95
(四)其他糖果糕点	公斤	0.55	0.51	0.12			0.02	
十一、饮料	公斤	0.14	0.05	0.13	0.11	0.12	9.52	0.06
(一)茶叶	公斤	0.14	0.05	0.13	0.11	0.12	0.02	0.06
十二、烟叶消费量	公斤	26.94	10.85	27.61	14.90	25.88	10.00	1.9
十三、酒	公斤	18.81	12.64	14.02	17.52	19.25	2.77	14.38
(一)白酒	公斤	3.87	2.09	4.26	3.50	5.54	0.69	7.26
(二)啤酒	公斤	14.82	10.54	9.68	14.02	13.66	1.73	6.57
(三)果酒	公斤	0.13	0.02	0.08		0.05	0.35	0.55

9-5　城镇居民家庭人均主要消费品拥有量

（2014年）

项　　目	单　位	市　区	讷河市	龙江县	依安县	泰来县	甘南县	拜泉县
1.家用汽车	辆	0.04		0.04	0.01	0.02	0.02	
2.摩托车	辆	0.04	0.08	0.08	0.01	0.02	0.04	0.03
3.助力车	台	0.02	0.08	0.06	0.00	0.02	0.01	0.01
4.洗衣机	台	0.33	0.35	0.34	0.47	0.31	0.15	0.33
5.电冰箱(柜)	台	0.35	0.24	0.33	0.41	0.28	0.15	0.18
6.微波炉	台	0.15	0.02	0.08	0.10	0.13	0.09	0.03
7.彩色电视机	台	0.41	0.36	0.38	0.36	0.39	0.20	0.35
8.其中:接入有线电视	台	0.26	0.34	0.34	0.12	0.37	0.15	0.35
9.空调	台	0.05	0.03	0.02	0.04	0.01	0.01	
10.热水器	台	0.16	0.06	0.10	0.02	0.11	0.08	
11.其中:太阳能热水器	台	0.02		0.01	0.01	0.01	0.01	
12.消毒碗柜	台	0.02	0.00	0.01	0.01	0.01		
13.洗碗机	台	0.00		0.01	0.00			
14.排油烟机	台	0.24	0.11	0.29	0.25	0.19	0.15	0.01
15.固定电话	线	0.17	0.24	0.14	0.10	0.15	0.12	0.12
16.移动电话	部	0.77	0.66	0.72	0.89	0.73	0.60	0.4
17.其中:接入互联网	部	0.22	0.05	0.35	0.12	0.20	0.15	
18.计算机	台	0.21	0.11	0.16	0.39	0.15	0.15	0.03
19.其中:接入互联网	台	0.17	0.10	0.13	0.38	0.13	0.08	0.03
20.摄像机	台	0.04	0.01	0.01	0.06	0.01	0.01	
21.照相机	台	0.06	0.04	0.08	0.07	0.02	0.02	0.01
22.中高档乐器	架	0.01	0.01	0.02	0.00	0.01		
23.健身器材	台	0.01			0.00	0.01		
24.组合音响	套	0.01	0.01		0.02	0.01		

9-6 城镇居民家庭居住情况

（2014年） 单位:%

项　　目	2014年	项　　目	2014年
现住房建筑面积(平方米/人)	26.01	8.继承或获赠住房	2.64
(一)本住户居住类型	100.00	9.免费借用房	5.73
1.普通住宅	100.00	10.雇主提供免费住房	
2.集体宿舍和工棚		11.其他来源	0.76
3.工作地住宿		(五)现住房建筑面积	100.00
(二)本住户居住空间样式	100.00	1.10平方米以内	0.87
1.单栋楼房	0.70	2.10-20平方米	
2.单栋平房	3.55	3.20-30平方米	2.45
3.四居室及以上单元房		4.30-60平方米	51.70
4.三居室单元房	7.06	5.60-90平方米	27.50
5.二居室单元房	71.07	6.90-120平方米	10.87
6.一居室单元房	17.47	7.120-200平方米	6.60
7.筒子楼或连片平房	0.15	8.200平方米以上	
8.其他		(六)住宅外道路路面情况	100.00
(三)主要建筑材料	100.00	1.水泥或柏油路面	91.10
1.钢筋混凝土	5.63	2.沙石或石板等硬质路面	8.03
2.砖混材料	91.21	3.其他	0.88
3.砖瓦砖木	3.01	(七)住宅有管道供水情况	100.00
4.竹草土坯	0.15	1.管道供水入户	99.79
5.其他		2.管道供水至公共取水点	
(四)现住房房屋来源	100.00	3.没有管道设施	0.21
1.租赁公房	0.62	(八)住户主要饮用水来源情况	100.00
2.租赁私房	12.29	1.经过净化处理的自来水	99.58
3.自建住房	1.09	2.受保护的井水和泉水	
4.购买商品房	50.52	3.不受保护的井水和泉水	0.21
5.购买房改住房	18.49	4.江河湖泊水	0.21
6.购买保障性住房	2.55	5.收集雨水	
7.拆迁安置房	5.31	6.桶装水	
		7.其他水源	

9-6 续 （2014年） 单位:%

项　　目	2014年	项　　目	2014年
（九）住户获取饮用水的主要困难	100.00	1.由市政或小区集中供暖	96.84
1.单次取水往返时间超过半小时		2.自行供暖	3.16
2.间断或定时供水	0.53	3.无取暖设备	
3.当年连续缺水时间超过16天		（十五）住户主要取暖用能源状况	100.00
4.无上述困难	99.47	1.柴草	0.65
（十）住户饮用水使用前采取的主要处理措施	100.00	2.煤炭	3.70
1.煮沸	68.02	3.罐装液化石油气	
2.加漂白剂/氯等		4.管道液化石油气	
3.使用水过滤器		5.管道煤气	
4.其他处理措施	0.15	6.管道天然气	0.59
5.没有任何水处理措施	31.83	7.电	
（十一）住户厕所类型	100.00	8.燃料用油	
1.水冲式卫生厕所	96.84	9.沼气	
2.水冲式非卫生厕所		10.其他	95.06
3.卫生旱厕		11.无取暖行为	
4.普通旱厕	2.30	（十六）主要炊用能源状况	100.00
5.无厕所	0.36	1.柴草	1.29
（十二）住户厕所使用情况	100.00	2.煤炭	0.44
1.本住户独用	98.16	3.罐装液化石油气	9.77
2.几户合用	0.00	4.管道液化石油气	
3.公用厕所	1.84	5.管道煤气	0.38
（十三）住户洗澡设施情况	100.00	6.管道天然气	80.35
1.统一供热水	2.72	7.电	7.78
2.家庭自装热水器	41.00	8.燃料用油	
3.其他	0.15	9.沼气	
4.无洗澡设施	56.13	10.其他	
（十四）住户主要取暖设备状况	100.00	11.无炊用行为	

9-7　主要年份城镇居民家庭主要消费品拥有量

品　　名	单　位	1985年	1990年	1995年	2000年	2005年	2010年	2013年	2014年
毛皮大衣	件/百户				55.0				
毛　　毯	条/百户				101.7				
地　　毯	平方米/百户				232.0				
组合家俱	套/百户				52.0	43.0			
沙 发 床	个/百户				25.0				
摩 托 车	辆/百户				4.7	11.0	9.0	8.1	11.4
自 行 车	辆/百户	218.0	224.5	199.0	180.0	151.7			
缝 纫 机	架/百户	71.5	71.5	71.0	46.7				
洗 衣 机	台/百户	66.0	79.0	76.0	75.7	86.0	91.3	86.4	94.2
电 风 扇	台/百户	8.0	23.0	21.0	40.0	51.0			
电 冰 箱	台/百户	0.5	25.0	36.0	57.0	75.3	81.3	94.5	99.9
冰　　柜	台/百户			3.7	8.0	8.7			
彩色电视机	台/百户	16.0	55.5	88.0	107.7	116.3	111.0	110.7	117.1
黑白电视机	台/百户	73.5	52.0	31.0					
录放像机	台/百户				11.0	11.0			
照 相 机	架/百户	8.5	15.0	26.0	25.0	38.3	20.0	18.9	17.1
钢　　琴	架/百户				1.0	1.7	0.7		
电 炊 具	个/百户				135.3	130.3			
淋浴热水器	台/百户				22.3	36.0	32.3	45.9	45.7
脱排油烟机	台/百户				73.0	94.3			
吸 尘 器	台/百户				22.3	25.3			

9-8　主要年份农民家庭基本情况

项　　　目	单　位	1985年	1990年	1995年	2000年	2005年	2010年	2013年	2014年
调查户数	户	80	80	80	80	90	90	60	40
常住人口	人	399	339	329	292	307	269	163	107
平均每户劳动力	人	2.8	2.7	2.8	2.5	2.6	2.4	1.9	1.8
平均每一劳动力负担人口	人	1.8	1.6	1.5	1.5	1.3	1.2	1.5	1.5
平均每户新建房屋面积	平方米	7.8	2.4	3.0	0.0		2.0		1.0
平均每人用房屋面积	平方米	10.4	16.0	17.0	18.8	24.1	28.6	26.2	31.6
平均每户经营耕地面积	亩	20.2	26.3	24.2	27.2	24.8	19.6	40.9	39.3
平均每人全年总收入	元	750.2	1518.5	2525.0	4527.4	6261.4	15151.3	21555.0	22121.1
可支配收入	元	487.8	812.6	1627.3	2588.7	3462.9	6724.0	9984.0	11310.0
平均每人全年总支出	元	720.0	1331.6	2580.0	4126.8	5600.7	14987.6	20711.0	25360.6
生活费支出	元	423.9	601.1	1407.0	1421.5	2367.0	5330.7	7439.0	7216.3
生产消费支出	元	185.0	506.0	749.0	1466.3	2383.5	7570.3	10724.0	9846.7

注:2014年以前农村居民人均可支配收入为农民纯收入。

9-9 农民家庭年总收入和总支出

单位:元/人

项目	2014年	项目	2014年
全年总收入	**22121.09**	赡养收入	
工资性收入	2331.64	报销医疗费	57.23
工资	2331.64	从政府和组织得到的实物产品和服务折价	
实物福利		现金政策性惠农补贴	598.97
其他		其他转移性收入	
家庭经营收入	17274.49	**全年总支出**	**25360.58**
第一产业收入	15304.09	家庭经营费用支出	9846.74
农业收入	13979.12	第一产业生产费用支出	9481.27
林业收入	21.88	农业生产费用支出	8811.34
牧业收入	1292.41	林业生产费用支出	0.64
渔业收入	10.68	牧业生产费用支出	669.29
第二产业收入		渔业生产费用支出	
采矿业		第二产业生产费用支出	
制造业		采矿业	
电力、热力、燃气及水生产和供应业		制造业	
建筑业		电力、热力、燃气及水生产和供应业	
第三产业收入	1970.40	建筑业	
批发和零售业	623.56	第三产业生产费用支出	365.47
交通运输、仓储和邮政业		批发和零售业	341.48
住宿和餐饮业		交通运输、仓储和邮政业	
房地产业		住宿和餐饮业	
租赁和商务服务业		房地产业	
居民服务、修理和其他服务业	292.53	租赁和商务服务业	
其他		居民服务、修理和其他服务业	1.27
农林牧渔服务业	1054.31	其他	
财产性收入	827.77	农林牧渔服务业	22.72
利息收入		购置资产及非经常性转移支出	6840.98
红利收入		生活消费支出	7216.34
储蓄性保险净收益		食品消费支出	2197.87
转让承包土地经营权租金净收入	827.77	衣着消费支出	575.42
出租房屋财产性净收入		居住消费支出	1387.41
出租机械、专利、版权等资产的净收入		家庭设备用品消费支出	346.45
其他财产净收入		交通和通讯消费支出	741.41
房屋虚拟租金		文化教育娱乐消费支出	1368.74
转移性收入	1687.19	医疗保健消费支出	510.12
养老金或离退休金	587.30	其他	88.92
社会救济和补助	73.27	财产性支出	64.25
政策性生活补贴		转移性支出	92.53
家庭外出从业人员寄回带回收入	370.42		

9-10　主要年份农民家庭作物产量情况

单位：公斤

品　　名	1985年	1990年	1995年	2000年	2005年	2010年	2013年	2014年
粮食总产量	126318	300165	418255	607117	671250	877746	1083860	1020232
薯类产量								
豆类产量						3000	1000	14950
油料总产量	22790	10422	7115	17108	360			
糖料总产量	110412	343013	163640	55500				
蔬菜总产量	343639	206754	202039	171717	134228	205845	284067	190577
果用瓜总产量	81150	186502	65879				3500	
水果产量					18395			
出售、自宰猪肉产量	2545	8444	4931	22312	28133	19107	5221	11872
禽蛋产量	2326	6993	1924	15518	171	66	77	66
牛羊奶产量	31169	32913	12656	31137	237716	253210	36303	9135

注：2012年起蔬菜、果用瓜、出售自宰猪肉、禽蛋、牛羊奶产量改为出售量。

9-11　主要年份农民家庭耐用消费品拥有量

品　　名	单　位	1985年	1990年	1995年	2000年	2005年	2010年	2013年	2014年
自 行 车	辆/百户	111.0	116.0	142.0	103.0	71.0	80.0	14.3	
缝 纫 机	架/百户	61.0	66.0	63.0					
手　　表	只/百户	133.0	136.0	170.0					
洗 衣 机	台/百户	20.0	18.0	33.0	37.0	72.0	87.8	73.2	77.99
收 音 机	台/百户	66.0	56.0	48.0					
黑白电视机	台/百户	33.7	65.0	88.7	40.0	6.0			
彩色电视机	台/百户	1.0	1.0	12.5	47.0	99.0	103.3	105.4	105.03
收 录 机	台/百户	23.0	13.0	49.0	17.0	3.0			
大型家具	件/百户	155.0	159.0	267.0	29.0	47.0			
组合家具	套/百户			48.7					
沙　　发	件/百户			56.0					
大 衣 柜	件/百户			37.5					
写 字 台	件/百户			42.5					
照 相 机	架/百户			2.5	4.0	3.0	4.4	17.9	10.06
抽油烟机	台/百户					11.0	14.4	25.0	15.09
摩 托 车	台/百户					34.0	60.0	62.5	67.92
电 话 机	部/百户					63.0	40.0	37.5	30.2
影 碟 机	台/百户					58.0	60.0		
电 冰 箱	台/百户					17.0	33.3	67.9	80.5

9-12 农民家庭平均每人年购买商品

（2014年）

品名	单位	市区	品名	单位	市区
购买生活消费品情况					
谷物	公斤	139.05	水泥	公斤	
薯类	公斤	3.41	木材	立方米	
豆类	公斤	5.14	钢材	件	
食用油	公斤	15.58	砖	块	
植物油	公斤	15.58	瓦	块	
动物油	公斤		沙石	立方米	
蔬菜	公斤	94.99	自行车	辆	0.01
猪肉	公斤	12.91	电话	部/户	
牛肉	公斤	2.05	手机	部	0.18
羊肉	公斤	0.25	电冰箱	台	0.02
茶叶	公斤	0.01	彩色电视机	台	0.02
鸡	公斤	2.09	影碟机	台	
鸭	公斤	0.45	药品	元	175.84
鹅	公斤	0.09	购买生产资料情况		
鸡蛋	公斤		农业用种子	公斤	33.99
鸭蛋	公斤		农业用饲料	公斤	
鲜奶	公斤	0.73	化肥	公斤	699.32
海水鱼	公斤		农药	元	271.41
海水虾	公斤		微量元素肥	克	
海水藻	公斤		饼肥	公斤	
淡水鱼	公斤		薄膜	公斤	0.75
卷烟	盒		农用燃料	公斤	
烟丝烟叶	公斤	29.33	牧业用饲料	公斤	
啤酒	公斤	19.86	仔、幼畜	头	0.15
白酒	公斤	5.01	育肥周转畜	头	
果酒	公斤	0.02	种蛋	公斤	
食糖	公斤	0.78	购买生产性固定资产情况		
西瓜	公斤		水泥	公斤	
果用瓜	公斤		木材	立方米	
水果	公斤	27.60	砖瓦	块	
服装	件		小型拖拉机	台	0.01
鞋	双	2.22	水泵	台	0.01

主 要 统 计 指 标 解 释

城市居民家庭全部收入 指被调查城市居民家庭全部的实际收入,包括经常或固定得到的收入和一次性收入。不包括周转性收入,如提取银行存款、向亲友借款、收回借出款以及其他各种暂收款。

城市居民家庭可支配收入 指被调查的城市居民家庭在支付个人所得税、记帐补帖、家庭副业生产支出后所余下的实际收入。

城市居民家庭消费性支出 指被调查的城市居民家庭用于日常生活的全部支出,包括购买商品支出和文化生活、服务等非商品性支出。不包括罚没、丢失款和缴纳的各种税款(如个人所得税、牌照税、房产税等),也不包括个体劳动者生产经营过程中发生的各项费用。

城市居民家庭购买商品支出 指被调查的城市居民家庭购买商品的全部支出,包括从商店、工厂、饮食业、工作单位食堂、集市以及直接从农民手中购买各种商品的开支。商品支出分为以下八类:食品;衣着;家庭设备用品及服务;医疗保健;交通与通信;娱乐、教育、文化服务;居住;杂项商品和服务。

农村居民家庭纯收入 指农村常住居民家庭总收入中,扣除从事生产和非生产经营费用支出、缴纳税款和上交承包集体任务金额以后剩余的,可直接用于进行生产性、非生产性建设投资、生活消费和积蓄的那一部分收入。农村居民家庭纯收入包括从事生产性和非生产性的经营收入。取自在外人口寄回带回和国家财政救济、各种补贴等非经营性收入;既包括货币收入,又包括自产自用的实物收入。但不包括向银行、信用社和向亲友借款等属于借贷性的收入。

农村居民家庭生活消费支出 指农村常住居民家庭用于日常生活的全部开支,是反映和研究农民家庭实际生活消费水平高低的重要指标。

十、城市概况

GENERAL SURVEY OF CITIES

简要说明

一、本篇资料反映齐齐哈尔市城市社会发展和城市建设的综合水平等基本情况，主要内容有六部分：

1. 城市公用事业；

2. 城市建筑面积和居住面积；

3. 城市市政工程设施情况；

4. 全市用电量；

5. 城市工业“三废”排放治理情况；

6. 城市环境卫生。

二、本篇资料由市住房和城乡建设局、市电业局、市环境保护局提供。

10-1 主要年份城市公用事业

项目	单位	1990年	1995年	2000年	2005年	2010年	2013年	2014年
城市供水								
水厂数	个	6	6	11	11	9	9	9
综合生产能力	万吨／日	37	46	58	55	35	40	40
自来水管道长度	公里	494	725	854	1025	1030	1101	1123
供水总量	万立方米	12309	12938	11104	12627	7462	9531	9590
生活用水	万立方米	5055	5232	7133	8664	3872	4381	4021
生产用水	万立方米	6667	7706	3971	3963	848	2058	2372
用水人口	万人	86	100	112	112	107	108	109
人均生活用水量	吨	58	52	63	77	36	41	37
城市公共交通								
运营车辆数	辆	265	352	543	643	898	987	1210
运营线路长度	公里	1281	2144	137	160	744	920	1688
运营标准车台	标台	289	395	474	620	878	969	1199
客运总数	万人次	8622	9556	5940	4895	12289	9860	12043
园林绿化								
园林绿地面积	公顷	2180	4171	4155	4772	6096	6097	6097
建成区园林绿地面积	公顷	1781	2242	2148	2872	5300	5301	5301
公园个数	个	11	10	11	12	19	19	19
公园面积	公顷	356	359	363	386	615	615	615
液化石油气								
供气总量	吨	16538	18379	12500	10541	6070	6500	5000
生活用气	吨	16538	15615	12056	9541	4640	5000	3200
用气户数	万户	19	16	15	10	3.5	1.2	1.1
天燃气								
供气总量	万立方米		1064	2538	4403	18090	21791	21516
家庭用量	万立方米		1011	1431	1707	2473	3366	3503
用气户数	万户					31.7	37.8	40.1
用气人口	万人		20.0	39.0	55.0	94.1	102.1	103.3
集中供热(系统内)								
供热能力(热水)	兆瓦	234	306	2443	2914	2856	3648	3759
供热总量(热水)	万吉焦	364	198	871	1464	2546	2423	2494
供热面积	万平方米	150	276	1961	2424	3187	3678	3858

注:运营线路长度指标,从1997年改为运营线路网长度。

10-2　主要年份城市建筑面积和居住面积

项　　目	单　位	1990年	1995年	2000年	2005年	2010年	2013年	2014年
年末实有房屋建筑面积	万平方米	2080.00	2472.00	3003.00	3849.29	5049.51	5541.00	6474.49
年末实有住宅建筑面积	万平方米	1085.00	1394.00	1779.00	2446.35	3183.28	3573.29	3565.26
年内新建房屋竣工建筑面积	万平方米		105.00	162.10				
住　　宅	万平方米		85.00	104.20				
年末实有住宅使用面积	万平方米	745.00	971.00	1247.60				
平均每人使用面积	平方米	7.00	9.00	11.57				
年末住宅居住面积	万平方米	539.00	685.00	905.50				
平均每人居住面积	平方米	5.00	6.50	8.40				
人均住宅建筑面积	平方米			16.50	20.46	27.44		

10-3　主要年份城市市政工程设施情况

项　　目	单　位	1990年	1995年	2000年	2005年	2010年	2013年	2014年
年末实有铺装道路长度	公里	611	454	496	530	528	537	546
年末实有铺装道路面积	万平方米	350	413	500	809	875	944	983
城市桥梁	座	7	29	34	33	35	32	32
城市下水道总长度	公里	556	444	498	637	693	723	773
城市污水排放量	万立方米	0	34275	20722	11623	7265	7764	7679
路　　灯	盏	13289	8611	11986	31265	34963	37884	47526
防洪堤长度	公里	105	117	130	130	128		

10-4　主要年份全市用电量

单位:亿千瓦小时

项　　目	1990年	1995年	2000年	2005年	2010年	2012年	2013年	2014年
全　　市								
用 电 量	33.0	36.5	38.7	50.1	57.6	67.7	67.1	67.6
工业用电	26.7	26.9	27.5	34.8	36.2	42.7	41.9	40.8
居民生活用电	3.5	5.6	6.5	8.5	11.8	12.4	13.1	13.6
市　　区								
用 电 量	29.3	30.6	32.8	43.1	45.7	60.2	52.3	39.3
工业用电	24.5	25.4	26.5	34.6	34.5	41.3	38.5	24.7
居民生活用电	1.6	4.0	4.6	6.4	5.2	9.7	6.2	6.5

10-5 主要年份城市工业"三废"排放治理情况

项目	单位	1990年	1995年	2000年	2005年	2010年	2013年	2014年
工业废水排放总量	万吨	15900.0	11754.0	11113.8	6062.0	6089.67	8937.34	5688.52
排入污水处理厂的	万吨	7384.0	7221.0	6986.2	885.9	463.20	290.00	290.00
工业废水排放达标量	万吨	9943.0	8440.3	10834.3	5702.0	5464.03		
工业废气排放总量	万标立米	4898852	6355264	4897194	7499458	9401875	9516906	14770416
二氧化硫排放量	吨	44252.0	36657.8	29669.3	50576.2	54940.00	59014.25	43567.92
烟尘排放量	吨		77915.7	48261.9	58555.0	34760.04	86890.2	86950.29
工业粉尘排放量	吨	6000.0	5047.5	2735.8	7357.3	4489.03		
工业固体废物产生量	万吨	255.0	202.2	212.5	269.8	301.88	431.26	452.99
工业固体废物综合利用量	万吨	115.0	108.2	157.8	202.6	226.11	351.45	294.16
"三废"综合利用产值	万元	2653.2	6336.7	3797.3	6180.6	16335.6		
交通干线噪声平均值	分贝	70.9	71.0	69.0		68.7	63.7	67.80
区域环境噪声平均值	分贝					52.4	51.8	51.70

注:交通干线噪声平均值2002年以前为交通噪声等效声级。2011年工业粉尘排放量含工业烟尘排放量。2012年烟尘排放量为烟粉尘排放量。

10-6 主要年份城市环境卫生

项目	单位	1990年	1995年	2000年	2005年	2010年	2013年	2014年
生活垃圾清运量	万吨	89	86	68	70	57	62	50
无害化处理量	万吨			14	28	29	31	31
粪便清运量	万吨	36	36	24	39	26	22	20
清扫街道面积	万平方米	422	523	1913	834	1018	1051	1394
环卫车辆总数	辆	224	242	200	273	266	342	358
公共厕所	座	3601	2256	1563	1395	840	574	561

注:清扫街道面积,从2001年起改为道路清扫面积。

主要统计指标解释

年末公用自来水厂生产能力　指年末城建部门管理的自来水源的取水、净化、送水、出厂输水干管等环节的实际生产能力。

年末供水管道长度　指从送水泵至用户水表之间所有管道的长度。

全年供水总量　指公用自来水厂全年的供水总量，包括有效供水量及损失水量。

生活用水量　指居民日常生活与公共福利设施的用水量。包括饮食店、旅馆、医院、理发店、浴池、洗衣店、游泳池、商店、学校、机关、部队等单位的用水量。

年末实有铺装道路长度　指除土路外，路面经过铺装的道路，包括高级、次高级道路和普通道路。

城市桥梁　指城市范围内，修建在河道上桥梁和道路与道路立交、道路跨越铁路的立交桥。包括永久性桥和牛永久性桥，不包括临时性桥、铁路桥、涵洞。

城市下水道总长度　指所有排水总管、干管、支管及暗渠、检查井、连接井进出水口导长度之和。

年末实有公共汽(电)车辆　指年底可参加营运的全部车辆数，包括年底营运车辆和库存查封未参加营运的车辆，不包括企业的非营运车辆，如架线车、油罐车、工程车、货车及其他专用车辆和借人的客运车辆。

营运线路长度　指设置的固定营运长度，包括郊区营运线路长度。不包括临时行驶的线路长度。

城市园林绿地面积　指城市公共绿地、专用绿地、生产绿地、防护绿地、郊区风景名胜的全部面积。

工业废水排放量　指报告期内经过企业厂区所有排放口排到企业外部的工业废水量。包括生产废水、外排的直接冷却水、超标排放的矿井地下水和与工业废水混排的厂区生活污水，不包括独立排放的间接冷却水(清浊不分流的间接冷却水应计算在内)。

工业废水排放达标量　指报告期内废水中各项污染物指标都达到国家或地方排放标准的外排工业废水量，包括未经处理外排达标的，经废水处理设施(包括企业内部的废水处理设施和工业区内设置的单纯处理工业废水的集中处理装置)处理后达标排放的。

工业废气排放总量指报告期内企业厂区内燃料燃烧和生产工艺过程中产生的各种排人空气的含有污染物的气体的总量，以标准状态(273K，101325Pa)计

烟尘排放量　指报告期内企业排放烟尘量。

二氧化硫排放量　指报告期内企业在燃料燃烧和生产工艺过程中排人大气的二氧化硫总量。

工业固体废物产生量　指报告期内企业在生产过程中产生固体状、半固体状和高浓度液体状废弃物的总量，包括危险废物、冶炼废渣、粉煤灰、炉渣、煤矸石、尾矿、放射性废物和其他废物等；不包括矿山开采的剥离废石和掘进废石(煤矸石和呈酸性或碱性的废石除外)。

十一、农　业

AGRICULTURE

简要说明

一、本篇资料反映齐齐哈尔市农业生产和农村经济的基本情况，内容主要包括农村劳动力，耕地，农业机械拥有量，农林牧渔业产值，主要农产品产量，水利设施和除涝，国营农场等方面的统计资料。

二、本篇资料来源：除水利设施，除涝治碱，农业机械、水产养殖、国营农场、农村住户有关资料外，其余资料均来源于农林牧渔业综合统计报表。

农林牧渔业综合统计报表制度的统计范围包括各县(市)、区、　乡（　镇　）所辖行政区域内各种经济类型的全部农林牧渔业生产及各项经济活动。

农林牧渔业综合统计报表，采取条块结合及多种调查方法搜集资料，农业生产条件中的部分指标，林业生产情况，渔业生产情况等指标直接取自于同级业务部门的统计资料；有关农村基本情况，农作物播种面积，牧业生产情况等指标采取全面调查方法；有关农业主要产品产量，商品产值，农畜产品价格等指标采取抽样调查、重点调查和全面调查相结合的方法；有关农业总产值、增加值等指标，采取利用有关统计资料加工计算的方法；

国营农场的基本情况来源于省农垦总局齐齐哈尔分局；

水利设施及除涝治碱情况来源于市水务局；

林业生产情况来源于市林业局；

渔业生产情况来源于市畜牧水产局；

11-1　主要年份农村基层组织和劳动力

指　　标	单位	1985年	1990年	1995年	2000年	2005年	2010年	2013年	2014年
农村基层组织									
乡 政 府	个	138	129	126	113	61	61	56	53
镇 政 府	个	37	47	50	61	63	62	67	70
乡村户数人口									
乡村户数	户	714042	799087	774174	847648	901993	935649	979375	974927
乡村人口数	人	3446442	3534366	3446332	3477036	3472616	3464058	3444460	3428460
农村劳动力总资源									
乡村劳动力资源	人		1121227	1781246	1752293	1794823	1897119	2079748	2052039
乡村劳动力	人	811206	873945	1585875	1711310	1759648	1894988	2079748	2052039
按性别分									
男劳动力	人	656718	682017	979688	972229	991072	1057161	1129037	1123183
女劳动力	人	154488	191928	606187	739081	768576	837827	950711	928856
按国民经济行业分									
农林牧渔业	人	740658	771186	1406320	1480448	1384854	1332295		
工　　业	人	17580	31174	50394	35115	66196	90724		
建 筑 业	人	6873	8739	23679	28239	93175	168313		
交运仓储和邮政业	人	5217	7866	19280	19142	30419	45147		
信息传输、计算机服务和软件业	人					6965	13173		
批发与零售业	人	5873	10790	32950	37699	56344	72941		
住宿和餐饮业	人					43397	53148		
其他行业	人	34868	43363	53253	110667	78298	119247		

注:2013年以前乡村劳动力资源为劳动年龄内的人口数。

11-2　农村基层组织、人口及纯收入

（2014年）

地　　区	乡　镇（个）	#镇	乡村户数（个）	乡村人口（人）	乡村劳动力资源数（人）	农民人均可支配收入（元）
全　　市	**123**	**70**	**974927**	**3428460**	**2052039**	**11310**
市　　区	**13**	**10**	**104729**	**326093**	**203895**	
龙 沙 区			11828	36574	22581	14649
建 华 区	1	1	8640	23013	10447	16927
铁 锋 区	1	1	8172	25707	18846	13764
昂昂溪区	3	3	11786	38034	24570	11543
富拉尔基区	2		14334	45738	24756	15679
碾子山区			7168	24702	14642	8434
梅里斯区	6	5	42801	132325	88053	8822
市辖县(市)	**110**	**60**	**870198**	**3102367**	**1848144**	
讷 河 市	15	11	154077	504329	276879	10745
龙 江 县	14	8	114778	443766	270501	10756
依 安 县	15	6	105665	390380	218612	9103
泰 来 县	9	7	65772	234646	131969	5280
甘 南 县	10	5	85575	283323	182844	5069
富 裕 县	9	5	58287	195453	118527	10668
克 山 县	15	6	118038	393745	224808	10062
克 东 县	7	5	52830	178480	95645	8071
拜 泉 县	16	7	115176	478245	328359	5395

11-3　主要年份农村社会基础设施

单位：个

地　　区	2012年			2013年			2014年		
	自来水受益村	通汽车村	通电话村	自来水受益村	通汽车村	通电话村	自来水受益村	通汽车村	通电话村
全　　市	**985**	**1250**	**1246**	**995**	**1250**	**1246**	**1030**	**1258**	**1246**
市　　区	**80**	**107**	**108**	**83**	**107**	**108**	**83**	**107**	**108**
龙 沙 区	6	5	6	6	5	6	6	5	6
建 华 区	4	4	4	4	4	4	4	4	4
铁 锋 区	9	12	12	9	12	12	9	12	12
昂昂溪区	18	18	18	18	18	18	18	18	18
富拉尔基区	10	10	10	10	10	10	10	10	10
碾子山区	6	9	9	6	9	9	6	9	9
梅里斯区	27	49	49	30	49	49	30	49	49
市辖县(市)	**905**	**1143**	**1138**	**912**	**1143**	**1138**	**947**	**1151**	**1138**
讷 河 市	161	171	171	161	171	171	166	171	171
龙 江 县	80	158	149	80	158	149	83	158	149
依 安 县	78	148	148	80	148	148	82	148	148
泰 来 县	63	83	83	63	83	83	64	83	83
甘 南 县	75	95	91	73	95	91	77	95	91
富 裕 县	85	90	90	87	90	90	87	90	90
克 山 县	112	122	122	116	122	122	122	122	122
克 东 县	97	98	98	97	98	98	97	98	98
拜 泉 县	154	178	186	155	178	186	169	186	186

11-4　各地区乡村人口及从业人员

（2014年）

地　区	乡村人口（人）	#女	乡村劳动力（人）	#女	乡村从业人员（人）	#农业从业人员
全　市	**3428460**	**1615869**	**2052039**	**928856**	**1849801**	**1236365**
市　区	**326093**	**155447**	**203895**	**94361**	**185872**	**113692**
龙沙区	36574	17685	22581	10633	20168	8086
建华区	23013	10864	10447	4850	9023	5228
铁锋区	25707	11296	18846	8553	17145	7097
昂昂溪区	38034	18563	24570	11924	23575	9782
富拉尔基区	45738	21936	24756	11718	24477	18025
碾子山区	24702	12325	14642	7042	11110	6498
梅里斯区	132325	62778	88053	39641	80374	58976
市辖县(市)	**3102367**	**1460422**	**1848144**	**834495**	**1663929**	**1122673**
讷河市	504329	246588	276879	135368	261710	157891
龙江县	443766	208344	270501	117826	240004	186971
依安县	390380	183940	218612	92757	214606	97125
泰来县	234646	114185	131969	61024	123797	93195
甘南县	283323	134456	182844	85561	169407	142390
富裕县	195453	93670	118527	57752	101943	64442
克山县	393745	186397	224808	102266	195451	103296
克东县	178480	71414	95645	36496	92828	63462
拜泉县	478245	221428	328359	145445	264183	213901

11-5 1978--2014年耕地面积

年份	年末实有耕地面积（万亩）	水田	旱地	#水浇地	人均占有耕地面积(亩)	
					按总人口计算	按农业人口计算
1978	2186.3	19.3	2167.0	166.1	4.3	5.9
1979	2201.4	14.8	2186.6	154.3	4.3	6.1
1980	2227.8	12.7	2215.1	186.0	4.3	6.1
1981	2200.9	15.7	2185.2	134.4	4.2	6.0
1982	2193.9	15.7	2178.2	165.4	4.2	6.0
1983	2204.5	17.6	2186.9	151.5	4.2	6.1
1984	2327.9	20.2	2307.7	99.7	4.5	6.5
1985	2383.3	26.4	2356.9	63.5	4.6	6.7
1986	2490.9	47.8	2443.1	45.0	4.8	7.0
1987	2474.6	74.2	2400.4	57.8	4.7	7.0
1988	2469.6	68.2	2401.4	45.0	4.6	6.9
1989	2446.2	64.6	2381.6	48.8	4.6	6.8
1990	2427.1	90.6	2336.5	45.7	4.5	6.7
1991	2452.6	135.0	2317.6	58.4	4.5	6.8
1992	2522.3	154.5	2367.8	54.5	4.6	7.0
1993	2524.6	130.2	2394.4		4.6	7.1
1994	2526.8	121.8	2405.0		4.7	7.2
1995	2540.5	131.6	2408.9		4.7	7.2
1996	2561.9	167.4	2394.5		4.7	7.5
1997	2573.5	199.6	2373.9		4.7	7.2
1998	2602.9	225.4	2377.5		4.8	7.3
1999	2703.6	214.7	2488.8		4.8	7.3
2000	2723.1	217.1	2506.0		4.8	7.3
2001	2728.7	200.1	2528.6		4.9	7.5
2002	2696.0	189.4	2506.6	354.7	4.8	7.4
2003	2666.0	154.1	2511.9	397.4	4.9	7.7
2004	2977.3	165.0	2812.3	478.7	5.4	8.3
2005	3018.8	186.1	2832.7	490.8	5.4	9.2
2006	3275.0	218.8	3056.2	511.1	5.8	10.1
2007	3291.9	265.5	3026.4	516.7	5.8	10.3
2008	3355.9	294.7	3061.2	506.6	5.9	10.0
2009	3597.5	338.2	3259.3	559.6	6.3	9.8
2010	3599.3	365.4	3233.9	673.3	6.2	10.8
2011	3630.6	410.6	3219.4	694.3	6.4	9.9
2012	3644.0	477.0	3167.0	642.5	6.5	10.1
2013	3599.6	518.3	2465.8	615.5	6.5	10.0
2014	3596.7	574.2	3022.5	663.2	6.5	10.1

11-6 各地区耕地面积

（2014年）　　单位：公顷

地　区	年初实有耕地面积	年末实有耕地面积	#水田	#旱田	当年增加耕地面积	当年减少耕地面积
全　市	**2399734**	**2397836**	**382820**	**1610800**	**3637**	**5535**
市　区	**155452**	**153473**	**42377**	**36736**		**1979**
龙沙区	3947	3947	1706	1333		
建华区	3593	3401	467	1808		192
铁锋区	9516	7741	3270	4471		1775
昂昂溪区	13436	13424	4028	7980		12
富拉尔基区	16299	16299	4053	2467		
碾子山区	11367	11367	827	9851		
梅里斯区	97294	97294	28026	8826		
市辖县(市)	**2094170**	**2097807**	**267075**	**1500876**	**3637**	
讷河市	404667	404667	41027	292890		
龙江县	324542	324542	34338	156554		
依安县	268234	271871	29667	242204	3637	
泰来县	172822	172822	74365	16736		
甘南县	203233	203233	36196	123302		
富裕县	156488	156488	40005	116483		
克山县	195284	195284	5400	189884		
克东县	125682	125682	671	125011		
拜泉县	243218	243218	5406	237812		
农场局	**150112**	**146556**	**73368**	**73188**		**3556**

11-7　主要年份耕地面积增减变化情况

单位:公顷

项　　目	1985年	1990年	1995年	2000年	2005年	2010年	2013年	2014年
年初实有耕地	1666374	1630741	1684542	1802368	1984884	2398358	2396722	2399734
年内增加耕地	63268	5913	10135	14897	28498	1243	3149	3637
#新开荒	1311	848	93	800	1442	7		
当年减少耕地	26170	18564	981	1833	878	52	137	5535
#国家基建占地	143	29	2	944	144	47		
乡村集体基建占地	255	170	71	204				
农村个人建房占地	284	12		5				
退耕还林占地					703			
退耕还草占地								
年末实有耕地	1703472	1618090	1693696	1815432	2012504	2399549	2399734	2397836

11-8　主要年份农业机械化、能源物资消耗及农田水利建设

项　　目	单　位	1985年	1990年	1995年	2000年	2005年	2010年	2013年	2014年
农业机械化情况									
农业机械总动力	万千瓦	122.4	167.8	175.6	251.3	394.2	625.9	782.6	826.7
机耕面积	千公顷	805507	1075600	1638747	1669000	1801133	2324	2306	2428
机播面积	千公顷	679620	1059867	1213389	1739000	1898767	2244	2284	2398
主要能源和物资消耗									
农村用电量	万千瓦时	26681	30768	34054	36273	41397	56266	72846	74348
农用化肥施用量(折纯量)	吨	69044	121691	169985	186792	206793	250452	286959	296210
农用塑料薄膜使用量	吨		2029	7335	5796	4984	6243	9738	10255
农药使用量	吨		1506	4498	4208	5593	9671	9013	9346
农用水利建设情况									
有效灌溉面积	千公顷	70.4	152.4	151.0	352.8	417.3	589.3	652.86	724.26
旱涝保收面积	千公顷	0.0	59.9	51.2	21.3	16.1	33.0	33.01	33.01
机电排灌面积	千公顷	47.5	119.3	90.9	276.9	322.9	454.5	597.25	615.85

11-9　主要年份农林牧渔业总产值指数

（上年=100）

年　　份	农、林、牧渔业总产值	农　　业	林　　业	牧　　业	渔　　业
全口径					
1980	102.2	100.2	131.2	110.3	96.4
1985	108.3	103.0	82.9	129.3	123.3
1990	118.3	119.2	100.2	117.5	102.9
1995	105.6	97.8	105.2	131.0	109.2
2000	94.1	85.8	99.3	113.7	103.0
2001	93.5	85.0	92.7	109.2	97.9
2002	120.9	128.2	110.7	110.4	97.4
2003	70.8	46.8	95.4	115.7	90.9
2004	140.7	179.2	108.6	109.4	111.2
2005	122.5	127.1	101.5	117.7	103.8
2006	107.6	107.0	91.4	108.5	119.1
2007	95.5	89.7	106.6	106.3	104.8
2008	119.2	123.5	107.9	111.6	135.7
2009	104.6	104.4	96.6	104.5	120.0
2010	110.7	109.4	103.6	113.3	105.9
2011	112.9	111.4	117.4	115.2	114.1
2012	105.8	108.8	99.9	101.4	105.8
2013	94.5	90.0	105.6	101.1	100.1
2014	99.6	100.1	107.9	98.5	101.4
市县属口径					
1980	102.2	100.2	131.2	110.3	96.4
1985	104.6	103.0	81.9	126.4	121.9
1990	117.7	118.3	99.7	118.3	106.4
1995	105.4	96.8	104.8	133.0	109.0
2000	94.5	86.1	99.2	113.5	102.7
2001	92.2	83.0	91.2	108.6	97.6
2002	121.5	130.6	111.1	108.7	97.3
2003	69.2	44.1	92.8	115.5	90.8
2004	142.9	185.2	108.7	110.3	111.1
2005	121.0	126.3	104.1	115.0	103.5
2006	107.9	108.1	92.8	107.6	118.7
2007	94.4	87.2	104.3	109.0	115.0
2008	120.4	124.9	104.8	112.7	137.3
2009	103.7	104.5	93.8	102.0	119.7
2010	110.0	108.9	107.0	112.2	105.5
2011	113.1	111.5	119.9	115.5	114.3
2012	106.3	109.3	99.9	101.3	106.0
2013	93.4	89.2	106.2	100.0	100.4
2014	99.6	100.0	108.1	98.7	101.4

11-10　农林牧渔业总产值

（2014年，按当年价格计算）　　单位：万元

地　区	农、林、牧渔业总产值	农　业	林　业	牧　业	渔　业	农、林、牧渔服务业
全　市	**6082635**	**3513357**	**60729**	**2394938**	**93542**	**20069**
市　区	**474512**	**250501**	**4498**	**209037**	**8549**	**1927**
龙沙区	31251	15695	286	14308	882	80
建华区	25233	7150	529	16652	782	120
铁锋区	25629	9817	15	14944	738	115
昂昂溪区	67923	23144	984	39775	3980	40
富拉尔基区	57822	23718	749	31523	1143	689
碾子山区	30234	16906	531	12490	67	240
梅里斯区	236420	154071	1404	79345	957	643
市辖县(市)	**5024137**	**2933894**	**52946**	**1936429**	**82726**	**18142**
讷河市	808240	535431	8003	248805	13974	2027
龙江县	828751	488622	3673	326049	9497	910
依安县	589112	329700	15115	238865	4972	460
泰来县	427442	238760	1569	170908	15120	1085
甘南县	452575	250608	2417	192338	6482	730
富裕县	486596	251584	2083	220599	12080	250
克山县	513859	314607	1544	180002	10230	7476
克东县	258184	144943	4472	104278	4097	394
拜泉县	659378	379639	14070	254585	6274	4810
农场局	**583986**	**328962**	**3285**	**249472**	**2267**	

11-11　农林牧渔业增加值

（2014年）　　单位：万元

项　目	合　计	农　业	林　业	牧　业	渔　业	农、林、牧渔服务业
全　市						
总产值	6082635	3513357	60729	2394938	93542	20069
中间消耗	3148653	1763422	18632	1333662	31209	1728
物质消耗	2737614	1538878	13553	1156730	26821	1632
生产服务支出	411039	224544	5079	176932	4388	96
增加值	2933982	1749935	42097	1061276	62333	18341
市　区						
总产值	474512	250501	4498	209037	8549	1927
中间消耗	240016	105781	1689	129110	3197	239
物质消耗	207850	92010	1251	111440	2968	181
生产服务支出	32166	13771	438	17670	229	58
增加值	234496	144720	2809	79927	5352	1688

11-12　各县(市)农林牧渔业增加值

（2014年）　　单位:万元

地　区	农、林、牧渔业增加值	农　业	林　业	牧　业	渔　业	农、林、牧渔服务业
全　市	**2933982**	**1749935**	**42097**	**1061276**	**62333**	**18341**
市　区	**234496**	**144720**	**2809**	**79927**	**5352**	**1688**
龙沙区	13015	10050	200	2182	503	80
建华区	12098	4290	312	6994	430	72
铁锋区	13641	5929	11	7106	480	115
昂昂溪区	33515	10152	421	20630	2272	40
富拉尔基区	28300	13149	509	13146	807	689
碾子山区	14715	8747	373	5371	46	178
梅里斯区	119212	92403	983	24498	814	514
市辖县(市)	**2438880**	**1453061**	**38454**	**874898**	**55814**	**16653**
讷河市	343388	183324	6681	142604	10166	613
龙江县	398760	250402	2573	137820	7055	910
依安县	286992	174826	10580	98143	2983	460
泰来县	195940	112099	1004	71168	10584	1085
甘南县	231498	137834	1909	86552	4473	730
富裕县	256342	138370	1458	109734	6605	175
克山县	261968	167106	1078	78851	7457	7476
克东县	134303	80298	3322	48190	2099	394
拜泉县	329689	208802	9849	101836	4392	4810
农场局	**260606**	**152154**	**834**	**106451**	**1167**	

11-13　各县(市)农林牧渔业增加值构成

(2014年)　　单位:万元

地　区	总产值	中间消耗	增加值	#固定资产折　旧	#劳动者报　酬	#生产补贴	#营业盈余
全　　市	**6082635**	**3148653**	**2933982**	**183850**	**2488870**	**-255089**	**516349**
市　　区	**474512**	**240016**	**234496**	**13103**	**233399**	**-15300**	**3294**
龙沙区	31251	18236	13015	883	11497	-314	949
建华区	25233	13135	12098	97	11614	-358	745
铁锋区	25629	11988	13641	1007	13811	-1352	175
昂昂溪区	67923	34408	33515	275	33164	-1349	1425
富拉尔基区	57822	29522	28300	2580	27241	-1521	
碾子山区	30234	15519	14715	420	15332	-1037	
梅里斯区	236420	117208	119212	7841	120740	-9369	
市辖县(市)	**5024137**	**2585257**	**2438880**	**151997**	**2133547**	**-223585**	**376921**
讷河市	808240	464852	343388	24073	283634	-56249	91930
龙江县	828751	429991	398760	9740	416325	-28035	730
依安县	589112	302120	286992	8448	186419	-33353	125478
泰来县	427442	231502	195940	14515	150061	-17532	48896
甘南县	452575	221077	231498	11598	218934	-30169	31135
富裕县	486596	230254	256342	26220	210351	-6720	26491
克山县	513859	251891	261968	5550	282232	-35819	10005
克东县	258184	123881	134303	35850	79590	-7287	26150
拜泉县	659378	329689	329689	16003	306001	-8421	16106
农场局	**583986**	**323380**	**260606**	**18750**	**121924**	**-16204**	**136134**

11-14　主要农业机械拥有量

（2014年）

地　区	农业机械总动力（万千瓦）	大中型拖拉机		小型拖拉机		机动水稻插秧机		大中型配套农具（台）
		（台）	（千瓦）	（台）	（千瓦）	（台）	（千瓦）	
全　市	**826.7**	**191878**	**4398226**	**103752**	**1127582**	**23288**	**101378**	**492792**
市　区	**74.3**	**9607**	**241777**	**16158**	**160219**	**1904**	**10159**	**36097**
市辖县(市)	**704.7**	**179381**	**4030922**	**82478**	**903803**	**17201**	**65469**	**452396**
讷河市	106.7	19672	517052	22343	216697	3355	10736	62176
龙江县	165.2	58600	1176602	5600	41160	3550	11715	182000
依安县	60.3	15073	342116	7143	84311	989	4415	30539
泰来县	75.8	20590	388595	7589	78675	4891	19913	38975
甘南县	67.9	13716	300837	11823	149846	2269	9859	29830
富裕县	47.3	7868	198302	9917	110391	1479	4403	29193
克山县	62.0	15756	413275	788	10425	569	3983	24810
克东县	53.4	12518	315596	7984	105631	28	107	35307
拜泉县	66.0	15588	378547	9291	106667	71	338	19566
农场局	**47.7**	**2890**	**125527**	**5116**	**63560**	**4183**	**25750**	**4299**

11-14续1

（2014年）

地　区	小型配套农具（台）	农用排灌动力机械		农用排灌柴油机		联合收割机		脱粒机（台）
		（台）	（千瓦）	（台）	（千瓦）	（台）	（千瓦）	
全　市	**268014**	**59379**	**543336**	**37614**	**360286**	**14411**	**1027408**	**27566**
市　区	**21739**	**9746**	**80287**	**6161**	**46129**	**551**	**69873**	**1716**
市辖县(市)	**242755**	**43576**	**382444**	**27588**	**261402**	**12265**	**834708**	**25776**
讷河市	32668	5835	45017	3289	29008	2211	131115	2225
龙江县	112800	8641	75382	4815	46687	4224	259006	13100
依安县	10015	747	6763	355	3552	1035	64213	1523
泰来县	15989	10663	95720	8126	72549	1306	104334	1428
甘南县	23034	9190	86734	7069	66822	1076	70357	1875
富裕县	19808	6564	52299	2688	28876	932	70217	3220
克山县	841	487	3476	185	1957	608	65349	580
克东县	14699	441	8310	255	4590	154	11036	891
拜泉县	12901	1008	8744	806	7361	719	59081	934
农场局	**3520**	**6057**	**80605**	**3865**	**52755**	**1595**	**122827**	**74**

11-14续2　　（2014年）

地　区	机动喷雾机		饲料粉碎机	牧草收割机	机动剪毛机	机动挤奶器	粮食加工机械（台）	油料加工机械（台）
	（台）	（千瓦）	（台）	（台）	（台）	（台）		
全　市	**3910**	**24563**	**9917**	**673**	**14**	**3901**	**6329**	**1831**
市　区	**1687**	**8458**	**1970**	**126**		**245**	**642**	**94**
市辖县(市)	**2124**	**15065**	**7947**	**255**	**12**	**2484**	**5634**	**1737**
讷河市	418	2346	453	1		25	1988	205
龙江县	450	1196	510	6		260	215	495
依安县	448	3348	978	3		117	556	23
泰来县	19	111	285	4	8	189	241	520
甘南县	145	943	1064	11		0	231	224
富裕县	35	1845	1425	230		155	995	96
克山县	47	1727	207	0		245	175	143
克东县	384	2794	211	0		652	1051	31
拜泉县	178	755	2814	0	4	841	182	
农场局	**99**	**1040**		**292**	**2**	**1172**	**53**	

11-14续3　　（2014年）

地　区	农用运输车		三轮运输车		四轮运输车	
	（台）	（千瓦）	（台）	（千瓦）	（台）	（千瓦）
全　市	**20170**	**461508**	**13531**	**243245**	**6331**	**208903**
市　区	**5470**	**116564**	**3997**	**72110**	**1473**	**44454**
市辖县(市)	**14392**	**335584**	**9534**	**171135**	**4858**	**164449**
讷河市	2865	59385	1360	21760	1505	37625
龙江县	2676	40816	1889	19000	787	21816
依安县	3121	66774	2347	49858	774	16916
泰来县	866	35509	387	8685	479	26824
甘南县	756	25769	678	20496	78	5273
富裕县	533	8826	135	1513	398	7313
克山县	441	9706	374	6544	67	3162
克东县	695	20501	650	15855	45	4646
拜泉县	2439	68298	1714	27424	725	40874
农场局	**308**	**9360**				

11-15　农业机械化情况

（2014年）

地　区	农业机械总动力（万千瓦）	#柴油发动机	#汽油发动机	#电动机	机耕面积（千公顷）	机播面积（千公顷）
全　市	**826.7**	**790.0**	**8.8**	**27.2**	**2428.2**	**2398.4**
市　区	**74.3**	**68.4**	**1.4**	**4.6**	**159.2**	**159.1**
市辖县(市)	**704.7**	**680.4**	**4.7**	**19.6**	**2128.5**	**2101.4**
讷河市	106.7	102.3	0.8	3.7	404.1	397.6
龙江县	165.2	161.4	0.7	3.1	364.0	360.4
依安县	60.3	59.1	0.6	0.6	257.7	254.6
泰来县	75.8	71.5	1.0	3.4	171.5	170.0
甘南县	67.9	63.8	0.5	3.5	203.7	200.1
富裕县	47.3	43.7	0.4	3.2	156.5	153.9
克山县	62.0	61.3	0.4	0.4	201.8	199.4
克东县	53.4	52.1	0.3	1.0	125.9	125.7
拜泉县	66.0	65.2	0.1	0.7	243.3	239.6
农场局	**47.7**	**41.2**	**2.7**	**3.0**	**140.5**	**137.9**

11-16　农田水利建设

（2014年）

地　区	有效灌溉面积（千公顷）	#有效实灌面积	旱涝保收面积（千公顷）	机电排灌面积（千公顷）	#有效排灌面积	机电井（眼）	
						规模以上	规模以下
全　市	**724.26**	**456.38**	**33.01**	**615.85**	**574.95**	**35486**	**348655**
市　区	**56.23**	**49.16**	**3.93**	**60.52**	**60.52**	**3309**	**41604**
市辖县(市)	**556.68**	**407.22**	**29.08**	**534.43**	**514.43**	**25050**	**307051**
讷河市	71.73	43.27	3.00	84.74	84.74	4566	22879
龙江县	119.81	71.53	6.59	103.09	103.09	8442	97170
依安县	39.34	22.74	0.28	44.61	44.61	2670	17392
泰来县	111.95	96.00		95.78	95.78	2144	39278
甘南县	122.43	108.90	3.39	114.52	114.52	1156	58721
富裕县	50.12	44.00	15.57	62.98	42.98	3691	15777
克山县	14.18	10.63		10.10	10.10	733	7629
克东县	7.09	4.17	0.25	7.20	7.20	433	565
拜泉县	20.03	5.98		11.41	11.41	1215	47640
农场局	**111.35**			**20.90**		**7127**	

注：机电井数据是全国第一次水利普查地下水取水井数据，统计口径分为规模以上（井口井管内径大于或等于200mm以上的灌溉机电井）和规模以下（井口井管内径为200mm以下的灌溉机电井）。

11-17　主要年份水库、除涝、治水及治碱情况

项　目	单位	1990年	1995年	2000年	2005年	2010年	2013年	2014年
水　库	座	47	64	65	65	144	138	138
大型水库	座	1	1	2	2	2	2	2
中型水库	座	5	5	5	5	12	12	12
小型水库	座	41	58	58	58	130	124	124
水库容量	万立方米	52031	55632	85332	87941	109468	107028	107028
大型水库	万立方米	22700	22700	52400	55300	55300	55400	55400
中型水库	万立方米	19500	19500	19500	19470	35861	33779	33779
小型水库	万立方米	9831	13432	13432	13171	18307	17849	17849
水库有效灌溉面积	万亩	17.4	24.5	24.5	23.6	38.5	42.1	42.1
大型水库	万亩	5.3	6.9	3.3	9.8	14.6	15.0	15.0
中型水库	万亩	8.9	13.7	8.2	10.6	20.4	20.2	20.2
小型水库	万亩	3.2	3.8	13.0	3.2	3.5	6.9	6.9
塘　坝	座	143	160	204	211	215	159	159
塘坝有效灌溉面积	万亩	3.1	2.4	3.4	1.5	1.6		
易涝耕地面积	万亩	661.8	674.8	674.8	677.9	677.9	677.90	677.90
除涝面积	万亩	369.1	411.0	424.2	450.7	463.2	473.06	500.50
水土流失面积	万亩	1844.1	1844.1	3335.5	3335.5	3335.5	3335.40	3335.40
治理水土流失面积	万亩	632.7	747.2	1001.4	1249.9	1445.2	915.05	880.38
盐碱耕地面积	万亩	97.4	153.6	153.6	153.6	153.6	153.60	153.60
治碱面积	万亩	26.1	26.1	26.1	26.1	26.1	26.10	26.10
堤防长度	千米	1415.6	1262.0	1715.7	1773.8	1789.9	2077.06	2076.27
堤防保护耕地面积	万亩	435.0	505.4	499.8	647.5	648.6	494.98	742.47

11-18　主要年份主要农作物播种面积和产量

项　目	单　位	1985年	1990年	1995年	2000年	2005年	2010年	2014年
总播种面积	万亩	**2369.0**	**2416.5**	**2526.7**	**2699.8**	**3025.9**	**3637.8**	**3653.1**
粮食	万亩	1834.5	2052.3	2136.4	2166.5	2504.7	3400.6	3566.2
水稻	万亩	26.0	80.6	126.3	179.4	183.9	364.1	590.6
小麦	万亩	543.8	542.2	407.2	163.4	31.0	15.9	0.3
玉米	万亩	410.0	564.2	642.7	524.1	858.3	1509.3	2014.7
谷子	万亩	237.7	96.4	50.3	31.5	18.3	5.7	2.0
高粱	万亩	46.1	58.0	68.6	64.5	38.3	14.2	7.0
其他谷物	万亩	79.3	69.0	71.0	27.4	14.2	1.6	0.5
大豆	万亩	401.5	538.2	651.6	873.9	995.5	1284.8	791.5
薯类	万亩	90.1	103.7	118.7	176.5	190.5	128.6	133.9
油料	万亩	158.2	70.4	69.6	154.7	241.8	78.5	13.4
麻类	万亩	13.5	21.3	44.5	29.0	9.7	0.0	0.0
甜菜	万亩	103.7	125.3	130.1	87.6	58.5	60.7	13.7
烟叶	万亩	0.9	8.7	2.8	1.1	1.0	0.5	0.1
蔬菜	万亩	58.4	55.2	71.2	126.3	82.6	34.7	35.4
瓜类	万亩	25.5	7.4	9.0	24.6	27.2	13.3	9.1
青饲料	万亩	35.8	38.3	31.0	12.9	49.0	37.5	10.8
主要农产品产量								
粮食	万吨	258.3	364.3	490.7	468.2	672.5	1068.9	1259.4
水稻	万吨	5.6	23.1	54.6	76.9	85.4	172.4	214.8
小麦	万吨	78.9	91.5	86.3	12.6	7.8	4.4	0.7
玉米	万吨	61.5	136.7	214.4	194.5	327.0	654.4	886.8
谷子	万吨	22.5	10.5	5.3	4.3	3.8	1.0	0.3
高粱	万吨	8.2	12.8	16.9	20.9	12.0	5.7	2.7
其他作物	万吨	8.5	6.4	6.3	3.3	1.9	0.2	2.0
大豆	万吨	58.4	57.8	71.0	98.7	137.8	177.1	97.2
薯类	万吨	14.7	25.5	35.9	46.2	77.5	44.7	37.2
油料	万吨	14.3	5.7	6.0	14.6	25.7	9.0	1.8
麻类	万吨	2.0	3.8	9.3	2.9	3.0		
甜菜	万吨	76.6	147.3	138.5	103.5	95.0	127.7	37.1
蔬菜	万吨	73.4	93.0	132.3	278.8	173.8	98.2	97.4
瓜类	万吨	24.1	11.6	14.1	41.6	63.0	40.1	27.0

11–19　主要农作物播种面积

（2014年）　　　　单位:公顷

地区	总播种面积	粮食	水稻	小麦	玉米	谷子	高粱	其他谷物
全　　市	**2435422**	**2377484**	**393765**	**172**	**1343140**	**1362**	**4640**	**335**
市　　区	**155211**	**134617**	**42623**		**89649**	**174**	**33**	
龙沙区	5082	3109	1706		1403			
建华区	3733	2933	533		2400			
铁锋区	7741	7342	3270		3896			
昂昂溪区	13471	12081	4028		7523			
富拉尔基区	16523	16228	4059		12149			
碾子山区	11367	10367	1000		8860	107		
梅里斯区	97294	82557	28027		53418	67	33	
市辖县(市)	**2139073**	**2108968**	**278012**	**172**	**1204459**	**1188**	**4607**	**335**
讷河市	404667	401378	41027		214371			
龙江县	326519	321990	34338		284026	739	647	158
依安县	271871	266966	29667	100	180164	25	790	
泰来县	174620	168066	74431	22	87994	1	1447	
甘南县	234205	233226	46698		171119	194	377	
富裕县	156488	152052	40005		102940	133	523	
克山县	201803	201136	5400		39702		333	
克东县	125682	123727	1040		41940		333	
拜泉县	243218	240427	5406	50	82203	96	157	177
农场局	**141138**	**133899**	**73130**		**49032**			

11－19续1　（2014年）　单位:公顷

地　区	豆类	大豆	杂豆	薯类	#马铃薯	油料	#向日葵	甜菜
全　市	**544811**	**527669**	**17142**	**89259**	**89256**	**8914**	**1238**	**9146**
市　区	**2138**	**1818**	**320**			**243**	**198**	**20**
龙沙区								
建华区								
铁锋区	176	171	5			5		
昂昂溪区	530	400	130			40		
富拉尔基区	20	20						
碾子山区	400	352	48			100	100	
梅里斯区	1012	875	137			98	98	20
市辖县(市)	**537657**	**523882**	**13775**	**82538**	**82535**	**7538**	**1040**	**9126**
讷河市	112244	112244		33736	33736			2097
龙江县	1184	282	902	898	895	363	332	28
依安县	50332	48833	1499	5888	5888	207	207	4170
泰来县	4070	2188	1882	101	101	6281	39	
甘南县	14156	8532	5624	682	682	340	187	
富裕县	7290	5983	1307	1161	1161	87	15	483
克山县	125693	125693		30008	30008			
克东县	78414	77847	567	2000	2000	260	260	
拜泉县	144274	142280	1994	8064	8064			2348
农场局	**5016**	**1969**	**3047**	**6721**	**6721**	**1133**		

11－19续2　　（2014年）　　单位:公顷

地　区	烟　叶	#烤　烟	药　材	蔬菜食用菌	#蔬　菜	瓜果类	饲料作物	#青饲料	其他农作物
全　市	**35**		**535**	**24486**	**23633**	**6053**	**7328**	**7205**	**1441**
市　区				**17153**	**16349**	**2668**	**467**	**467**	**43**
龙沙区				1971	1971				2
建华区				765		33			2
铁锋区				364	362	30			
昂昂溪区				830	800	80	440	440	
富拉尔基区				256	249				39
碾子山区				900	900				
梅里斯区				12067	12067	2525	27	27	
市辖县(市)	35		269	6273	6224	2379	3960	3837	525
讷河市				934	934	258			
龙江县	35		9	2869	2869	840	274	151	111
依安县			10	216	216	154			148
泰来县				228	228	45			
甘南县			90	105	104	150	28	28	266
富裕县			160	420	420	621	2665	2665	
克山县				667	667				
克东县				555	507	147	993	993	
拜泉县				279	279	164			
农场局			**266**	**1060**	**1060**	**1006**	**2901**	**2901**	**873**

11-20 主要农产品产量

（2014年）　　　　　　　　　　　　单位:吨

地区	粮食	水稻	小麦	玉米	谷子	高粱	其他谷物	大豆	杂豆
全市	**12594494**	**2147994**	**7032**	**8868268**	**3474**	**26542**	**19841**	**971865**	**177707**
市区	**740392**	**117819**		**590225**	**308**	**66**		**31860**	**114**
市辖县(市)	**10757368**	**1371402**	**7032**	**7884874**	**3166**	**26476**	**19841**	**935052**	**171483**
讷河市	1734217	209263		1079757				204806	73068
龙江县	2554277	277622	300	2252196	2217	3882	13242	444	1680
依安县	1350215	151792	600	984969	113	7110		114942	2473
泰来县	809981	311195	133	487199	2	4373		3450	3172
甘南县	1132211	161622		864688	441	2776		15435	82094
富裕县	927479	183771		726491	249	4857	2554	2156	3237
克山县	693799	35301		381928		1993		254779	
克东县	374129	4480		203237		774		139861	1233
拜泉县	1181060	36356	5999	904409	144	711	4045	199179	4526
农场局	**1096734**	**658773**		**393169**				**4953**	**6110**

注:各县(市)、市辖区粮食总产和分作物产量由国家统计局黑龙江调查总队反馈

11－20续　（2014年）　单位:吨

地　区	薯类	#马铃薯	油料	#向日葵	甜菜	烟叶	蔬菜食用菌	瓜果类
全　市	**371771**	**371771**	**17716**	**2201**	**370543**	**80**	**1012299**	**269573**
市　区			**482**	**328**	**8230**		**716187**	**116472**
市辖县(市)	**338042**	**338042**	**14839**	**1873**	**362313**	**80**	**244682**	**98654**
讷河市	167323	167323			94365		38527	14443
龙江县	2694	2694	553	514	1116	80	98970	40847
依安县	88216	88216	335	335	185398		5728	5198
泰来县	457	457	12681	71			8948	1446
甘南县	5155	5155	580	384			4573	4330
富裕县	4164	4164	144	23	12075		16800	21114
克山县	19798	19798					28019	
克东县	24544	24544	546	546			33577	6686
拜泉县	25691	25691			69359		9540	4590
农场局	**33729**	**33729**	**2395**				**51430**	**54447**

11-21　主要年份畜牧业生产情况

项　目	单　位	1990年	1995年	2000年	2005年	2010年	2013年	2014年
大牲畜总数	万头	67.6	86.0	89.7	147.7	153.7	179.4	179.2
黄牛	万头	27.7	46.2	54.6	98.6	79.7	97.0	101.3
奶牛	万头	12.1	12.5	12.6	36.6	65.9	74.5	70.4
马	万头	23.8	21.3	17.8	8.3	4.4	4.2	4.2
驴	万头	2.1	3.4	2.9	2.9	3.2	3.2	2.8
骡	万头	1.9	2.4	1.9	1.4	0.5	0.5	0.5
猪	万头	107.7	143.0	180.6	263.9	324.0	330.7	314.5
羊	万只	75.9	97.6	131.1	267.5	219.3	280.1	285.8
家禽	万只	952.0	1467.4	1831.0	2023.6	2199.2	2803.5	2704.2
年末养蜂数	箱	4320.0			6802.0	5305.0	5381.0	4561.0
当年出栏肉猪	万头	67.6	132.9	202.0	370.1	430.1	443.5	423.7
猪肉	万吨	5.5	10.9	16.0	29.1	34.1	34.3	32.4
牛肉	万吨	1.0	3.5	4.9	9.7	9.8	12.5	12.0
羊肉	万吨	0.3	0.7	0.9	2.8	2.5	3.5	3.2
牛奶	万吨	21.4	22.5	25.6	76.9	139.4	203.9	185.2
羊奶	万吨	0.1			0.2	0.6	0.3	0.3
绵羊毛	万吨	0.3	0.4	0.4	0.9	0.8	0.9	1.0
蜂蜜	吨	186.0	470.0	516.6	250.0	214.6	215.2	170.0
禽蛋	万吨	3.5	7.0	10.8	14.2	15.0	14.9	14.9

11-22　各县(市)区畜牧业生产情况

（2014年）

地　区	大牲畜年末存栏(头)	#农役畜	牛	#奶　牛	马	驴	骡
全　　市	**1791609**	**46372**	**1716543**	**703955**	**42102**	**28126**	**4838**
市　　区	**167228**	**4606**	**160869**	**128134**	**4895**	**1204**	**260**
龙沙区	2295		2295	1800			
建华区	7283		7026	5670	257		
铁锋区	13324	324	12630	10080	694		
昂昂溪区	24500		23500	18500	484	471	45
富拉尔基区	20208	3271	17408	11926	2431	369	
碾子山区	18090	905	17400	13700	295	180	215
梅里斯区	81528	106	80610	66458	734	184	
市辖县(市)	**1602298**	**41766**	**1533684**	**556397**	**37187**	**26849**	**4578**
讷河市	224163	5165	214883	18894	7126	1920	234
龙江县	389960	1140	370870	78600	6231	12106	753
依安县	164870	17933	158674	32859	5374	601	221
泰来县	108202	2652	91358	49633	9584	5863	1397
甘南县	160588	54	157096	117574	1492	1610	390
富裕县	193276	2786	188629	172400	2457	1635	555
克山县	91814	7050	87573	19082	2519	1435	287
克东县	96500	1595	95700	64200	450	310	40
拜泉县	172925	3391	168901	3155	1954	1369	701
农场局	**22083**		**21990**	**19424**	**20**	**73**	

11－22 续1　　　　（2014年）

地　区	生猪存栏(头)	#能繁殖的母猪	羊(只)	#绵　羊	家　禽(只)	#肉　鸡	兔(只)
全　　市	**3144972**	**388447**	**2858005**	**2430004**	**27041771**	**11337152**	**96991**
市　　区	**328508**	**47229**	**215931**	**170576**	**3439619**	**832170**	**14000**
龙 沙 区	18500	2510	2100	2100	470000	80000	2000
建 华 区	19963	2795	6455	4740	269423	21000	
铁 锋 区	29258	3197	7906	4295	401460	174060	
昂昂溪区	34000	4600	13500	7400	390000	130000	1500
富拉尔基区	44876	6060	14700	13625	294000	89000	10500
碾子山区	37500	3800	19600	13500	203000	34000	
梅里斯区	144411	24267	151670	124916	1411736	304110	
市辖县(市)	**2740843**	**334075**	**2591104**	**2216348**	**22866603**	**10122294**	**81857**
讷 河 市	382600	45200	341895	303635	3621815	1925796	51615
龙 江 县	354200	44500	617730	546370	5968123	2933244	6780
依 安 县	335100	42000	423876	335643	2567849	901403	5700
泰 来 县	234633	16598	129866	91869	1465091	382942	11749
甘 南 县	376604	28235	584539	554533	1716942	1040535	
富 裕 县	280002	35902	174873	142562	2080800	544740	
克 山 县	200057	19976	146310	105692	1905752	510000	6013
克 东 县	65620	9500	39497	15697	489552	163052	
拜 泉 县	512027	92164	132518	120347	3050679	1720582	
农 场 局	**75621**	**7143**	**50970**	**43080**	**735549**	**382688**	**1134**

11－22 续2

（2014年）

地 区	当年出栏肥猪(头)	肉类产量(吨)	#猪 肉	#牛 肉	#羊 肉	#禽 肉
全 市	**4236698**	**586658**	**324166**	**119556**	**32319**	**107027**
市 区	**415397**	**50513**	**31888**	**7572**	**2641**	**7940**
龙沙区	23000	3445	1725	129	20	1561
建华区	23775	2723	1783	225	110	605
铁锋区	20860	2909	1669	518	99	623
昂昂溪区	110000	11905	8250	2100	171	1350
富拉尔基区	41843	6025	3138	1368	227	930
碾子山区	36500	3986	2920	495	204	316
梅里斯区	159419	19520	12403	2737	1810	2555
市辖县(市)	**3633937**	**504815**	**278197**	**105616**	**27338**	**91275**
讷河市	542600	86679	41500	16862	4246	23655
龙江县	461800	86859	34400	24033	6461	21348
依安县	440300	74168	33300	15864	5005	19788
泰来县	366948	39360	29356	3156	1224	5093
甘南县	550869	60576	44067	7054	3645	5759
富裕县	219935	24035	16496	3368	1675	2496
克山县	256823	40580	19261	11970	1841	7446
克东县	43600	7919	3488	3270	352	761
拜泉县	751062	84639	56329	20039	2889	4929
农场局	**187364**	**31330**	**14081**	**6368**	**2340**	**7812**

11－22 续3

（2014年）

地　区	奶类产量(吨)	#牛奶	绵羊毛(吨)	羊　绒(公斤)	蜂　蜜(公斤)	禽　蛋(吨)
全　市	**1855657**	**1852493**	**9751**	**14502**	**169741**	**149089**
市　区	**337633**	**337633**	**570**	**3594**	**4838**	**34373**
龙沙区	4830	4830	8			5070
建华区	17921	17921	22			3129
铁锋区	30020	30020	16			2602
昂昂溪区	55000	55000	8	500		2680
富拉尔基区	26995	26995	60			1890
碾子山区	35000	35000	73			2100
梅里斯区	167867	167867	383	3094	4838	16902
市辖县(市)	**1456000**	**1452836**	**9094**	**10908**	**164903**	**110861**
讷河市	49247	49247	2085	1441	114140	20290
龙江县	233500	231500	2110	2280	29294	21658
依安县	71376	71376	1191	130	10164	10579
泰来县	144129	144129	266	7057	11305	10834
甘南县	289155	289155	2015			4889
富裕县	445000	445000	464			10650
克山县	45152	45152	404			14586
克东县	174000	174000	61			5110
拜泉县	4441	3277	498			12265
农场局	**62024**	**62024**	**87**			**3855**

11-23　市县属蔬菜播种面积

（2014年）　　单位:公顷

地　区	总播种面积	叶菜类	白菜类	甘蓝类	瓜菜类	块根茎类	茄果菜类	葱蒜类	豆　类	其　他
全　市	**23426**	**929**	**7499**	**965**	**1355**	**2973**	**1780**	**5406**	**1614**	**905**
市　区	**17153**	**615**	**4162**	**679**	**855**	**2752**	**1224**	**4912**	**1229**	**725**
龙沙区	1971	190	140	44	380	74	385	35	244	479
建华区	765	90	151	95	64	54	110	54	35	112
铁锋区	364	30	159	20	25	15	58	10	45	2
昂昂溪区	830	64	70	35	70	160	120	196	35	80
富拉尔基区	256	2			150	16	81			7
碾子山区	900	111	150	92	75	53	270	57	59	33
梅里斯区	12067	128	3492	393	91	2380	200	4560	811	12
市辖县(市)	**6273**	**314**	**3337**	**286**	**500**	**221**	**556**	**494**	**385**	**180**
讷河市	934	60	190	44	148	63	154	99	167	9
龙江县	2869	76	2105	80	101	28	223	172	84	
依安县	216	4	60		65		1	47	39	
泰来县	228	20	53	11	37	17	44	32	9	5
甘南县	105	12	14		8		30	33	6	2
富裕县	420	40	180	50	45	35	35	15	20	
克山县	667	62	443	43	60	3	30	12	14	
克东县	555	40	240	58	35	55	38	44	45	
拜泉县	279		52		1	20	1	40	1	164

11-24 市县属蔬菜生产情况

（2014年）

单位:吨

地 区	蔬菜产量	叶菜类	白菜类	甘蓝类	瓜菜类	块根茎类	茄果菜类	葱蒜类	菜用豆角	其 他
全 市	**960869**	**23960**	**378048**	**39338**	**53383**	**110114**	**63485**	**232077**	**39727**	**20737**
市 区	**716187**	**15088**	**215064**	**29228**	**39098**	**102297**	**47344**	**219303**	**32914**	**15851**
龙沙区	73490	3270	10920	1850	21510	3110	21720	1960	4340	4810
建华区	33699	3908	10103	5700	1473	1414	2660	2430	53	5958
铁锋区	16353	178	11760	538	899	353	1263	22	1280	60
昂昂溪区	29187	2410	3500	875	3300	4600	3700	8070	1400	1332
富拉尔基区	10158	56			5606	480	3683			333
碾子山区	30600	3255	7875	3465	3000	1600	6338	3450	917	700
梅里斯区	522700	2011	170906	16800	3310	90740	7980	203371	24924	2658
市辖县(市)	**244682**	**8872**	**162984**	**10110**	**14285**	**7817**	**16141**	**12774**	**6813**	**4886**
讷河市	38527	1344	15672	1320	4290	4100	7062	2815	1901	23
龙江县	98970	436	90563	2280	617	538	2889	981	666	
依安县	5728	9	4314		205		3	971	226	
泰来县	8948	856	2124	631	1791	604	1174	1360	290	118
甘南县	4573	103	1429		53		300	2168	50	470
富裕县	16800	1200	10800	2200	900	400	530	300	470	
克山县	28019	2360	19062	2275	2287	105	1200	420	310	
克东县	33577	2564	16540	1404	4140	1450	2980	1619	2880	
拜泉县	9540		2480		2	620	3	2140	20	4275

11-25 主要年份林业生产情况

指　　标	单　位	1990年	1995年	2000年	2005年	2010年	2013年	2014年
造林面积	亩	261464	566895	488715	242235	403560	379845	215685
用 材 林	亩	77055	94185	57900	167310	11655	32235	5700
经 济 林	亩	30139	116865	51075	8925	2985	6435	525
防 护 林	亩	139171	305565	347460	220530	386985	341175	138690
农田防护林	亩	30794	51105	82125	28050	38010		
薪 炭 林	亩	5891	15255	8310	180	1935		
其 他 林	亩	11357	12930		5490			70770
迹地更新面积	亩	32581	22095	28995	39165			
育苗面积	亩	26091	19215	34950	27855	24780	27675	25800
成苗产量	万株	16881					14846	8939
人工成林抚育间伐面积	亩	40052	44070	58755	33000			
人工成林抚育间伐出材量	立方米	21721	39523	64256	31332			
人工成林经营采伐面积	亩	16219	10860	6315	16440			
人工成林经营采伐出材量	立方米	8748	46699	26442	47745			
四旁零星植树	万株	59	373	491	210		5554	5565
林木种子采集收购量	公斤	5139	2503	1578	788			
封山育林面积	亩	208518	272010	99510	227010	164985	214980	111765
幼林抚育实际面积	亩	763495	1011285	1560510	1246830	984675	50505	78300
年末实有母树林面积	亩	17907	13080	17775	10860	12060		
年末实有种子园面积	亩	5188	6270	4065	3000	2280		

11-26 各县(市)林业生产情况

(2014年)

地　区	造林面积(公顷)	用材林(公顷)	零星植树(万株)	育苗面积(公顷)	幼林抚育实际面积(公顷)
全　市	**14379**	**380**	**371**	**1720**	**5220**
市　区	**2419**			**187**	**2117**
市辖县(市)	**11454**	**380**		**1272**	**2044**
讷河市	1866			107	
龙江县	1467			129	54
依安县	667			98	
泰来县	1066			133	
甘南县	1334			107	339
富裕县	934			165	1152
克山县	1853	180			
克东县	1334	200		100	120
拜泉县	933			433	379
农场局	**506**		**371**	**261**	**1059**

11-27 各县(市)渔业生产情况

(2014年)

地　区	水产品产量(吨)	养殖产量	捕捞产量	已利用养殖面积(公顷)	#成鱼精养面积	#鱼种生产面积
全　市	**69060**	**50795**	**20029**	**42300**	**15555**	**616**
市　区	**11971**	**8871**	**3100**	**5809**	**8857**	**268**
市辖县(市)	**55898**	**41050**	**16613**	**34936**	**6698**	**348**
讷河市	10950	6300	4650	1580	780	74
龙江县	7728	4545	3183	3249	320	67
依安县	3000	2760	240	1670	475	10
泰来县	13500	11100	2400	15290	64	27
甘南县	7000	4400	2600	5667	1314	80
富裕县	4000	2800	1200	2667	667	
克山县	2700	2555	150	2333	1695	67
克东县	2790	2360	430	720	480	23
拜泉县	4230	4230	1760	1760	903	
农场局	**1191**	**874**	**316**	**1555**		

11-28 主要年份渔业生产情况

项 目	单 位	1990年	1995年	2000年	2005年	2010年	2013年	2014年
水产养殖收获面积	公顷	**21050**	**36694**	**49565**	**37320**	**35826**	**41508**	**42300**
池塘养殖	公顷	5024	5347	8323	8460	6228	9856	9858
湖泊养殖	公顷	4377	12872	16362	11817	15771	16080	16104
河沟养殖	公顷	2249	1259	9101	4586	5925	7577	7894
水库养殖	公顷	8676	13149	14189	10597	7902	7995	7730
水产品产量	吨	**19561**	**31917**	**55762**	**53328**	**53731**	**65417**	**69060**
按生产性质分								
捕捞产量	吨	8821	10003	16655	17239	14008	22069	20029
养殖产量	吨	10740	21914	38995	36089	39723	43348	50795
按类别分								
鱼类	吨	19367	31712	55100	52831	52030	63080	12490
虾蟹类	吨	186	205	550	497	1621	1311	375
其他类	吨	8				98	3863	

11-29 特色种植业播种面积

（2014年）

单位:公顷

地 区	药 材	经济作物	#白瓜籽	#万寿菊	#甜玉米	食用菌干鲜混	#黑木耳干 品	#香 菇干 品	#其 它鲜 品
全 市	**269**	**1308**	**256**	**433**	**523**	**94**	**6**	**4**	**84**
市 区		**396**			**370**	**24**	**6**	**2**	**16**
市辖县(市)	**269**	**912**	**256**	**433**	**153**	**70**	**0**	**2**	**68**
讷 河 市		20				20			20
龙 江 县	9	34	31		3				
依 安 县	10								
泰 来 县									
甘 南 县	90	155	153			2		2	
富 裕 县	160	72	72						
克 山 县									
克 东 县		631		433	150	48			48
拜 泉 县									

11-30 绿色种植业生产情况

（2014年）　　单位：吨

地　区	A级产量	水　稻	小　麦	玉　米	谷　子	大　豆	绿　豆
全　市	**8140496**	**1086917**		**1369980**	**39267**	**647337**	**35646**
市　区	**1183750**	**33750**		**300000**			
市辖县(市)	**6956746**	**1053167**		**1069980**	**39267**	**647337**	**35646**
讷河市	2222400	60000		230400		182000	
龙江县	1536700	460000		817500	39000		24800
依安县	544000	12000		2000		5000	1000
泰来县	521000	450000					9750
甘南县	133584	36000		15000			75
富裕县	13000	10000					
克山县	1161080	24000		3080		330000	
克东县	130000					130000	
拜泉县	694982	1167		2000	267	337	21

11－30 续

（2014年）　　单位：吨

地　区	马铃薯	甜　菜	蔬　菜	其　它	有机食品产　量	大　豆	玉　米	马玲薯
全　市	**2519800**	**1275000**	**874000**	**292550**	**3146**	**96**	**3050**	
市　区			**850000**					
市辖县(市)	**2519800**	**1275000**	**24000**	**292550**	**3146**	**96**	**3050**	
讷河市	1600000	150000						
龙江县	58800			136600				
依安县	61000	450000	12000	1000				
泰来县				61250				
甘南县				82509				
富裕县				3000				
克山县	800000		4000					
克东县								
拜泉县		675000	8000	8191	3146	96	3050	

11-31 绿色种植业播种面积

（2014年）　　单位：公顷

地　区	A　级 播种面积						
		水　稻	小　麦	玉　米	谷　子	大　豆	绿　豆
全　　市	**899688**	**143615**		**179783**	**8795**	**274969**	**18477**
市　　区	**48833**	**4800**		**33333**			
市辖县(市)	**850855**	**138815**		**146450**	**8795**	**274969**	**18477**
讷 河 市	144780	6667		3413		72000	
龙 江 县	269367	54667		139300	8700		8300
依 安 县	27957	2000		730		667	130
泰 来 县	93300	60000					10000
甘 南 县	40492	4000		2000			40
富 裕 县	9867	8667					
克 山 县	176801	2667		667		146667	
克 东 县	55500					55500	
拜 泉 县	32791	147		340	95	135	7

11－31 续

（2014年）　　单位：公顷

地　区					有机食品 播种面积			
	马铃薯	甜　菜	蔬　菜	其　它		大　豆	玉　米	马铃薯
全　　市	**90667**	**56700**	**11500**	**115182**	**95**	**35**	**60**	
市　　区			**10700**					
市辖县(市)	**90667**	**56700**	**800**	**115182**	**95**	**35**	**60**	
讷 河 市	58000	4700						
龙 江 县	2700			55700				
依 安 县	3300	20000	600	530				
泰 来 县				23300				
甘 南 县				34452				
富 裕 县				1200				
克 山 县	26667		133					
克 东 县								
拜 泉 县		32000	67		95	35	60	

11-32　特色种植养殖业生产情况

（2014年）　　单位：吨

地　区	白瓜籽	万寿菊	甜玉米	食用菌干鲜混	黑木耳干品	香菇干品	其它鲜品
全　市	**356**	**10000**	**5736**	**6568**	**58**	**517**	**5993**
市　区			**3700**	**3507**	**58**	**450**	**2999**
市辖县(市)	**356**	**10000**	**2036**	**3061**		**67**	**2994**
讷河市				90			90
龙江县	39		11				
依安县							
泰来县							
甘南县	196			67		67	
富裕县	121						
克山县							
克东县		10000	2025	2904			2904
拜泉县							

11-33　特色养殖业生产情况

（2014年）　　单位：只

地　区	鹿	笨　鸡	山　鸡	貉　子	貂	鹧　鸪	狐
全　市	**1613**	**5036433**	**9730**	**26592**	**37959**	**13000**	**54317**
市　区	**370**	**161000**		**11000**			**15400**
龙沙区				1800			1100
建华区		3000		1300			
铁锋区							
昂昂溪区	300	10000		1500			4000
富拉尔基区		29000		4400			10300
碾子山区	64	55000					
梅里斯区	6	64000		2000			
市辖县(市)	**1243**	**4875433**	**9730**	**15592**	**37959**	**13000**	**38917**
讷河市	27	852175		1289			3710
龙江县	59	856556	230				1900
依安县		116534					
泰来县	420	525750	9500		1200	13000	23000
甘南县		308871		7388	2537		8259
富裕县		365000		700	32500		
克山县		318190					250
克东县	10	148007					
拜泉县	727	1384350		6215	1722		1798

11－33续　　（2014年）　　单位:只

地　区	鹿茸（公斤）	出栏笨鸡	出栏山鸡	出栏貂	出栏肉犬	出栏鸽	出栏鹌鹑	蚕茧（公斤）
全　市	**335**	**4336319**	**26650**	**40649**	**43075**	**133520**	**128000**	**300000**
市　区	**51**	**228018**	**13000**	**4000**				
龙沙区				2000				
建华区				1000				
铁锋区								
昂昂溪区	50	10500						
富拉尔基区		4500						
碾子山区		18	13000					
梅里斯区	1	213000		1000				
市辖县(市)	**284**	**4108301**	**13650**	**36649**	**43075**	**133520**	**128000**	**300000**
讷河市	4	927536			9850	98100	121000	300000
龙江县	28	961750	650		8750	4420		
依安县		342150						
泰来县	252	676968	13000	1050	22500	31000	7000	
甘南县		382531		1395				
富裕县		300000		22150				
克山县		134495			1975			
克东县		34590						
拜泉县		348281		12054				

11-34 市县属农林牧渔业总产值

（2014年，按当年价格计算） 单位：万元

地 区	农林牧渔业总产值	农 业	林 业	牧 业	渔 业	农林牧渔服务业
全 市	**5498649**	**3184395**	**57444**	**2145466**	**91275**	**20069**
市 区	**474512**	**250501**	**4498**	**209037**	**8549**	**1927**
龙沙区	31251	15695	286	14308	882	80
建华区	25233	7150	529	16652	782	120
铁锋区	25629	9817	15	14944	738	115
昂昂溪区	67923	23144	984	39775	3980	40
富拉尔基区	57822	23718	749	31523	1143	689
碾子山区	30234	16906	531	12490	67	240
梅里斯区	236420	154071	1404	79345	957	643
市辖县(市)	**5024137**	**2933894**	**52946**	**1936429**	**82726**	**18142**
讷河市	808240	535431	8003	248805	13974	2027
龙江县	828751	488622	3673	326049	9497	910
依安县	589112	329700	15115	238865	4972	460
泰来县	427442	238760	1569	170908	15120	1085
甘南县	452575	250608	2417	192338	6482	730
富裕县	486596	251584	2083	220599	12080	250
克山县	513859	314607	1544	180002	10230	7476
克东县	258184	144943	4472	104278	4097	394
拜泉县	659378	379639	14070	254585	6274	4810

11-35 市县属耕地面积

（2014年）　　　　单位：公顷

地　区	年初实有耕地面积	当年增加耕地面积	当年减少耕地面积	年末实有耕地面积	#水　田	#旱　田
全　市	**2249622**	**3637**	**1979**	**2251280**	**309452**	**1537612**
市　区	**155452**		**1979**	**153473**	**42377**	**36736**
龙沙区	3947			3947	1706	1333
建华区	3593		192	3401	467	1808
铁锋区	9516		1775	7741	3270	4471
昂昂溪区	13436		12	13424	4028	7980
富拉尔基区	16299			16299	4053	2467
碾子山区	11367			11367	827	9851
梅里斯区	97294			97294	28026	8826
市辖县(市)	**2094170**	**3637**		**2097807**	**267075**	**1500876**
讷河市	404667			404667	41027	292890
龙江县	324542			324542	34338	156554
依安县	268234	3637		271871	29667	242204
泰来县	172822			172822	74365	16736
甘南县	203233			203233	36196	123302
富裕县	156488			156488	40005	116483
克山县	195284			195284	5400	189884
克东县	125682			125682	671	125011
拜泉县	243218			243218	5406	237812

11-36　主要年份市县属主要农作物播种面积

单位:万亩

年　份	总播种面积	#粮　食	#水　稻	#小　麦	#玉　米	#谷　子	#高　粱	#其它谷物
1978	2184.3	1866.3	16.5	360.9	522.3	353.4	96.9	108.0
1980	2226.3	1655.4	13.3	423.3	469.3	313.7	74.7	100.5
1985	2369.1	1888.4	25.9	543.8	410.3	237.6	46.3	79.2
1990	2269.2	1931.2	69.6	484.3	543.9	96.3	57.8	68.6
1991	2292.0	1943.1	109.4	468.1	607.7	74.1	48.1	51.8
1992	2342.1	2003.2	125.6	461.5	594.8	70.7	48.0	55.4
1993	2369.9	1960.5	102.4	373.4	462.9	67.1	61.4	32.3
1994	2371.1	1933.3	95.3	374.4	490.7	61.3	66.5	33.1
1995	2381.6	2012.3	100.7	372.0	623.9	50.2	68.3	67.4
1996	2398.4	2047.1	126.0	402.9	648.9	44.6	89.4	27.0
1997	2413.2	2061.7	156.4	356.5	623.1	34.1	65.2	23.9
1998	2403.1	2001.3	148.7	299.8	585.0	33.5	55.4	29.2
1999	2459.3	2042.7	141.5	209.2	716.0	82.3	72.2	31.6
2000	2541.3	2033.4	135.3	141.4	506.6	31.5	64.1	27.4
2001	2552.0	2036.7	135.8	85.0	623.1	33.1	52.0	27.7
2002	2538.5	1971.9	127.8	27.4	666.4	33.8	58.7	23.0
2003	2487.8	1944.7	93.3	15.6	620.2	26.2	43.1	17.8
2004	2807.3	2347.1	109.6	33.0	851.4	18.5	29.6	11.9
2005	2815.3	2330.4	123.4	22.1	809.3	18.2	38.3	11.9
2006	3064.9	2572.2	148.2	15.9	946.1	35.4	14.2	7.8
2007	2969.6	2544.1	188.1	2.8	1060.3	7.6	6.6	7.2
2008	3054.6	2643.4	206.8	11.6	1161.6	8.4	16.4	3.8
2009	3350.3	3115.3	247.1	5.6	1402.0	7.2	13.2	1.9
2010	3431.0	3217.4	298.9	7.9	1445.3	5.7	14.0	1.6
2011	3431.3	3278.1	329.9	10.0	1650.0	3.9	8.1	0.8
2012	3437.3	3283.4	386.0	8.5	1838.8	3.2	7.5	0.4
2013	3439.2	3330.8	425.0	5.2	2119.8	2.3	2.6	0.2
2014	3441.4	3365.4	481.0	0.3	1941.2	2.0	7.0	0.5

11－36续

单位:万亩

年 份	#大 豆	#薯 类	#油 料	#麻 类	#甜 菜	#烟 叶	#蔬 菜	#瓜 果	#青饲料
1978	265.2	143.1	56.4	29.5	44.7	1.4	85.8	18.8	61.3
1980	260.6	114.5	175.1	34.8	78.2	0.2	71.2	19.3	65.8
1985	401.6	143.7	258.2	13.4	111.0	0.8	58.4	25.3	32.9
1990	507.3	103.4	66.1	21.2	115.6	8.7	51.9	7.0	34.7
1991	485.6	98.3	66.5	30.9	132.9	9.0	49.2	6.5	29.7
1992	526.7	120.5	71.4	33.1	110.9	7.0	52.9	8.8	34.1
1993	746.9	114.1	63.7	34.5	104.3	7.9	59.2	8.5	35.9
1994	705.5	106.5	73.8	39.1	108.7	4.8	56.9	6.6	39.8
1995	611.4	118.4	64.3	44.3	121.2	2.8	70.8	8.8	29.1
1996	551.3	125.9	64.9	39.8	103.2	6.8	78.4	10.2	24.5
1997	636.7	133.8	88.5	21.8	84.7	5.7	87.7	13.0	19.4
1998	654.5	155.7	110.8	14.8	88.1	1.9	125.1	16.3	16.8
1999	611.4	168.3	131.1	18.2	70.2	1.6	90.5	15.4	17.8
2000	827.7	176.3	145.4	28.8	83.6	1.1	125.8	24.0	12.9
2001	742.8	195.5	147.1	33.5	104.7	1.4	112.9	22.2	15.9
2002	593.6	222.4	210.6	26.3	114.7	1.1	106.7	25.0	27.7
2003	706.6	199.5	253.0	24.6	69.3	1.4	89.1	28.4	32.7
2004	992.2	169.1	179.4	15.8	58.6	1.2	80.6	18.1	55.8
2005	959.4	180.5	234.7	9.0	54.5	1.0	80.9	24.9	4.8
2006	996.2	200.8	246.2	4.0	75.9	1.4	70.9	20.8	52.9
2007	1029.5	135.8	200.1	2.8	77.5	1.3	54.9	19.6	43.6
2008	922.2	217.0	190.9	2.1	75.7	1.0	56.2	18.9	44.0
2009	1276.0	106.2	113.9	0.1	38.0	0.7	31.6	10.2	29.3
2010	1258.9	116.3	77.0	0.0	60.1	0.5	32.4	9.4	26.2
2011	1055.1	157.6	42.6		36.8	0.5	34.0	8.4	26.5
2012	838.8	174.6	34.8		45.5	0.4	38.2	7.8	22.4
2013	591.8	167.1	19.9		25.5	0.1	41.3	7.6	11.4
2014	788.6	123.8	11.7		13.7	0.1	33.9	7.6	6.5

11-37　市县属主要农作物播种面积

（2014年）　　单位:公顷

地　区	总播种面积	粮　食	水　稻	小　麦	玉　米	谷　子	高　粱	其它谷物
全　市	**2294284**	**2243585**	**320635**	**172**	**1294108**	**1362**	**4640**	**335**
市　区	**155211**	**134617**	**42623**		**89649**	**174**	**33**	
龙沙区	5082	3109	1706		1403			
建华区	3733	2933	533		2400			
铁锋区	7741	7342	3270		3896			
昂昂溪区	13471	12081	4028		7523			
富拉尔基区	16523	16228	4059		12149			
碾子山区	11367	10367	1000		8860	107		
梅里斯区	97294	82557	28027		53418	67	33	
市辖县(市)	**2139073**	**2108968**	**278012**	**172**	**1204459**	**1188**	**4607**	**335**
讷河市	404667	401378	41027		214371			
龙江县	326519	321990	34338		284026	739	647	158
依安县	271871	266966	29667	100	180164	25	790	
泰来县	174620	168066	74431	22	87994	1	1447	
甘南县	234205	233226	46698		171119	194	377	
富裕县	156488	152052	40005		102940	133	523	
克山县	201803	201136	5400		39702		333	
克东县	125682	123727	1040		41940		333	
拜泉县	243218	240427	5406	50	82203	96	157	177

11－37 续1　　(2014年)　　单位:公顷

地　区	豆类	大豆	杂豆	薯类	#马铃薯	油料	#向日葵	甜菜
全　市	**539795**	**525700**	**14095**	**82538**	**82535**	**7781**	**1238**	**9146**
市　区	**2138**	**1818**	**320**			**243**	**198**	**20**
龙沙区								
建华区								
铁锋区	176	171	5			5		
昂昂溪区	530	400	130			40		
富拉尔基区	20	20						
碾子山区	400	352	48			100	100	
梅里斯区	1012	875	137			98	98	20
市辖县(市)	**537657**	**523882**	**13775**	**82538**	**82535**	**7538**	**1040**	**9126**
讷河市	112244	112244		33736	33736			2097
龙江县	1184	282	902	898	895	363	332	28
依安县	50332	48833	1499	5888	5888	207	207	4170
泰来县	4070	2188	1882	101	101	6281	39	
甘南县	14156	8532	5624	682	682	340	187	
富裕县	7290	5983	1307	1161	1161	87	15	483
克山县	125693	125693		30008	30008			
克东县	78414	77847	567	2000	2000	260	260	
拜泉县	144274	142280	1994	8064	8064			2348

11－37 续2　　(2014年)　　单位:公顷

地　区	烟　叶	药　材	蔬菜食用菌	蔬　菜	瓜果类	其它农作物	饲料作物	#青饲料
全　市	**35**	**269**	**23426**	**22573**	**5047**	**568**	**4427**	**4304**
市　区			**17153**	**16349**	**2668**	**43**	**467**	**467**
龙沙区			1971	1971		2		
建华区			765		33	2		
铁锋区			364	362	30			
昂昂溪区			830	800	80		440	440
富拉尔基区			256	249		39		
碾子山区			900	900				
梅里斯区			12067	12067	2525		27	27
市辖县(市)	**35**	**269**	**6273**	**6224**	**2379**	**525**	**3960**	**3837**
讷河市			934	934	258			
龙江县	35	9	2869	2869	840	111	274	151
依安县		10	216	216	154	148		
泰来县			228	228	45			
甘南县		90	105	104	150	266	28	28
富裕县		160	420	420	621		2665	2665
克山县			667	667				
克东县			555	507	147		993	993
拜泉县			279	279	164			

11-38　主要年份市县属主要农产品产量

单位:万吨

年　份	粮　食	#水　稻	#小　麦	#玉　米	#谷　子	#高　梁	#其它谷物
1978	214.1	2.5	40.8	81.0	27.9	9.5	10.4
1980	181.0	2.4	46.5	62.2	19.0	7.0	7.2
1985	251.4	5.4	79.7	65.1	22.2	6.8	7.3
1990	338.9	19.7	78.5	131.1	10.5	12.8	6.3
1991	348.3	27.6	72.7	146.6	7.3	9.2	4.6
1992	394.2	34.5	82.8	157.1	7.6	8.9	5.6
1993	417.9	33.0	71.6	144.6	9.6	14.6	4.2
1994	475.6	38.8	67.1	184.3	8.8	21.0	4.5
1995	458.4	41.3	77.1	209.2	5.3	16.8	5.7
1996	595.0	54.6	58.3	299.1	7.1	30.3	4.1
1997	586.8	66.8	83.8	253.6	5.0	16.6	4.2
1998	478.1	47.4	64.4	207.9	4.4	14.8	3.7
1999	615.2	62.3	44.6	304.9	5.6	21.7	4.5
2000	431.5	55.2	10.2	188.2	4.3	20.8	3.3
2001	318.6	43.3	6.5	122.9	2.5	5.1	2.3
2002	503.5	53.1	5.5	228.4	4.6	15.7	3.7
2003	186.8	25.2	1.0	88.7	1.8	5.4	1.1
2004	415.7	43.7	4.2	186.0	1.7	3.7	1.3
2005	586.6	50.6	5.1	304.0	3.8	12.0	1.7
2006	647.7	63.6	3.2	360.9	2.2	10.2	1.3
2007	537.8	78.5	1.3	311.3	1.7	4.4	7.5
2008	769.7	93.0	2.1	470.1	1.5	6.4	0.6
2009	828.3	109.1	1.0	522.0	1.0	3.6	0.5
2010	987.9	134.0	1.9	624.9	1.0	5.6	0.2
2011	1076.1	147.8	2.9	721.3	0.7	3.6	0.2
2012	1344.6	189.2	2.2	975.6	0.7	3.4	0.1
2013	1108.9	129.5	0.9	835.7	0.6	2.2	3.0
2014	1149.8	148.9	0.7	847.5	0.3	2.7	2.0

注:2013年起粮食产量采取主要品种抽样调查、小品种全面统计相结合的方法取得。

11－38 续

单位:万吨

年　份	#大　豆	#薯　类	油　料	麻　类	甜　菜	蔬　菜	瓜果类
1978	18.2	23.8	3.7	1.6	22.1	68.1	0.0
1980	22.5	14.2	13.9	2.2	56.6	65.2	8.0
1985	51.1	13.8	14.3	1.9	71.5	71.6	24.1
1990	54.4	25.5	5.5	3.8	133.9	88.5	11.0
1991	58.4	21.9	4.7	6.0	122.5	74.3	5.8
1992	69.6	28.1	6.9	5.7	124.8	96.0	12.9
1993	108.6	24.9	5.4	5.3	91.6	98.4	9.3
1994	113.5	30.9	5.3	5.9	101.6	106.6	9.5
1995	67.2	35.8	5.5	9.2	123.4	131.9	13.9
1996	84.7	53.8	6.3	8.0	117.0	185.6	17.2
1997	103.0	50.2	8.3	4.0	101.6	201.2	21.2
1998	101.9	31.2	4.2	1.6	48.9	142.5	12.7
1999	109.1	56.4	14.1	3.2	80.3	217.5	32.6
2000	92.6	46.2	14.0	2.9	98.1	278.0	40.9
2001	78.9	45.5	10.4	3.5	128.5	226.6	39.1
2002	93.8	72.7	23.0	5.8	164.2	248.2	53.5
2003	42.2	12.9	10.8	2.5	32.6	137.6	25.9
2004	112.2	51.8	15.1	3.0	86.2	157.4	40.7
2005	131.9	60.4	24.6	2.6	86.8	170.5	55.7
2006	127.1	61.7	24.1	1.0	100.6	156.0	41.2
2007	82.5	48.5	17.1	0.7	130.3	134.3	44.8
2008	112.4	73.4	18.5	0.6	128.7	153.5	44.6
2009	157.9	29.0	8.6		53.6	89.5	19.5
2010	173.1	39.2	8.8		126.0	92.0	24.7
2011	141.2	51.2	5.5		88.4	84.7	22.8
2012	111.8	58.5	4.7		106.5	97.8	22.0
2013	107.3	24.3	2.9		61.4	104.9	21.3
2014	96.7	33.8	1.5		37.1	92.2	21.5

11-39 市县属农产品产量

（2014年） 单位:吨

地 区	粮 食	水 稻	小 麦	玉 米	谷 子	高 粮	其他谷物	大 豆	杂 豆
全 市	**11497760**	**1489221**	**7032**	**8475099**	**3474**	**26542**	**19841**	**966912**	**171597**
市 区	**740392**	**117819**		**590225**	**308**	**66**		**31860**	**114**
市辖县(市)	**10757368**	**1371402**	**7032**	**7884874**	**3166**	**26476**	**19841**	**935052**	**171483**
讷 河 市	1734217	209263		1079757				204806	73068
龙 江 县	2554277	277622	300	2252196	2217	3882	13242	444	1680
依 安 县	1350215	151792	600	984969	113	7110		114942	2473
泰 来 县	809981	311195	133	487199	2	4373		3450	3172
甘 南 县	1132211	161622		864688	441	2776		15435	82094
富 裕 县	927479	183771		726491	249	4857	2554	2156	3237
克 山 县	693799	35301		381928		1993		254779	
克 东 县	374129	4480		203237		774		139861	1233
拜 泉 县	1181060	36356	5999	904409	144	711	4045	199179	4526

注:各县(市)、市辖区粮食总产和分作物产量由国家统计局黑龙江调查总队反馈

11－39续　　(2014年)　　单位:吨

地区	薯类	#马铃薯	油料	#向日葵	甜菜	烟叶	蔬菜食用菌	瓜果类
全　市	**338042**	**338042**	**15321**	**2201**	**370543**	**80**	**960869**	**215126**
市　区			**482**	**328**	**8230**		**716187**	**116472**
市辖县(市)	**338042**	**338042**	**14839**	**1873**	**362313**	**80**	**244682**	**98654**
讷河市	167323	167323			94365		38527	14443
龙江县	2694	2694	553	514	1116	80	98970	40847
依安县	88216	88216	335	335	185398		5728	5198
泰来县	457	457	12681	71			8948	1446
甘南县	5155	5155	580	384			4573	4330
富裕县	4164	4164	144	23	12075		16800	21114
克山县	19798	19798					28019	
克东县	24544	24544	546	546			33577	6686
拜泉县	25691	25691			69359		9540	4590

11-40　主要年份市县属畜牧业生产情况

年份	大牲畜总数（万头）	黄牛	奶牛	马	驴	骡	猪（万头）	羊（万只）
1978	61.7	21.6	0.8	36.4	1.1	1.8	138.5	62.3
1980	54.9	19.5	1.1	31.5	1.0	1.8	125.5	87.3
1985	65.3	27.5	4.9	29.2	2.0	1.7	101.9	59.3
1990	65.1	27.4	10.4	23.4	2.0	1.9	104.6	72.2
1991	67.7	28.9	12.0	22.3	2.1	2.3	107.5	72.3
1992	67.1	29.0	12.9	20.6	2.3	2.2	106.4	74.7
1993	70.0	32.1	11.7	21.6	2.4	2.2	102.8	75.8
1994	75.0	37.2	11.5	21.3	2.6	2.3	111.4	84.3
1995	83.7	45.9	11.0	21.1	3.2	2.4	139.1	95.9
1996	90.0	51.6	11.5	21.1	3.4	2.4	149.1	110.7
1997	80.1	47.4	10.3	17.7	3.4	2.2	156.8	111.4
1998	79.1	46.9	9.0	18.0	3.1	2.1	152.5	105.6
1999	80.8	58.6	9.7	17.2	2.9	2.0	164.6	112.3
2000	87.9	54.4	11.3	17.7	2.7	1.9	176.3	128.6
2001	91.7	58.6	13.9	14.8	2.9	1.5	179.8	143.0
2002	100.5	66.2	18.1	12.4	2.5	1.3	190.6	178.1
2003	116.5	79.2	22.5	10.7	2.6	1.4	209.0	211.3
2004	130.6	90.0	27.6	8.8	2.8	1.4	238.6	253.8
2005	139.6	95.4	31.8	8.2	2.8	1.3	254.9	260.7
2006	89.1	49.5	32.0	4.2	2.5	0.9	181.1	183.6
2007	93.1	49.4	36.8	3.8	2.5	0.6	183.6	181.8
2008	126.3	72.5	46.1	4.4	2.6	0.7	232.7	212.2
2009	132.3	74.3	50.1	4.3	3.0	0.6	285.4	208.7
2010	144.5	78.1	58.3	4.4	3.2	0.5	310.7	212.8
2011	153.5	82.9	62.7	4.4	3.0	0.5	287.9	255.4
2012	168.4	92.5	68.1	4.2	3.1	0.5	301.7	261.6
2013	172.3	95.3	69.2	4.2	3.1	0.5	309.0	273.1
2014	177.0	101.0	68.5	4.2	2.8	0.5	306.9	280.7

11－40 续

年　　份	家　禽（万只）	猪　肉（万吨）	牛　肉（万吨）	羊　肉（万吨）	牛　奶（万吨）	禽　蛋（万吨）	绵羊毛（万吨）
1978	305.1	4.6	0.1	0.1	1.0		
1980	417.6	6.4	0.3	0.2	1.9		0.3
1985	753.9	4.5	0.2	0.1	7.9	2.0	0.2
1990	924.7	5.3	1.0	0.3	18.1	3.4	0.3
1991	1001.9	6.0	1.1	0.4	20.5	4.1	0.3
1992	926.7	6.1	1.3	0.4	22.9	4.0	0.3
1993	1025.2	6.1	1.8	0.4	20.2	4.1	0.3
1994	1131.7	7.6	2.3	0.5	19.8	5.0	0.3
1995	1423.3	10.6	3.5	0.6	19.7	7.0	0.4
1996	1496.1	11.9	4.3	0.6	20.5	7.3	0.4
1997	1537.3	12.8	4.2	0.6	20.4	8.7	0.4
1998	1462.1	13.1	4.4	0.7	18.7	9.0	0.4
1999	1584.2	13.9	4.7	0.7	19.5	9.9	0.4
2000	1788.0	15.6	4.9	0.9	22.1	10.7	0.4
2001	1811.8	16.7	5.3	1.0	28.4	11.5	0.4
2002	1853.5	17.8	5.1	1.2	40.3	11.9	0.5
2003	1900.7	19.6	6.9	1.8	49.3	11.9	0.6
2004	2033.2	24.8	7.9	2.0	56.9	12.7	0.8
2005	1893.5	27.8	9.2	2.6	64.7	13.9	0.8
2006	1354.2	19.5	5.1	2.2	66.6	12.5	0.6
2007	1417.9	20.5	5.4	2.2	72.1	14.5	0.6
2008	1701.5	27.3	7.0	2.5	93.5	13.3	0.7
2009	1968.2	28.1	8.0	2.2	107.2	14.1	0.8
2010	2085.3	30.7	8.9	2.2	115.6	14.1	0.7
2011	2384.3	25.7	9.4	2.6	127.2	15.9	0.8
2012	2503.8	27.5	10.2	2.8	162.4	16.0	0.9
2013	2583.4	29.4	10.6	2.8	177.0	13.9	0.9
2014	2630.6	31.0	11.3	3.0	179.0	14.5	1.0

11-41 市县属畜牧业生产情况

（2014年）

地 区	大牲畜年末存栏（头）	#农役畜	牛	#奶 牛	马	驴	骡
全 市	**1769526**	**46372**	**1694553**	**684531**	**42082**	**28053**	**4838**
市 区	**167228**	**4606**	**160869**	**128134**	**4895**	**1204**	**260**
龙沙区	2295		2295	1800			
建华区	7283		7026	5670	257		
铁锋区	13324	324	12630	10080	694		
昂昂溪区	24500		23500	18500	484	471	45
富拉尔基区	20208	3271	17408	11926	2431	369	
碾子山区	18090	905	17400	13700	295	180	215
梅里斯区	81528	106	80610	66458	734	184	
市辖县(市)	**1602298**	**41766**	**1533684**	**556397**	**37187**	**26849**	**4578**
讷河市	224163	5165	214883	18894	7126	1920	234
龙江县	389960	1140	370870	78600	6231	12106	753
依安县	164870	17933	158674	32859	5374	601	221
泰来县	108202	2652	91358	49633	9584	5863	1397
甘南县	160588	54	157096	117574	1492	1610	390
富裕县	193276	2786	188629	172400	2457	1635	555
克山县	91814	7050	87573	19082	2519	1435	287
克东县	96500	1595	95700	64200	450	310	40
拜泉县	172925	3391	168901	3155	1954	1369	701

11－41 续1

（2014年）

地　区	生猪存栏（头）	#能繁殖的母猪	羊（只）	#绵羊	家禽（只）	#肉鸡	兔（只）
全　市	**3069351**	**381304**	**2807035**	**2386924**	**26306222**	**10954464**	**95857**
市　区	**328508**	**47229**	**215931**	**170576**	**3439619**	**832170**	**14000**
龙沙区	18500	2510	2100	2100	470000	80000	2000
建华区	19963	2795	6455	4740	269423	21000	
铁锋区	29258	3197	7906	4295	401460	174060	
昂昂溪区	34000	4600	13500	7400	390000	130000	1500
富拉尔基区	44876	6060	14700	13625	294000	89000	10500
碾子山区	37500	3800	19600	13500	203000	34000	
梅里斯区	144411	24267	151670	124916	1411736	304110	
市辖县(市)	**2740843**	**334075**	**2591104**	**2216348**	**22866603**	**10122294**	**81857**
讷河市	382600	45200	341895	303635	3621815	1925796	51615
龙江县	354200	44500	617730	546370	5968123	2933244	6780
依安县	335100	42000	423876	335643	2567849	901403	5700
泰来县	234633	16598	129866	91869	1465091	382942	11749
甘南县	376604	28235	584539	554533	1716942	1040535	
富裕县	280002	35902	174873	142562	2080800	544740	
克山县	200057	19976	146310	105692	1905752	510000	6013
克东县	65620	9500	39497	15697	489552	163052	
拜泉县	512027	92164	132518	120347	3050679	1720582	

11－41 续2　（2014年）

地　区	当年出售自宰肥猪（头）	当年出售自宰肉牛（头）	肉类产量（吨）	#猪肉	#牛肉	#羊肉	#禽肉
全　市	**4049334**	**754788**	**555328**	**310085**	**113188**	**29979**	**99215**
市　区	**415397**	**51061**	**50513**	**31888**	**7572**	**2641**	**7940**
龙沙区	23000	860	3445	1725	129	20	1561
建华区	23775	1497	2723	1783	225	110	605
铁锋区	20860	3454	2909	1669	518	99	623
昂昂溪区	110000	14000	11905	8250	2100	171	1350
富拉尔基区	41843	9121	6025	3138	1368	227	930
碾子山区	36500	3300	3986	2920	495	204	316
梅里斯区	159419	18829	19520	12403	2737	1810	2555
市辖县(市)	**3633937**	**703727**	**504815**	**278197**	**105616**	**27338**	**91275**
讷河市	542600	112413	86679	41500	16862	4246	23655
龙江县	461800	160221	86859	34400	24033	6461	21348
依安县	440300	105352	74168	33300	15864	5005	19788
泰来县	366948	21043	39360	29356	3156	1224	5093
甘南县	550869	47043	60576	44067	7054	3645	5759
富裕县	219935	22456	24035	16496	3368	1675	2496
克山县	256823	79801	40580	19261	11970	1841	7446
克东县	43600	21800	7919	3488	3270	352	761
拜泉县	751062	133598	84639	56329	20039	2889	4929

11－41 续3　　(2014年)

地　区	奶类产量（吨）	#牛　奶	绵羊毛（吨）	羊　绒（公斤）	蜂　蜜（公斤）	禽　蛋（吨）
全　市	**1793633**	**1790469**	**9664**	**14502**	**169741**	**145234**
市　区	**337633**	**337633**	**570**	**3594**	**4838**	**34373**
龙沙区	4830	4830	8			5070
建华区	17921	17921	22			3129
铁锋区	30020	30020	16			2602
昂昂溪区	55000	55000	8	500		2680
富拉尔基区	26995	26995	60			1890
碾子山区	35000	35000	73			2100
梅里斯区	167867	167867	383	3094	4838	16902
市辖县(市)	**1456000**	**1452836**	**9094**	**10908**	**164903**	**110861**
讷河市	49247	49247	2085	1441	114140	20290
龙江县	233500	231500	2110	2280	29294	21658
依安县	71376	71376	1191	130	10164	10579
泰来县	144129	144129	266	7057	11305	10834
甘南县	289155	289155	2015			4889
富裕县	445000	445000	464			10650
克山县	45152	45152	404			14586
克东县	174000	174000	61			5110
拜泉县	4441	3277	498			12265

11-42 农业主要能源和物质消耗

（2014年）

地 区	农村用电量（万千瓦小时）	农用塑料薄膜使用量（吨）	#地膜使用量（吨）	#地膜覆盖面积（公顷）	农用化肥施用量（折纯量）（吨）	氮肥	磷肥
全 市	**74348**	**10255**	**5920**	**66369**	**296210**	**105478**	**56075**
市 区	**7525**	**3064**	**773**	**7256**	**26510**	**11250**	**6146**
龙沙区	1080	1342	108	1081	1268	772	223
建华区	1132	218	66	549	902	253	119
铁锋区	267	68	63	409	1118	459	252
昂昂溪区	1171	258	12	144	3284	522	298
富拉尔基区	1025	353	124	3355	2825	1709	610
碾子山区	290	75	30	300	1383	275	460
梅里斯区	2560	750	370	1418	15730	7260	4184
市辖县(市)	**66823**	**7191**	**5147**	**59113**	**269700**	**94228**	**49929**
讷河市	14860	1317	950	17800	47351	11998	10429
龙江县	11059	3280	3100	28111	56410	25655	7753
依安县	7010	630	385	4230	21637	6459	7290
泰来县	6270	480	171	630	38584	16052	4441
甘南县	5488	566	190	3009	22949	6028	3564
富裕县	7435	568	244	2033	19624	5690	2163
克山县	5034	132	13	792	15533	6859	4543
克东县	3226	188	74	2148	9720	2850	1005
拜泉县	6441	30	20	360	36892	12637	8741

11－42续　　（2014年）

地　区			生物肥（吨）	有机肥（吨）	农用柴油（吨）	农药使用量（吨）	
	钾　肥	复合肥					#除草剂
全　市	**35057**	**99600**	**17121**	**5815433**	**192750**	**9346**	**5627**
市　区	**1755**	**7359**	**875**	**797761**	**27686**	**821**	**413**
龙沙区	102	171			2634	18	
建华区	179	351	187	18739	761	57	18
铁锋区	175	232		121657	656	13	7
昂昂溪区	124	2340	60	129200	3180	128	74
富拉尔基区	182	324		72865	4795	127	47
碾子山区	108	540	500	3600	1000	8	6
梅里斯区	885	3401	128	451700	14660	470	261
市辖县(市)	**33302**	**92241**	**16246**	**5017672**	**165064**	**8525**	**5214**
讷河市	7289	17635	2018	2814246	39600	1760	1218
龙江县	7080	15922	7186	926950	25881	632	502
依安县	3045	4843	903	628183	13810	625	325
泰来县	3873	14218	725	413512	18809	489	381
甘南县	2770	10587	1596	21936	15652	752	559
富裕县	1780	9991	430	59980	13173	926	311
克山县	2113	3018	173	124007	10090	1359	667
克东县	554	5311	830	26010	4369	590	464
拜泉县	4798	10716	2385	2848	23680	1392	787

11-43　1990－2014年农村经济收入分配

单位:万元

年　份	总收入	经营费用	净收入	国家税金	乡　村 集体提留	农　民 经营所得	人均收入 (元)
1990	319073	130034	189039	9516	12264	167359	516.5
1991	357823	145909	211914	9481	13604	196445	607.4
1992	436150	179766	256369	11776	8602	234710	718.2
1993	560755	229733	331022	12574	8166	308998	964.0
1994	878792	370449	508344	21323	5101	474551	1481.0
1995	1136480	514288	622192	25528	16164	575832	1823.1
1996	1397791	645343	752448	36651	28391	697328	2219.7
1997	1729308	910731	818577	44846	32584	746998	2342.3
1998	1365584	688675	676408	37008	31492	652854	2021.9
1999	1508617	748598	760019	37895	32181	747882	2303.0
2000	1462135	780876	681259	37795	30590	661865	2056.6
2001	1140744	674636	466108	31671	26967	482261	1484.5
2002	1214713	620713	593999	52458	18335	598646	1853.4
2003	867158	573164	293994	30381	16005	351823	1093.7
2004	1157948	665382	492566	2287		616311	1977.2
2005	1321942	769364	552578	1567		784036	2455.9
2006	1350102		557379	1636		823392	2595.6
2007	1420422	857972	562450	1962		865548	2752.8
2008	1847162	1004502	842659	2194		1256694	4031.6
2009	2170815	1174557	996258	1988		1475795	4777.0
2010	2741104	1416696	1324408	2065		1959245	6125.0
2011	3325977	1602852	1723124	1879		2535748	7725.0
2012							8797.0
2013							9984.0
2014							11310.0

注:2002年以前经营费用为总费用,乡村集体、所得为集体提留。

11-44　主要年份农垦系统农场基本情况

指　标	单　位	1990年	1995年	2000年	2005年	2010年	2013年	2014年
农牧场个数	个	8	8	7	7	11	11	11
#农场	个	5	4	4	4	8	8	8
农牧场分场	个	13	10	11	27			
总户数	户	34889	38868	35424	37693	52801	59728	55794
总人口数	人	127551	129232	113316	113138	140190	157600	147919
职工人数	人	58364	57720	49319	51473	71902	67767	63764
#固定职工	人	39273	52439	27823	26650	32597	34604	32875
耕地面积	万亩	138	139	154	147	206	225	220
粮食总产量	吨	226909	286211	328883	484453	809571	1014619	1096734
#水稻	吨	28827	121634	195854	258835	384259	642126	658773
小麦	吨	115	78053	20586	25616	25599		
玉米	吨	53400	51760	61050	148455	294816	350297	393169
杂粮	吨	573	1391	9				
大豆	吨	28605	28802	48302	27174	40348	1853	4953
上缴国家粮食	吨	73049						
油料产量	吨	1643	4250	4293	11510	1904	1932	2395
甜菜产量	吨	134456	151199	44631	80879	16800		
猪年末数	头	27939	36355	39613	79146	133337	217071	75621
猪出栏数	头	11197		41928	130111	439829	612143	187364
牛年末数	头	19757	17426	14837	73049	91691	70617	21990
羊年末数	只	14528	15819	22500	64734	65085	69807	50970
牛奶产量	吨	32498	27445	34388	114831	238772	269233	62024
羊毛产量	公斤	69334	28635	45876	136000	246354	263247	86610
禽蛋产量	吨	488	567	1293	3111	9202	10428	3854
水产品产量	吨	349	160	263	521	1023	1420	1191
农业总产值(可比价)	万元	14860	31786	36070	150247	392180	307561	590188
农业机械总动力	万千瓦	13	15	18	19	33	47	48
大中型拖拉机	台	1168	991	1036	981	2639	3038	2890
联合收割机	台	476	383	441	376	864	1432	1595
农用载重汽车	辆	144	36	434	40	496	23	26
农用化肥施用量								
按实物量计算	吨	19796	20536	22694	29807	61843	80327	74625
按折纯量计算	吨	9585	10183	10632	14276	25810	36165	35584

11-45　乡镇经济基本情况

（2014年）

地　区	村民委员会（个）	常住户数（户）	常住人口（人）	财政收入（万元）	财政支出（万元）	耕地面积（公顷）	种植大户（户）	养殖大户（户）
扎龙镇	12	11417	35657	782	782	5382		13
水师营满族镇	6	3588	12180	560	560	2596	5	6
榆树屯镇	12	12649	37711	900	900	10828	106	112
长青乡	7	9522	31727	571	571	10166	62	8
杜尔门沁达斡尔族乡	3	4511	13301	1149	1149	6133	310	290
雅尔塞镇	7	7600	20000	1684	1684	7353	32	8
卧牛吐达斡尔族镇	7	4531	13201	4200	4200	16035	346	5
达呼店镇	13	10436	33192	3912	3761	27634	856	60
共和镇	9	5727	17034	1110	1110	12110	12	7
梅里斯镇	10	13500	44300	2798	9	21355	117	15
莽格吐达斡尔族乡	3	2720	8050	425	425	12807	450	24
龙江镇	10	49490	175999	1651	1651	15397	438	28
景星镇	18	16075	63228	2235	2235	36678	145	17
龙兴镇	17	12247	53084	1137	1137	28724	623	57
山泉镇	19	12784	45622	2126	2126	42272	723	26
七棵树镇	15	9977	42131	1632	1632	27275	818	21
杏山镇	17	11110	42650	1603	1603	31905	703	24
白山镇	9	7202	24536	1120	1120	18160	461	39
黑岗乡	5	5128	19415	1107	1107	11693	313	10
广厚乡	7	6027	19445	996	996	13806	664	20
华民乡	9	8390	30300	737	737	16963	375	11
哈拉海乡	8	5764	21586	1372	1372	14806	298	12
头站乡	10	7210	28536	1084	1084	20201	1179	12
鲁河乡	7	5065	21401	1375	1375	15030	150	14

11－45续1　　（2014年）

地　　区	村民委员会（个）	常住户数（户）	常住人口（人）	财政收入（万元）	财政支出（万元）	耕地面积（公顷）	种植大户（户）	养殖大户（户）
济沁河乡	7	4550	18070	726	726	15058	317	7
依安镇	3	36772	117641	450	450	1843	7	13
依龙镇	18	9480	33885	2013	1050	39921	358	362
双阳镇	8	3765	17345	590	590	13411	131	4
三兴镇	8	6059	20020	678	678	16350	2300	6
中心镇	17	8600	27000	1050	1050	29620	20	250
新兴镇	16	9380	31100	635	620	33457	238	142
富饶乡	9	5720	16700	469	469	20573	2800	410
解放乡	8	6278	16682	573	573	10983	214	49
阳春乡	10	6050	18260	495	495	12526	242	23
新发乡	6	5897	20982	851	851	12614	12	4
太东乡	8	7399	22136	1006	1006	13745	22	28
上游乡	10	5459	15834	1125	360	13307	28	6
红星乡	9	6481	22940	389	389	13125	237	129
先锋乡	9	2881	7807	700	700	18025	452	55
新屯乡	9	8810	27183	806	806	14804	30	1
泰来镇	8	31330	74973	2297	2297	8509		17
平洋镇	9	6109	22618	1240	1240	12275	94	2
汤池镇	6	4680	16584	1047	1047	15694	754	46
江桥蒙古族镇	6	5754	20701	1803	1803	11168	230	41
塔子城镇	5	4194	14731	648	648	9000	796	4
大兴镇	9	9788	31105	1661	1661	26318	276	11
和平镇	12	10244	36101	900	900	26464	94	41
克利镇	16	11253	45402	1338	1338	22001	1358	50
胜利蒙古族乡	5	4258	14112	1680	1680	13981	786	2

11－45续2　　　　　　　　　　　　　　　（2014年）

地　区	村民委员会（个）	常住户数（户）	常住人口（人）	财政收入（万元）	财政支出（万元）	耕地面积（公顷）	种植大户（户）	养殖大户（户）
宁姜蒙古族乡	7	4320	14515	1416	1416	13953	120	
甘南镇	12	38962	82190	3321	3321	23488	131	178
兴十四镇	6	5804	24237	7523	7523	13624	141	230
平阳镇	5	6467	17669	515	515	6662	21	6
东阳镇	9	11958	28500	678	678	22348	11	9
巨宝镇	6	7736	19852	763	763	19837	4	7
长山乡	12	8902	27645	975	975	23497		7
中兴乡	11	9993	39980	853	853	27012	2732	1190
兴隆乡	9	8466	24618	929	929	20053	5	12
宝山乡	19	14345	47578	1041	1041	35411	330	95
查哈阳乡	6	5066	15325	526	526	11301	30	1
富裕镇	3	31580	78971	961	961	3237	13	17
富路镇	13	8647	29781	1496	1496	27346	630	325
富海镇	8	5012	19037	501	501	12901	5	7
二道湾镇	10	5310	17305	634	634	16863	20	3
龙安桥镇	6	3400	15798	392	390	10159	7	6
塔哈镇	12	9020	22075	841	841	18949	40	140
繁荣乡	10	5690	17390	489	489	15585	105	80
绍文乡	7	4489	16851	563	563	16285	13	0
忠厚乡	7	4400	13200	438	438	11488	1	5
友谊乡	14	6636	22954	570	570	16488	10	18
克山镇	1	38462	87418	890	890	1098	5	
北兴镇	8	8766	27452	535	535	12140	70	19
西城镇	9	8459	25377	571	571	15082	414	25
古城镇	9	8806	27400	619	619	13638	460	13

11－45续3　　(2014年)

地　区	村民委员会(个)	常住户数(户)	常住人口(人)	财政收入(万元)	财政支出(万元)	耕地面积(公顷)	种植大户(户)	养殖大户(户)
北联镇	7	7379	22802	495	495	11133	262	39
西河镇	9	8078	25782	489	489	15149	449	24
河南乡	9	9160	27790	593	593	15523	208	16
双河乡	12	10675	31303	702	702	17032	164	22
河北乡	9	8600	25677	540	540	14044	240	15
古北乡	7	7045	21598	599	599	11832	148	19
西联乡	8	7297	23349	532	532	13690	431	32
发展乡	9	7210	22325	466	466	12972	128	35
西建乡	7	6328	20645	396	396	12010	175	37
向华乡	11	8959	27877	788	788	16961	229	23
曙光乡	7	7453	22566	575	575	12980	110	80
克东镇	5	26551	70370	2887	2887	4100	6	17
宝泉镇	19	10166	35802	1788	1788	21545	560	10
乾丰镇	12	11623	33146	730	730	15659	10	5
玉岗镇	19	9810	23790	1544	1544	23079	48	12
蒲峪路镇	13	4000	13300	2440	844	14199	6	12
润津乡	15	4605	14815	1096	1096	17370	36	44
昌盛乡	15	6580	18750	1075	1075	19597	1323	70
拜泉镇	11	24110	70615	1566	1566	9950	10	8
三道镇	15	13578	54016	1437.5	1437.5	20324	2	1
兴农镇	16	9525	30515	1297	1297	20580	28	20
长春镇	13	9151	22875	904	904	20666	30	15
龙泉镇	14	7385	27190	1150	1150	18857	40	11
国富镇	12	4295	14447	761	761	13978	54	30
富强镇	10	6992	27995	670	670	14404	15	

11－45续4

（2014年）

地　区	村民委员会（个）	常住户数（户）	常住人口（人）	财政收入（万元）	财政支出（万元）	耕地面积（公顷）	种植大户（户）	养殖大户（户）
新生乡	10	4861	19638	744	744	14911	65	4
兴国乡	9	4472	15372	671	671	10537	23	11
上升乡	10	4193	14864	828	828	13485	10	22
兴华乡	10	4850	12950	777	777	13045	134	5
大众乡	8	7727	19753	814	814	13574	8	11
丰产乡	17	6342	23126	1277	1277	20879	891	102
永勤乡	8	4784	17453	817	817	12146	15	3
爱农乡	14	7932	24064	898	898	16300	10	3
时中乡	10	4791	19450	587	587	9654	14	1
雨亭街道办事处		26448	62155					2
通江街道办事处	3	18783	56747			3666	1	
拉哈镇	2	14769	29977	1096	1096	2460		36
二克浅镇	19	11973	42533	1010	1010	32010	189	231
学田镇	15	10546	38420	876	876	28166	120	42
龙河镇	13	5345	15821	909	909	31525	8	31
讷南镇	12	12109	43221	861	861	28188	491	201
六合镇	11	8106	25375	433	433	27348	215	54
长发镇	8	4206	16721	621	621	16090	174	52
通南镇	12	10213	36716	720	720	27273	37	41
同义镇	11	10298	38477	707	707	22584		
九井镇	10	5700	20692	735	735	24413	32	61
老莱镇	10	13001	31056	912	912	30020	1	27
孔国乡	12	9978	38652	891	891	27613	6	81
和盛乡	10	9467	26768	594	594	18417	1659	161
同心乡	11	4120	12781	734	734	21449	2800	230
兴旺鄂温克族乡	12	6600	21195	772	772	24670	2161	216

主要统计指标解释

农林牧渔业总产值 以货币表现的农林牧渔业全部产品总量。

(1)农业产值:包括种植业和其他农业的主产品和副产品产值。

种植业产值:是反映从事农作物栽培取得的产品的产值。

包括谷物、豆类、油料、棉花、麻类、糖类、烟叶、药材、薯类、蔬菜、瓜类及其种植业产值。

其他农业产值:包括采集生植物产值和农民,家庭兼营的商品性工业产值。

(2)林业:包括林木的栽培(不包括茶园、桑园和果园的栽培、管理和收获活动)、林产品的采集和村及村以下(即原生产大队、生产队和社员)的竹木采伐。

(3)牧业:包括除渔业养殖以外的一切动物饲养和放牧。

(4)渔业:包括水生动物和海藻类植物的养殖和捕捞。

农村经济总收入 指农村集体经济组织和农民家庭当年经营生产性和服务性活动所得到的可以用于抵偿本年开支,并在国家、集体和农民个人之间进行分配的全部收入。包括农林牧副渔业、农村工业、建筑业、运输业、商业、饮食业、服务业、劳务等各项经济收入和利息、租金等项收入,不包括那些不能用来分配,属于借贷性质或暂收性质的收入,如贷款收入、予购定金、国家投资、农民投资等。

粮食产量 指全社会的产量。包括国营农场等全民所有制经营的、集体统一经营的和农民家庭经营的产量,还包括工矿企业家属办的农场和其他生产单位的产量。粮食除包括稻谷、小麦、玉米、高梁、谷子及其他杂粮外,还包括薯类和大豆。其产量计算方法,豆类按去豆荚后的干豆计算;薯类(包括甘薯和马铃薯,不包括芋头和木薯)1963年以前按每4公斤鲜薯折1公斤粮食计算,从1964年以后按5公斤鲜薯折1公斤粮食计算,其他粮食一律按脱粒后的原粮计算。

耕地面积 指可以用来种植农作物,经常进行锄耕的田地,除包括熟地、当年新开荒地、连续撂荒未满三年的耕地和当年的休闲地外,还包括以种植农作物为主并除带种植桑树、茶树、果树和其他林木的土地,以及沿海,沿湖地区已围垦利用的"海涂"、湖田等面积。但不包括属于专业性的桑园、果园、果木苗圃、林地、芦苇地、天然或人工草地面积。

农作物播种面积 指实际播种或移植有农作物的面积。凡是实际种植有农作物的面积,不论种植在耕地上还是种植在非耕地上,均包括在农作物播种面积中,同时还包括因遭灾而重新改种和补种的农作物面积,种一公顷算一公顷。

油料产量 指全部油料作物的生产量。包括花生、油菜籽、芝麻、向日葵籽、胡麻籽(亚麻籽)和其他油料。不包括大豆、木本油料和野生油料。花生以带壳干花生计算。

水产品产量 指人工养殖的水产品和天然生长的水产品的捕捞量。包括海水的鱼类、虾蟹类、贝类和藻类以及内陆水域的鱼类、虾蟹类和贝类,不包括淡水生植物。

猪、牛、羊肉产量 指当年出栏并已屠宰、除去头蹄下水后带骨肉(即胴体重)的重量。

期初(末)畜禽存栏头(只)数 指报告期初(末)农村各种合作经济组织和国营农场、农民个人、机关、团体、学校、工矿企业、部队等单位以及城镇居民饲养的大牲畜、猪、羊、家禽等畜禽的存栏数。

有效灌溉面积 指具有一定的水源,地块比较平整,灌溉工程或设备已经配套,在一般年景下当年能够进行正常灌溉的耕地面积。在一般情况下,有效灌溉面积应等于灌溉工程或设备已经配备,能够进行正常灌溉的水田和水浇地面积之和。农用化肥施用量指本年内实际用于农业生产的化肥数量,包括氮肥、磷肥、钾肥和复合肥。化肥施用量要求按折纯量计算数量。折纯量是指把氮肥、磷肥、钾肥分别按含氮、含五氧化二磷、含氧化钾的百分之一百成份进行折算后的数量。复合肥按其所含主要成分折算。

农业机械总动力 指主要用于农、林、牧、渔业的各种动力机械的动力总和。包括耕作机械、排灌机械、收获机械、农用运输机械、植物保护机械、铂业机械、林业机械、渔业机械和其他农业机械{内燃机按引擎马力折成瓦(特)计算、电动机按功率折成瓦(特)计算)。不包括专门用于乡、镇、村、绍办工业、基本建设、非农业运输、科学试验和教学等非农业生产方面用的动力机械与作业机械。

十二、工　业

INDUSTRY

简要说明

一、本篇资料统计口径为规模以上工业企业即主营业务收入2000万元及以上的工业企业。

二、本篇资料根据2014年工业年度统计报表资料整理编制。

12-1　规模以上工业企业单位数和工业总产值

（2014年）　　单位：万元

分类	全市		市区	
	企业单位数（个）	工业总产值（当年价）	企业单位数（个）	工业总产值（当年价）
总　计	**341**	**9872508**	**172**	**5417645**
按登记注册类型分				
内资企业	323	8448485	166	5101853
国有企业	10	236701	2	125853
集体企业	8	123384	7	86598
股份合作企业	1	7181	1	7181
有限责任公司	124	3777416	59	2141388
国有独资公司	11	437506	7	286326
其他有限责任公司	113	3339910	52	1855062
股份有限公司	9	1142801	7	1050490
私营企业	171	3161002	90	1690343
私营独资企业	3	71228	2	60358
私营合作企业	1	2446		
私营有限责任公司	149	2678682	77	1347878
私营股份有限公司	18	408646	11	282107
港、澳、台商投资企业	7	327345	3	78000
合资经营企业(港或澳、台资)	3	85157	2	73644
合作经营企业(港或澳、台资)	1	26457		
港澳台商独资经营企业	3	215731	1	4356
外商投资企业	11	1096678	3	237792
中外合资经营企业	4	477535	2	214628
中外合作经营企业				
外资企业	5	587842		
外商投资股份有限公司	2	31301	1	23164
按经济组织类型分				
独资企业	29	1234886	12	277165
国有企业	10	236701	2	125853
集体企业	8	123384	7	86598
私营独资企业	3	71228	2	60358
港澳台商独资经营企业	3	215731	1	4356
外资企业	5	587842		

12－1续1　（2014年）　单位:万元

分　类	全市		市区	
	企业单位数（个）	工业总产值（当年价）	企业单位数（个）	工业总产值（当年价）
合作、合伙企业	3	36084	1	7181
股份合作企业	1	7181	1	7181
私营合伙企业	1	2446		
合作经营企业(港或澳、台资)	1	26457		
中外合作经营企业				
股份有限公司	29	1582748	19	1355761
股份有限公司(内资)	9	1142801	7	1050490
私营股份有限公司	18	408646	11	282107
外商投资股份有限公司	2	31301	1	23164
有限责任公司	280	7018790	140	3777538
国有独资公司	11	437506	7	286326
私营有限责任公司	149	2678682	77	1347878
合资经营企业(港或澳、台资)	3	85157	2	73644
中外合资经营企业	4	477535	2	214628
其他有限责任公司	113	3339910	52	1855062
按隶属关系分				
中省企业	23	2393860	13	2266501
地方企业	318	7478648	159	3151144
按轻重工业分				
轻工业	159	4812620	48	1349971
重工业	182	5059888	124	4067674
按企业规模分				
大型企业	17	2834670	15	2540882
中型企业	54	2670386	30	943353
小型企业	249	4278832	121	1922115
微型企业	21	88620	6	11295
在总计中:				
亏损企业	61	1015952	40	810481
国有控股企业	44	2933726	24	2524041

12－1续2　　　　（2014年）　　　　单位:万元

分　　类	全　市		市　区	
	企业单位数（个）	工业总产值（当年价）	企业单位数（个）	工业总产值（当年价）
按工业行业大中小类分				
采 矿 业	1	125426		
石油和天然气开采业	1	125426		
石油开采	1	125426		
制 造 业	307	9031433	159	4967600
农副食品加工业	91	2527377	18	574635
谷物磨制	31	450839	5	77621
饲料加工	8	82005	3	49604
植物油加工	7	437552	1	62312
食用植物油加工	7	437552	1	62312
制 糖 业	4	118478		
屠宰及肉类加工	16	737567	6	274882
牲畜屠宰	7	315477	1	22146
禽类屠宰	2	88685	1	22310
肉制品及副产品加工	7	333405	4	230426
蔬菜、水果和坚果加工	6	164512	3	110216
蔬菜加工	3	114222	2	100192
水果和坚果加工	3	50290	1	10024
其他农副食品加工	19	536424		
淀粉及淀粉制品制造	10	419141		
豆制品制造	8	114653		
其他未列明农副食品加工	1	2630		
食品制造业	25	1691883	9	510257
方便食品制造	4	91283	2	58841
米、面制品制造	1	28444		
速冻食品制造	1	8950	1	8950
方便面及其他方便食品制造	2	53889	1	49891
乳制品制造	15	1485628	5	431645

12－1续3　(2014年)　单位:万元

分　类	全市		市区	
	企业单位数(个)	工业总产值(当年价)	企业单位数(个)	工业总产值(当年价)
其他食品制造	6	114972	2	19771
营养食品制造	1	2298		
食品及饲料添加剂制造	4	97874	2	19771
其他未列明食品制造	1	14800		
酒、饮料和精制茶制造业	15	235417	2	59879
酒的制造	9	165168	2	59879
白酒制造	7	125210	1	36715
啤酒制造	2	39958	1	23164
饮料制造	6	70249		
瓶(罐)装饮用水制造	5	66619		
茶饮料及其他饮料制造	1	3630		
纺 织 业	3	45173	1	4857
麻纺织及染整精加工	2	41875	1	4857
麻织造加工	2	41875	1	4857
家用纺织制成品制造	1	3298		
毛巾类制品制造	1	3298		
纺织服装、服饰业	1	2010	1	2010
服饰制造	1	2010	1	2010
木材加工和木、竹、藤、棕、草制品业	10	252944	5	88506
木材加工	1	40224		
锯材加工	1	40224		
人造板制造	4	158395	1	75122
胶合板制造	4	158395	1	75122
木制品制造	4	13384	4	13384
木门窗、楼梯制造	3	7120	3	7120
软木制品及其他木制品制造	1	6264	1	6264
竹、藤、棕、草等制品制造	1	40941		
竹制品制造	1	40941		

12－1续4　　　　（2014年）　　　　单位:万元

分　　类	全　市		市　区	
	企业单位数（个）	工业总产值（当年价）	企业单位数（个）	工业总产值（当年价）
家具制造业	4	83730	3	72860
木质家具制造	4	83730	3	72860
造纸和纸制品业	5	33716	3	10197
造　纸	2	26042	1	4583
机制纸及纸板制造	2	26042	1	4583
纸制品制造	3	7674	2	5614
纸和纸板容器制造	2	5614	2	5614
其他纸制品制造	1	2060		
印刷和记录媒介复制业	1	2571	1	2571
印　刷	1	2571	1	2571
包装装潢及其他印刷	1	2571	1	2571
石油加工、炼焦和核燃料加工业	2	105581	2	105581
炼　焦	2	105581	2	105581
化学原料和化学制品制造业	23	412769	13	220723
基础化学原料制造	3	21287	3	21287
无机酸制造	1	7181	1	7181
其他基础化学原料制造	2	14106	2	14106
肥料制造	12	265174	5	106800
复混肥料制造	10	176319	4	75828
有机肥料及微生物肥料制造	1	57883		
其他肥料制造	1	30972	1	30972
农药制造	1	2661		
化学农药制造	1	2661		
涂料、油墨、颜料及类似产品制造	2	23083	2	23083
涂料制造	2	23083	2	23083
合成材料制造	2	63962	2	63962
初级形态塑料及合成树脂制造	1	60901	1	60901
其他合成材料制造	1	3061	1	3061
专用化学产品制造	2	27551	1	5591
专项化学用品制造	1	5591	1	5591

12－1续5　（2014年）　单位:万元

分类	全市		市区	
	企业单位数（个）	工业总产值（当年价）	企业单位数（个）	工业总产值（当年价）
环境污染处理专用药剂材料制造				
动物胶制造	1	21960		
炸药、火工及焰火产品制造	1	9051		
炸药及火工产品制造	1	9051		
医药制造业	4	62030	2	33570
化学药品制剂制造	1	3280	1	3280
中药饮片加工	1	18933		
中成药生产	1	30290	1	30290
兽用药品制造	1	9527		
橡胶和塑料制品业	13	75673	11	63431
橡胶制品业	2	4132	2	4132
橡胶零件制造	2	4132	2	4132
塑料制品业	11	71541	9	59299
塑料薄膜制造	1	2357	1	2357
塑料板、管、型材制造	3	15558	2	10113
塑料丝、绳及编织品制造	2	13097	1	6300
泡沫塑料制造	3	8225	3	8225
塑料包装箱及容器制造	1	4588	1	4588
其他塑料制品制造	1	27716	1	27716
非金属矿物制品业	39	668527	21	427619
水泥、石灰和石膏制造	13	292291	5	140455
水泥制造	13	292291	5	140455
石膏、水泥制品及类似制品制造	9	68033	8	64469
水泥制品制造	7	46336	6	42772
砼结构构件制造	1	1647	1	1647
轻质建筑材料制造	1	20050	1	20050
砖瓦、石材等建筑材料制造	14	295321	7	220687
粘土砖瓦及建筑砌块制造	6	99347	2	48369
建筑陶瓷制品制造	3	23656		
隔热和隔音材料制造	2	4401	2	4401
其他建筑材料制造	3	167917	3	167917

12－1续6　　（2014年）　　单位:万元

分　类	全市		市区	
	企业单位数（个）	工业总产值（当年价）	企业单位数（个）	工业总产值（当年价）
玻璃制造				
平板玻璃制造				
玻璃纤维和玻璃纤维增强塑料制品制造				
陶瓷制品制造	2	10874		
特种陶瓷制品制造	1	2237		
日用陶瓷制品制造	1	8637		
石墨及其他非金属矿物制品制造	1	2008	1	2008
其他非金属矿物制品制造	1	2008	1	2008
黑色金属冶炼和压延加工业	7	376452	6	376452
炼　铁	1			
黑色金属铸造	4	40954	4	40954
钢压延加工	2	335498	2	335498
有色金属冶炼和压延加工业	1	4154	1	4154
有色金属合金制造	1	4154	1	4154
金属制品业	11	389147	11	389147
结构性金属制品制造	3	8281	3	8281
金属结构制造	3	8281	3	8281
集装箱及金属包装容器制造	1	7408	1	7408
金属压力容器制造	1	7408	1	7408
金属制日用品制造	1	3002	1	3002
其他金属制日用品制造	1	3002	1	3002
其他金属制品制造	6	370456	6	370456
锻件及粉末冶金制品制造	3	190751	3	190751
其他未列明的金属制造业	3	179705	3	179705
通用设备制造业	29	389182	27	352896
锅炉及原动设备制造	2	37464	1	1755
锅炉及辅助设备制造	2	37464	1	1755
金属加工机械制造	14	117596	14	117596
金属切削机床制造	6	86775	6	86775
机床附件制造	5	22305	5	22305

12－1续7　　（2014年）　　单位:万元

分　类	全市		市区	
	企业单位数（个）	工业总产值（当年价）	企业单位数（个）	工业总产值（当年价）
其他金属加工机械制造	3	8516	3	8516
物料搬运设备制造	1	5324	1	5324
电梯、自动扶梯及升降机制造	1	5324	1	5324
轴承、齿轮和传动部件制造	4	54360	4	54360
轴承制造	1	2398	1	2398
齿轮及齿轮减、变速箱制造	3	51962	3	51962
烘炉、风机、衡器、包装等设备制造				
风机、风扇制造				
通用零部件制造	7	166016	6	165439
紧固件制造	1	5329	1	5329
机械零部件加工	6	160687	5	160110
其他通用设备制造业	1	8422	1	8422
专用设备制造业	8	909516	7	904674
采矿、冶金、建筑专用设备制造	4	880333	4	880333
石油钻采专用设备制造	1	83630	1	83630
建筑工程用机械制造	1	10810	1	10810
冶金专用设备制造	2	785893	2	785893
食品、饮料、烟草及饲料生产专用设备制造				
饲料生产专用设备制造				
电子和电工机械专用设备制造	1	7452	1	7452
电子工业专用设备制造	1	7452	1	7452
农、林、牧、渔专用机械制造	2	10521	1	5679
拖拉机制造	1	5679	1	5679
机械化农业及园艺机具制造	1	4842	0	0
环保、社会公共服务及其他专用设备制造	1	11210	1	11210
环境保护专用设备制造	1	11210	1	11210
汽车制造业	3	70356	3	70356
改装汽车制造	1	45122	1	45122
汽车车身、挂车制造	2	25234	2	25234

12－1续8 （2014年） 单位：万元

分类	全市		市区	
	企业单位数（个）	工业总产值（当年价）	企业单位数（个）	工业总产值（当年价）
铁路、船舶、航空航天和其他运输设备制造业	5	578015	5	578015
铁路运输设备制造	5	578015	5	578015
铁路机车车辆及动车组制造	1	488617	1	488617
铁路机车车辆配件制造	1	19986	1	19986
铁路专用设备及器材、配件制造	1	14094	1	14094
其他铁路运输设备制造	2	55318	2	55318
电气机械和器材制造业	7	115210	7	115210
输配电及控制设备制造	4	76202	4	76202
变压器、整流器和电感器制造	2	63923	2	63923
配电开关控制设备制造	2	12279	2	12279
电线、电缆、光缆及电工器材制造	2	34433	2	34433
电线、电缆制造	2	34433	2	34433
照明器具制造	1	4575	1	4575
照明灯具制造	1	4575	1	4575
电力、热力、燃气及水生产和供应业	33	715649	13	450045
电力、热力生产和供应业	29	632192	10	386613
电力生产	10	374576	5	330755
火力发电	3	303105	3	303105
水力发电	1	22648	1	22648
风力发电	5	31975	1	5002
其他电力生产	1	16848		
电力供应	9	121421		
热力生产和供应	10	136195	5	55858
燃气生产和供应业	2	68511	1	48486
水的生产和供应业	2	14946	2	14946
自来水生产和供应	1	9907	1	9907
污水处理及其再生利用	1	5039	1	5039

12-2　各县(市)规模以上工业企业单位数

(2014年)　　单位:个

分　　类	全　市	市　区	市辖县(市)	讷河市	龙江县	依安县
总　　计	**341**	**172**	**169**	**35**	**14**	**25**
按登记注册类型分						
内资企业	323	166	157	33	12	22
国有企业	10	2	8	1	1	1
集体企业	8	7	1			
股份合作企业	1	1				
有限责任公司	124	59	65	5	9	12
股份有限公司	9	7	2	1	1	
私营企业	171	90	81	26	1	9
港、澳、台商投资企业	7	3	4		1	2
外商投资企业	11	3	8	2	1	1
按经济组织类型分						
独资企业	29	12	17	1	3	3
合作、合伙企业	3	1	2			1
股份有限公司	29	19	10	2	1	
有限责任公司	280	140	140	32	10	21
按隶属关系分						
中省企业	23	13	10	1	1	1
地方企业	318	159	159	34	13	24
按轻重工业分						
轻　工　业	159	48	111	29	7	15
重　工　业	182	124	58	6	7	10
按企业规模分						
大型企业	17	15	2		1	
中型企业	54	30	24	4	3	1
小型企业	249	121	128	30	7	19
微型企业	21	6	15	1	3	5
在总计中						
亏损企业	61	40	21	3	3	
国有控股企业	44	24	20	2	4	2

12－2 续 （2014年） 单位:个

分类	泰来县	甘南县	富裕县	克山县	克东县	拜泉县
总计	15	17	19	13	13	18
按登记注册类型分						
内资企业	15	16	18	13	11	17
国有企业	1	1	1	1		1
集体企业		1				
股份合作企业						
有限责任公司	2	4	9	8	8	8
股份有限公司						
私营企业	12	10	8	4	3	8
港、澳、台商投资企业						1
外商投资企业		1	1		2	
按经济组织类型分						
独资企业	1	2	2	1	3	1
合作、合伙企业						1
股份有限公司		3	1	1	1	1
有限责任公司	14	12	16	11	9	15
按隶属关系分						
中省企业	1	1	2	1	1	1
地方企业	14	16	17	12	12	17
按轻重工业分						
轻工业	11	11	12	7	8	11
重工业	4	6	7	6	5	7
按企业规模分						
大型企业			1			
中型企业	2	2	2	5	2	3
小型企业	12	12	15	8	10	15
微型企业	1	3	1		1	
在总计中						
亏损企业	1	2	5	1	4	2
国有控股企业	2	1	4	2	2	1

12-3　各县(市)按行业分规模以上工业企业单位数

(2014年)　　　　单位:个

行　业	全　市	市　区	市辖县(市)	讷河市	龙江县	依安县
总　计	**341**	**172**	**169**	**35**	**14**	**25**
石油和天然气开采业	1		1			
农副食品加工业	91	18	73	21	6	13
食品制造业	25	9	16	3	1	
酒、饮料和精制茶制造业	15	2	13	4		1
纺 织 业	3	1	2			
纺织服装、服饰业	1	1				
木材加工和木、竹、藤、棕、草制品业	10	5	5			
家具制造业	4	3	1			
造纸和纸制品业	5	3	2			
印刷和记录媒介复制业	1	1				
石油加工、炼焦和核燃料加工业	2	2				
化学原料和化学制品制造业	23	13	10	1		2
医药制造业	4	2	2	1		
橡胶和塑料制品业	13	11	2	1		
非金属矿物制品业	39	21	18	2	2	8
黑色金属冶炼和压延加工业	7	6	1		1	
有色金属冶炼和压延加工业	1	1				
金属制品业	11	11				
通用设备制造业	29	27	2			
专用设备制造业	8	7	1		1	
汽车制造业	3	3				
铁路、船舶、航空航天和其他运输设备制造业	5	5				
电气机械和器材制造业	7	7				
电力、热力生产和供应业	29	10	19	2	3	1
燃气生产和供应业	2	1	1			
水的生产和供应业	2	2				

12－3 续　　　　（2014年）　　　　单位：个

行　业	泰来县	甘南县	富裕县	克山县	克东县	拜泉县
总　计	**15**	**17**	**19**	**13**	**13**	**18**
石油和天然气开采业	1					
农副食品加工业	9	4	6	6	3	5
食品制造业	1	5	4		1	1
酒、饮料和精制茶制造业		1	1		2	4
纺织业	1			1		
纺织服装、服饰业						
木材加工和木、竹、藤、棕、草制品业		1				4
家具制造业					1	
造纸和纸制品业			1		1	
印刷和记录媒介复制业						
石油加工、炼焦和核燃料加工业						
化学原料和化学制品制造业		2	2		1	2
医药制造业		1				
橡胶和塑料制品业				1		
非金属矿物制品业	2		1	2	1	
黑色金属冶炼和压延加工业						
有色金属冶炼和压延加工业						
金属制品业						
通用设备制造业			1			1
专用设备制造业						
汽车制造业						
铁路、船舶、航空航天和其他运输设备制造业						
电气机械和器材制造业						
电力、热力生产和供应业	1	2	3	3	3	1
燃气生产和供应业		1				
水的生产和供应业						

12-4　各县(市)规模以上工业总产值

（2014年，按当年价格计算）　　单位：万元

分　类	全　市	市　区	市辖县(市)	讷河市	龙江县	依安县
总　计	**9872508**	**5417645**	**4454863**	**662399**	**575951**	**604281**
按登记注册类型分						
内资企业	8448485	5101853	3346632	632302	308502	509542
国有企业	236701	125853	110848	18247	17360	12931
集体企业	123384	86598	36786			
股份合作企业	7181	7181				
有限责任公司	3777416	2141388	1636028	142142	252426	259353
股份有限公司	1142801	1050490	92311	58694	33617	
私营企业	3161002	1690343	1470659	413219	5099	237258
港、澳、台商投资企业	327345	78000	249345		209138	13750
外商投资企业	1096678	237792	858886	30097	58311	80989
按经济组织类型分						
独资企业	1234886	277165	957721	18247	284809	96157
合作、合伙企业	36084	7181	28903			2446
股份有限公司	1582748	1355761	226987	66831	33617	
有限责任公司	7018790	3777538	3241252	577321	257525	505678
按隶属关系分						
中省企业	2393860	2266501	127359	18247	17360	12931
地方企业	7478648	3151144	4327504	644152	558591	591350
按轻重工业分						
轻工业	4812620	1349971	3462649	591406	495098	480657
重工业	5059888	4067674	992214	70993	80853	123624
按企业规模分						
大型企业	2834670	2540882	293788		209138	
中型企业	2670386	943353	1727033	172112	307827	80989
小型企业	4278832	1922115	2356717	486487	54720	484940
微型企业	88620	11295	77325	3800	4266	38352
在总计中						
亏损企业	1015952	810481	205471	29745	24332	
国有控股企业	2933726	2524041	409685	27712	42447	26397

12-4 续　　（2014年，按当年价格计算）　　单位：万元

分　　类	泰来县	甘南县	富裕县	克山县	克东县	拜泉县
总　　计	**296350**	**488203**	**275583**	**472748**	**558156**	**521192**
按登记注册类型分						
内资企业	296350	247256	264804	472748	120393	494735
国有企业	15233	14397	12320	10483		9877
集体企业		36786				
股份合作企业						
有限责任公司	146320	61334	179771	278280	100914	215488
股份有限公司						
私营企业	134797	134739	72713	183985	19479	269370
港、澳、台商投资企业						26457
外商投资企业		240947	10779		437763	
按经济组织类型分						
独资企业	15233	51183	23099	10483	448633	9877
合作、合伙企业						26457
股份有限公司		33633	3500	56713	2060	30633
有限责任公司	281117	403387	248984	405552	107463	454225
按隶属关系分						
中省企业	15233	14397	18258	10483	10573	9877
地方企业	281117	473806	257325	462265	547583	511315
按轻重工业分						
轻工业	134943	435052	226795	342635	487002	269061
重工业	161407	53151	48788	130113	71154	252131
按企业规模分						
大型企业			84650			
中型企业	17552	277733	37156	257209	446513	129942
小型企业	270189	197200	149084	215539	107308	391250
微型企业	8609	13270	4693		4335	
在总计中						
亏损企业	15233	16417	55189	10483	41977	12095
国有控股企业	140659	14397	111959	21329	14908	9877

12-5　各县(市)按行业分规模以上工业总产值

(2014年,按当年价格计算)　　单位:万元

行　业	全　市	市　区	市辖县(市)	讷河市	龙江县	依安县
总　计	**9872508**	**5417645**	**4454863**	**662399**	**575951**	**604281**
石油和天然气开采业	125426		125426			
农副食品加工业	2527377	574635	1952742	523459	279199	468390
食品制造业	1691883	510257	1181626	22159	215899	
酒、饮料和精制茶制造业	235417	59879	175538	36261		3630
纺织业	45173	4857	40316			
纺织服装、服饰业	2010	2010				
木材加工和木、竹、藤、棕、草制品业	252944	88506	164438			
家具制造业	83730	72860	10870			
造纸和纸制品业	33716	10197	23519			
印刷和记录媒介复制业	2571	2571				
石油加工、炼焦和核燃料加工业	105581	105581				
化学原料和化学制品制造业	412769	220723	192046	21960		57321
医药制造业	62030	33570	28460	9527		
橡胶和塑料制品业	75673	63431	12242	6797		
非金属矿物制品业	668527	427619	240908	13265	35949	62009
黑色金属冶炼和压延加工业	376452	376452				
有色金属冶炼和压延加工业	4154	4154				
金属制品业	389147	389147				
通用设备制造业	389182	352896	36286			
专用设备制造业	909516	904674	4842		4842	
汽车制造业	70356	70356				
铁路、船舶、航空航天和其他运输设备制造业	578015	578015				
电气机械和器材制造业	115210	115210				
电力、热力生产和供应业	632192	386613	245579	28971	40062	12931
燃气生产和供应业	68511	48486	20025			
水的生产和供应业	14946	14946				

12－5 续　（2014年，按当年价格计算）　单位：万元

行　业	泰来县	甘南县	富裕县	克山县	克东县	拜泉县
总　计	**296350**	**488203**	**275583**	**472748**	**558156**	**521192**
石油和天然气开采业	125426					
农副食品加工业	110751	71086	52400	305617	33808	108032
食品制造业	20894	321348	137239		435643	28444
酒、饮料和精制茶制造业		23685	15697		4621	91644
纺织业	3298			37018		
纺织服装、服饰业						
木材加工和木、竹、藤、棕、草制品业		3101				161337
家具制造业					10870	
造纸和纸制品业			21459		2060	
印刷和记录媒介复制业						
石油加工、炼焦和核燃料加工业						
化学原料和化学制品制造业		8355	11712		6549	86149
医药制造业		18933				
橡胶和塑料制品业				5445		
非金属矿物制品业	20748		9286	90254	9397	
黑色金属冶炼和压延加工业						
有色金属冶炼和压延加工业						
金属制品业						
通用设备制造业			577			35709
专用设备制造业						
汽车制造业						
铁路、船舶、航空航天和其他运输设备制造业						
电气机械和器材制造业						
电力、热力生产和供应业	15233	21670	27213	34414	55208	9877
燃气生产和供应业		20025				
水的生产和供应业						

12-6　主要年份规模以上工业增加值

分　类	2011年		2012年		2013年		2014年	
	全市（亿元）	增长（%）	全市（亿元）	增长（%）	全市（亿元）	增长（%）	全市（亿元）	增长（%）
工业增加值	**318.7**	**18.5**	**252.9**	**9.5**	**278.5**	**9.5**	**262.3**	**2.6**
在总计中:轻工业	130.3	13.3	99.8	10.3	124.0	17.1	135.2	16.5
重工业	188.4	19.5	153.1	8.9	154.5	4.2	127.0	−10.0
在总计中:国有企业	11.6	21.2	7.1	47.5	6.8	−16.2	19.9	−1.3
集体企业	8.6	41.6	5.0	−14.7	4.6	−10.7	3.2	−35.1
股份合作企业	1.1	41.9	0.3	22	0.2	−21.2	0.8	44.0
股份制企业	230.5	16.5	187.0	7.1	208.2	11.9	177.5	−1.5
外商及港澳台商投资企业	55.6	11.2	42.3	19.2	42.6	−0.6	46.3	31.8
其他经济类型企业	11.3	43.7	11.2	11.4	16.0	32.2	14.6	−11.0
在总计中:国有控股企业	130	13.2	80.6	1.9	75.3	−4.5	70.5	−4.8
在总计中:私营企业	85.3	28.5	80.3	17.1	102.8	26.3	81.0	−6.5
在总计中:非公有工业	172	19.8	156.9	15.4	192.0	19.8	181.4	5.2
在总计中:大中型工业企业	180.8	9.7	147.7	8.1	134.0	−5.0	132.3	2.5
其中:国有企业	8.4	3.8	3.9	15.6	3.7	−5.7	9.8	3.6

注:本版数据来源于快报。

12-7　主要年份按行业分规模以上工业增加值

行　业	2012年		2013年		2014年	
	全市（亿元）	增长（%）	全市（亿元）	增长（%）	全市（亿元）	增长（%）
总　计	**252.9**	**9.5**	**278.5**	**9.5**	**262.3**	**2.6**
石油和天然气开采业	8.8	12.5	9.8	6.6	12.3	25.7
非金属矿采选业	0.1	31.7	0.2	237.4	0.0	−100.0
农副食品加工业	60.4	14.8	71.0	15.8	69.4	6.9
食品制造业	24.9	7.9	32.9	13.6	45.8	41.3
酒、饮料和精制茶制造业	5.5	−9.9	7.1	7.2	9.9	22.8
纺 织 业	0.9	−8.8	0.9	4.0	1.6	84.8
纺织服装、服饰业	0.1	−100.0	0.1	0.1	0.0	−0.8
木材加工和木、竹、藤、棕、草制品业	5.5	32.5	8.2	46.4	7.4	7.1
家具制造业	1.5	0.1	1.6	7.9	1.8	−18.9
造纸和纸制品业	0.8	−2.9	1.0	18.6	1.0	0.0
印刷和记录媒介复制业			0.0	−100.0	0.1	555.4
石油加工、炼焦和核燃料加工业	2.3	−13.5	1.9	6.0	0.6	−20.8
化学原料和化学制品制造业	13.6	39.9	12.9	10.6	7.7	−7.0
医药制造业	0.2	31.6	0.3	14.2	1.9	393.7
橡胶和塑料制品业	4.8	24.1	5.3	12.3	1.8	−60.1
非金属矿物制品业	19.3	9.7	23.3	18.6	19.3	−0.8
黑色金属冶炼和压延加工业	10.5	−6.1	8.7	−13.2	4.8	−9.2
有色金属冶炼和压延加工业					0.1	127.5
金属制品业	7.5	67.2	9.9	58.3	10.5	−11.8
通用设备制造业	25.0	−18.9	27.3	14.0	19.6	−18.4
专用设备制造业	20.5	31.8	13.7	−29.4	7.2	−42.4
汽车制造业	0.6	−62.6	2.3	335.0	1.7	−18.8
铁路、船舶、航空航天和其他运输设备制造业	16.2	8.7	15.5	−11.4	14.6	−19.7
电气机械和器材制造业	3.0	141.1	3.0	0.5	2.4	−1.9
其他制造业	1.1	−17.4	2.4	104.0	0.0	−53.9
金属制品、机械和设备修理业			0.3	−100.0	0.3	4.6
电力、热力生产和供应业	18.6	10.2	17.7	−2.9	18.5	−1.8
燃气生产和供应业	0.5	−48.5	0.6	−11.4	1.2	24.5
水的生产和供应业	0.6	3.7	0.6	0.6	0.6	0.3

12-8 规模以上工业企业主要经济指标

（2014年，按登记注册类型分） 单位：万元

指 标	总 计	内资企业	#国 有	#集 体	港、澳、台商投资企业	#合资经营	外商投资企业	#中外合资经营
企业单位数（个）	341	323	10	8	7	3	11	4
亏损企业	61	56	6	5	2	2	3	
工业总产值（当年价格）	9872508	8448485	236701	123384	327345	85157	1096678	477535
工业销售产值（当年价格）	9384099	8011324	237956	123243	300655	74467	1072120	457612
其中：出口交货值	419037	417320			1717	1717		
资产总计	14442865	13179336	433214	99725	468199	159993	795330	245803
流动资产合计	7805821	7074904	63943	76795	187496	72715	543421	162067
其中：应收帐款	2169572	2080760	23075	29904	3473	2725	85339	41381
存 货	2286600	2086882	8308	29775	110872	18354	88846	39770
其中：产成品	805279	728528	209	836	34752	14568	41999	9610
固定资产合计	4859353	4447036	363673	19456	208091	76098	204226	79774
固定资产原价	7005625	6447502	548428	40827	299211	98603	258912	94203
累计折旧	2430350	2256594	188906	21427	96742	28127	77014	21312
负债合计	8973317	8182416	356597	54756	337735	117936	453166	81098
#流动负债合计	6441136	5687060	105056	49794	317898	105191	436178	79601
非流动负债合计	2239217	2208207	236881	4361	17910	12745	13100	1497
所有者权益合计	5469548	4996920	76617	44969	130464	42057	342164	164705
实收资本	2093567	1716877	59543	14348	101399	18300	275291	154720
其中：国家资本	689396	612848	58596		76548			
集体资本	220943	84693	438	14348	3682	3682	132568	132568
法人资本	514842	498168	509		150		16524	7024
个人资本	455845	445434			6438	6428	3973	3973
港澳台资本	90315	75734			14581	8190		
外商资本	122226						122226	11155

12－8 续　　（2014年，按登记注册类型分）　　单位：万元

指　　标	总　计	内资企业	#国　有	#集　体	港、澳、台商投资企业	#合资经营	外商投资企　业	#中外合资经　营
主营业务收入	9331449	8007591	232509	127921	301446	75259	1022412	409331
主营业务成本	7713275	6706249	198094	121124	275902	64197	731124	333582
主营业务税金及附加	52766	44465	1344	517	332	327	7969	3169
销售费用	405780	239730	2808	362	7823	3920	158227	39649
其他业务利润	18138	18073	601	578	59		6	
管理费用	522449	476029	12137	8159	17550	8082	28870	5090
其中：税　金	32207	29596	899	350	1157	216	1454	444
财务费用	246670	231570	14091	305	6138	1158	8962	1347
其中：利息支出	223206	210222	13893	309	5201	319	7783	1350
营业利润	403965	319582	15449	-2015	-6160	-2425	90543	28546
投资收益	10520	20520	1953				-10000	-10000
营业外收入	149947	135261	2239	744	8344	525	6342	
补贴收入	42408	34036			7930	525	442	
利润总额	492064	398006	17420	-1493	1962	-2061	92096	24700
应交所得税	70507	51365	5103		3664	1922	15478	263
亏损企业亏损总额	181772	177318	3413	4484	2722	2722	1732	
利税总额	875912	729497	30588	2969	8012	3257	138403	37135
本年应付职工薪酬	527708	487165	18055	19349	17295	7035	23248	5909
本年应交增值税	325924	281872	11824	3928	5714	4991	38338	9266
进项税额								
销项税额								
全部从业人员年平均人数（人）	115896	108038	3326	5213	3297	1955	4561	1267

12-9　规模以上工业企业主要经济指标

（2014年，按经济组织类型分）　　单位：万元

指　　标	总　计	独资企业	#私营独资	#外　资	合作合伙企　　业	股份有限公　　司	有限责任公　　司	#国有独资
企业单位数（个）	341	29	3	5	3	29	280	11
亏损企业	61	13		2		7	41	4
工业总产值（当年价格）	9872508	1234886	71228	587842	36084	1582748	7018790	437506
工业销售产值（当年价格）	9384099	1219553	71228	587395	36064	1448764	6679718	422496
其中：出口交货值	419037					47599	371438	24318
资产总计	14442865	1374932	33814	501905	2956	4965919	8099058	774379
流动资产合计	7805821	642878	14330	373772	1270	3448053	3713620	313452
其中:应收帐款	2169572	100535	2927	43881	187	1256446	812404	71679
存　　货	2286600	177597	5490	42123	839	820085	1288079	61470
其中：产成品	805279	52778	1500	30478	449	161763	590289	19412
固定资产合计	4859353	635055	19484	101638	1426	1055230	3167642	399491
固定资产原价	7005625	938728	19466	134288	5174	1540332	4521391	634343
累计折旧	2430350	324460	1866	47346	3748	506631	1595511	269193
负债合计	8973317	981335	11823	338972	1359	2593553	5397070	698896
#流动负债小计	6441136	702292	10724	324623	1359	1434077	4303408	490757
非流动负债合计	2239217	257668	800	10461		1139120	842429	173228
所有者权益合计	5469548	393597	21991	162933	1597	2372366	2701988	75483
实收资本	2093567	260149	18060	85249	300	341885	1491233	152670
其中：国家资本	689396	135144				188894	365358	135669
集体资本	220943	14786				3433	202724	15000
法人资本	514842	10009		9500	250	73960	430623	2001
个人资本	455845	18070	18060		50	40276	397449	
港澳台资本	90315	6391					83924	

12－9 续　　（2014年，按经济组织类型分）　　单位：万元

指　　标	总　计	独资企业	#私营独资	#外　资	合作合伙企　业	股份有限公　司	有限责任公　司	#国有独资
外商资本	122226	75749		75749		35322	11155	
主营业务收入	9331449	1198891	57661	581069	36063	1501361	6595134	421657
主营业务成本	7713275	929439	43014	376458	28044	1283647	5472145	377346
主营业务税金及附加	52766	4144	295	1983	16	12391	36215	1863
销售费用	405780	124117	1850	116124	3113	48903	229647	9463
其他业务利润	18138	1244		6		5638	11256	399
管理费用	522449	52060	5379	20018	3184	125328	341877	44846
其中：税　　金	32207	2933	65	678		10435	18839	1995
财务费用	246670	28214	2404	6434	9	80485	137962	18324
其中：利息支出	223206	24682	351	5247	2	81737	116785	16854
营业利润	403965	73676	5390	60057	1699	-24240	352830	-62454
投资收益	10520	1953				5213	3354	5330
营业外收入	149947	17585	902	5881	6	75348	57008	17259
补贴收入	42408	7847		442		7901	26660	14118
利润总额	492064	89807	6269	65058	1699	49432	351126	-46336
应交所得税	70507	22060		15215	55	9941	38451	648
亏损企业亏损总额	181772	9125		1228		16593	156054	60505
利税总额	875912	137280	6858	94303	2467	144268	591897	-28299
本年应付职工薪酬	527708	61943	2182	12353	349	120551	344865	55739
本年应交增值税	325924	43308	294	27262	752	77444	204420	16136
进项税额								
销项税额								
全部从业人员年平均人数（人）	115896	13146	1375	1985	170	24092	78488	13267

12-10 全市规模以上工业企业主要经济指标

（2014年） 单位：万元

分类	企业单位数（个）	#亏损企业	实收资本	#国家资本	#集体资本	#法人资本	#外商和港澳台资本
总计	**341**	**61**	**2093567**	**689396**	**220943**	**514842**	**212541**
按隶属关系分							
中省企业	23	13	690708	455026	438	159510	75734
地方企业	318	48	1402859	234370	220505	355332	136807
按轻重工业分							
轻工业	159	17	803540	102315	181443	197859	113084
重工业	182	44	1290027	587081	39500	316983	99457
按企业规模分							
大型企业	17	6	755588	523259	3056	219421	
中型企业	54	18	548729	21773	189880	117464	110637
小型企业	249	35	760086	136364	28007	171936	101705
微型企业	21	2	29164	8000		6021	199
按工业行业分							
石油和天然气开采业	1		100	100			
农副食品加工业	91	7	394300	78578	6010	119299	36131
食品制造业	25	3	291287	21810	144568	43686	64274
酒、饮料和精制茶制造业	15	1	30769		1350	2022	12616
纺织业	3		2447			200	
纺织服装、服饰业	1		300				
木材加工和木、竹、藤、棕、草制品业	10	1	15590		50	2720	
家具制造业	4	2	13665		3682	3000	63
造纸和纸制品业	5	2	24518		23428		
印刷和记录媒介复制业	1		50			50	
石油加工、炼焦和核燃料加工业	2	2	37000	36000			
化学原料和化学制品制造业	23	4	93116	546	1712	56041	15596
医药制造业	4		11034			5338	
橡胶和塑料制品业	13	3	15269		1936	11077	
非金属矿物制品业	39	5	95509	640	360	20657	199
黑色金属冶炼和压延加工业	7	1	96141	90248	441	3400	
有色金属冶炼和压延加工业	1	1	1000			1000	
金属制品业	11	3	83704	52748		3653	
通用设备制造业	29	7	204849	70710	8311	72515	
专用设备制造业	8	1	209404	198894	50		
汽车制造业	3	1	33286	46		28461	
铁路、船舶、航空航天和其他运输设备制造业	5	3	116526	4921	1605	110000	
电气机械和器材制造业	7		19932				
电力、热力生产和供应业	29	11	254865	119228	27440	10609	75734
燃气生产和供应业	2	1	18206			5350	7928
水的生产和供应业	2	2	30700	14927		15764	

12－10 续1　　　　（2014年）　　　　单位：万元

分　　类	工业总产值当年价	从业人员平均人数（人）	流动资产合计	#存　货	#产成品
总　　计	9872508	115896	7805821	2286600	805279
按隶属关系分					
中省企业	2393860	46292	4735054	1269910	424275
地方企业	7478648	69604	3070767	1016690	381004
按轻重工业分					
轻 工 业	4812620	35391	1887271	655123	240166
重 工 业	5059888	80505	5918550	1631477	565113
按企业规模分					
大型企业	2834670	54880	5182055	1522414	507137
中型企业	2670386	32172	1359335	352639	171387
小型企业	4278832	28152	1208617	399040	120846
微型企业	88620	692	55814	12507	5909
按工业行业分					
石油和天然气开采业	125426	128	15270		
农副食品加工业	2527377	15294	819747	388979	121581
食品制造业	1691883	8857	753538	132484	39643
酒、饮料和精制茶制造业	235417	2931	69741	21868	4522
纺 织 业	45173	1511	43305	27191	20757
纺织服装、服饰业	2010	79	1914	739	396
木材加工和木、竹、藤、棕、草制品业	252944	1904	37959	12322	5290
家具制造业	83730	3047	90225	45128	36820
造纸和纸制品业	33716	836	18095	11027	7141
印刷和记录媒介复制业	2571	19	357	19	19
石油加工、炼焦和核燃料加工业	105581	3623	118042	21021	13590
化学原料和化学制品制造业	412769	4055	151326	36388	13994
医药制造业	62030	471	25352	10339	2896
橡胶和塑料制品业	75673	1081	32041	7752	2051
非金属矿物制品业	668527	5377	139919	56063	29944
黑色金属冶炼和压延加工业	376452	6989	913147	324910	244661
有色金属冶炼和压延加工业	4154	165	9910	2008	1815
金属制品业	389147	10061	203903	58913	21877
通用设备制造业	389182	10210	399964	178449	65461
专用设备制造业	909516	13312	3176231	694480	110004
汽车制造业	70356	654	109871	6027	891
铁路、船舶、航空航天和其他运输设备制造业	578015	10581	398032	207635	52367
电气机械和器材制造业	115210	1292	42996	7961	4363
电力、热力生产和供应业	632192	11270	186886	31134	3050
燃气生产和供应业	68511	1006	15867	2157	2146
水的生产和供应业	14946	1143	32183	1606	

12－10 续2　（2014年）　单位：万元

分　类	固定资产合计	固定资产原值	资产合计	负债合计	#流动负债	#非流动负债
总　计	4859353	7005625	14442865	8973317	6441136	2239217
按隶属关系分						
中省企业	2781062	3992621	8581405	5711221	3679104	2017456
地方企业	2078291	3013004	5861460	3262096	2762032	221761
按轻重工业分						
轻工业	1022591	1527738	3308091	1744669	1584460	104626
重工业	3836762	5477887	11134774	7228648	4856676	2134591
按企业规模分						
大型企业	2027510	3245571	8381974	5770183	4096950	1668728
中型企业	763152	1183551	2257103	1443798	1301292	96938
小型企业	2006193	2511005	3637981	1664063	996480	450481
微型企业	62498	65498	165807	95273	46414	23070
按工业行业分						
石油和天然气开采业	10072	19672	25342	1062	1062	
农副食品加工业	565427	758443	1666430	809789	720557	57415
食品制造业	212292	405657	1018876	524784	495272	20203
酒、饮料和精制茶制造业	49336	81014	131073	65157	58389	248
纺织业	34338	39026	78024	38927	34479	1713
纺织服装、服饰业	382	747	2296	1597	1597	
木材加工和木、竹、藤、棕、草制品业	44474	57830	90624	50409	48800	782
家具制造业	52099	61005	149761	139659	127152	9745
造纸和纸制品业	32095	56846	58662	48218	47638	262
印刷和记录媒介复制业	624	863	1025	95	95	
石油加工、炼焦和核燃料加工业	129023	239582	247065	391102	299832	91270
化学原料和化学制品制造业	236360	355838	439201	407279	289401	93007
医药制造业	4386	4434	60657	37449	37449	
橡胶和塑料制品业	21362	29747	58358	30986	22815	70
非金属矿物制品业	237742	286515	428264	278130	203899	8684
黑色金属冶炼和压延加工业	265624	405602	1733732	1551914	1336229	195048
有色金属冶炼和压延加工业	4246	3855	14156	7385	7385	
金属制品业	175122	339196	394876	241076	212914	28133
通用设备制造业	258900	375971	732452	397179	388906	-1771
专用设备制造业	755638	1087667	4273499	2266913	1151664	1115249
汽车制造业	80157	77081	190166	155397	108404	9387
铁路、船舶、航空航天和其他运输设备制造业	139099	249045	654892	411359	290634	120724
电气机械和器材制造业	22019	38575	65865	39210	31517	4013
电力、热力生产和供应业	1436052	1863051	1772718	994059	483347	442552
燃气生产和供应业	33833	55805	57941	20245	17245	3000
水的生产和供应业	58651	92558	96910	63937	24454	39483

12－10 续3　　（2014年）　　单位:万元

分　类	所有者权益合计	主营业务收　入	主营业务成本	主营业务税金及附加	利润总额	利税总额	应交增值税
总　计	5469548	9331449	7713275	52766	492064	875912	325924
按隶属关系分							
中省企业	2870184	2443311	2163534	13012	-59846	58833	100596
地方企业	2599364	6888138	5549741	39754	551910	817079	225328
按轻重工业分							
轻 工 业	1563422	4423115	3478746	28430	408928	575194	137829
重 工 业	3906126	4908334	4234529	24336	83136	300718	188095
按企业规模分							
大型企业	2611791	2901373	2516157	12647	-40040	91288	113619
中型企业	813305	2477303	1860735	18990	269180	374567	86330
小型企业	1973918	3872655	3266788	20908	257200	403384	125247
微型企业	70534	80118	69595	221	5724	6673	728
按工业行业分							
石油和天然气开采业	24280	125426	103922	683	11379	22914	10852
农副食品加工业	856641	2305277	1951427	8536	174854	251433	68043
食品制造业	494092	1601877	1135832	5572	211024	269125	52529
酒、饮料和精制茶制造业	65916	206353	145085	12210	10658	30393	7525
纺 织 业	39097	37331	31779	112	1287	2656	1257
纺织服装、服饰业	699	2010	1664	6	33	52	13
木材加工和木、竹、藤、棕、草制品业	40215	252073	213184	1007	11334	18970	6629
家具制造业	10102	58697	45368	302	1200	5302	3800
造纸和纸制品业	10444	32918	29797	74	-1746	-1102	570
印刷和记录媒介复制业	930	2571	2091	3	210	283	70
石油加工、炼焦和核燃料加工业	-144037	98823	98910		-52442	-51543	899
化学原料和化学制品制造业	31922	394997	324413	1257	-138	8772	7646
医药制造业	23208	57146	44624	171	7039	9090	1880
橡胶和塑料制品业	27372	66862	60165	586	1918	3192	672
非金属矿物制品业	150134	594494	508865	2360	40945	66902	23584
黑色金属冶炼和压延加工业	181818	547151	485134	482	908	3970	2580
有色金属冶炼和压延加工业	6771	2885	3242	4	-1051	-1047	
金属制品业	153800	363421	313645	668	7261	17288	9330
通用设备制造业	335273	378777	331886	1856	-5203	12269	15615
专用设备制造业	2006586	806730	704714	6828	33726	85048	44494
汽车制造业	34769	70519	56425	1011	4120	8764	3633
铁路、船舶、航空航天和其他运输设备制造业	243533	534286	424740	3620	24313	58271	30243
电气机械和器材制造业	26655	90344	73393	432	4807	7512	2273
电力、热力生产和供应业	778659	619893	557539	4390	5802	44266	29077
燃气生产和供应业	37696	59439	50689	305	295	2622	2022
水的生产和供应业	32973	21149	14742	291	-469	510	688

12-11　市区规模以上工业企业主要经济指标

（2014年）　　单位：万元

分　类	企业单位数（个）	#亏损企业	实收资本	#国家资本	#集体资本	#法人资本	#外商和港澳台资本
总　计	172	40	1230317	532074	35716	377139	21532
按隶属关系分							
中省企业	13	6	586380	427379		159001	
地方企业	159	34	643937	104695	35716	218138	21532
按轻重工业分							
轻 工 业	48	6	197274	1927	9087	98331	7213
重 工 业	124	34	1033043	530147	26629	278808	14319
按企业规模分							
大型企业	15	6	657230	424901	3056	219421	
中型企业	30	14	205888	20593	24512	70296	13191
小型企业	121	20	364305	86580	8148	87322	8341
微型企业	6		2894			100	
按工业行业分							
石油和天然气开采业							
农副食品加工业	18	1	110990		3000	54686	
食品制造业	9	1	23792			14609	1950
酒、饮料和精制茶制造业	2		13281			522	5200
纺 织 业	1		500				
纺织服装、服饰业	1		300				
木材加工和木、竹、藤、棕、草制品业	5	1	5928			200	
家具制造业	3	2	9605		3682	3000	63
造纸和纸制品业	3		1090				
印刷和记录媒介复制业	1		50			50	
石油加工、炼焦和核燃料加工业	2	2	37000	36000			
化学原料和化学制品制造业	13	3	70373		1491	48366	6391
医药制造业	2		5896			1200	
橡胶和塑料制品业	11	3	14019		1936	11077	
非金属矿物制品业	21	4	48812		200	12828	
黑色金属冶炼和压延加工业	6	1	93141	90248	441	400	
有色金属冶炼和压延加工业	1	1	1000			1000	
金属制品业	11	3	83704	52748		3653	
通用设备制造业	27	7	201249	70710	8311	69915	
专用设备制造业	7	1	206394	198894	50		
汽车制造业	3	1	33286	46		28461	
铁路、船舶、航空航天和其他运输设备制造业	5	3	116526	4921	1605	110000	
电气机械和器材制造业	7		19932				
电力、热力生产和供应业	10	3	89893	63580	15000	1408	
燃气生产和供应业	1	1	12856				7928
水的生产和供应业	2	2	30700	14927		15764	

12－11 续1　　（2014年）　　单位：万元

分　　类	工业总产值（当年价）	从业人员平均人数（人）	流动资产合计	#存　货	#产成品
总　　计	5417645	86485	6132548	1754459	633708
按隶属关系分					
中省企业	2266501	43298	4705363	1268047	424275
地方企业	3151144	43187	1427185	486412	209433
按轻重工业分					
轻 工 业	1349971	15095	456425	187280	88383
重 工 业	4067674	71390	5676123	1567179	545325
按企业规模分					
大型企业	2540882	52619	4999375	1418152	481684
中型企业	943353	19930	620125	178793	97923
小型企业	1922115	13793	505001	156539	54041
微型企业	11295	143	8047	975	60
按工业行业分					
石油和天然气开采业					
农副食品加工业	574635	4643	156490	75544	34857
食品制造业	510257	4599	110839	39491	5144
酒、饮料和精制茶制造业	59879	1060	30967	9153	1464
纺 织 业	4857	445	11469	10944	7979
纺织服装、服饰业	2010	79	1914	739	396
木材加工和木、竹、藤、棕、草制品业	88506	612	10302	2738	372
家具制造业	72860	1842	83225	40928	35320
造纸和纸制品业	10197	172	2492	885	489
印刷和记录媒介复制业	2571	19	357	19	19
石油加工、炼焦和核燃料加工业	105581	3623	118042	21021	13590
化学原料和化学制品制造业	220723	3024	108606	20948	9453
医药制造业	33570	309	17887	3957	186
橡胶和塑料制品业	63431	959	23877	4845	1184
非金属矿物制品业	427619	3183	67812	24744	19528
黑色金属冶炼和压延加工业	376452	6949	900603	322233	242771
有色金属冶炼和压延加工业	4154	165	9910	2008	1815
金属制品业	389147	10061	203903	58913	21877
通用设备制造业	352896	10037	398955	178105	65318
专用设备制造业	904674	13132	3173437	694268	110004
汽车制造业	70356	654	109871	6027	891
铁路、船舶、航空航天和其他运输设备制造业	578015	10581	398032	207635	52367
电气机械和器材制造业	115210	1292	42996	7961	4363
电力、热力生产和供应业	386613	6972	103135	17601	2175
燃气生产和供应业	48486	930	15244	2146	2146
水的生产和供应业	14946	1143	32183	1606	

12－11 续2　　（2014年）　　单位:万元

分　　类	固定资产合　计	固定资产原　值	资产总计	负债总计	#流动负债	#非流动负债
总　计	3649079	5202327	11104096	7147675	5028665	1968643
按隶属关系分						
中省企业	2551444	3647607	8289299	5451373	3601801	1849571
地方企业	1097635	1554720	2814797	1696302	1426864	119072
按轻重工业分						
轻 工 业	319849	501186	911607	517606	459539	41123
重 工 业	3329230	4701141	10192489	6630069	4569126	1927520
按企业规模分						
大型企业	1896420	2924627	8008615	5510284	3837549	1668230
中型企业	395481	658938	1075527	797136	727656	28452
小型企业	1353304	1612112	2007029	831092	456036	271961
微型企业	3874	6650	12925	9163	7424	
按工业行业分						
石油和天然气开采业						
农副食品加工业	123868	210446	325741	146104	128433	6929
食品制造业	55945	99861	213102	95514	86559	8955
酒、饮料和精制茶制造业	21578	23222	54333	35072	34824	248
纺 织 业	13916	18604	25765	13113	11907	206
纺织服装、服饰业	382	747	2296	1597	1597	
木材加工和木、竹、藤、棕、草制品业	21000	21277	32734	11119	10132	756
家具制造业	49099	57081	139761	134059	121552	9745
造纸和纸制品业	2670	3127	5900	1789	1471	
印刷和记录媒介复制业	624	863	1025	95	95	
石油加工、炼焦和核燃料加工业	129023	239582	247065	391102	299832	91270
化学原料和化学制品制造业	204848	247077	345529	362431	255395	91510
医药制造业	800	633	49472	35677	35677	
橡胶和塑料制品业	20821	29176	46215	23070	22290	70
非金属矿物制品业	141412	160451	222532	178411	119568	973
黑色金属冶炼和压延加工业	265554	405602	1696377	1533568	1336229	195048
有色金属冶炼和压延加工业	4246	3855	14156	7385	7385	
金属制品业	175122	339196	394876	241076	212914	28133
通用设备制造业	254085	367292	726500	395331	387058	-1771
专用设备制造业	754294	1087055	4267126	2265093	1149844	1115249
汽车制造业	80157	77081	190166	155397	108404	9387
铁路、船舶、航空航天和其他运输设备制造业	139099	249045	654892	411359	290634	120724
电气机械和器材制造业	22019	38575	65865	39210	31517	4013
电力、热力生产和供应业	1082323	1380186	1237682	585921	333649	244715
燃气生产和供应业	27543	49735	48076	20245	17245	3000
水的生产和供应业	58651	92558	96910	63937	24454	39483

12－11 续3　　（2014年）　　单位:万元

分　　类	所有者权益合计	主营业务收入	主营业务成本	主营业务税金及附加	利润总额	利税总额	应交增值税
总　计	3956421	5136625	4285444	30257	124214	366828	207204
按隶属关系分							
中省企业	2837926	2319061	2049410	12595	-56607	57730	96671
地方企业	1118495	2817564	2236034	17662	180821	309098	110533
按轻重工业分							
轻工业	394001	1168418	861069	10025	87116	146891	49743
重工业	3562420	3968207	3424375	20232	37098	219937	157461
按企业规模分							
大型企业	2498331	2629087	2264322	12537	-48110	82573	113084
中型企业	278391	827689	649944	8936	38419	77214	29792
小型企业	1175937	1668427	1361228	8765	133327	206305	64189
微型企业	3762	11422	9950	19	578	736	139
按工业行业分							
石油和天然气开采业							
农副食品加工业	179637	494802	375562	2753	38325	59410	18332
食品制造业	117588	457815	334580	960	34885	57247	21402
酒、饮料和精制茶制造业	19261	42272	18084	4477	4842	12123	2804
纺织业	12652	6158	4172	39	90	431	302
纺织服装、服饰业	699	2010	1664	6	33	52	13
木材加工和木、竹、藤、棕、草制品业	21615	87858	78597	284	6447	10199	3468
家具制造业	5702	47827	36088	244	668	4512	3600
造纸和纸制品业	4111	10034	8181	40	1107	1403	256
印刷和记录媒介复制业	930	2571	2091	3	210	283	70
石油加工、炼焦和核燃料加工业	-144037	98823	98910		-52442	-51543	899
化学原料和化学制品制造业	-16902	209853	178895	900	-14765	-9777	4081
医药制造业	13795	32345	23667	135	4240	5956	1581
橡胶和塑料制品业	23145	55196	49205	576	1689	2826	545
非金属矿物制品业	44121	377570	312424	1492	29181	46070	15388
黑色金属冶炼和压延加工业	162809	547151	485134	482	908	3970	2580
有色金属冶炼和压延加工业	6771	2885	3242	4	-1051	-1047	0
金属制品业	153800	363421	313645	668	7261	17288	9330
通用设备制造业	331169	342395	302342	1853	-6630	10166	14942
专用设备制造业	2002033	801888	700186	6802	33614	84895	44479
汽车制造业	34769	70519	56425	1011	4120	8764	3633
铁路、船舶、航空航天和其他运输设备制造业	243533	534286	424740	3620	24313	58271	30243
电气机械和器材制造业	26655	90344	73393	432	4807	7512	2273
电力、热力生产和供应业	651761	388175	346031	2880	5400	37549	24273
燃气生产和供应业	27831	49278	43444	305	-2569	-242	2022
水的生产和供应业	32973	21149	14742	291	-469	510	688

12-12 各县(市)规模以上工业企业主要经济指标

（2014年） 单位:万元

分类	全市	市区	市辖县(市)	讷河市	龙江县	依安县
企业单位数(个)	341	172	169	35	14	25
亏损企业	61	40	21	3	3	
工业总产值(当年价格)	9872508	5417645	4454863	662399	575951	604281
工业销售产值(当年价格)	9384099	5127691	4256408	664578	489730	546559
其中:出口交货值	419037	394349	24688			
资产总计	14442865	11104096	3338769	510633	563869	355471
流动资产合计	7805821	6132548	1673273	268388	213679	150435
其中:应收帐款	2169572	1879679	289893	22719	30665	31961
存货	2286600	1754459	532141	95714	122145	45948
其中:产成品	805279	633708	171571	19748	26933	25123
固定资产合计	4859353	3649079	1210274	185675	231831	152032
固定资产原价	7005625	5202327	1803298	194031	340572	175693
累计折旧	2430350	1699086	731264	57024	113817	38453
负债合计	8973317	7147675	1825642	257844	362266	123554
#流动负债合计	6441136	5028665	1412471	194098	298125	90612
非流动负债合计	2239217	1968643	270574	49332	30495	24881
所有者权益合计	5469548	3956421	1513127	252789	201603	231917
实收资本	2093567	1230317	863250	127914	136295	57519
其中:国家资本	689396	532074	157322	1154	76548	576
集体资本	220943	35716	185227	1160	12010	
法人资本	514842	377139	137703	8614	41738	21240
个人资本	455845	263856	191989	77659	5999	30504
港澳台资本	90315	14382	75933			199
外商资本	122226	7150	115076	39327		5000
主营业务收入	9331449	5136625	4194824	664792	519849	533418
主营业务成本	7713275	4285444	3427831	559413	418788	463800
主营业务税金及附加	52766	30257	22509	7290	732	1480
销售费用	405780	197636	208144	7071	4458	5079
利润总额	492064	124214	367850	74719	102919	45483
亏损企业亏损总额	181772	167693	14079	1581	801	
利税总额	875912	366828	509084	106118	113445	59683
本年应交增值税	325924	207204	118720	24109	9793	12716
全部从业人员年平均人数(人)	115896	86485	29411	5534	3239	2788

12－12 续　　　　（2014年）　　　　单位:万元

分　　类	泰来县	甘南县	富裕县	克山县	克东县	拜泉县
企业单位数(个)	15	17	19	13	13	18
亏损企业	1	2	5	1	4	2
工业总产值(当年价格)	296350	488203	275583	472748	558156	521192
工业销售产值(当年价格)	291239	485763	275618	436874	553890	512157
其中:出口交货值				24688		
资产总计	151159	288905	401244	359257	545899	162332
流动资产合计	81808	184784	173926	144746	385488	70019
其中:应收帐款	9482	35861	76835	17450	48456	16464
存　　货	39193	45377	53987	67346	43460	18971
其中:产成品	6280	6743	22383	33184	19697	11480
固定资产合计	66747	84414	176319	111207	137474	64575
固定资产原价	98012	104555	392922	127962	153577	215974
累计折旧	35598	25832	222022	48126	36143	154249
负债合计	74413	72741	275413	154679	406786	97946
#流动负债合计	50327	31659	223843	84478	361450	77879
非流动负债合计	24086	29167	51569	6152	40324	14568
所有者权益合计	76746	216164	125831	204578	139113	64386
实收资本	34304	178072	163987	44148	99621	21390
其中:国家资本	796	400	47255	20761	9832	
集体资本		145918	23023		2628	488
法人资本	200	27204	5402	19140	3000	11165
个人资本	33308	4550	11564	4247	14421	9737
港澳台资本			75734			
外商资本			1009		69740	
主营业务收入	282988	451798	258282	432390	552858	498449
主营业务成本	249569	379208	213553	389051	355089	399360
主营业务税金及附加	919	2699	2899	3056	2123	1311
销售费用	7864	29734	12125	3193	119075	19545
利润总额	18290	31899	7309	22443	50853	13935
亏损企业亏损总额	449	672	4994	560	1717	3305
利税总额	32072	39317	14741	42017	75270	26421
本年应交增值税	12863	4719	4533	16518	22294	11175
全部从业人员年平均人数(人)	1698	2128	3560	3755	3596	3113

12-13　全市国有控股工业企业主要经济指标

（2014年）　　单位：万元

分　类	企业单位数（个）	#亏损企业	实收资本	#国家资本	#集体资本	#法人资本
总　计	44	20	920512	610772	31085	190012
按隶属关系分						
中省企业	23	13	690708	455026	438	159510
地方企业	21	7	229804	155746	30647	30502
按轻重工业分						
轻工业	4	2	43368	23737	2010	17612
重工业	40	18	877144	587035	29075	172400
按企业规模分						
大型企业	11	5	608615	446711	3056	158848
中型企业	9	5	63679	21727	15000	23755
小型企业	23	10	240218	134334	13029	7409
微型企业	1		8000	8000		
按工业行业分						
石油和天然气开采业	1		100	100		
农副食品加工业	1	1	2010		2010	
食品制造业	2		23658	21810		1848
酒、饮料和精制茶制造业						
纺织业						
纺织服装、服饰业						
木材加工和木、竹、藤、棕、草制品业						
家具制造业						
造纸和纸制品业						
印刷和记录媒介复制业						
石油加工、炼焦和核燃料加工业	1	1	36000	36000		
化学原料和化学制品制造业	2	1	50227	546	221	47000
医药制造业						
橡胶和塑料制品业						
非金属矿物制品业	5		11853	640	360	3601
黑色金属冶炼和压延加工业	1		90248	90248		
有色金属冶炼和压延加工业						
金属制品业	3	3	55936	52748		
通用设备制造业	2	1	79756	70710	3056	5990
专用设备制造业	2	1	198894	198894		
汽车制造业						
铁路、船舶、航空航天和其他运输设备制造业	2		114921	4921		110000
电气机械和器材制造业						
电力、热力生产和供应业	20	10	226209	119228	25438	5809
燃气生产和供应业						
水的生产和供应业	2	2	30700	14927		15764

12－13 续1　（2014年）　单位：万元

分　类	工业总产值（当年价）	从业人员平均人数（人）	流动资产合计	#存　货	#产成品
总　计	2933726	56810	5108535	1401116	466934
按隶属关系分					
中省企业	2393860	46292	4735054	1269910	424275
地方企业	539866	10518	373481	131206	42659
按轻重工业分					
轻工业	240927	3567	118054	15910	6605
重工业	2692799	53243	4990481	1385206	460329
按企业规模分					
大型企业	2339438	45693	4836230	1339657	450392
中型企业	118514	7300	115505	34688	7572
小型企业	471439	3805	154844	26771	8970
微型企业	4335	12	1956		
按工业行业分					
石油和天然气开采业	125426	128	15270		
农副食品加工业	2385	60	4392	121	64
食品制造业	228635	2472	90744	14287	6541
酒、饮料和精制茶制造业					
纺织业					
纺织服装、服饰业					
木材加工和木、竹、藤、棕、草制品业					
家具制造业					
造纸和纸制品业					
印刷和记录媒介复制业					
石油加工、炼焦和核燃料加工业	102872	3544	112341	17746	11462
化学原料和化学制品制造业	69952	1487	63687	9783	2769
医药制造业					
橡胶和塑料制品业					
非金属矿物制品业	73220	1110	24989	17811	13395
黑色金属冶炼和压延加工业	332894	5718	886281	314569	241874
有色金属冶炼和压延加工业					
金属制品业	149504	8765	151301	37928	3384
通用设备制造业	31948	4289	145739	77381	25324
专用设备制造业	788756	12365	3074783	683678	109782
汽车制造业					
铁路、船舶、航空航天和其他运输设备制造业	502711	7392	380851	202283	52339
电气机械和器材制造业					
电力、热力生产和供应业	510477	8337	125974	23923	
燃气生产和供应业					
水的生产和供应业	14946	1143	32183	1606	

12－13 续2　　　　（2014年）　　　　单位:万元

分　　类	固定资产合　　计	固定资产原　　价	资产总计	负债总计	#流动负债	#非流动负债
总　　计	3144848	4584354	9426694	6256066	4081829	2095762
按隶属关系分						
中省企业	2781062	3992621	8581405	5711221	3679104	2017456
地方企业	363786	591733	845289	544845	402725	78306
按轻重工业分						
轻 工 业	44382	204720	169095	97928	81955	15973
重 工 业	3100466	4379634	9257599	6158138	3999874	2079789
按企业规模分						
大型企业	1771441	2813126	7673064	5359263	3703193	1656069
中型企业	147386	232087	272348	219524	171132	42540
小型企业	1184993	1498113	1430279	644904	197529	374753
微型企业	41028	41028	51003	32375	9975	22400
按工业行业分						
石油和天然气开采业	10072	19672	25342	1062	1062	
农副食品加工业	800	926	5242	2787	2787	
食品制造业	17280	147187	113354	64996	64063	933
酒、饮料和精制茶制造业						
纺 织 业						
纺织服装、服饰业						
木材加工和木、竹、藤、棕、草制品业						
家具制造业						
造纸和纸制品业						
印刷和记录媒介复制业						
石油加工、炼焦和核燃料加工业	125661	238276	238002	366895	275625	91270
化学原料和化学制品制造业	173504	209301	250593	320481	233787	86694
医药制造业						
橡胶和塑料制品业						
非金属矿物制品业	31367	39016	59044	42732	26087	242
黑色金属冶炼和压延加工业	256480	391820	1667272	1508519	1313471	195048
有色金属冶炼和压延加工业						
金属制品业	151322	257034	314302	201285	173152	28133
通用设备制造业	98677	140953	286935	214607	223650	-9043
专用设备制造业	745511	1071681	4154361	2235984	1121902	1114082
汽车制造业						
铁路、船舶、航空航天和其他运输设备制造业	133466	238014	628895	390363	270277	120085
电气机械和器材制造业						
电力、热力生产和供应业	1342057	1737916	1586442	842418	351512	428835
燃气生产和供应业						
水的生产和供应业	58651	92558	96910	63937	24454	39483

12－13 续3　　（2014年）　　单位:万元

分　类	所有者权益合计	主营业务收入	主营业成本	主营业务税金及附加	利润总额	利税总额	应交增值税
总　计	3170628	2974127	2609107	16017	-50118	99191	128220
按隶属关系分							
中省企业	2870184	2443311	2163534	13012	-59846	58833	100596
地方企业	300444	530816	445573	3005	9728	40358	27624
按轻重工业分							
轻工业	71167	240306	190415	730	17046	28750	10974
重工业	3099461	2733821	2418692	15287	-67164	70441	117246
按企业规模分							
大型企业	2313801	2406248	2129257	11876	-60727	53298	97087
中型企业	52824	118975	109273	899	-8626	-4065	3653
小型企业	785375	444569	367976	3242	19189	49912	27480
微型企业	18628	4335	2601		46	46	
按工业行业分							
石油和天然气开采业	24280	125426	103922	683	11379	22914	10852
农副食品加工业	2455	2081	1875		-324	-324	
食品制造业	48358	222103	177278	439	17586	28463	10438
酒、饮料和精制茶制造业							
纺织业							
纺织服装、服饰业							
木材加工和木、竹、藤、棕、草制品业							
家具制造业							
造纸和纸制品业							
印刷和记录媒介复制业							
石油加工、炼焦和核燃料加工业	-128893	96752	95932		-46918	-46019	899
化学原料和化学制品制造业	-69888	71825	75108	59	-29013	-26236	2718
医药制造业							
橡胶和塑料制品业							
非金属矿物制品业	16312	57876	48292	369	2526	4476	1572
黑色金属冶炼和压延加工业	158753	512752	456443	206	400	1436	830
有色金属冶炼和压延加工业							
金属制品业	113017	144291	133677	237	-13208	-11435	1507
通用设备制造业	72328	49615	59019	320	-23112	-20514	2278
专用设备制造业	1918377	720106	655277	6220	2048	48625	40357
汽车制造业							
铁路、船舶、航空航天和其他运输设备制造业	238532	455382	349260	3340	26195	57312	27740
电气机械和器材制造业							
电力、热力生产和供应业	744024	494769	438282	3853	2792	39983	28341
燃气生产和供应业							
水的生产和供应业	32973	21149	14742	291	-469	510	688

12-14　市区国有控股工业企业主要经济指标

（2014年）　　　　单位：万元

分　　类	企业单位数（个）	#亏损企业	实收资本	#国家资本	#集体资本	#法人资本
总　　计	24	11	743936	532028	18256	183403
按隶属关系分						
中省企业	13	6	586380	427379		159001
地方企业	11	5	157556	104649	18256	24402
按轻重工业分						
轻 工 业	2	1	19548	1927		17612
重 工 业	22	10	724388	530101	18256	165791
按企业规模分						
大型企业	10	5	586805	424901	3056	158848
中型企业	7	3	62499	20547	15000	23755
小型企业	7	3	94632	86580	200	800
微型企业						
按工业行业分						
石油和天然气开采业						
农副食品加工业						
食品制造业	1		1848			1848
酒、饮料和精制茶制造业						
纺 织 业						
纺织服装、服饰业						
木材加工和木、竹、藤、棕、草制品业						
家具制造业						
造纸和纸制品业						
印刷和记录媒介复制业						
石油加工、炼焦和核燃料加工业	1	1	36000	36000		
化学原料和化学制品制造业	1	1	47000			47000
医药制造业						
橡胶和塑料制品业						
非金属矿物制品业	3		10053		200	2801
黑色金属冶炼和压延加工业	1		90248	90248		
有色金属冶炼和压延加工业						
金属制品业	3	3	55936	52748		
通用设备制造业	2	1	79756	70710	3056	5990
专用设备制造业	2	1	198894	198894		
汽车制造业						
铁路、船舶、航空航天和其他运输设备制造业	2		114921	4921		110000
电气机械和器材制造业						
电力、热力生产和供应业	6	2	78580	63580	15000	
燃气生产和供应业						
水的生产和供应业	2	2	30700	14927		15764

12－14 续1　（2014年）　单位:万元

分　　类	工业总产值（当年价）	从业人员平均人数（人）	流动资产合计	#存　货	#产成品
总　计	2524041	51739	4945666	1376231	460554
按隶属关系分					
中省企业	2266501	43298	4705363	1268047	424275
地方企业	257540	8441	240303	108184	36279
按轻重工业分					
轻 工 业	153892	2323	41020	3176	591
重 工 业	2370149	49416	4904646	1373055	459963
按企业规模分					
大型企业	2254788	44509	4763588	1327044	444442
中型企业	85034	6238	110937	34531	7572
小型企业	184219	992	71141	14656	8540
微型企业					
按工业行业分					
石油和天然气开采业					
农副食品加工业					
食品制造业	143985	1288	18102	1674	591
酒、饮料和精制茶制造业					
纺织业					
纺织服装、服饰业					
木材加工和木、竹、藤、棕、草制品业					
家具制造业					
造纸和纸制品业					
印刷和记录媒介复制业					
石油加工、炼焦和核燃料加工业	102872	3544	112341	17746	11462
化学原料和化学制品制造业	60901	1235	55521	8900	2570
医药制造业					
橡胶和塑料制品业					
非金属矿物制品业	50289	974	22216	15716	13228
黑色金属冶炼和压延加工业	332894	5718	886281	314569	241874
有色金属冶炼和压延加工业					
金属制品业	149504	8765	151301	37928	3384
通用设备制造业	31948	4289	145739	77381	25324
专用设备制造业	788756	12365	3074783	683678	109782
汽车制造业					
铁路、船舶、航空航天和其他运输设备制造业	502711	7392	380851	202283	52339
电气机械和器材制造业					
电力、热力生产和供应业	345235	5026	66348	14750	
燃气生产和供应业					
水的生产和供应业	14946	1143	32183	1606	

12－14 续2　　（2014年）　　单位:万元

分　类	固定资产合计	固定资产原价	资产总计	负债总计	#流动负债	#非流动负债
总　计	2800343	3977114	8836583	5835222	3907768	1905203
按隶属关系分						
中省企业	2551444	3647607	8289299	5451373	3601801	1849571
地方企业	248899	329507	547284	383849	305967	55632
按轻重工业分						
轻 工 业	30247	64422	77732	42349	26408	15941
重 工 业	2770096	3912692	8758851	5792873	3881360	1889262
按企业规模分						
大型企业	1758106	2673754	7586943	5306471	3650433	1656037
中型企业	101431	163088	221798	168742	164439	-1544
小型企业	940806	1140272	1027842	360009	92896	250710
微型企业						
按工业行业分						
石油和天然气开采业						
农副食品加工业						
食品制造业	3945	7815	27233	12204	11303	901
酒、饮料和精制茶制造业						
纺 织 业						
纺织服装、服饰业						
木材加工和木、竹、藤、棕、草制品业						
家具制造业						
造纸和纸制品业						
印刷和记录媒介复制业						
石油加工、炼焦和核燃料加工业	125661	238276	238002	366895	275625	91270
化学原料和化学制品制造业	170801	202787	239719	318176	231482	86694
医药制造业						
橡胶和塑料制品业						
非金属矿物制品业	23506	27791	47157	33474	17071	
黑色金属冶炼和压延加工业	256480	391820	1667272	1508519	1313471	195048
有色金属冶炼和压延加工业						
金属制品业	151322	257034	314302	201285	173152	28133
通用设备制造业	98677	140953	286935	214607	223650	-9043
专用设备制造业	745511	1071681	4154361	2235984	1121902	1114082
汽车制造业						
铁路、船舶、航空航天和其他运输设备制造业	133466	238014	628895	390363	270277	120085
电气机械和器材制造业						
电力、热力生产和供应业	1032323	1308385	1135797	489778	245381	238550
燃气生产和供应业						
水的生产和供应业	58651	92558	96910	63937	24454	39483

12－14 续3　（2014年）　单位:万元

分类	所有者权益合计	主营业务收入	主营业成本	主营业务税金及附加	利润总额	利税总额	应交增值税
总计	3001361	2581157	2273551	14011	-67732	62735	111385
按隶属关系分							
中省企业	2837926	2319061	2049410	12595	-56607	57730	96671
地方企业	163435	262096	224141	1416	-11125	5005	14714
按轻重工业分							
轻工业	35383	159103	122639	625	11201	22265	10439
重工业	2965978	2422054	2150912	13386	-78933	40470	100946
按企业规模分							
大型企业	2280472	2327126	2063356	11771	-66896	46489	96552
中型企业	53056	86133	76723	783	-7515	-4063	2660
小型企业	667833	167898	133472	1457	6679	20309	12173
微型企业							
按工业行业分							
石油和天然气开采业							
农副食品加工业							
食品制造业	15029	142981	111377	334	11417	21654	9903
酒、饮料和精制茶制造业							
纺织业							
纺织服装、服饰业							
木材加工和木、竹、藤、棕、草制品业							
家具制造业							
造纸和纸制品业							
印刷和记录媒介复制业							
石油加工、炼焦和核燃料加工业	-128893	96752	95932		-46918	-46019	899
化学原料和化学制品制造业	-78457	62588	68997	3	-30185	-27894	2288
医药制造业							
橡胶和塑料制品业							
非金属矿物制品业	13683	33826	26776	298	1408	2654	939
黑色金属冶炼和压延加工业	158753	512752	456443	206	400	1436	830
有色金属冶炼和压延加工业							
金属制品业	113017	144291	133677	237	-13208	-11435	1507
通用设备制造业	72328	49615	59019	320	-23112	-20514	2278
专用设备制造业	1918377	720106	655277	6220	2048	48625	40357
汽车制造业							
铁路、船舶、航空航天和其他运输设备制造业	238532	455382	349260	3340	26195	57312	27740
电气机械和器材制造业							
电力、热力生产和供应业	646019	341715	302051	2762	4692	36406	23956
燃气生产和供应业							
水的生产和供应业	32973	21149	14742	291	-469	510	688

12-15　各县(市)国有控股工业企业主要经济指标

(2014年)　　单位:万元

分　　类	全　市	市　区	市辖县(市)	讷河市	龙江县	依安县
企业单位数(个)	44	24	20	2	4	2
#亏损企业	20	11	9	1	2	
工业总产值(当年价格)	2933726	2524041	409685	27712	42447	26397
工业销售产值(当年价格)	2720515	2303959	416556	27863	43135	25791
其中:出口交货值	362743	362743				
资产总计	9426694	8836583	590111	32662	91410	25964
流动资产合计	5108535	4945666	162869	4319	26735	4963
其中:应收帐款	1559645	1483092	76553	264	4764	1094
存　　货	1401116	1376231	24885	1398	7490	854
其中:产成品	466934	460554	6380	102	64	65
固定资产合计	3144848	2800343	344505	27340	62126	20698
固定资产原价	4584354	3977114	607240	42352	78288	33735
累计折旧	1518364	1243178	275186	15109	19106	14775
负债合计	6256066	5835222	420844	30951	61434	23962
#流动负债合计	4081829	3907768	174061	7435	24605	9207
非流动负债合计	2095762	1905203	190559	23511	24329	14755
所有者权益合计	3170628	3001361	169267	1711	29976	2002
实收资本	920512	743936	176576	1284	17819	1576
其中:国家资本	610772	532028	78744	1124		576
集体资本	31085	18256	12829	160	12010	
法人资本	190012	183403	6609		5809	800
个人资本	12909	10249	2660			200
港澳台资本	75734		75734			
主营业务收入	2974127	2581157	392970	29574	36878	27299
主营业务成本	2609107	2273551	335556	25663	32281	25653
主营业务税金及附加	16017	14011	2006	117	44	83
营业费用	107733	89008	18725	589	114	319
利润总额	-50118	-67732	17614	325	918	310
亏损企业亏损总额	141960	137073	4887	662	798	
利税总额	99191	62735	36456	1475	1266	1225
本年应交增值税	128220	111385	16835	1033	303	832
全部从业人员年平均人数(人)	56810	51739	5071	680	545	372

12－15 续　　（2014年）　　单位:万元

分　类	泰来县	甘南县	富裕县	克山县	克东县	拜泉县
企业单位数(个)	2	1	4	2	2	1
亏损企业	1	1	2	1	0	1
工业总产值(当年价格)	140659	14397	111959	21329	14908	9877
工业销售产值(当年价格)	140659	14397	119532	21329	14908	8942
其中:出口交货值						
资产总计	49503	23290	220764	67067	63623	15828
流动资产合计	17408	2822	89433	10769	3804	2616
其中:应收帐款		109	66213	2658	718	733
存　货			13563	1200	259	121
其中:产成品			6149			
固定资产合计	32095	20187	100305	16770	51772	13212
固定资产原价	51538	31188	258739	27621	58885	24894
累计折旧	20254	11472	159054	11177	12053	12186
负债合计	25439	24416	148748	45528	43397	16969
#流动负债合计	4624	2904	108795	1809	12255	2427
非流动负债合计	20815	21512	39953		31142	14542
所有者权益合计	24064	-1126	72016	21539	20226	-1141
实收资本	796	400	123670	20761	9832	438
其中:国家资本	796	400	45255	20761	9832	
集体资本			221			438
法人资本						
个人资本			2460			
港澳台资本			75734			
主营业务收入	138376	13737	109004	15730	14359	8013
主营业务成本	118771	11046	91087	15240	8504	7311
主营业务税金及附加	733	40	200	709	54	26
营业费用	4730		7910	64	2418	2581
利润总额	10930	-482	6025	55	153	-620
亏损企业亏损总额	449	482	1316	560		620
利税总额	22903	-57	7576	1693	707	-332
本年应交增值税	11240	385	1351	929	500	262
全部从业人员年平均人数(人)	572	296	1706	375	273	252

12-16　主要年份工业产品产量

产品名称	单位	1990年	1995年	2000年	2005年	2010年	2013年	2014年
钢	万吨	59.0	51.7	46.4	60.2	97.3	104.9	99.0
钢　材	万吨	35.5	35.2	27.9	32.0	63.3	70.3	68.6
锯　材	万立方米	13.9	14.5	0.2				
水　泥	万吨	31.1	34.5	50.3	88.8	484.8	698.1.	665.6
生　铁	万吨	3.7	2.7	2.1	5.3	30.0	70.8	73.1
焦　炭	万吨	55.5	56.7	54.2	80.7	69.2	64.9	53.5
发电量	万千瓦小时	802845	864755	701266	811597	1030221	1122746	1118400
金属切削机床	台	666	724	357	3963	2925	3493	752
机制纸及纸板	万吨	11.7	14.8	12.2	11.6	13.1	7.2	6.9
平板玻璃	万重量箱	188.9	236.3	234.7	159.4	161.1		
糖	万吨	12.0	10.7	6.9	10.9	9.9	6.8	3.3
乳制品	吨	26847	17000	26857	159718	429579	632968	667705
白　酒	吨、千升	52620	55981	18402	10055	36040	29368	37442
啤　酒	吨、千升	59237	119582	82956	98414	49652	178681	179041
食用植物油	吨	43504	119082	39132	24318	132814	121711	174147
布	万米	6173	1648	3604	2783			
皮革鞣制(折牛皮)	千张	307.0	549.5					
塑料制品	吨	7263	20788	7054	6668	21929	19988	16297
硫　酸	吨	13728	12763	4394		43590	31414	13081
农用化肥	吨	42985	35102	31777	117113	75035	139053	119874
木　材	立方米							
冰　刀	千付	143.9	610.0	430.0	620.0			
货　车	辆	6000	6807	6401	5024	10953	10721	7889
猎　枪	支	13400	27606	29328	17657			

注：啤酒产量单位从2008年起为千升。

12-17　工业企业主要经济指标

（2014年）　　单位：万元

指　　标	规模以上工业		大中型工业		大中型工业占比重(%)	
	全　市	市　区	全　市	市　区	全　市	市　区
企业单位数(个)	341	172	71	45	20.82	26.16
亏损企业	61	40	24	20	39.34	50.00
工业总产值(当年价格)	9872508	5417645	5505056	3484235	55.76	64.31
工业销售产值(当年价格)	9384099	5127691	5136032	3221968	54.73	62.83
其中:出口交货值	419037	394349	416737	392049	99.45	99.42
资产总计	14442865	11104096	10639077	9084142	73.66	81.81
流动资产合计	7805821	6132548	6541390	5619500	83.80	91.63
其中:应收帐款	2169572	1879679	1897814	1737426	87.47	92.43
存货	2286600	1754459	1875053	1596945	82.00	91.02
其中:产成品	805279	633708	678524	579607	84.26	91.46
固定资产合计	4859353	3649079	2790662	2291901	57.43	62.81
固定资产原价	7005625	5202327	4429122	3583565	63.22	68.88
累计折旧	2430350	1699086	1771059	1385825	72.87	81.56
负债合计	8973317	7147675	7213981	6307420	80.39	88.24
#流动负债合计	6441136	5028665	5398242	4565205	83.81	90.78
非流动负债合计	2239217	1968643	1765666	1696682	78.85	86.19
所有者权益合计	5469548	3956421	3425096	2776722	62.62	70.18
实收资本	2093567	1230317	1304317	863118	62.30	70.15
其中:国家资本	689396	532074	545032	445494	79.06	83.73
集体资本	220943	35716	192936	27568	87.32	77.19
法人资本	514842	377139	336885	289717	65.43	76.82
个人资本	455845	263856	118827	87148	26.07	33.03
港澳台资本	90315	14382	7991	7991	8.85	55.56
外商资本	122226	7150	102646	5200	83.98	72.73
主营业务收入	9331449	5136625	5378676	3456776	57.64	67.30
主营业务成本	7713275	4285444	4376892	2914266	56.74	68.00
主营业务税金及附加	52766	30257	31637	21473	59.96	70.97
销售费用	405780	197636	306635	140550	75.57	71.12
利润总额	492064	124214	229140	-9691	46.57	-7.80
亏损企业亏损总额	181772	167693	148193	143734	81.53	85.71
利税总额	875912	366828	465855	159787	53.19	43.56
本年应交增值税	325924	207204	199949	142876	61.35	68.95
全部从业人员年平均人数(人)	115896	86485	87052	72549	75.11	83.89

12-18　全市分行业大中型工业企业主要经济指标

（2014年）　　　　单位：万元

分　类	企业单位数（个）	#亏损企业	实收资本	#国家资本	#集体资本	#法人资本	#港澳台资本
总　计	**71**	**24**	**1304317**	**545032**	**192936**	**336885**	**110637**
按隶属关系分							
中省企业	13	7	531980	372979		159001	
地方企业	58	17	772337	172053	192936	177884	110637
按轻重工业分							
轻工业	33	5	498972	100285	172050	64522	102709
重工业	38	19	805345	444747	20886	272363	7928
按工业行业分							
石油和天然气开采业							
农副食品加工业	13	1	172191	76548	3000	16645	35122
食品制造业	8		256326	21810	144568	27491	62324
酒、饮料和精制茶制造业	4		15903			1622	5200
纺织业	2		2247				
纺织服装、服饰业							
木材加工和木、竹、藤、棕、草制品业	2		7000			2400	
家具制造业	3	2	10805		3682	3000	63
造纸和纸制品业	1	1	20800		20800		
印刷和记录媒介复制业							
石油加工、炼焦和核燃料加工业	1	1	36000	36000			
化学原料和化学制品制造业	2	2	47386		386	47000	
医药制造业							
橡胶和塑料制品业							
非金属矿物制品业	4	1	16319			13019	
黑色金属冶炼和压延加工业	2	1	90689	90248	441		
有色金属冶炼和压延加工业							
金属制品业	5	3	78889	52748		1653	
通用设备制造业	5	4	141094	70710	3454	66930	
专用设备制造业	2		194094	188894			
汽车制造业	1		28507	46		28461	
铁路、船舶、航空航天和其他运输设备制造业	5	3	116526	4921	1605	110000	
电气机械和器材制造业	2		10500				
电力、热力生产和供应业	7	3	28485	1180	15000	2900	
燃气生产和供应业	1	1	12856				7928
水的生产和供应业	1	1	17700	1927		15764	

12－18 续1　　　　　　　　　　　　（2014年）　　　　　　　　　　　　单位：万元

分　　类	工业总产值（当年价）	从业人员平均人数（人）	流动资产合计	#存　货	#产成品
总　　计	**5505056**	**87052**	**6541390**	**1875053**	**678524**
按隶属关系分					
中省企业	2165574	43960	4670467	1265167	424275
地方企业	3339482	43092	1870923	609886	254249
按轻重工业分					
轻工业	2589362	22287	1124900	368275	163820
重工业	2915694	64765	5416490	1506778	514704
按工业行业分					
石油和天然气开采业					
农副食品加工业	1019551	7393	287249	185740	67431
食品制造业	1296654	6907	612480	79591	27113
酒、饮料和精制茶制造业	105222	1790	44929	15775	3451
纺织业	41875	1426	41369	26106	19672
纺织服装、服饰业					
木材加工和木、竹、藤、棕、草制品业	100296	863	23265	6224	4179
家具制造业	53753	2807	88459	44323	36045
造纸和纸制品业	21459	566	12959	10137	6647
印刷和记录媒介复制业					
石油加工、炼焦和核燃料加工业	102872	3544	112341	17746	11462
化学原料和化学制品制造业	66492	1680	57926	8955	2585
医药制造业					
橡胶和塑料制品业					
非金属矿物制品业	107039	1617	39405	13739	6002
黑色金属冶炼和压延加工业	344525	6590	892749	319918	241874
有色金属冶炼和压延加工业					
金属制品业	279708	9674	193530	57350	20737
通用设备制造业	82068	8103	343493	164219	61988
专用设备制造业	866707	12744	3147230	688688	108931
汽车制造业	45122	329	107443	5116	
铁路、船舶、航空航天和其他运输设备制造业	578015	10581	398032	207635	52367
电气机械和器材制造业	47892	665	30959	4755	2844
电力、热力生产和供应业	287413	7808	69410	15388	3050
燃气生产和供应业	48486	930	15244	2146	2146
水的生产和供应业	9907	1035	22918	1502	

12－18 续2　　（2014年）　　单位:万元

分　类	固定资产合　计	固定资产原　值	资产总计	负债总计	#流动负债	#非流动负债
总　计	**2790662**	**4429122**	**10639077**	**7213981**	**5398242**	**1765666**
按隶属关系分						
中省企业	1744325	2673381	7440188	5229215	3538334	1690875
地方企业	1046337	1755741	3198889	1984766	1859908	74791
按轻重工业分						
轻工业	575098	1044053	1878470	1106033	1040913	55079
重工业	2215564	3385069	8760607	6107948	4357329	1710587
按工业行业分						
石油和天然气开采业						
农副食品加工业	248996	445430	667033	391010	367618	18886
食品制造业	147625	313322	782805	398637	386652	9185
酒、饮料和精制茶制造业	28741	51784	82020	43665	43417	248
纺织业	34338	39026	76087	37213	32765	1713
纺织服装、服饰业						
木材加工和木、竹、藤、棕、草制品业	18368	21255	48389	36135	36135	
家具制造业	46821	54720	142717	136897	127152	9745
造纸和纸制品业	27385	61178	47882	44058	43796	262
印刷和记录媒介复制业						
石油加工、炼焦和核燃料加工业	125661	238276	238002	366895	275625	91270
化学原料和化学制品制造业	171946	205417	243269	320748	234054	86694
医药制造业						
橡胶和塑料制品业						
非金属矿物制品业	61065	80054	109545	119079	119079	
黑色金属冶炼和压延加工业	259844	398698	1677104	1521861	1326813	195048
有色金属冶炼和压延加工业						
金属制品业	168562	350258	376740	233924	205791	28133
通用设备制造业	181039	288997	585612	333564	337618	-4054
专用设备制造业	751350	1082576	4232654	2254589	1140507	1114082
汽车制造业	73482	66754	180925	149637	106300	9158
铁路、船舶、航空航天和其他运输设备制造业	139099	249045	654892	411359	290634	120724
电气机械和器材制造业	13555	28208	44527	31077	27077	4000
电力、热力生产和供应业	238940	362782	350299	333243	264859	62532
燃气生产和供应业	27543	49735	48076	20245	17245	3000
水的生产和供应业	26302	56607	50499	30145	15105	15040

12－18 续3　　(2014年)　　单位:万元

分类	所有者权益合计	主营业务收入	主营业务成本	主营业务税金及附加	利润总额	利税总额	应交增值税
总计	**3425096**	**5378676**	**4376892**	**31637**	**229140**	**465855**	**199949**
按隶属关系分							
中省企业	2210973	2220016	1976334	11466	-64336	38935	86734
地方企业	1214123	3158660	2400558	20171	293476	426920	113215
按轻重工业分							
轻工业	772437	2442701	1789646	15816	286734	388991	86441
重工业	2652659	2935975	2587246	15821	-57594	76864	113508
按工业行业分							
石油和天然气开采业							
农副食品加工业	276023	943035	780304	2860	86301	118537	29376
食品制造业	384168	1270714	847704	4893	194226	245724	46605
酒、饮料和精制茶制造业	38355	79673	42715	7490	7079	19065	4496
纺织业	38874	34691	29324	94	1248	2407	1065
纺织服装、服饰业							
木材加工和木、竹、藤、棕、草制品业	12254	100296	78607	191	3308	5291	1792
家具制造业	5820	36641	29310	81	-222	3149	3290
造纸和纸制品业	3824	20884	19839	31	-2844	-2499	314
印刷和记录媒介复制业							
石油加工、炼焦和核燃料加工业	-128893	96752	95932		-46918	-46019	899
化学原料和化学制品制造业	-77479	68057	73924	54	-30657	-27890	2713
医药制造业							
橡胶和塑料制品业							
非金属矿物制品业	-9534	90713	74205	510	2264	7563	4780
黑色金属冶炼和压延加工业	155243	524300	468727	302	-1009	924	1631
有色金属冶炼和压延加工业							
金属制品业	142816	256835	222169	309	-6248	-3575	2335
通用设备制造业	252048	104267	110643	879	-33105	-25965	6261
专用设备制造业	1978065	768608	670864	6753	30900	80749	43096
汽车制造业	31288	44713	37499	671	2662	6063	2730
铁路、船舶、航空航天和其他运输设备制造业	243533	534286	424740	3620	24313	58271	30243
电气机械和器材制造业	13450	47772	40293	147	2126	4027	1754
电力、热力生产和供应业	17056	291039	275387	2156	-1499	19664	14011
燃气生产和供应业	27831	49278	43444	305	-2569	-242	2022
水的生产和供应业	20354	16122	11262	291	-216	611	536

12-19　市区分行业大中型工业企业主要经济指标

（2014年）　　单位:万元

分　类	企业单位数（个）	#亏损企业	实收资本	#国家资本	#集体资本	#法人资本	#港澳台资本
总　计	45	20	863118	445494	27568	289717	13191
按隶属关系分							
中省企业	11	5	530800	371799		159001	
地方企业	34	15	332318	73695	27568	130716	13191
按轻重工业分							
轻工业	13	3	69121	1927	6682	25922	5263
重工业	32	17	793997	443567	20886	263795	7928
按工业行业分							
石油和天然气开采业							
农副食品加工业	4		24271		3000	145	
食品制造业	3		6624			6491	
酒、饮料和精制茶制造业	2		13281			522	5200
纺织业	1		500				
纺织服装、服饰业							
木材加工和木、竹、藤、棕、草制品业							
家具制造业	2	2	6745		3682	3000	63
造纸和纸制品业							
印刷和记录媒介复制业							
石油加工、炼焦和核燃料加工业	1	1	36000	36000			
化学原料和化学制品制造业	2	2	47386		386	47000	
医药制造业							
橡胶和塑料制品业							
非金属矿物制品业	2	1	13001			9701	
黑色金属冶炼和压延加工业	2	1	90689	90248	441		
有色金属冶炼和压延加工业							
金属制品业	5	3	78889	52748		1653	
通用设备制造业	5	4	141094	70710	3454	66930	
专用设备制造业	2		194094	188894			
汽车制造业	1		28507	46		28461	
铁路、船舶、航空航天和其他运输设备制造业	5	3	116526	4921	1605	110000	
电气机械和器材制造业	2		10500				
电力、热力生产和供应业	4	1	24455		15000	50	
燃气生产和供应业	1	1	12856				7928
水的生产和供应业	1	1	17700	1927		15764	

12－19 续1　　　　（2014年）　　　　单位:万元

分　　类	工业总产值（当年价）	从业人员平均人数（人）	流动资产合计	#存　货	#产成品
总　　计	3484235	72549	5619500	1596945	579607
按隶属关系分					
中省企业	2132094	42898	4665899	1265010	424275
地方企业	1352141	29651	953601	331935	155332
按轻重工业分					
轻工业	754472	10403	239668	97239	66570
重工业	2729763	62146	5379832	1499706	513037
按工业行业分					
石油和天然气开采业					
农副食品加工业	354217	2650	64916	29388	21569
食品制造业	282729	3611	27939	6129	1013
酒、饮料和精制茶制造业	59879	1060	30967	9153	1464
纺织业	4857	445	11469	10944	7979
纺织服装、服饰业					
木材加工和木、竹、藤、棕、草制品业					
家具制造业	42883	1602	81459	40123	34545
造纸和纸制品业					
印刷和记录媒介复制业					
石油加工、炼焦和核燃料加工业	102872	3544	112341	17746	11462
化学原料和化学制品制造业	66492	1680	57926	8955	2585
医药制造业					
橡胶和塑料制品业					
非金属矿物制品业	27028	943	24553	8822	5928
黑色金属冶炼和压延加工业	344525	6590	892749	319918	241874
有色金属冶炼和压延加工业					
金属制品业	279708	9674	193530	57350	20737
通用设备制造业	82068	8103	343493	164219	61988
专用设备制造业	866707	12744	3147230	688688	108931
汽车制造业	45122	329	107443	5116	
铁路、船舶、航空航天和其他运输设备制造业	578015	10581	398032	207635	52367
电气机械和器材制造业	47892	665	30959	4755	2844
电力、热力生产和供应业	240848	6363	56332	14356	2175
燃气生产和供应业	48486	930	15244	2146	2146
水的生产和供应业	9907	1035	22918	1502	

12－19 续2　　（2014年）　　单位:万元

分　类	固定资产合　计	固定资产原　值	资产总计	负债总计	#流动负债	#非流动负债
总　计	2291901	3583565	9084142	6307420	4565205	1696682
按隶属关系分						
中省企业	1698370	2604382	7389638	5178433	3531641	1646791
地方企业	593531	979183	1694504	1128987	1033564	49891
按轻重工业分						
轻工业	147519	306086	443938	296137	260452	30179
重工业	2144382	3277479	8640204	6011283	4304753	1666503
按工业行业分						
石油和天然气开采业						
农副食品加工业	28793	111726	119900	64556	57050	3000
食品制造业	13109	45131	60724	21954	20014	1940
酒、饮料和精制茶制造业	21578	23222	54333	35072	34824	248
纺织业	13916	18604	25765	13113	11907	206
纺织服装、服饰业						
木材加工和木、竹、藤、棕、草制品业						
家具制造业	43821	50796	132717	131297	121552	9745
造纸和纸制品业						
印刷和记录媒介复制业						
石油加工、炼焦和核燃料加工业	125661	238276	238002	366895	275625	91270
化学原料和化学制品制造业	171946	205417	243269	320748	234054	86694
医药制造业						
橡胶和塑料制品业						
非金属矿物制品业	39906	46398	67754	91173	91173	
黑色金属冶炼和压延加工业	259844	398698	1677104	1521861	1326813	195048
有色金属冶炼和压延加工业						
金属制品业	168562	330258	376740	233924	205791	28133
通用设备制造业	181039	288997	585612	333564	337618	-4054
专用设备制造业	751350	1082576	4232654	2254589	1140507	1114082
汽车制造业	73482	66754	180925	149637	106300	9158
铁路、船舶、航空航天和其他运输设备制造业	139099	249045	654892	411359	290634	120724
电气机械和器材制造业	13555	28208	44527	31077	27077	4000
电力、热力生产和供应业	192395	293117	290649	276211	251916	18448
燃气生产和供应业	27543	49735	48076	20245	17245	3000
水的生产和供应业	26302	56607	50499	30145	15105	15040

12－19 续3　　（2014年）　　单位:万元

分　类	所有者权益合计	主营业务收入	主营业务成本	主营业务税金及附加	利润总额	利税总额	应交增值税
总　计	2776722	3456776	2914266	21473	-9691	159787	142876
按隶属关系分							
中省企业	2211205	2187174	1943784	11350	-63225	38937	85741
地方企业	565517	1269602	970482	10123	53534	120850	57135
按轻重工业分							
轻工业	147801	696127	481388	6699	55824	98305	35782
重工业	2628921	2760649	2432878	14774	-65515	61482	107094
按工业行业分							
石油和天然气开采业							
农副食品加工业	55344	319246	235471	1417	26452	39211	11342
食品制造业	38770	286558	192369	452	25410	43570	17708
酒、饮料和精制茶制造业	19261	42272	18084	4477	4842	12123	2804
纺织业	12652	6158	4172	39	90	431	302
纺织服装、服饰业							
木材加工和木、竹、藤、棕、草制品业							
家具制造业	1420	25771	20030	23	-754	2359	3090
造纸和纸制品业							
印刷和记录媒介复制业							
石油加工、炼焦和核燃料加工业	-128893	96752	95932		-46918	-46019	899
化学原料和化学制品制造业	-77479	68057	73924	54	-30657	-27890	2713
医药制造业							
橡胶和塑料制品业							
非金属矿物制品业	-23419	20669	13200	113	-3536	-2603	811
黑色金属冶炼和压延加工业	155243	524300	468727	302	-1009	924	1631
有色金属冶炼和压延加工业							
金属制品业	142816	256835	222169	309	-6248	-3575	2335
通用设备制造业	252048	104267	110643	879	-33105	-25965	6261
专用设备制造业	1978065	768608	670864	6753	30900	80749	43096
汽车制造业	31288	44713	37499	671	2662	6063	2730
铁路、船舶、航空航天和其他运输设备制造业	243533	534286	424740	3620	24313	58271	30243
电气机械和器材制造业	13450	47772	40293	147	2126	4027	1754
电力、热力生产和供应业	14438	245112	231443	1621	-1474	17742	12599
燃气生产和供应业	27831	49278	43444	305	-2569	-242	2022
水的生产和供应业	20354	16122	11262	291	-216	611	536

12-20　各县(市)主要工业产品产量

（2014年）

产品名称	单　位	全　市	市　区	市辖县(市)	讷河市	龙江县	依安县
小 麦 粉	吨	211783	51491	160292	67294		
大　　米	吨	746229	60239	685990	168797	10337	222484
饲　　料	吨	202583	59361	143222	11805	17266	
配合饲料	吨	77767		77767			
混合饲料	吨	17266		17266		17266	
精制食用植物油	吨	174147	54366	119781	75642		
成 品 糖	吨	32508		32508	14660		13910
鲜、冷藏肉	吨	79062	12991	66071			31030
乳 制 品	吨	667705	458548	209157	1063	10763	
液 体 乳	吨	499185	427142	72043			
固体及半固体乳制品	吨	168520	31406	137114	1063	10763	
乳　　粉	吨	168520	31406	137114	1063	10763	
食品添加剂	吨	39018	3269	35749			
饮 料 酒	千升	216483	94370	122113	95446		
白酒(折65度,商品量)	千升	37442	3853	33589	6922		
啤　　酒	千升	179041	90517	88524	88524		
软 饮 料	吨	560750		560750			5750
包装饮用水	吨	558492		558492			5750
亚麻布(含亚麻≥55%)	万米	1484	102	1382			
人 造 板	立方米	641570	352034	289536			
胶 合 板	立方米	641570	352034	289536			
家　　具	件	182188	111588	70600			
木质家具	件	162488	111588	50900			
软体家具	件	19700		19700			
纸浆(原生浆及废纸浆)	吨	42140		42140			
机制纸及纸板(外购原纸加工除外)	吨	68710	21622	47088			
包装用纸及纸板	吨	21622	21622				
箱 纸 板	吨	21622	21622				
焦　　炭	吨	534609	534609				
其中:机焦	吨	534609	534609				
硫酸(折100%)	吨	13081	13081				
盐酸(氯化氢,含量31%)	吨	86738	86738				
浓硝酸(折100%)	吨	830	830				
烧碱(折100%)	吨	114378	114378				
离子膜法烧碱(折100%)	吨	114378	114378				
精 甲 醇	吨	15287	15287				

12-20续1　　（2014年）

产品名称	单　位	泰来县	甘南县	富裕县	克山县	克东县	拜泉县
小 麦 粉	吨						92998
大　　米	吨	222735	25934	7353			28350
饲　　料	吨		36384	77767			
配合饲料	吨			77767			
混合饲料	吨						
精制食用植物油	吨			12772	31367		
成 品 糖	吨						3938
鲜、冷藏肉	吨				23683		11358
乳 制 品	吨	6133	44231	90296		56671	
液 体 乳	吨			72043			
固体及半固体乳制品	吨	6133	44231	18253		56671	
乳　　粉	吨	1668					
食品添加剂	吨		35749				
饮 料 酒	千升		8928	2580			15159
白酒（折65度，商品量）	千升		8928	2580			15159
啤　　酒	千升						
软 饮 料	吨					5063	549937
包装饮用水	吨					2805	549937
亚麻布（含亚麻≥55%）	万米				1382		
人 造 板	立方米						289536
胶 合 板	立方米						289536
家　　具	件					70600	
木质家具	件					50900	
软体家具	件					19700	
纸浆（原生浆及废纸浆）	吨			42140			
机制纸及纸板（外购原纸加工除外）	吨			47088			
包装用纸及纸板	吨						
箱 纸 板	吨						
焦　　炭	吨						
其中：机焦	吨						
硫酸（折100%）	吨						
盐酸（氯化氢，含量31%）	吨						
浓硝酸（折100%）	吨						
烧碱（折100%）	吨						
离子膜法烧碱（折100%）	吨						
精 甲 醇	吨						

12-20 续 2　　（2014年）

产品名称	单位	全市	市区	市辖县(市)	讷河市	龙江县	依安县
合成氨(无水氨)	吨	150153	150153				
农用氮、磷、钾化学肥料(折纯)	吨	119874	96460	23414			
氮肥(折含氮100%)	吨	104264	96460	7804			
尿素(折含氮100%)	吨	77745	77745				
磷肥(折五氧化二磷100%)	吨	7806		7806			
钾肥(折氯化钾100%)	吨	7804		7804			
涂　料	吨	73023	73023				
初级形态塑料	吨	64614	64614				
聚氯乙烯树脂	吨	64614	64614				
中成药	吨	9140	4936	4204			
塑料制品	吨	16297	8567	7730	7730		
塑料薄膜	吨	2039	2039				
农用薄膜	吨	2039	2039				
硅酸盐水泥熟料	吨	869261	141961	727300		727300	
窑外分解窑水泥熟料	吨	869261	141961	727300		727300	
水　泥	吨	6656439	3465882	3190557	290663	411621	706552
强度等级42.5水泥(含R型)	吨	268418		268418			
商品混凝土	立方米	612472	522370	90102			
砖	万块	25152		25152	9111		1798
瓷质砖	平方米	3015000		3015000			3015000
生　铁	吨	730772	730772				
粗　钢	吨	990464	990464				
铸铁件	吨	10756	10756				
铸钢件	吨	20577	20577				
钢　材	吨	685840	685840				
棒　材	吨	671419	671419				
其他钢材	吨	14421	14421				
用外购钢材再加工生产钢材	吨	8255	8255				
用外购国产钢材再加工生产钢材	吨	8255	8255				
铝合金	吨	36466	36466				
锻　件	吨	167209	167209				
工业锅炉	蒸发量吨	247	247				
金属切削机床	台	752	752				
数控金属切削机床	台	235	235				
金属成形机床	台	1	1				
金属紧固件	吨	985	985				
矿山专用设备	台	723	723				
石油钻井设备	台(套)	7391	7391				
金属冶炼设备	吨	6671	6671				
金属轧制设备	吨	56706	56706				
炼油、化工生产专用设备	吨	18969	18969				
饲料生产专用设备	台	53	53				
大型拖拉机	台	249	249				
中型拖拉机	台	100	100				
改装汽车	辆	1001	1001				
铁路货车	辆	7889	7889				
变压器	千伏安	5640875	5640875				
高压开关设备(11万伏以上)	台	3058	3058				
电力电缆	千米	3334	3334				
灯具及照明装置	套(台、个	6215	6215				
自来水生产量	万立方米	4190	4190				
发电量	万千瓦小时	1118400	1018410	99990	542	55448	492
其中:火力发电量	万千瓦小时	975515	945040	30475	542	23668	492
水力发电量	万千瓦小时	59452	59452				
风力发电量	万千瓦小时	60969	13918	47051		9316	

12-20续3　　　　(2014年)

产品名称	单　位	泰来县	甘南县	富裕县	克山县	克东县	拜泉县
合成氨(无水氨)	吨						
农用氮、磷、钾化学肥料(折纯)	吨		23414				
氮肥(折含氮100%)	吨		7804				
尿素(折含氮100%)	吨						
磷肥(折五氧化二磷100%)	吨		7806				
钾肥(折氯化钾100%)	吨		7804				
涂　　料	吨						
初级形态塑料	吨						
聚氯乙烯树脂	吨						
中 成 药	吨		4204				
塑料制品	吨						
塑料薄膜	吨						
农用薄膜	吨						
硅酸盐水泥熟料	吨						
窑外分解窑水泥熟料	吨						
水　　泥	吨	493800		285308	1002613		
强度等级42.5水泥(含R型)	吨	203100		65318			
商品混凝土	立方米	90102					
砖	万块				14243		
瓷 质 砖	平方米						
生　　铁	吨						
粗　　钢	吨						
铸 铁 件	吨						
铸 钢 件	吨						
钢　　材	吨						
棒　　材	吨						
其他钢材	吨						
用外购钢材再加工生产钢材	吨						
用外购国产钢材再加工生产钢材	吨						
铝 合 金	吨						
锻　　件	吨						
工业锅炉	蒸发量吨						
金属切削机床	台						
数控金属切削机床	台						
金属成形机床	台						
金属紧固件	吨						
矿山专用设备	台						
石油钻井设备	台(套)						
金属冶炼设备	吨						
金属轧制设备	吨						
炼油、化工生产专用设备	吨						
饲料生产专用设备	台						
大型拖拉机	台						
中型拖拉机	台						
改装汽车	辆						
铁路货车	辆						
变 压 器	千伏安						
高压开关设备(11万伏以上)	台						
电力电缆	千米						
灯具及照明装置	套(台、个						
自来水生产量	万立方米						
发 电 量	万千瓦小时			17350	17414	8516	228
其中:火力发电量	万千瓦小时			5545			228
水力发电量	万千瓦小时						
风力发电量	万千瓦小时			11805	17414	8516	

12-21　工业品出厂价格指数

（2014年12月）　　单位:%

分　　类	上年同月=100	累计同比	分　　类	上年同月=100	累计同比
全部工业品	**98.21**	**99.32**	石油加工、炼焦和核燃料加工业	72.43	79.15
其中:⑴轻工业	98.85	102.22	化学原料和化学制品制造业	92.80	93.89
⑵重工业	97.88	97.85	医药制造业	100.00	100.00
按工业行业分			橡胶和塑料制品业	100.34	99.79
非金属矿采选业	100.00	100.00	非金属矿物制品业	96.89	94.92
开采辅助活动	100.00	92.23	黑色金属冶炼和压延加工业	92.71	92.59
农副食品加工业	97.29	98.50	金属制品业	100.00	100.00
食品制造业	98.79	104.16	通用设备制造业	99.94	99.89
酒、饮料和精制茶制造业	99.37	103.43	专用设备制造业	100.00	100.00
纺织业	100.01	99.77	汽车制造业	100.00	100.00
木材加工和木、竹、藤、棕、草制品业	101.50	100.62	铁路、船舶、航空航天和其他运输设备制造业	100.01	100.01
家具制造业	118.08	140.37	电气机械和器材制造业	99.95	99.99
造纸和纸制品业	98.94	98.79	电力、热力生产和供应业	98.44	98.47
印刷和记录媒介复制业	100.00	100.00	燃气生产和供应业	99.40	100.59
文教、工美、体育和娱乐用品制造业	100.00	100.00	水的生产和供应业	100.00	100.00

主要统计指标解释

工业　指从事自然资源的开采，对采掘品和农产品进行加工和再加工的物质生产部门。具体包括:(1)对自然资源的开采，如采矿、晒盐、森林采伐等(但不包括禽兽捕猎和水产捕捞);(2)对农副产品的加工、再加工，如粮油加工、食品加工、轧花、缫丝、纺织、制革等;(3)对采掘品的加工、再加工，如炼铁、炼钢、化工生产、石油加工、机器制造、木材加工等，以及电力、自来水、煤气的生产和供应等;(4)对工业品的修理、翻新，如机器设备的修理、交通运输工具(包括小卧车)的修理等。

本年鉴中涉及的企业登记注册类型:

(1)国有企业　指企业全部资产归国家所有，并按《中华人民共和国企业法人登记管理条’例》规定登记注册的非公司制的经济组织，不包括有限责任公司中的国有独资公司。

(2)集体企业　指企业资产归集体所有，并按《中华人民共和国企业法人登记管理条例》规定登记注册的经济组织。是社会主义公有制经济的组成部分。包括城乡所有使用集体投资举办的企业，以及部分个人通过集资自愿放弃所有权并依法经工商行政管理机关认定为集体所有制的企业。

(3)股份有限公司　指根据《中华人民共和国企业法人登记管理条例》规定登记注册，其全部注册资本由等额股份构成并通过发行股票筹集资本，股东以其认购的股份对公司承担有限责任，公司以其全部资产对其债务承担责任的经济组织。

(4)港、澳、台商投资企业　指企业注册登记类型中的港、澳、台资合资、合作、独资经营企业和股份有限公司之和。

(5)外商投资企业　指企业注册登记类型中的中外合资、合作经营企业、外资企业和外商投资股份有限公司之和。

轻工业　指主要提供生活消费品和制作手工工具的工业。按其所使用的原料不同，可分为两大类:(1)以农产品为原料的轻工业，是指直接或间接以农产品为基本原料的轻工业。主要包括食品制造、饮料制造、烟草加工、纺织、缝纫、皮革和毛皮制作、造纸以及印刷等工业;(2)以非农产品为原料的轻工业，是指以工业品为原料的轻工业。主要包括文教体育用品、化学药品制造、合成纤维制造、日用化学制品、日用玻璃制品、日用金属制品、手工:I:具制造、医疗器械制造、文化和办公用机械制造等:正业。

重工业　是指为国民经济各部门提供物质技术基础的主要生产资料的工业。按其生产性质和产品用途，可以分为下列三类:(1)采掘(伐)工业，是指对自然资源的开采，包括石油开采、煤炭开采、金属矿开采、非金属矿开采和木材采伐等工业;(2)原材料工业，指向国民经济各部门提供基本材料、动力和燃料的工业。包括金属冶炼及加工、炼焦及焦炭、化学、化工原料、水泥、人造板以及电力、石油和煤炭加工等工业;(3)加工工业，是指对工业原材料进行再加工制造的工业。包括装备国民经济各部门的机械设备制造工业、金属结构、水泥制品等:正业，以及为农业提供的生产资料如化肥、药等工业。

根据上述划分原则，修理业中以重工业产品为修理作业对象的划为重工业，反之划为轻工业。

工业总产值　是以货币表现的工业企业在一定时期内生产的已出售或可供出售工业产品总量，它反映一定时间内工业生产的总规模和总水平。它包括:在本企业内不再进行加工，经检验、包装入库(规定不需包装的产品除外)的成品价值，对外加工费收入，自制半成品、在产品期末初差额价值。工业总产值采用“工厂法”计算，即以工业企业作为一个整体，按企业工业生产活动的最终成果来计算，企业内部不允许重复计算，不能把企业内部各个车间(分厂)生产的成果相加。但在企业之间、行业之间、地区之间存在着重复计算。

轻重工业总产值的划分也是按"工厂法"计算的，即一个工业企业在正常情况下生产的主要产品的性质属于轻工业，产的主要产品的性质属于重工业，则该企业的全部总产值作为重工业总产值。

工业增加值是　指工业行业在报告期内以货币表现的:工业生产活动的最终成果。

实收资本　指企业实际收到的投资人投入的资本。按投资主体可分为国家资本、集体资本、法人资本、个人资本、港澳台资本和外商资本等。

资产合计　指企业拥有或控制的能以货币计量的经济资源。包括各种财产、债权和其他权利。资产按其流动性划分为流动资产、长期投资、固定资产、无形及递延资产和其他资产。

(1)流动资产　指企业可以在一年内或者超过一年的一个生产周期内变现或耗用的资产合计。包括现金及各种存款、短期投资、应收及预付款项、存货等。

(2)固定资产　指企业固定资产净值、固定资产清理、在建工程、待处理固定资产损失所占用的资金合计。

(3)无形资产　指企业长期使用而没有实物形态的资产。包括专利权、非专利技术、商标权、著作权、土地使用权、商誉等。

负债合计　指企业承担的能以货币计量,将以资产或劳务偿付的债务。负债一般按偿还期长短分为流动负债和长期负债、递延税项等。

(1)流动负债　指企业在‘年内或者超过一年的一个营业周期内需要偿还的债务合计,其中包括短期借款、应付及预收款项、应付工资、应交税金和应交利润等。

(2)长期负债　指企业在一年以上或者超过一年的一个营业周期以上需要偿还的债务合计,其中包括长期借款、应付债务、长期应付款项等。

所有者权益　指企业投资人对企业净资产的所有权。企业净资产等于企业全部资产减去全部负债后的余额,其中包括投资者对企业的最初投入,以及资本公积金、盈余公积金和未分配利润,对股份制企业即为股东权益。

固定资产原价　指企业在建造、购置、安装、改建、扩建、技术改造某项固定资产时所支出的全部货币总额。它一般包括买价、包装费、运杂费和安装费等。

固定资产净值　是指固定资产原价减去历年已提折旧额后的净额。

主营业务收入　指会计“利润表”中对应指标的本年累计数。未执行2001年《企业会计制度》的企业,用“产品销售收入”的本期累计数代替。

主营业务成本　指会计“利润表”中对应指标的本年累计数。未执行2001年《企业会计制度》的企业,用“产品销售成本”的本期累计数代替。

主营业务税金及附加　指会计“利润表”中对应指标的本年累计数。未执行2001年《企业会计制度》的企业,用“产品销售税金及附加”的本期累计数代替。

利润总额　指企业实现的利润。

应交增值税　指企业在报告期内应交纳的增值税额。

总资产贡献率反映企业全部资产的获利能力,是企业经营业绩和管理水平的集中体现,是评价和考核企业盈利能力的核心指标。计算公式为:

总资产贡献率(%)二(利润总额+税金总额十利息支出)/平均资产总额X100%

资产负债率该　指标既反映企业经营风险的大小,也反映企业利用债权人提供的资金从事经营活动的能力。计算公式为:

资产负债率(%)二负债总额/资产总额X100%

工业成本费用利润率　指在一定时期内实现的利润与成本费用之比,是反映工业生产成本及费用投入的经济效益指标,同时也是反映降低成本的经济效益的指标。计算公式为:

工业成本费用利润率(%)二利润总额/成本费用总额X100%

资本保值增值率　反映企业净资产的变动状况,是企业发展能力的集体体现。计算公式为:

$$资本保值增值率=\frac{报告期末所有者权利}{上年同期期末所有权益}\times 100\%$$

流动资产周转次数　指在一定时期内流动资产完成的周转次数,反映流动资产的周转速度。计算公式为:

流动资金周转次数二产品销售收入/全部流动

资产平均余额产品销售率　指报告期工业销售产值与同期全部工业总产值之比,是反映工业产品已实现销售的程度,分析工业产销衔接情况,研究工业产品满足社会需求程度的指标。计算公式为:

产品销售率(%)二工业销售产值/32业总产值(现价)×100%

全员劳动生产率　指根据产品的价值量指标计算的平均每一个从业人员在单位时间内的产品生产量。是考核企业经济活动的重要指标,是企业生产技术水平、经营管理水平、职工技术熟练程度和劳动积极性的综合表现。目前我国的全员劳动生产率是将工业企业的工业增加值除以同一时期全部从业人员的平均人数来计算的。计算公式为:

全员劳动生产率二工业增加值/全部从业人员平均人数

十三、建筑业

CONSTRUCITY

简要说明

一、本篇资料反映齐齐哈尔市建筑业概况和发展情况，主要包括建筑企业生产经营情况，指标有企业数、从业人员数、建筑业总产值、建筑业增加值、房屋建筑面积和竣工面积、机械设备价值、资本金、资产负债、利润税金、劳动生产率等。

二、建筑业统计范围为具有建筑业资质的所有独立核算建筑业企业。

三、本篇资料根据2014年建筑业年度报表资料整理编制。

13-1 建筑企业主要经济指标

（2014年）

指 标	单位	合 计	按经济类型分				
			#国有企业	#集体企业	#有限责任公 司	#股份有限公 司	#私营企业
企 业 数	个	120	4	2	90	7	17
其中:有工作量企业数	个	102	4	2	74	7	15
建筑业总产值	千元	5924917	657802	19724	4113505	327937	805949
建筑工程产值	千元	5090797	657532	19709	3601593	327937	484026
安装工程产值	千元	715922		15	396993		318914
其他产值	千元	118198	270		114919		3009
竣工产值	千元	3868947	325136	3919	2812200	302749	424943
房屋建筑施工面积	平方米	3403392	20006	2600	2522163	194434	664189
房屋建筑竣工面积	平方米	2189656			1451459	130652	607545
其中:住宅	平方米	1404272			1213391	91539	99342
自有机械设备年末总台数	台	6536	344	2	4813	481	896
自有施工机械设备年末净值	千元	530252	56314	1	317415	11844	144678
自有施工机械设备年末总功率	千瓦	161443	14176	50	125309	5145	16763

13－1 续

（2014年）

指 标	单位	合 计	按 行 业 分				
			房屋和土木工程建筑业	房屋工程	土木工程	建 筑 安装业	装饰和其 他
企业数	个	120	97	68	29	11	12
其中:有工作量企业数	个	102	83	57	26	10	9
建筑业总产值	千元	5924917	5268236	3663427	1604809	634099	22582
建筑工程产值	千元	5090797	5042271	3460829	1581442	31350	17176
安装工程产值	千元	715922	115412	95281	20131	599143	1367
其他产值	千元	118198	110553	107317	3236	3606	4039
竣工产值	千元	3868947	3528220	2543373	984847	330249	10478
房屋建筑施工面积	平方米	3403392	3403392	3255288	148104		
房屋建筑竣工面积	平方米	2189656	2189656	2079038	110618		
其中:住宅	平方米	1404272	1404272	1306272	98000		
自有机械设备年末总台数	台	6536	5639	4086	1553	867	30
自有施工机械设备年末净值	千元	530252	514331	251069	263262	15141	780
自有施工机械设备年末总功率	千瓦	161443	128047	66627	61420	27143	6253

13-2　主要年份国有、城镇集体建筑企业主要经济指标

指　　标	单位	1990年	1995年	2000年	2005年	2010年	2013年	2014年
国　　有								
企业单位数	个	44	53	59	6	4	4	4
建筑业总产值	万元	40066	94163	135121	35801	61873	45600	65780
建筑业增加值	万元		35161	42621	8950	19999	15807	30338
竣工产值	万元	25110	58887	83984	26770	2487	61996	32514
房屋建筑施工面积	万平方米	62	112	94	6	5		2
房屋建筑竣工面积	万平方米	40	60	56	5			
住　　宅	万平方米	25		38	5			
年底自有机械设备总功率	千瓦		260000	170000	22322	5840	5955	14176
年底固定资产原价	万元	21322	50280	52415	19532	20031	26086	26134
全员劳动生产率	元/人	10975	21994	39400	78735	101365	143892	143500
城镇集体								
企业单位数	个	137	85	88	3	3	2	2
建筑业总产值	万元	22087	45602	69793	7159	1769	3056	1972
建筑业增加值	万元		15399	19947	1789.75	566	1059	910
竣工产值	万元	18729	38706	59758	7159	1395	3027	392
房屋建筑施工面积	万平方米	58	67	105	3	0.22	3.3	0.3
房屋建筑竣工面积	万平方米	41	48	85	3	0.22	3.3	
住　　宅	万平方米	16		54	2		3.3	
年底自有机械设备总功率	千瓦		90000	90000	1183			50
年底固定资产原价	万元	11223	18373	24638	6612	1728	469	469
全员劳动生产率	元/人	6021	18462	27019	96223	141520	250475	270192

13-3 建筑业企业生产指标

（2014年）　　单位：千元

分　　类	建筑业总产值	建筑工程产值	安装工程产值	其　他	竣工产值	房屋建筑施工面积（平方米）	房屋建筑竣工面积（平方米）
总　　计	**5924917**	**5090797**	**715922**	**118198**	**3868947**	**3403392**	**2189656**
其中：国有及国有控股企业	2212289	2033013	89006	90270	1225802	1338202	637952
按登记注册类型分组							
内资企业	5924917	5090797	715922	118198	3868947	3403392	2189656
国有企业	657802	657532		270	325136	20006	
集体企业	19724	19709	15		3919	2600	
有限责任公司	4113505	3601593	396993	114919	2812200	2522163	1451459
股份有限公司	327937	327937			302749	194434	130652
私营企业	805949	484026	318914	3009	424943	664189	607545
其他企业							
按国民经济行业分组							
房屋和土木工程建筑业	5268236	5042271	115412	110553	3528220	3403392	2189656
房屋工程建筑	3663427	3460829	95281	107317	2543373	3255288	2079038
土木工程建筑	1604809	1581442	20131	3236	984847	148104	110618
建筑安装业	634099	31350	599143	3606	330249		
建筑装饰业和其他	22582	17176	1367	4039	10478		
按隶属关系分组							
省	588494	588494			390025	39627	39627
市、地区	2421804	2192405	138652	90747	1426408	1503513	690977
县	1495217	1234845	246685	13687	1195464	720013	578725
街道	41334	36468	4866		13879	19475	6963
镇							
其他	1378068	1038585	325719	13764	843171	1120764	873364
按企业资质等级分组							
施工总承包	5391984	4934938	346493	110553	3716661	3366398	2169362
一级	1749616	1578616	81000	90000	1085578	289510	176598
二级	2124487	1877752	246465	270	1358706	1709492	779368
三级及以下	1517881	1478570	19028	20283	1272377	1367396	1213396
专业承包	532933	155859	369429	7645	152286	36994	20294
一级	24879	24879			24879		
二级	367263	60257	303997	3009	36117	20294	20294
三级及以下	140791	70723	65432	4636	91290	16700	

13-4 建筑业企业设备、人员情况

（2014年）

分类	自有施工机械设备净值（千元）	自有施工机械设备总台数（台）	自有施工机械设备总功率（千瓦）	计算劳动生产率的平均人数（人）	期末从业人员（人）
总计	**530252**	**6536**	**161443**	**33505**	**18239**
其中：国有及国有控股企业	118650	2078	58819	13761	3373
按登记注册类型分组					
内资企业	530252	6536	161443	33505	18239
国有企业	56314	344	14176	4584	1149
集体企业	1	2	50	73	57
有限责任公司	317415	4813	125309	24359	13253
股份有限公司	11844	481	5145	1423	2217
私营企业	144678	896	16763	3066	1563
其他企业					
按建筑业行业中类分组					
房屋和土木工程建筑业	514331	5639	128047	31920	16628
房屋工程建筑	251069	4086	66627	22384	11926
土木工程建筑	263262	1553	61420	9536	4702
建筑安装业	15141	867	27143	1337	1248
建筑装饰业	780	30	6253	248	363
按隶属关系分组					
中央					
省	8188	291	10202	4240	2031
市、地区	200539	2663	78662	15484	8430
县	112164	1615	31178	6699	3386
街道	373	4	80	334	204
镇					7
其他	208988	1963	41321	6748	4181
按企业资质等级分组					
施工总承包	502940	5786	150041	31265	16380
一级	87704	984	36684	8783	3439
二级	253776	2156	64599	13281	6544
三级及以下	161460	2646	48758	9201	6397
专业承包	27312	750	11402	2240	1859
一级	2931	119	1000	97	98
二级	18783	473	1680	1167	836
三级及以下	5598	158	8722	976	925

13-5 各县(市)建筑业企业主要指标

(2014年)

地区	企业个数（个）	建筑业总产值（千元）	自有施工机械设备净值（千元）	自有施工机械设备总台数（台）	自有施工机械设备总功率（千瓦）	流动资产年末数（千元）	固定资产原价年末数（千元）
全市	120	5924917	530252	6536	161443	5378269	1607353
市区	84	3365354	378144	4325	115756	3864965	1010738
市辖县(市)	36	2559563	152108	2211	45687	1513304	596615
讷河市	11	937927	60444	587	8121	708072	213961
龙江县	3	302212	12875	165	4908	192716	42359
依安县	3	320200	15551	100	8340	59586	55101
泰来县	1	23000	237	405	1310	11200	8976
甘南县	2	5798	6939	62	265	5922	10521
富裕县	10	842109	38061	653	18801	320957	162994
克山县	1	9000	225	4	220	1767	5230
克东县	3	75961	9276	55	1422	35104	25707
拜泉县	2	43356	8500	180	2300	177980	71766

13-6 各县(市)建筑业企业全员劳动生产率

(2014年)

地区	增加值（千元）	计算劳动生产率的平均人数(人)	期末从业人员（人）	#工程技术人员	总产值计算的劳动生产率（元/人）	增加值计算的劳动生产率（元/人）
全市	2732550	33505	18239	5756	176837	81556
市区	1552089	19629	13008	4524	171448	79071
市辖县(市)	1180461	13876	5231	1232	184460	85072
讷河市	432568	3153	1370	350	297471	137193
龙江县	139379	2050	1028	164	147420	67990
依安县	147675	1118	720	192	286404	132089
泰来县	10608	276	275	54	83333	38433
甘南县	2674	36	14	5	161056	74278
富裕县	388378	6074	914	362	138642	63941
克山县	4151	80	80		112500	51885
克东县	35033	624	405	95	121732	56143
拜泉县	19996	465	425	10	93239	43001

13-7 建筑业企业财务指标

（2014年，按登记注册类型）　　　　单位：千元

指标	合计	内资企业	国有企业	集体企业	有限责任公司	股份有限公司	私营企业
年初库存	492465	492465	56233	22	287331	52742	96137
年末资产负债							
流动资产合计	5378269	5378269	389640	170480	3708666	441394	668089
固定资产合计	1155626	1155626	133044	2586	724820	65017	230159
固定资产原价	1607353	1607353	261343	4690	957943	109440	273937
累计折旧	580493	580493	128299	2691	337327	44791	67385
其中:本年折旧	57733	57733	2482	349	43402	1579	9921
在建工程	19430	19430		587	10744	368	7731
资产总计	7607523	7607523	522684	173191	5340806	541656	1029186
流动负债合计	4202741	4202741	293917	179896	3028494	358858	341576
非流动负债合计	24621	24621		674	8217		15730
负债合计	4525959	4525959	293917	180571	3299705	358942	392824
所有者权益合计	3081564	3081564	228767	-7380	2041101	182714	636362
损益及分配							
营业收入	7128060	7128060	693077	3024	4689431	883127	859401
营业成本	6396044	6396044	655092	2722	4215725	814307	708198
营业税金及附加	216050	216050	22361	1096	150226	10863	31504
其他业务利润	2466	2466	173		2293		
管理费用	308475	308475	16827	1041	206733	49935	33939
其中:税金	11217	11217	420	48	7666	1853	1230
财务费用	12675	12675	-37	-7	9590	1579	1550
营业利润	227754	227754	23539	-1829	121863	7699	76482
利润总额	231383	231383	23470	-1829	128738	5370	75634
应交所得税	105691	105691	6452	59	79158	3984	16038
工资、增加值							
应付职工薪酬	727489	727489	96434	1405	483281	79027	67342
建筑业增加值	2732550	2732550	303376	9097	1897133	151243	371701

13－7 续 （2014年，按行业分） 单位：千元

指 标	房屋和土木工程建筑业	房屋工程	土木工程	建筑安装业	建筑装饰业和其他
年初库存	411420	269867	141553	71608	9437
年末资产负债					
流动资产合计	4869334	3440335	1428999	443373	65562
固定资产合计	1077649	645506	432143	52622	25355
固定资产原价	1491964	827653	664311	84966	30423
累计折旧	538679	240248	298431	32375	9439
其中:本年折旧	52867	34243	18624	4196	670
在建工程	18259	12597	5662		1171
资产总计	6514561	4504063	2010498	994645	98317
流动负债合计	3720633	2611287	1109346	479606	2502
非流动负债合计	20333	4603	15730	26	4262
负债合计	4029622	2902725	1126897	489489	6848
所有者权益合计	2484939	1601338	883601	505156	91469
损益及分配					
营业收入	6435994	4760910	1675084	649450	42616
营业成本	5797958	4294283	1503675	560263	37823
营业税金及附加	197055	140345	56710	17402	1593
其他业务利润	2466	2293	173		
管理费用	274254	205609	68645	27837	6384
其中:税金	10580	8993	1587	463	174
财务费用	12741	6098	6643	-40	-26
营业利润	195220	131112	64108	35948	-3414
利润总额	196572	131752	64820	38273	-3462
应交所得税	93763	66660	27103	11118	810
工资、增加值					
应付职工薪酬	683280	481412	201868	41193	3016
建筑业增加值	2429691	1689559	740132	292444	10415

13-8 各县(市)建筑业企业财务指标

(2014年)

单位:千元

地 区	流动资产合计	固定资产合计	固定资产原价	资产总计	流动负债	所有者权益
全 市	**5378269**	**1155626**	**1607353**	**7607523**	**4202741**	**3081564**
市 区	**3864965**	**675283**	**1010738**	**5076544**	**2944636**	**1821585**
市辖县(市)	**1513304**	**480343**	**596615**	**2530979**	**1258105**	**1259979**
讷河市	708072	170069	213961	1404316	685198	714118
龙江县	192716	32127	42359	224843	128679	96164
依安县	59586	42836	55101	102422	35542	66880
泰来县	11200	4610	8976	15810	3810	12000
甘南县	5922	10987	10521	24379	3291	15014
富裕县	320957	127422	162994	448380	205670	242710
克山县	1767	5059	5230	6826	5	5000
克东县	35104	15597	25707	50701	3864	46837
拜泉县	177980	71636	71766	253302	192046	61256

13－8 续

(2014年)

单位:千元

地 区	营业收入	营业税金及附加	管理费用	#税金	建筑业增加值
全 市	**7128060**	**216050**	**308475**	**11217**	**2732550**
市 区	**4493835**	**129068**	**237163**	**8047**	**1552089**
市辖县(市)	**2634225**	**86982**	**71312**	**3170**	**1180461**
讷河市	990983	32322	28819	1200	432568
龙江县	326250	10869	9356	345	139379
依安县	362831	10586	3760	1289	147675
泰来县	23000	904	152	85	10608
甘南县	5798	228	150		2674
富裕县	814902	27401	24078	133	388378
克山县	9000	300	385	6	4151
克东县	75961	4155	4558	92	35033
拜泉县	25500	217	54	20	19996

13-9 各县(市)建筑业企业房屋建筑竣工面积

（2014年） 单位:平方米

地区	合计	住宅	商业及服务用房	#批发和零售用房	#住宿和餐饮用房	#居民服务	办公用房
全市	**2189656**	**1404272**	**76642**	**52845**		**23797**	**218430**
市区	**852186**	**684790**	**7459**	**7159**		**300**	**38845**
市辖县(市)	**1337470**	**719482**	**69183**	**45686**		**23497**	**179585**
讷河市	539209	51751	1010			1010	179585
龙江县	223598	222048					
依安县	249552	175447	34686	34686			
泰来县	19166						
甘南县	4565	4565					
富裕县	240172	209800	28150	11000		17150	
克山县							
克东县	36208	30871	5337			5337	
拜泉县	25000	25000					

13－9 续 （2014年） 单位:平方米

地区	科研用房教育用房医疗用房	#教育用房	#卫生医疗用房	文化体育娱乐用房	厂房及建筑物	仓库	其他用房
全市	**37920**	**37920**		**19166**	**160212**	**228263**	**44751**
市区	**31770**	**31770**			**67990**	**16000**	**5332**
市辖县(市)	**6150**	**6150**		**19166**	**92222**	**212263**	**39419**
讷河市	4600	4600			90000	212263	
龙江县	1550	1550					
依安县							39419
泰来县				19166			
甘南县							
富裕县					2222		
克山县							
克东县							
拜泉县							

13-10 建筑业企业房屋建筑施工面积

（2014年） 单位:平方米

项 目	房屋建筑施工面积	房屋建筑竣工面积	#住宅面积	房屋建筑面积竣工率(%)
总 计	**3403392**	**2189656**	**1404272**	**64.3**
其中:国有及国有控股	1338202	637952	526308	47.7
按登记注册类型分组				
内资企业	3403392	2189656	1404272	64.3
国有企业	20006			
集体企业	2600			
有限责任公司	2522163	1451459	1213391	57.5
股份有限公司	194434	130652	91539	67.2
私营企业	664189	607545	99342	91.5
其他				
按行业分				
房屋和土木工程建筑业	3403392	2189656	1404272	64.3
房屋工程建筑	3255288	2079038	1306272	63.9
土木工程建筑	148104	110618	98000	74.7
建筑安装业				
建筑装饰业和其他				

13-11 各县(市)建筑业企业房屋建筑施工面积

（2014年） 单位:平方米

项 目	房屋建筑施工面积	#本年度新开工	实际投标承包面积	#本年度新开工	房屋建筑竣工面积	房屋建筑面积竣工率(%)
全 市	3403392	2731416	2133973	1776143	2189656	64.3
市 区	1777461	1107261	1124533	784248	852186	47.9
市辖县(市)	1625931	1624155	1009440	991895	1337470	82.3
讷 河 市	652534	650758	167341	167341	539209	82.6
龙 江 县	223598	223598	223598	223598	223598	100.0
依 安 县	323582	323582	323582	323582	249552	77.1
泰 来 县	19166	19166	19166	19166	19166	100.0
甘 南 县	4565	4565	4565		4565	100.0
富 裕 县	245352	245352	215180	202200	240172	97.9
克 山 县						
克 东 县	36208	36208	31008	31008	36208	100.0
拜 泉 县	120926	120926	25000	25000	25000	20.7

13-12　建筑企业主要经济指标

（2014年）

分　　类	企业个数（个）	建筑业总产值（千元）	增加值（千元）	税金（千元）	利润总额（千元）	期末从业人员（人）
总　计	**120**	**5924917**	**2732550**	**227267**	**231383**	**18239**
其中:国有及国有控股企业	17	2212289	1020300	69401	53411	3373
按登记注册类型分组						
内资企业	120	5924917	2732550	227267	231383	18239
国有企业	4	657802	303376	22781	23470	1149
集体企业	2	19724	9097	1144	-1829	57
有限责任公司	90	4113505	1897133	157892	128738	13253
股份有限公司	7	327937	151243	12716	5370	2217
私营企业	17	805949	371701	32734	75634	1563
其他						
按国民经济行业分组						
房屋和土木工程建筑业	97	5268236	2429691	207635	196572	16628
房屋工程建筑	68	3663427	1689559	149338	131752	11926
土木工程建筑	29	1604809	740132	58297	64820	4702
建筑安装业	11	634099	292444	17865	38273	1248
建筑装饰业和其他	12	22582	10415	1767	-3462	363
按隶属关系分组						
省	4	588494	271411	22932	15828	2031
市、地区	55	2421804	1116927	89909	59992	8430
县	24	1495217	689589	54419	62363	3386
街道	1	41334	19063	1248	1830	204
其他	36	1378068	635560	58759	91370	4188
按企业资质等级分组						
施工总承包	92	5391984	2486763	205006	203166	16380
一级	8	1749616	806916	58140	50902	3439
二级	29	2124487	979806	82897	83198	6544
三级	55	1517881	700041	63969	69066	6397
专业承包	28	532933	245787	22261	28217	1859
一级	1	24879	11474	854	500	98
二级	7	367263	169380	12535	24468	836
三级及以下	20	140791	64932	8872	3249	925

13－12 续

（2014年）

分　　类	总产值计算的劳动生产率（元/人）	增加值计算的劳动生产率（元/人）	房屋建筑面积竣工率（%）	产　值利润率（%）	产　值利税率（%）
总　　计	**176837**	**81556**	**64.3**	**3.9**	**3.8**
其中：国有及国有控股企业	160765	74144	47.7	2.4	3.1
按登记注册类型分组					
内资企业	176837	81556	64.3	3.9	3.8
国有企业	143500	66181		3.6	3.5
集体企业	270192	124611		-9.3	5.8
有限责任公司	168870	77882	57.5	3.1	3.8
股份有限公司	230455	106285	67.2	1.6	3.9
私营企业	262867	121233	91.5	9.4	4.1
其　　他					
按国民经济行业分组					
房屋和土木工程建筑业	165045	76118	64.3	3.7	3.9
房屋工程建筑	163663	75481	63.9	3.6	4.1
土木工程建筑	168290	77615	74.7	4.0	3.6
建筑安装业	474270	218732		6.0	2.8
建筑装饰业和其他	91056	41995		-15.3	7.8
按隶属关系分组					
省	138796	64012	100.0	2.7	3.9
市、地区	156407	72134	46.0	2.5	3.7
县	223200	102939	80.4	4.2	3.6
街　　道	123754	57075	35.8	4.4	3.0
其　　他	204219	94185	77.9	6.6	4.3
按企业资质等级分组					
施工总承包	172461	79538	64.4	3.8	3.8
一　　级	199205	91873	61.0	2.9	3.3
二　　级	159964	73775	45.6	3.9	3.9
三　　级	164969	76083	88.7	4.6	4.2
专业承包	237917	109726	54.9	5.3	4.2
一　　级	256485	118290		2.0	3.4
二　　级	314707	145142	100.0	6.7	3.4
三级及以下	144253	66529		2.3	6.3

13-13 各县(市)建筑企业主要经济指标

(2014年)

地　　区	企业个数(个)	建筑业总产值(千元)	增加值(千元)	税金(千元)	利润总额(千元)	期末从业人员(人)
全　　市	**120**	**5924917**	**2732550**	**227267**	**231383**	**18239**
市　　区	**84**	**3365354**	**1552089**	**137115**	**90394**	**13008**
市辖县(市)	**36**	**2559563**	**1180461**	**90152**	**140989**	**5231**
讷 河 市	11	937927	432568	33522	76271	1370
龙 江 县	3	302212	139379	11214	25867	1028
依 安 县	3	320200	147675	11875	2558	720
泰 来 县	1	23000	10608	989	617	275
甘 南 县	2	5798	2674	228	17	14
富 裕 县	10	842109	388378	27534	31146	914
克 山 县	1	9000	4151	306	193	80
克 东 县	3	75961	35033	4247	3519	405
拜 泉 县	2	43356	19996	237	801	425

13－13 续

(2014年)

地　　区	总产值计算的劳动生产率(元/人)	增加值计算的劳动生产率(元/人)	人均利润(元)	产值利润率(%)	产值利税率(%)
全　　市	**176837**	**81556**	**6906**	**3.9**	**3.8**
市　　区	**171448**	**79071**	**4605**	**2.7**	**4.1**
市辖县(市)	**184460**	**85072**	**10161**	**5.5**	**3.5**
讷 河 市	297471	137193	24190	8.1	3.6
龙 江 县	147420	67990	12618	8.6	3.7
依 安 县	286404	132089	2288	0.8	3.7
泰 来 县	83333	38433	2236	2.7	4.3
甘 南 县	161056	74278	472	0.3	3.9
富 裕 县	138642	63941	5128	3.7	3.3
克 山 县	112500	51885	2413	2.1	3.4
克 东 县	121732	56143	5639	4.6	5.6
拜 泉 县	93239	43001	1723	1.8	0.5

13-14 劳务分包建筑企业主要经济指标

（2014年）

项目	企业个数（个）	建筑业总产值（千元）	计算劳动生产率的平均人数(人)	年末从业人员（人）	#工程技术人员
总计	**120**	**5924917**	**33505**	**18239**	**5756**
其中:国有及国有控股	17	2212289	13761	3373	1503
按登记注册类型分					
内资企业	120	5924917	33505	18239	5756
国有企业	4	657802	4584	1149	272
集体企业	2	19724	73	57	35
有限责任公司	90	4113505	24359	13253	4450
股份有限公司	7	327937	1423	2217	515
私营企业	17	805949	3066	1563	484
按国民经济行业分					
房屋和土木工程建筑业	97	5268236	31920	16628	5366
建筑安装业	11	634099	1337	1248	325
其它建筑业	12	22582	248	363	65
按隶属关系分					
省	4	588494	4240	2031	173
地	55	2421804	15484	8430	3451
县及县以下	26	1536551	7033	3597	998
其他	35	1378068	6748	4181	1134
按资质等级分					
一级	9	1774495	8880	3537	1184
二级	36	2491750	14448	7380	3128
三级及以下	75	1658672	10177	7322	1444
按营业状态分					
营业	118	5924917	33505	18229	5756
停业(歇业)	2			10	
按控股情况分					
国有控股	17	2212289	13761	3373	1503
集体控股	19	479094	2854	3916	471
私人控股	71	3095996	14989	8947	3244
其他	13	137538	1901	2003	538

13－14 续

（2014年）

项 目	固定资产原价年末数（千元）	资产总计（千元）	营业收入（千元）	利润总额（千元）	应付工资总额（千元）
总 计	**1607353**	**7607523**	**7128060**	**231383**	**727489**
其中:国有及国有控股	484792	1654437	2338453	53411	203604
按登记注册类型分					
内资企业	1607353	7607523	7128060	231383	727489
国有企业	261343	522684	693077	23470	96434
集体企业	4690	173191	3024	−1829	1405
有限责任公司	957943	5340806	4689431	128738	483281
股份有限公司	109440	541656	883127	5370	79027
私营企业	273937	1029186	859401	75634	67342
按国民经济行业分					
房屋和土木工程建筑业	1491964	6514561	6435994	196572	683280
建筑安装业	84966	994645	649450	38273	41193
其它建筑业	30423	98317	42616	−3462	3016
按隶属关系分					
省	185665	589091	1136131	15828	125609
地	665070	3620240	2828028	59992	262696
县及县以下	246212	1600844	1705097	64193	180565
其他	510406	1797348	1458804	91370	158619
按资质等级分					
一级	411493	1821126	2343384	51402	220429
二级	696938	3670065	2927324	107666	245637
三级及以下	498922	2116332	1857352	72315	261423
按营业状态分					
营业	1607353	7589677	7128060	235939	727242
停业(歇业)		17846		−4556	247
按控股情况分					
国有控股	484792	1654437	2338453	53411	203604
集体控股	240415	917213	1036742	1079	141961
私人控股	717597	4360093	3503799	173297	342498
其他	164549	675780	249066	3596	39426

主要统计指标解释

建筑业统计单位　指从事房屋、构筑物建造和设备安装活动的法人企业。建筑业法人企业应同时具备的条件是:①依法成立,有自己的名称、组织机构和场所,能够承担民事责任;②独立拥有和使用资产,承担负债,有权与其他单位签订合同;③独立核算盈亏,能够编制资产负债表。

建筑业总产值　是以货币表现的建筑安装企业在一定时期内生产的建筑业产品的总和。建筑业总产值包括:

(1)建筑工程产值:指列入建筑工程预算内的各种工程价值。

(2)设备安装工程产值:指设备安装工程价值,不包括被安装设备本身价值。

(3)其他产值:建筑业总产值中除建筑工程、安装工程以外的产值。

建筑业增加值　指建筑业企业在报告期内以货币表现的建筑业生产经营活动的最终成果。目前建筑业增加值采用分配法(收入法)计算,即从收入的角度出发,根据生产要素在生产过程中应得的收入份额计算。具体计算公式为:

建筑业增加值二本年提取的固定资产折旧+应付工资+应付福利费+管理费用中的劳动待业保险金、税金+工程结算税金及附加+工程结算利润

房屋建筑施工面积　指在报告期内施工的全部房屋建筑面积,包括本期新开工的房屋面积、上期施工跨人本期继续施工的房屋面积、上期停缓建在本期恢复施工的房屋面积、本期竣工的房屋面积及本期施工后又停缓建的房屋面积。

房屋建筑竣工面积　指在报告期内房屋建筑按照设计要求全部完工,达到了住人和使用条件,经验收鉴定合格,正式移交使用单位的房屋建筑面积。

自有机械设备年末总台数　指归本企业所有,属于本企业固定资产的生产性机械设备年末总台数。包括施工机械、生产设备、运输设备以及其他设备。

自有机械设备年末总功率　指本业自有施机械、生产设备、运输设备以及其他设备等列为在册固定资产的生产性机械设备年末总功率,按设定能力或查定能力计算。包括机械本身的动力和为该机械服务的单独动力设备,如电动机等。计算单位用千瓦,动力换算可按1马力二0. 735千瓦折合成千瓦数。电焊机、变压器、锅炉不计算动力。

自有机械设备净值　指本企业自有机械设备经过使用、磨损后实际存在的价值,即原值减去折旧后的净额。

工程结算收入　指企业承包工程实现的工程价款结算收入,以及向发包单位收取的除工程价款以外的按规定列作营业收入的各种款项,如临时设施费、劳动保险费、施工机械调迁费等以及向发包单位收取的各种索赔款。

工程结算利润　指已结算工程实现的利润,如亏损以“—”号表示。计算公式为:

工程结算利润二工程结算收入—工程结算成本—工程结算税金及附加

十四、交通运输和邮电通信业

TRANSPORTATION, POST AND TELECOMMUNICATION SERVICES

简要说明

一、本篇资料反映齐齐哈尔市交通运输业和邮电通信业发展的基本情况。

交通运输业资料主要包括：铁路、公路、航空运输完成的客货运输量，铁路运输主要经济指标，公路运输状况，独立核算交通运输企业基本情况等。

邮电通信业资料主要包括:全市邮电局（所）和邮路情况，邮电通信工具拥有量，主要邮电业务完成情况等。

二、资料来源：

一是运输邮电业年度统计资料；

二是市交通局提供的有关统计资料。

14-1 1978-2014年客货运输量

（2014年）

年份	客运量(千人)				货运量(千吨)			民用货邮吞吐量(吨)
	铁路	公路	水运	民用航空	铁路	公路	水运	
1979	10297	7788			6287	14910		
1980	11359	8314			6359	12812		
1981	11946	8249			6672	9799		
1982	14102	9583			7459	10795		
1983	15038	10358			8048	9710		
1984	16406	11969			8913	13699		
1985	15767	14869	18		9533	15596	233	
1986	16107	16337	16		9217	18921	268	
1987	16017	16413	12		8872	21871	379	
1988	18034	16960	11	7	9478	25140	453	70.9
1989	17575	17268	7	11	9393	25613	446	94.8
1990	14399	15513	7	5	8870	21029	451	220.0
1991	14341	16425	2	6	9758	21786	417	323.0
1992	15354	14428		21	10258	20611	412	656.2
1993	16770	13844		28	11558	20627	420	722.6
1994	17407	12590		28	11624	20210	421	765.3
1995	17375	13568		29	9444	21062	158	750.9
1996	14622	15038		29	9530	21958	205	619.0
1997	14858	16030		43	9641	23156		623.4
1998	14330	23236		50	8722	32244		645.4
1999	15994	24211		30	10007	34051		261.3
2000	16167	24840		20	10340	35510		221.0
2001	15433	25800		22	10823	37790		255.0
2002	14279	32410		34	7986	38958		388.8
2003	12138	34080		29	9860	39230		320.1
2004	13097	34120		44	10166	39280		573.3
2005	14367	31067		65	9988	53900		687.2
2006	14974	31690		60	13006	55640		823.7
2007	15198	31640		68	13396	57480		841.3
2008	16289	32270		93	14646	60350		461.0
2009	16210	46220		120	15929	65950		462.0
2010	17035	50350		123	22557	76050		507.0
2011	16900	57870		150	23094	85650		685.0
2012	15928	61360		190	23899	93990		858.0
2013	15643	40760		257	16255	95820		931.0
2014	16557	43650		157	14485	112070		66.0

注：2013年前航空是进出航数据，2014年是出航数据。

14–2 各县(市)公路线路里程

（2014年）

地 区	公 路 里 程（公里）	国 道	省 道	县 道	乡 道	村 道	专用公路	晴雨通车里程（公里）	有路面里 程（公里）	桥 梁（座）
全 市	**20178**	**428**	**32**	**1301**	**7907**	**9623**	**888**	**18132**	**18138**	**1353**
市 区	**1800**	**111**		**207**	**584**	**750**	**149**	**1669**	**1671**	**82**
市辖县(市)	**18378**	**318**	**32**	**1094**	**7323**	**8873**	**739**	**16463**	**16467**	**1271**
讷 河 市	2627	94		179	1066	1092	195	2486	2370	129
龙 江 县	2460			239	1212	962	47	2370	1835	161
依 安 县	2383			117	950	1213	103	1628	1855	102
泰 来 县	2072	112	32	26	822	1073	6	1852	1314	99
甘 南 县	1842	36		228	537	992	50	1835	2486	201
富 裕 县	1565	76		49	615	775	50	1314	1628	97
克 山 县	1979			158	668	1146	6	1829	1829	172
克 东 县	1458				613	581	264	1445	1445	140
拜 泉 县	1991			96	838	1039	18	1703	1703	170

14-3 各县(市)道路运输经营业户和营运车辆

(2014年)

地区	总计		客运		货运	
	业户(个)	机动车(辆)	业户(个)	机动车(辆)	业户(个)	机动车(辆)
全市	**42517**	**79057**	**115**	**1424**	**42402**	**77633**
市区	**7569**	**20490**	**31**	**463**	**7538**	**20027**
市辖县(市)	**34948**	**58567**	**84**	**961**	**34864**	**57606**
讷河市	3794	5073	2	114	3792	4959
龙江县	4434	9230	2	169	4432	9061
依安县	3564	4963	4	113	3560	4850
泰来县	2791	3284	1	98	2790	3186
甘南县	2109	11511	3	91	2106	11420
富裕县	6226	10156	2	63	6224	10093
克山县	1376	3619	21	117	1355	3502
克东县	2847	2832	17	57	2830	2775
拜泉县	7807	7899	32	139	7775	7760

14-4 主要年份机动车辆拥有量

单位:辆

项目	1990年	1995年	2000年	2005年	2010年	2011年	2012年
总计	**42942**	**66980**	**204644**	**378254**	**367683**	**408891**	**442438**
#大型汽车	11938	11119	9200	19514	36331	45293	49827
货车	10025	9481	7755	14538	32923	41313	45610
客车	1258	1050	1445	4976	3408	3980	4217
中型汽车					11813	11627	11503
货车					9142	9086	8989
客车					2671	2541	2514
小型汽车	9200	18809	18975	54549	154419	177797	211798
货车	4374	6937	2940	9631	22971	26431	30682
客车	998	3027	16035	44918	131448	151366	181116
机踏车	17123	31402	39463	76410	113550	113988	114254
挂车	670	879	1058	6181	20155	24382	27096

14-5 非营运机动车保有量

（2014年）　　单位:辆

指　　标	总　计	#警　用	#消　防	#救　护	#工程救险	#营转非	#出　租营转非
合　　计	**342919**	**9**	**2**	**212**	**295**	**797**	**1361**
汽　　车	245490	9	1	212	274	792	1359
载　　客	232938	9		164	31	522	1359
大　　型	600				10	204	4
中　　型	1112			5	4	23	
小　　型	221373	9		154	17	271	1350
微　　型	9853			5		24	5
载　　货	10308		1		74	120	
重　　型	409				14	3	
中　　型	333				9	2	
轻　　型	9501		1		51	115	
微　　型	65						
其　　他	2244			48	169	150	
#三轮汽车	104						
低速货车	940					2	
摩 托 车	97133					3	2
普　　通	96348					3	2
轻　　便	785						
挂　　车	138		1				
重　　型	133		1				
中　　型	2						
轻　　型	3						
其他类型	158				21	2	

14-6 主要年份全社会公路客、货运输量

指标	单位	2005年	2010年	2011年	2012年	2013年	2014年
客运量	万人	3107	5035	5787	6136	4076	4365
旅客周转量	万人公里	140921	257083	299045	322968	242346	254015
货运量	万吨	5390	7605	8565	9399	9582	11207
货物周转量	万吨公里	194834	2212743	2575633	2865412	3115880	3705049

14-7 主要年份公路运输营运车辆

指标	单位	2005年	2010年	2011年	2012年	2013年	2014年
运输车辆							
营运汽车合计	辆	19728	57563	72163	77833	79135	79397
载客汽车	辆	10462	11370	15746	16695	2261	1424
大型	辆	199	1784	1799	858	888	842
载客量	客位	69496	71922	102244	92703	55024	48295
大型	客位	7640	59651	61421	34712	36180	35042
普通载货汽车	辆	9061	45956	55783	61138	56383	52977
大型	辆	4651	21437	27398	31656	23666	20807
载重量	吨位	53865	444102	520682	641259	465304	396145
专用载货汽车	辆	129	237	634	612	966	1103
载重量	吨位	818	3375	7890	7364	10236	13557
轮胎式拖拉机	辆						
载重量	吨位						

注:2013年起载客汽车不含出租汽车。

14-8 1978-2014年邮电业务量

年份	邮电业务总量（万元）	函件（万件）	电报（万份）	报刊（万份）	长途电话（万次）	邮电局、所（处）
1978	1023	1634	75	8919	120	203
1979	1080	1724	81	9611	136	202
1980	1100	1722	84	9667	140	202
1981	1120	1734	89	9387	155	203
1982	1155	1675	92	5075	174	204
1983	1199	1657	103	11121	173	206
1984	1289	1758	94	12649	197	209
1985	1394	1925	104	12488	226	209
1986	1551	1994	113	12021	239	206
1987	1727	2139	130	12614	256	205
1988	2302	2249	161	11899	305	205
1989	2508	2170	158	5148	350	205
1990	5218	2118	139	5452	370	206
1991	5918	1996	145	5348	427	208
1992	8004	1828	159	6393	769	211
1993	12669	1895	130	6186	1767	213
1994	18505	2028	95	4779	2761	216
1995	26052	2037	65	4174	2692	243
1996	38506	2023	46	4462	3192	246
1997	56041	1730	28	4451	3473	258
1998	80414	1469	16	4018	3748	338
1999	104721	992	15	3736	4232	442
2000	134515	858	37	3441	4272	436
2001	104722	873	7	3491	3240	445
2002	120733	848	1	3891	2506	444
2003	155300	1086	1	3729	2621	441
2004	200684	1007	1	3309	2691	254
2005	218245	776	1	3379	2414	250
2006	248252	691	1	3327	5039	254
2007	216864	572		3057	5113	254
2008	620258	479		3233		254
2009	528631	517		3103		218
2010	847325	410		3609		237
2011	310605	413		3762		236
2012	288960	500		3808		243
2013	341066	688		3908		243
2014	422607	386		3355		253

注：2011年起邮电业务总量按2010年不变价格计算。

14-9 各县(市)邮政业务量

(2014年)

地区	邮政业务总量(万元)	函件(万件)	包件(千件)	特快专递(件)	报刊累计份数(万份)	邮政储蓄(万元)
全市	**28556**	**386**	**179**	**355320**	**3355**	**1359999**
市区	**13505**	**217**	**88**	**124147**	**1505**	**580530**
市辖县(市)	**15051**	**169**	**91**	**231173**	**1850**	**779469**
讷河市	2615	11	14	30409	287	161358
龙江县	2501	9	10	32607	224	111325
依安县	1724	1	9	24518	182	97413
泰来县	1122	10	11	21377	198	48170
甘南县	2278	2	12	28740	240	130226
富裕县	1301	1	7	23404	175	67717
克山县	1310	5	13	22855	212	58667
克东县	947	2	8	29371	123	43761
拜泉县	1254	128	7	17892	208	60833

注:2011年起邮政业务总量按2010年不变价格计算。

14-10 各县(市)邮电局、所和邮电线路

(2014年)

地区	邮电局、所(处)	#设在农村	邮路总长度(公里)	#汽车邮路	#铁路邮路
全市	**253**	**136**	**6325**	**5402**	**923**
市区	**75**	**9**	**3322**	**2399**	**923**
市辖县(市)	**178**	**127**	**3003**	**3003**	
讷河市	29	13	460	460	
龙江县	24	14	460	460	
依安县	19	14	350	350	
泰来县	19	11	227	227	
甘南县	19	7	212	212	
富裕县	16	18	320	320	
克山县	18	21	415	415	
克东县	11	12	172	172	
拜泉县	23	17	387	387	

主要统计指标解释

铁路营业里程 又称营业长度(包括正式营业和临时营业里程),指办理客货运输业务的铁路正线总长度。凡是全线或部分建成双线及以上的线路,以第一线的实际长度计算;复线、站线、段管线、岔线和特殊用途线以及不计算运费的联络线都不计算营业里程。铁路营业里程是反映铁路运输业基础设施发展水平的重要指标,也是计算客货周转量、运输密度和机车车辆运用效率等指标的基础资料。

公路里程 指在一定时期内实际达到《公路工程技术标准JTJ01—88》规定的等级公路,并经公路主管部门正式验收交付使用的公路里程数。包括大中城市的效区公路以及通过小城镇街道部分的公路里程和桥梁、渡口的长度,不包括大中城市的街道、厂矿、林区生产用道和农业生产用道钓里程。两条或多条公路共同经由同一路段,只计算一次,不得重复计算里程长度。它是反映公路建设发展规模的重要指标,也是计算运输网密度等指标的基础资料。

货(客)运量 指在一定时期内,各种运输工具实际运送的货物(旅客)数量。它是反映运输业为国民经济和人民生活服务的数量指标,也是制定和检查运输生产计划、研究运输发展规模和速度的重要指标。货运按吨计算,客运按人计算。货物不论运输距离长短、货物类别,均按实际重量统计。旅客不论行程远近或票价多少,均按一人一次客运量统计;半价票、小孩票也按一人统计。

货(客)运密度 指在一定时期内某种运输方式在营运线路的某一区段平均每公里线路通过的货物(旅客)运输周转量。计算公式为:

货(客)运密度二货物(旅客)周转量/营业线路长度

货(客)运密度是反映交通运输线路上货物(旅客)运输量运输繁忙程度的主要指标,是平衡运输线路运输能力和通过能力,规划线路建设及改造、配备技术设备,研究运输网布局的重要依据。

货物(旅客)周转量 指在一定时期内,由各种运输工具运送的货物(旅客)数量与其相应运输距离的乘积之总和。它是反映运输业生产总成果的重要指标,也是编制和检查运输生产计划,计算运输效率、劳动生产率以及核算运输单位成本的主要基础资料。计算货物周转量通常按发出站与到邮电业务总量指以价值量形式表现的邮电通信企业为社会提供各类邮电通信服务的总数量。邮电业务量按专业分类包括函件、包件、汇票、报刊发行、邮政快件、特快专递、邮政储蓄、集邮、公众电报、用户电报、传真、长途电话、出租电路、无线寻呼、移动电话、分组交换数据通信、出租代维等。计算方法为各类产品乘以相应的平均单价(不变价)之和,再加上出租电路和设备、代用户维护电话交换机和线路等的服务收入。它综合反映了一定时期邮电业务发展的总成果,是研究邮电业务量构成和发展趋势的重要指标。计算公式为:

邮电业务总量二Σ(各类邮电业务量X不变单价),+出租代维及其他业务收入

移动电话用户 是指通过移动电话交换机进入移动电话网、占用移动电话号码的电话用户。用户数量以报告期末在移动电话营业部门实际办理登记手续进入移动电话网的户数进行计算,一部移动电话统计为一户。电话用户指接人国家公众固定电话网,并按固定电话业务进行经营管理的电话用户。1997年以前,电话用户分为市内电话用户和农村电话用户。

电话用户 是指接人县城及县以上城市的电话网上的电话用户;“农村电话用户”是指接人县邮电局农话台及县以下农村电话交换点,以县城为中心(除市话用户外)联通县、乡(镇)、行政村、村民小组的用户。从1997年起,电话用户数分组调整为以用户所在区域划分为“城市电话用户”和“乡村电话用户”,与过去的按市内电话和农村电话划分方法不同。而电话用户总数、电话机总部数统计范围不变。

十五、批发和零售贸易、餐饮业

WHOLESALE, RETAIL TRADE AND EATTING-DRINKING

简要说明

一、本篇资料反映齐齐哈尔市批发商零售贸易业、餐饮业商品经营和市场发展情况,主要内容有社会消费品零售总额，批发零售贸易业按地区、规模分组的商品销售情况，限额以上批发零售贸易业商品购进、销售、库存情况，限额以上批发零售贸易业财务状况，城乡集贸市场情况,私营、个体经营情况等。

二、本篇资料除城乡集市贸易情况和私营、个体经济情况由市工商行政管理局提供外，其余均由根据批发零售贸易业、餐饮业年度统计报表搜集和加工整理的。

本报表的调查范围：商品购进、销售、库存总额、类值报表为各种经济类型的独立核算的批发、零售贸易业法人企业及从事批发、零售贸易活动的生产经营单位；商品销售数量报表为各种经济类型的独立核算的限额以上批发、零售、贸易法人企业及生产活动单位;财务状况报表为各种经济类型的独立核算的限额以上批发、零售贸易业法人企业和餐饮业法人企业；社会消费品零售总额报表为有零售业务的各种经济类型的企业、行政事业单位以及农民。

15-1 全市社会消费品零售额分月

（2014年） 单位:万元

分 类	全年合计	#农场局	合 计	一 月	二 月	三 月（含限下）	四 月	五 月
社会消费品零售总额	6350063	165861	6184202	156234	74871	1104871	98402	101012
按地区分组								
城 镇	5454907	130838	5324069	155971	74712	940013	98187	100841
其中:城区	4672332	789	4671543	132559	68026	897409	86927	82631
乡 村	895156	35023	860133	263	159	164858	215	171
按行业分组								
批 发 业	1142491	31262	1111229	75753	38888	177007	55163	63166
限额以上(企业)及个体户	726987		726987	75753	38888	142848	55163	63166
限额以下企业	415504	31262	384242			34159		
零 售 业	4701068	116841	4584227	78850	35142	843623	42432	36973
限额以上(企业)及个体户	611418		611418	78850	35142	117883	42432	36973
限额以下企业	4089650	116841	3972809			725740		
住 宿	65884	135	65749	238	118	10391	82	71
限额以上(企业)及个体户	1090		1090	238	118	304	82	71
限额以下企业	64794	135	64659			10087		
餐 饮 业	440620	17623	422997	1393	723	73850	725	802
限额以上(企业)及个体户	11706	649	11057	1393	723	2044	725	802
限额以下企业	428914	16974	411940			71806		

注:按照国家、省统计报表制度规定,2014年月度报表按限额以上口径统计,季度报表为全口径。

15-1 续 （2014年） 单位:万元

分 类	六 月（含限下）	七 月	八 月	九 月（含限下）	十 月	十一月	十二月（含限下）
社会消费品零售总额	1274081	105988	107257	1583789	126443	146886	2221461
按地区分组							
城 镇	1092499	105765	107092	1365663	126203	146616	1925894
其中:城区	1069181	85863	86085	1074626	95687	141675	1630327
乡 村	181582	223	165	218126	240	270	295567
按行业分组							
批 发 业	215956	54345	71635	276965	72610	69306	441301
限额以上(企业)及个体户	190960	54345	71635	186982	72610	69306	206197
限额以下企业	24996			89983			235104
零 售 业	970092	50573	34623	1186225	52546	76443	1584287
限额以上(企业)及个体户	118924	50573	34623	163150	52546	76443	211461
限额以下企业	851168			1023075			1372826
住 宿	9071	87	99	28519	71	79	17768
限额以上(企业)及个体户	221	87	99	263	71	79	302
限额以下企业	8850			28256			17466
餐 饮 业	78962	983	900	92080	1216	1058	178105
限额以上(企业)及个体户	2353	983	900	3021	1216	1058	3639
限额以下企业	76609			89059			174466

15-2　历年全市社会消费品零售额

单位:万元

年　份	金　额	年　份	金　额
1951	10786	1983	151672
1952	17623	1984	168274
1953	23628	1985	201936
1954	22512	1986	228018
1955	21696	1987	274692
1956	30479	1988	352078
1957	31021	1989	397783
1958	35302	1990	416235
1959	41767	1991	459878
1960	48634	1992	501207
1961	44247	1993	607324
1962	43394	1994	612582
1963	43189	1995	709462
1964	46100	1996	827551
1965	46312	1997	918200
1966	48360	1998	978297
1967	54073	1999	1026411
1968	50888	2000	1071899
1969	53734	2001	1140374
1970	53212	2002	1234587
1971	57863	2003	1356982
1972	64093	2004	1472889
1973	66895	2005	1639550
1974	73567	2006	1851299
1975	77643	2007	2159937
1976	78942	2008	2631460
1977	80715	2009	3130674
1978	83714	2010	3692812
1979	95792	2011	4274600
1980	113363	2012	4971353
1981	128980	2013	5594932
1982	141345	2014	6350063

15-3 主要年份全市批发、零售贸易业商品销售总额

单位:万元

分类	销售额		批发额		零售额	
	2013年	2014年	2013年	2014年	2013年	2014年
总计	**7712984**	**9244196**	**2677386**	**3548741**	**5035598**	**5695455**
按行业分组						
批发企业	2215833	3043821	1303112	1932593	912721	1111228
零售企业	5497151	6200375	1374274	1616148	4122877	4584227
按规模分组						
限额以上企业(单位)	2033523	2985443	883657	1647038	1149866	1338405
粮油、食品、饮料、烟酒类	890981	1724200	604201	1278846	286780	445355
粮油、食品类	568457	1406081	292775	974121	275681	431960
#粮油类	9967	502999	429	330807	9538	172192
肉禽蛋类	180968	193673	73328	92418	107640	101256
其他食品类	307372	321263	152567	166816	154805	154447
饮料类	5965	6302		5	5965	6296
烟酒类	316560	311818	311426	304720	5134	7099
服装鞋帽、针、纺织品类	105648	68556	33	568	105616	67988
服装类	69311	45518	33	427	69278	45091
鞋帽类	20988	16594		74	20988	16520
针、纺织品类	15350	6445		67	15350	6378
化妆品类	5513	4925	1	19	5512	4906
金银珠宝类	22891	21396		324	22891	21072
日用品类	22584	20242		166	22584	20077
#洗涤用品类	2904	3274		11	2904	3263
儿童玩具类	399	314		31	399	283
五金、电料类	6273	7988	920	2041	5352	5947
体育、娱乐用品类	1250	778			1250	778
书报杂志类	12310	14383	244		12065	14383
电子出版物及音像制品类	82	12270			82	12270
家用电器及音像器材类	73637	73614		40	73637	73573
中西药品类	21743	28241	16560	24402	5183	3839
#西　药	16868	22327	12224	18623	4644	3704
中草药及中成药	2264	3568	1725	3433	539	135
文化办公用品类	2600	12134			2600	12134
家具类	7957	8371			7957	8371
通讯器材类	6692	21227		109	6692	21117
煤炭及制品类	61530	42636	60448	40874	1082	1763
石油及制品类	481546	496790	156048	176216	325498	320574
化工材料及制品类	3427	658	3427	658		
金属材料类	6141	82	6141	82		
建筑及装饰材料类	15166	109221	7618	99826	7548	9396
机电产品及设备类	13659	10801	4007	4334	9652	6467
汽车类	259657	301048	13713	12824	245944	288224
其他类	12238	5883	10297	5710	1941	172
限额以下企业(单位)	5679461	6258753	1793729	1901703	3885732	4357050

15-4 全市限额以上住宿业和餐饮业法人企业经营情况

（2014年） 单位：万元

分 类	营业额	客房收入	餐费收入	商品销售收入
总 计	**12909**	**5914**	**5312**	**1248**
住 宿 业	**7501**	**5733**	**1146**	**261**
其中：国有控股	1870	1164	297	54
按登记注册类型分组				
内资企业	7501	5733	1146	261
国有企业	1184	826	285	54
有限责任公司	973	549	75	10
其他有限责任公司	973	549	75	10
股份有限公司	2233	1730	342	161
私营企业	3111	2627	444	37
私营合伙企业	594	471	86	37
私营有限责任公司	2518	2156	358	
按国民经济行业分组				
旅游饭店	1468	1111	285	54
一般旅馆	6032	4622	861	208
餐 饮 业	**5408**	**182**	**4166**	**987**
其中：国有控股	614	76	480	58
按登记注册类型分组				
内资企业	5408	182	4166	987
国有企业	614	76	480	58
集体企业	374		374	
有限责任公司	1867		1372	494
其他有限责任公司	1867		1372	494
私营企业	2554	106	1940	434
私营独资企业	1015		845	148
私营有限责任公司	1539	106	1095	286
按国民经济行业分组				
正餐服务	5408	182	4166	987

15-4 续 （2014年）

分　　类	客房间数(间)	床位数（个）	餐位数（位）	年末餐饮营业面积（平方米）
总　　计	**1203**	**1818**	**4061**	**31464**
住 宿 业	1153	1749	1969	15596
其中:国有控股	274	578	640	7476
按登记注册类型分组				
内资企业	1153	1749	1969	15596
国有企业	132	308	100	1080
有限责任公司	257	432	599	6476
其他有限责任公司	257	432	599	6476
股份有限公司	401	507	1088	6580
私营企业	363	502	182	1460
私营合伙企业	62	106	82	1280
私营有限责任公司	301	396	100	180
按国民经济行业分组				
旅游饭店	242	508	420	3476
一般旅馆	961	1310	3641	27988
餐 饮 业	**50**	**69**	**2092**	**15868**
其中:国有控股	14	28	80	500
按登记注册类型分组				
内资企业	50	69	2092	15868
国有企业	14	28	80	500
集体企业			26	500
有限责任公司			1286	6700
其他有限责任公司			1286	6700
私营企业	36	41	700	8168
私营独资企业			155	510
私营有限责任公司	36	41	545	7658
按国民经济行业分组				
正餐服务	50	69	2092	15868

15-5 全市限额以上批发、零售贸易业财务状况

（2014年） 单位：万元

分类	流动资产小计	#存货	固定资产原价	累计折旧	#本年折旧	资产合计
总计	**1174843**	**196245**	**242379**	**77213**	**9809**	**1437302**
批发业	**987734**	**154880**	**99669**	**42667**	**5094**	**1096528**
其中：国有控股	847277	101727	78812	35283	4191	920416
按登记注册类型分组						
内资企业	987734	154880	99669	42667	5094	1096528
国有企业	84515	10603	13268	7081	842	91555
有限责任公司	635813	121353	27050	4984	1273	692247
国有独资公司	1743	243	1068	489	81	2484
其他有限责任公司	634070	121110	25982	4495	1192	689762
股份有限公司	216970	8905	52890	27403	2780	256842
私营企业	50436	14020	6462	3199	199	55884
私营有限责任公司	50436	14020	6462	3199	199	55884
按批发行业小类分组						
农畜产品批发	624584	120119	27488	4881	1210	678059
食品、饮料及烟草制品批发	117308	24440	22389	10991	1480	139296
医药及医疗器材批发	19486	501	1474	372	56	20811
矿产品、建材及化工产品批发	220203	8956	47223	26019	2245	251054
机械设备、五金交电及电子产品批发	6153	865	1096	404	102	7308
零售业	**187108**	**41365**	**142710**	**34546**	**4715**	**340774**
其中：国有控股	11717	2010	10503	5185	1452	19686
按登记注册类型分组						
内资企业	187108	41365	142710	34546	4715	340774
国有企业	11360	2010	10398	5133	1444	19275
有限责任公司	46354	10726	67143	10138	800	113190
其他有限责任公司	46354	10726	67143	10138	800	113190
股份有限公司	65591	8466	40313	14288	1342	102384
私营企业	63804	20162	24855	4986	1129	105925
私营独资企业	1109	59	575	221		3429
私营有限责任公司	60160	19997	23802	4564	1120	99490
私营股份有限公司	2535	106	479	201	9	3005
按零售行业小类分组						
综合零售	21054	982	23867	7834	114	40275
食品、饮料及烟草制品专门零售	12803	3860	5996	959	184	19675
纺织、服装及日用品专门零售	38349	1697	24858	10854	1393	57651
文化、体育用品及器材专门零售	10295	1627	4946	2531	1376	15360
医药及医疗器材专门零售	508	319	331	123	16	717
汽车、摩托车、燃料及零配件专门零售	78591	25431	15218	4892	1189	103793
家用电器及电子产品专门零售	14796	3772	51367	5554	43	69446
五金、家具及室内装修材料专门零售	6068	2838	6517	854	110	11837
货摊、无店铺及其他零售业	4645	839	9609	945	291	22021

15-5 续1 (2014年) 单位:万元

分类	实收资本	营业收入	主营业务成本	主营业务税金及附加	所有者权益合计
总计	**350801**	**2376533**	**1753832**	**60314**	**434302**
批发业	**293196**	**1740216**	**1314200**	**43203**	**361124**
其中:国有控股	254036	908342	736439	19522	312819
按登记注册类型分组					
内资企业	293196	1740216	1314200	43203	361124
国有企业	1245	241850	183624	14680	81230
有限责任公司	258155	804345	509772	21969	237390
国有独资公司	500				1995
其他有限责任公司	257655	804345	509772	21969	235396
股份有限公司	16785	430727	386615	5183	20918
私营企业	17012	263294	234189	1371	21585
私营有限责任公司	17012	263294	234189	1371	21585
按批发行业小类分组					
农畜产品批发	258524	909267	635801	21382	261884
食品、饮料及烟草制品批发	9265	368237	265922	16092	71296
医药及医疗器材批发	2530	27809	23463	368	2685
矿产品、建材及化工产品批发	18214	414442	375303	4379	20523
机械设备、五金交电及电子产品批发	4663	20461	13712	982	4736
零售业	**57605**	**636317**	**439632**	**17111**	**73178**
其中:国有控股	635	21479	17338	37	6232
按登记注册类型分组					
内资企业	57605	636317	439632	17111	73178
国有企业	535	19566	15489	37	6130
有限责任公司	25635	131752	88714	3712	17601
其他有限责任公司	25635	131752	88714	3712	17601
股份有限公司	7852	229136	143956	7145	21073
私营企业	23583	255863	191474	6218	28375
私营独资企业	606	3212	2689	20	2998
私营有限责任公司	21575	238989	180087	5533	23964
私营股份有限公司	1402	13661	8698	665	1413
按零售行业小类分组					
综合零售	2445	33072	28005	169	2950
食品、饮料及烟草制品专门零售	2550	13368	8387	470	4847
纺织、服装及日用品专门零售	1721	93521	61717	1259	14562
文化、体育用品及器材专门零售	1148	14966	11096	54	6462
医药及医疗器材专门零售	59	1349	1117	5	59
汽车、摩托车、燃料及零配件专门零售	24316	337183	234161	12176	25545
家用电器及电子产品专门零售	23328	127052	84312	2745	12281
五金、家具及室内装修材料专门零售	750	4356	2808	100	1436
货摊、无店铺及其他零售业	1289	11453	8029	133	5035

15-5 续2 （2014年） 单位:万元

分类	其他业务利润	营业费用	管理费用	营业利润	财务费用
总计	**15929**	**109006**	**47437**	**363714**	**39577**
批发业	**4211**	**71519**	**25129**	**249499**	**32843**
其中:国有控股	4069	61903	19310	45164	29035
按登记注册类型分组					
内资企业	4211	71519	25129	249499	32843
国有企业		4247	10646	31989	-3336
有限责任公司	3999	33272	11286	199378	34756
国有独资公司		318	343	-663	2
其他有限责任公司	3999	32954	10942	200041	34755
股份有限公司	212	25934	1574	7820	545
私营企业		8066	1623	10313	878
私营有限责任公司		8066	1623	10313	878
按批发行业小类分组					
农畜产品批发	3992	7434	8570	214105	34362
食品、饮料及烟草制品批发		37862	13596	24593	-2779
医药及医疗器材批发	81	155	983	2719	121
矿产品、建材及化工产品批发	138	25977	1737	2903	886
机械设备、五金交电及电子产品批发		90	244	5180	254
零售业	**11718**	**37487**	**22307**	**114215**	**6734**
其中:国有控股	502	1212	2194	632	8
按登记注册类型分组					
内资企业	11718	37487	22307	114215	6734
国有企业	502	1212	2132	632	8
有限责任公司	1215	11853	8898	16758	3377
其他有限责任公司	1215	11853	8898	16758	3377
股份有限公司	8405	16089	1860	59225	991
私营企业	1596	8333	9417	37600	2358
私营独资企业	22		53	-14	1
私营有限责任公司	1574	8270	9308	33553	2238
私营股份有限公司		63	57	4060	119
按零售行业小类分组					
综合零售	129	3938	875	-874	928
食品、饮料及烟草制品专门零售	888	2748	439	844	478
纺织、服装及日用品专门零售	8304	9335	254	20657	429
文化、体育用品及器材专门零售	502	1169	1681	897	12
医药及医疗器材专门零售		37	96	92	
汽车、摩托车、燃料及零配件专门零售	1053	10318	9458	67884	3188
家用电器及电子产品专门零售	842	8374	8931	22890	1655
五金、家具及室内装修材料专门零售	-1	756	236	413	43
货摊、无店铺及其他零售业		811	337	1411	1

15-5 续3 （2014年） 单位:万元

分类	营业外收入	利润总额	应交所得税	应付工资	应交增值税
总计	**7396**	**365372**	**16849**	**45975**	**18461**
批发业	**7014**	**250203**	**15569**	**34977**	**15261**
其中:国有控股	5167	44397	14226	30366	11798
按登记注册类型分组					
内资企业	7014	250203	15569	34977	15261
国有企业	48	31981	8186	11771	9587
有限责任公司	6424	201818	975	4376	-30
国有独资公司	670	2		220	
其他有限责任公司	5755	201816	975	4156	-30
股份有限公司	1	5551	5397	15984	2720
私营企业	541	10853	1012	2846	2984
私营有限责任公司	541	10853	1012	2846	2984
按批发行业小类分组					
农畜产品批发	6294	216418	1062	3535	-371
食品、饮料及烟草制品批发	692	25227	9059	15018	11710
医药及医疗器材批发	1	2385	3	276	190
矿产品、建材及化工产品批发	27	994	5414	15909	3712
机械设备、五金交电及电子产品批发		5179	31	239	20
零售业	**382**	**115169**	**1279**	**10998**	**3200**
其中:国有控股	2	673		1103	20
按登记注册类型分组					
内资企业	382	115169	1279	10998	3200
国有企业	2	673		1066	9
有限责任公司	74	17163	162	3091	643
其他有限责任公司	74	17163	162	3091	643
股份有限公司	40	59286	914	3212	1667
私营企业	267	38048	203	3629	881
私营独资企业		-15		85	8
私营有限责任公司	267	34005	193	3467	835
私营股份有限公司		4057	10	77	38
按零售行业小类分组					
综合零售	3	-770	2	1274	281
食品、饮料及烟草制品专门零售	43	1180	-124	987	170
纺织、服装及日用品专门零售	39	20696	907	1331	800
文化、体育用品及器材专门零售	2	924	2	1019	2
医药及医疗器材专门零售		17	5	92	15
汽车、摩托车、燃料及零配件专门零售	258	68145	131	3749	1153
家用电器及电子产品专门零售	36	23139	341	1772	650
五金、家具及室内装修材料专门零售		413	14	394	79
货摊、无店铺及其他零售业		1425	1	380	50

15-6 全市星级以上住宿业、限额以上餐饮业财务状况

（2014年） 单位:万元

分　　类	流动资产小计	#应收帐款	#存货	固定资产原价	累计折旧	#本年折旧
总　　计	**7227**	**631**	**455**	**11414**	**3360**	**615**
住宿业	**6253**	**627**	**332**	**7207**	**1985**	**332**
其中:国有控股	270	184	14	3486	1666	42
按登记注册类型分组						
内资企业	6253	627	332	7207	1985	332
国有企业				263	115	12
有限责任公司	368	192	15	3795	1818	297
其他有限责任公司	368	192	15	3795	1818	297
股份有限公司	5604	434	309	2995	5	
私营企业	281	1	8	155	47	23
私营合伙企业				39	16	2
私营有限责任公司	281	1	8	116	31	21
按国民经济行业分组						
旅游饭店	38		4	2608	1357	12
一般旅馆	6215	627	328	4599	628	320
餐饮业	**974**	**4**	**123**	**4207**	**1376**	**282**
其中:国有控股	56			31	30	
按登记注册类型分组						
内资企业	974	4	123	4207	1376	282
有限责任公司	64		10	2417	661	129
其他有限责任公司	64		10	2417	661	129
股份有限公司	63			115	47	
私营企业	846	4	113	1675	667	154
私营独资企业	1		1	209	51	3
私营有限责任公司	845	4	112	1466	616	151
按国民经济行业分组						
正餐服务	974	4	123	4207	1376	282

15-6 续1 （2014年） 单位:万元

分　　类	资产总计	负债总计	实收资本	营业收入	主营业务成　本	主营业务税　金及附加
总　计	**22267**	**8983**	**10790**	**10644**	**5538**	**626**
住宿业	**14466**	**7594**	**4829**	**5234**	**2350**	**261**
其中:国有控股	2703	1770	2149	1870	929	107
按登记注册类型分组						
内资企业	14466	7594	4829	5234	2350	261
国有企业	658	153	500	1184	696	67
有限责任公司	2768	2240	1749	973	275	57
其他有限责任公司	2768	2240	1749	973	275	57
股份有限公司	10567	4863	2450	2233	1042	102
私营企业	473	338	130	845	337	36
私营合伙企业	46	10	30	594	305	22
私营有限责任公司	428	328	100	251	32	14
按国民经济行业分组						
旅游饭店	1902	1517	1551	1468	733	84
一般旅馆	12565	6077	3278	3766	1617	177
餐饮业	**7801**	**1389**	**5961**	**5410**	**3188**	**365**
其中:国有控股	56	54	1	614	577	34
按登记注册类型分组						
内资企业	7801	1389	5961	5410	3188	365
有限责任公司	4294	461	3800	1867	999	112
其他有限责任公司	4294	461	3800	1867	999	112
股份有限公司	229	178	51	990	805	74
私营企业	3278	750	2110	2554	1385	179
私营独资企业	605	102	495	1015	488	49
私营有限责任公司	2673	648	1615	1539	897	129
按国民经济行业分组						
正餐服务	7801	1389	5961	5410	3188	365

15-6 续2 （2014年） 单位:万元

分　　类	所有者权益合计	其他业务利　润	营业费用	管理费用	财务费用
总　计	**13284**	**265**	**930**	**1169**	**143**
住宿业	**6873**		**751**	**970**	**38**
其中:国有控股	933		124	443	9
按登记注册类型分组					
内资企业	6873		751	970	38
国有企业	505			8	7
有限责任公司	528		466	451	5
其他有限责任公司	528		466	451	5
股份有限公司	5704		142	462	7
私营企业	136		143	49	21
私营合伙企业	36			2	6
私营有限责任公司	100		143	48	15
按国民经济行业分组					
旅游饭店	385			334	7
一般旅馆	6488		751	636	32
餐饮业	**6411**	**265**	**179**	**199**	**104**
其中:国有控股	1			6	
按登记注册类型分组					
内资企业	6411	265	179	199	104
有限责任公司	3833		9	3	26
其他有限责任公司	3833		9	3	26
股份有限公司	51			111	
私营企业	2527	265	170	86	79
私营独资企业	503	36		14	2
私营有限责任公司	2025	229	170	72	77
按国民经济行业分组					
正餐服务	6411	265	179	199	104

15-6 续3 （2014年） 单位:万元

分　　类	营业利润	利润总额	应交所得税	应付工资
总　计	2213	2215	53	1163
住宿业	863	865	3	601
其中:国有控股	258	258	2	305
按登记注册类型分组				
内资企业	863	865	3	601
国有企业	407	407	2	85
有限责任公司	–280	–280		286
其他有限责任公司	–280	–280		286
股份有限公司	479	479		124
私营企业	258	259	1	106
私营合伙企业	259	259	1	53
私营有限责任公司	–1			53
按国民经济行业分组				
旅游饭店	311	311	2	181
一般旅馆	553	554	1	420
餐饮业	1350	1350	50	563
其中:国有控股	–2	–2		37
按登记注册类型分组				
内资企业	1350	1350	50	563
有限责任公司	719	719	9	136
其他有限责任公司	719	719	9	136
股份有限公司	1	1		89
私营企业	630	631	41	338
私营独资企业	436	437	1	105
私营有限责任公司	194	194	40	233
按国民经济行业分组				
正餐服务	1350	1350	50	563

15-7 城乡个体工商业基本情况

(2014年)

地区	户数(户)	#城镇	从业人员(人)	#城镇	资金(万元)	#城镇
全市	**145784**	**101864**	**371601**	**265970**	**610671**	**405795**
市区	**67455**	**54932**	**189772**	**153233**	**328602**	**231529**
龙沙区	12894	12894	55089	55089	43826	43826
建华区	12930	11694	28966	24778	29206	23583
铁锋区	9981	9513	29542	28041	34891	33821
昂昂溪区	3828	2895	5215	3898	20557	13435
富拉尔基区	9359	8272	23809	2181	88131	86605
碾子山区	2934	2654	5101	4474	9547	8461
梅里斯区	3690	1033	10451	2138	43472	7535
直属	11839	5977	31599	32634	58972	14263
市辖县(市)	**78329**	**46932**	**181829**	**112737**	**282069**	**174266**
讷河市	14432	9767	49087	38379	36950	23080
龙江县	5257	1571	9933	1616	28069	15615
依安县	9253	5431	22878	12168	31677	19279
泰来县	10519	5720	18067	10268	17632	6858
甘南县	8086	5137	15090	10545	71665	49979
富裕县	8952	6226	15106	10379	28566	17729
克山县	7121	4432	18693	12084	11177	7828
克东县	7953	5998	16031	10822	37576	22694
拜泉县	6756	2650	16944	6476	18757	11204

15-8 按行业分的城乡个体工商业户数

（2014年）　　　　单位：户

地　　区	合　计	农林牧渔　业	采矿业	制造业	电力燃气及水的生产和供应业	建筑业
全　　市	**145784**	**4299**	**109**	**7442**	**14**	**345**
市　　区	**58936**	**1313**	**65**	**3294**	**1**	**148**
龙沙区	12894	1		459		25
建华区	12930	143		458		51
铁锋区	9981	69		753		
昂昂溪区	3828	205	8	469		20
富拉尔基区	9359	62	1	348		1
碾子山区	2934	99	12	210		5
梅里斯区	3690	373	18	374	1	46
直　　属	3320	361	26	223		
市辖县(市)	**86848**	**2986**	**44**	**4148**	**13**	**197**
讷河市	14432	559	2	309	2	57
龙江县	13776	306	20	639	9	47
依安县	9253	214		471		34
泰来县	10519	893	7	208		1
甘南县	8086	125		317		7
富裕县	8952	269	13	477		20
克山县	7121	18		905		
克东县	7953	124	1	576	2	10
拜泉县	6756	478	1	246		21

15-8 续1 (2014年) 单位:户

地区	批发和零售业	交通运输仓储和邮政业	住宿和餐饮业	信息传输计算机服务和软件业	金融	房地产业	租赁和商务服务业
全市	**79354**	**1798**	**21610**	**1227**	**4**	**202**	**1083**
市区	**30859**	**287**	**10553**	**595**		**115**	**592**
龙沙区	7064	38	1436	254		71	204
建华区	6447	124	4195	10		16	181
铁锋区	5074		2271	146			1
昂昂溪区	1944	25	428	3		19	59
富拉尔基区	5751	27	1075	33		3	34
碾子山区	947	37	414	97			17
梅里斯区	1523	12	561	36		6	64
直属	2109	24	173	16			32
市辖县(市)	**48495**	**1511**	**11057**	**632**	**4**	**87**	**491**
讷河市	6003	312	2525	8		12	38
龙江县	8905	107	1342	142		5	82
依安县	5613	123	928	123		4	103
泰来县	5175	58	2330	28			8
甘南县	5237	64	877	62	4	2	66
富裕县	4799	207	781	36		4	20
克山县	4146	74	940	11			30
克东县	4721	94	811	18		58	82
拜泉县	3896	472	523	204		2	62

15-8 续2　　(2014年)　　单位:户

地　　区	科学研究技术服务和地质勘查业	水利环境和公共设施管理业	居民服务和其他服务业	教　育	卫生和社会工作	文化体育和娱乐业	其　他
全　　市	**284**	**10**	**24956**	**12**	**246**	**1315**	**1474**
市　　区	**158**	**1**	**8934**		**151**	**776**	**1094**
龙沙区	118		2849		116	259	
建华区	23		1217		19	46	
铁锋区			964			26	677
昂昂溪区	1	1	595		1	50	
富拉尔基区	9		1790		11	69	145
碾子山区			700			267	129
梅里斯区	2		486		4	41	143
直　　属	5		333			18	
市辖县(市)	**126**	**9**	**16022**	**12**	**95**	**539**	**380**
讷河市	2	2	4592			9	
龙江县	40	3	1952		20	157	
依安县	25	2	1480	3	42	88	
泰来县			1341		5	85	380
甘南县	17	2	1242	3	9	52	
富裕县			2288			38	
克山县			907			90	
克东县	19		1410	5	12	10	
拜泉县	23		810	1	7	10	

15-9 按行业分的城乡个体工商业人数

（2014年）　　单位：人

地区	合计	农林牧渔业	采矿业	制造业	电力燃气及水的生产和供应业	建筑业
全　市	**371601**	**11111**	**556**	**22826**	**67**	**1251**
市　区	**164843**	**4377**	**256**	**8931**	**4**	**640**
龙沙区	55089	4		976		47
建华区	28966	1376		1576		234
铁锋区	29542	161		2035		
昂昂溪区	5215	313	22	731		73
富拉尔基区	23809	214	6	1339		16
碾子山区	5101	266	36	487		13
梅里斯区	10451	1168	86	1235	4	257
直　属	6670	875	106	552		
市辖县(市)	**206758**	**6734**	**300**	**13895**	**63**	**611**
讷河市	49087	1446	4	1076	4	159
龙江县	34862	1672	213	3518	56	171
依安县	22878	339		1028		109
泰来县	18067	931	19	387		1
甘南县	15090	211		930		15
富裕县	15106	733	52	1101		52
克山县	18693	39		2773		
克东县	16031	347	10	1700	3	29
拜泉县	16944	1016	2	1382		75

15-9 续1 （2014年） 单位：人

地　　区	批发和零售业	交通运输仓储和邮政业	住宿和餐饮业	信息传输计算机服务和软件业	金融业	房地产业	租赁和商务服务业
全　　市	**199432**	**11517**	**59361**	**2935**	**8**	**352**	**2125**
市　　区	**96618**	**832**	**27830**	**1814**		**170**	**1121**
龙沙区	44389	72	2270	572		93	346
建华区	11924	489	9604	599		36	329
铁锋区	18232		5850	324			3
昂昂溪区	2295	47	891	3		22	61
富拉尔基区	10454	85	5873	67		8	104
碾子山区	1532	43	1011	126			23
梅里斯区	4319	33	1863	72		11	113
直　　属	3473	63	468	51			142
市辖县（市）	**102814**	**10685**	**31531**	**1121**	**8**	**182**	**1004**
讷河市	17708	1682	12123	14		25	86
龙江县	14901	6137	2563	253		9	247
依安县	15829	257	2374	180		35	172
泰来县	8942	99	4519	64			14
甘南县	9837	320	1321	97	8	5	120
富裕县	8201	541	1531	39		4	38
克山县	8942	476	3361	11			33
克东县	9317	373	1539	35		100	176
拜泉县	9137	800	2200	428		4	118

15-9 续2 （2014年） 单位：人

地区	科学研究技术服务和地质勘查业	水利环境和公共设施管理业	居民服务和其他服务业	教育	卫生和社会工作	文化体育和娱乐业	其他
全市	**567**	**47**	**52589**	**19**	**646**	**3229**	**2963**
市区	**295**	**7**	**17872**		**363**	**1375**	**2338**
龙沙区	184		5550		231	355	
建华区	39		2588		80	92	
铁锋区			1316			81	1540
昂昂溪区	1	7	669		3	77	
富拉尔基区	43		4958		41	232	369
碾子山区			1048		0	349	167
梅里斯区	5		920		8	95	262
直属	23		823			94	
市辖县(市)	**272**	**40**	**34717**	**19**	**283**	**1854**	**625**
讷河市	3	10	14695			52	
龙江县	112	6	4050		72	882	
依安县	54	20	2173	3	152	153	
泰来县			2306		12	148	625
甘南县	35	4	2020	5	17	145	
富裕县			2727			87	
克山县			2716			342	
克东县	22		2330	9	16	25	
拜泉县	46		1700	2	14	20	

15-10 主要年份城乡私营企业基本情况

地区	2012年		2013年		2014年	
	户数（户）	雇工人数（人）	户数（户）	雇工人数（人）	户数（户）	雇工人数（人）
全市	**12436**	**102408**	**14130**	**111398**	**16495**	**117209**
市区	**7659**	**68800**	**8284**	**73977**	**9041**	**77793**
龙沙区	2345	21959	2527	24267	91	1384
建华区	1838	8260	2104	9790	2159	10111
铁锋区	1365	9887	1483	10515	1639	10903
昂昂溪区	738	4437	296	3305	343	3540
富拉尔基区	251	2855	782	5253	906	6327
碾子山区	132	1856	120	1782	151	407
梅里斯区	208	2791	189	2310	195	2351
直属	782	16755	783	16755	3557	42770
市辖县(市)	**4777**	**33608**	**5846**	**37421**	**7454**	**39416**
讷河市	1227	6727	1509	7623	1992	8969
龙江县	713	7092	842	8111	919	5333
依安县	503	2612	604	2972	764	3573
泰来县	473	2494	708	2952	1054	3613
甘南县	468	2962	573	3363	742	4013
富裕县	379	3139	431	3243	525	3270
克山县	355	3344	411	3708	464	4064
克东县	272	3233	304	3140	397	3740
拜泉县	387	2005	464	2309	597	2841

15-11 按行业分的城乡私营企业户数

（2014年） 单位：户

地　区	合　计	农林牧渔业	采矿业	制造业	电力燃气及水的生产和供应业	建筑业	批发和零售业
全　市	**16495**	**652**	**78**	**2733**	**129**	**907**	**6905**
市　区	**9041**	**200**	**25**	**1509**	**37**	**513**	**3758**
龙沙区	2865	10		339	9	225	1148
建华区	2159	34		214	11	163	995
铁锋区	1639	46		203		2	886
昂昂溪区	343	46	4	126	4	6	76
富拉尔基区	906	14	8	307	7	54	259
碾子山区	151	2	9	41	1	7	27
梅里斯区	195	40	3	37	4	8	47
直　属	783	8	1	242	1	48	320
市辖县(市)	**7454**	**452**	**53**	**1224**	**92**	**394**	**3147**
讷河市	1992	69	12	287	17	75	1029
龙江县	919	22	14	136	20	47	405
依安县	764	52	1	142	10	66	236
泰来县	1054	57	9	140	17	35	576
甘南县	742	69	4	104	5	66	283
富裕县	525	50	11	146	3	28	156
克山县	464	37		75	2	26	190
克东县	397	35	1	77	5	20	98
拜泉县	597	61	1	117	13	31	174

15-11　续1　　（2014年）　　单位:户

地　区	交通运输仓储和邮政业	住宿和餐饮业	信息传输、软件和信息技术服务业	金融业	房地产业	租赁和商务服务业	科学研究技术服务和地质勘查业
全　市	**566**	**456**	**419**	**44**	**592**	**1411**	**724**
市　区	**180**	**371**	**221**	**14**	**255**	**870**	**595**
龙沙区	55	45	54	4	78	464	253
建华区	51	25	19		63	236	222
铁锋区		273	74		11	39	31
昂昂溪区	15	4	17	2	8	10	16
富拉尔基区	37	14	6	1	31	76	32
碾子山区	11	6	9		1	11	5
梅里斯区	5		13		6	7	18
直　属	6	4	29	7	57	27	18
市辖县(市)	**386**	**85**	**198**	**30**	**337**	**541**	**129**
讷河市	85	36	54	13	51	138	19
龙江县	44	19	9		56	62	24
依安县	55	7	2	1	44	82	21
泰来县	32	10	42	5	32	48	9
甘南县	53	2	20	4	36	69	6
富裕县	41	3	15		18	27	7
克山县	23	2	17		27	40	11
克东县	27	2	1	4	41	22	21
拜泉县	26	4	38	3	32	53	11

15-11 续2 （2014年） 单位:户

地　区	水利环境和公共设施管理业	居民服务和其他服务业	教　育	卫生社会保障和社会福利业	文化体育和娱乐业	其　他
全　市	**41**	**373**	**25**	**25**	**342**	**73**
市　区	**25**	**168**	**10**	**15**	**218**	**57**
龙沙区	9	74	1	6	91	
建华区	5	30	2	7	82	
铁锋区		19	1	1		53
昂昂溪区	2	3	1	1	2	
富拉尔基区	4	15	2		39	
碾子山区	1	13			4	3
梅里斯区		6				1
直　属	4	8	3			
市辖县(市)	**16**	**205**	**15**	**10**	**124**	**16**
讷河市	2	87		1	17	
龙江县	3	19	4	2	33	
依安县	2	14	2		26	1
泰来县		22	1	3	5	11
甘南县	1	13		1	2	4
富裕县	2	14	2		2	
克山县		6	1	1	6	
克东县	5	5	4	2	27	
拜泉县	1	25	1		6	

15-12　按行业分的城乡私营企业人数

（2014年）　　单位：人

地　区	合　计	农林牧渔业	采矿业	制造业	电力燃气及水的生产和供应业	建筑业	批发和零售业
全　市	**117209**	**5366**	**504**	**27973**	**967**	**7418**	**43581**
市　区	**77793**	**2146**	**218**	**19343**	**361**	**5218**	**29979**
龙沙区	25713	85		3275	77	1782	10525
建华区	10111	83		1020	38	930	6147
铁锋区	10903	263		938		12	6970
昂昂溪区	3540	758	40	1404	21	85	620
富拉尔基区	6327	162	32	1693	135	373	1034
碾子山区	2093	40	115	819	50	271	314
梅里斯区	2351	593	26	501	34	87	477
直　属	16755	162	5	9693	6	1678	3892
市辖县(市)	**39416**	**3220**	**286**	**8630**	**606**	**2200**	**13602**
讷河市	8969	1074	49	1529	94	318	4102
龙江县	5333	165	79	801	208	296	1741
依安县	3573	181	8	479	35	291	1219
泰来县	3613	194	23	733	58	134	1564
甘南县	4013	617	22	736	35	327	1138
富裕县	3270	211	61	1693	6	103	635
克山县	4064	245		1095	7	209	1507
克东县	3740	241	10	780	75	400	977
拜泉县	2841	292	34	784	88	122	719

15-12 续1 （2014年） 单位:人

地 区	交通运输仓储和邮政业	住宿和餐饮业	信息传输、软件和信息技术服务业	金融业	房地产业	租赁和商务服务业	科学研究技术服务和地质勘查业
全 市	**3494**	**4406**	**2606**	**179**	**4452**	**7302**	**3666**
市 区	**1642**	**3133**	**1910**	**102**	**2029**	**5246**	**3154**
龙沙区	411	425	967	24	647	3754	2031
建华区	118	156	48		131	570	440
铁锋区		1451	433		38	240	103
昂昂溪区	95	38	57	10	122	64	113
富拉尔基区	881	986	120	36	134	298	99
碾子山区	72	34	63		10	128	58
梅里斯区	28		71		219	70	199
直 属	37	43	151	32	728	122	111
市辖县(市)	**1852**	**1273**	**696**	**77**	**2423**	**2056**	**512**
讷河市	266	316	156	36	189	405	53
龙江县	287	216	66		685	326	123
依安县	169	479	8	4	192	294	66
泰来县	169	93	103	7	124	134	18
甘南县	339	7	106		234	284	19
富裕县	133	17	60		176	83	14
克山县	155	40	41		327	209	50
克东县	244	71	5	18	368	118	124
拜泉县	90	34	151	12	128	203	45

15-12 续2　　(2014年)　　单位:人

地　区	水利环境和公共设施管理业	居民服务和其他服务业	教　育	卫生社会保障和社会福利业	文化体育和娱乐业	其　他
全　市	**271**	**1714**	**180**	**272**	**2418**	**440**
市　区	**176**	**715**	**87**	**152**	**1839**	**343**
龙沙区	85	202	5	34	1384	
建华区	21	81	25	95	208	
铁锋区		114	10	8		323
昂昂溪区	10	58	10	15	20	
富拉尔基区	18	86	28		212	
碾子山区	20	72			15	12
梅里斯区		38				8
直　属	22	64	9			
市辖县(市)	**95**	**999**	**93**	**120**	**579**	**97**
讷河市	6	327		2	47	
龙江县	17	78	29	71	145	
依安县	11	53	6		73	5
泰来县		116	2	9	76	56
甘南县	3	88		10	12	36
富裕县	2	64	6		6	
克山县		124	13	8	34	
克东县	51	43	35	20	160	
拜泉县	5	106	2		26	

主要统计指标解释

社会消费品零售总额 指国民经济各行业直接售给城乡居民和社会集团的消费品总额。它是反映各行业通过多种商品流通渠道向居民和社会集团供应的生活消费品总量,是研究国内零售市场变动情况、反映经济景气程度的重要指标。

社会消费品零售总额包括:(1)售给城乡居民作为生活用的商品和修建房屋用的建筑材料;(2)售给社会集团的各种办公用品和公用消费品(3)售给机关、团体、学校、部队、企业、事业单位的职工食堂和旅店(招待所)附设专门供本店旅客食用,不对外营业的食堂的各种食品、燃料;企业、单位和国营农场直接售给本单位职工和职工食堂的自己生产的产品;(4)售给部队干部、战士生活用的粮食、副食品、衣着品、日用品、燃料;(5)售给来华的外国人、华侨、港澳台同胞的消费品;(6)居民自费购买的中、西药品、中药材及医疗用品;(7)报社、出版社直接售给居民和社会集团的报纸、图书、杂志,集邮公司出售的新、旧纪念邮票、特种邮票、首日封、集邮册、集邮工具等;(8)旧货寄售商店自购、自销部分的商品;(9)煤气公司、液化石油气站售给居民和社会集团的煤气灶具和罐装液化石油气;不包括售给国民经济各部门企业、事业单位(包括国有经济的农场)生产经营用的各种原材料、燃料、设备、工具等和售给批发零售贸易业、餐饮业作为转卖用的商品,旧货寄售商店受托寄售卖出的商品,服务业的营业收入,邮局出售邮票的收入,自来水、电力、煤气生产(供应)单位的产品供应收入,也不包括农民之间的商品销售。

批发零售贸易业商品购、销、存总额 指各种登记注册类型的批发、零售贸易业企业(单位)以本企业(单位)为总体的商品购进、销售、库存总额。

商品购进总额 指从本企业(单位)以外的单位和个人购进(包括从境外直接进口)作为转卖或加工后转卖的商品总额。它反映批发零售贸易业从国内、国外市场上购进商品的总量。商品朋进总额包括:(1)从工农业生产者购进的商品、(2)从出版社、报社的出版发行部门购进的图书、杂志和报纸;(3)从各种登记注册类型的批发零售贸易企业(单位)购进的商品;(4)从其他单位购进的商品,如从机关、团体、企业等单位购进的剩余物资,从餐饮业、服务业购进的商品,从海关、市场管理部门购进的缉私和没收的商品,从居民手中收购的废旧商品等;(5)从国(境)外直接进口的商品,不包括企业(单位)为自身经营用和未通过买卖行为而收入的商品以及销售退回、商品升溢等。

商品销售总额 指对本企业(单位)以外的单位和个人出售(包括对境外直接出口)的商品总额。它反映批发零售贸易业在国内市场上销售商品以及出口商品的总量。商品销售总额包括:(1)售给城乡居民和社会集团消费用的商品;(2)售给工业、农业、建筑业、运输邮电业、批发零售贸易业、餐饮业、服务业等作为生产、经营使用的商品;(3)售给批发零售贸易业作为转卖或加工后转卖的商品;(4)对国(境)外直接出口的商品。不包括出售本企业(单位)自用的废旧包装用品;未通过买卖行为付出的商品;经本单位介绍,由买卖双方直接结算,本单位只收取手续费的业务;购货退出的商品以及商品损耗和损失等。

批发零售贸易业库存 指报告期末各种登记注册类型的批发零售贸易企业(单位)已取得所有权的商品。它反映批发零售贸易企业(单位)的商品库存情况和对市场商品供应的保证程度。期末库存包括:(1)存放在批发零售贸易业经营单位(如门市部、批发站、经营处)仓库、货场、货柜和货架中的商品;(2)挑选、整理、包装中的商品;(3)已记人购进而尚未运到本单位的商品,即发货单或银行承兑凭证已到而货未到的部分;(4)寄放他处的商品,如因购货方拒绝承付而暂时存放在购货方的商品和已办完加工成品收回手续而未提回的商品;(5)委托其他单位代销(未作销售或调出)尚未售出的商品;(6)代其他单位购进尚未交付的商品。不包括所有权不属于本单位的商品、拨付除批发零售贸易业以外的其他行业所属独立核算加工厂等加工生产尚未收回成品的商品、代国家物资储备部门保管的商品等。

库存总额采用的计算价格是:农副产品采购单位按购进价计算;批发单位按进货价计算;零售单位按核算价格计算,即按什么价格核算就按什么价格汁算。

消费品市场成交 额指从事消费品交易的商品市场的全部商品成交金额。消费品市场包括农副产品市场和工业消费品市场。

十六、对外经济贸易和国际旅游业

FOREIGN ECONOMY TRANE AND INTERNATIONAL TOURISM

简要说明

一、本篇资料综合反映齐齐哈尔市的对外经济、对外贸易、利用外资及国际旅游业状况，主要内容包括对外贸易进出口总值，对外贸易出口商品总值及接待国外旅游人数等。

二、本篇资料来源：

对外贸易进出口情况由市商务局提供，接待国外旅游人数由市旅游局提供。

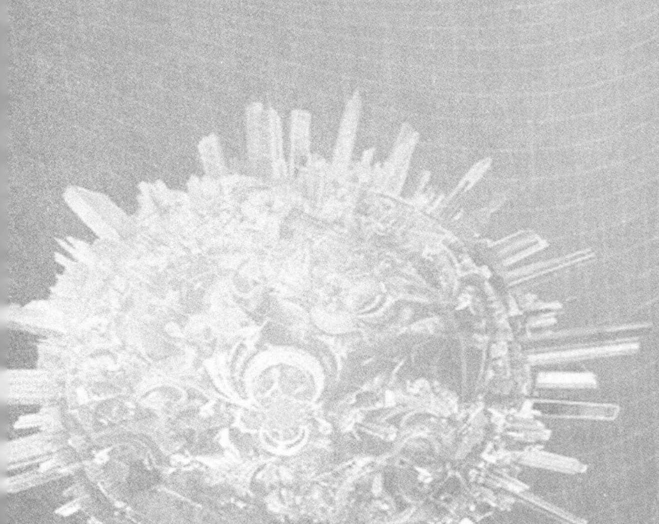

16-1 主要年份对外贸易进出口总值

单位:万美元

项 目	2000年	2005年	2010年	2011年	2012年	2013年	2014年
进出口总额	**9644**	**9693**	**89270**	**102888**	**82056**	**82459**	**90643**
全市出口总额	**2989**	**7041**	**74425**	**57294**	**63546**	**66759**	**74533**
按企业性质分							
国有外经贸企业							
出口生产企业							
国有企业	2376	4863	36036	40060	52892	55402	52110
外商投资企业	612	451	2728	1960	1228	1076	567
私营企业	1	1614	35661	15274	9426	10281	21793
集体企业		113					63
其它企业							
按贸易方式分							
一般贸易	1435	5469	54112	38449	33451	29313	42499
加工贸易	1554	1572	20072	18820	30064	37425	32010
其它贸易			241	25	31	21	24
全市进口总额	**6655**	**2652**	**14845**	**45594**	**18510**	**15700**	**16110**
按企业性质分							
国有外经贸企业							
出口生产企业							
国有企业	3481	2109	13261	43746	15358	11769	8572
外商投资企业	3174	214	1209	1139	2367	2759	2907
私营企业		329	375	709	785	1172	4603
集体企业							28
其它企业							
按贸易方式分							
一般贸易	2873	1660	11720	41406	11120	9055	10041
加工贸易	893	945	3062	4174	7359	6378	6027
其它贸易	2889	47	63	14	31	267	42

16-2 主要年份对外贸易进出口分国别(地区)总值

单位:万美元

国家(地区)	2013年			2014年		
	进出口总值	出　口	进　口	进出口总值	出　口	进　口
总　值	**82459**	**66759**	**15700**	**90643**	**74533**	**16110**
亚　洲	10818	8867	1951	20739	19662	1078
#东　盟	1142	1091	52	9713	9707	7
香　港	448	62	387	1264	1052	212
日　本	1918	546	1372	1001	193	808
韩　国	5722	5636	86	3386	3386	
台　湾	277	267	10	956	914	42
非　洲	2766	2739	27	9774	8969	805
#埃　及						
南　非	1892	1866	26	499	499	
欧　洲	16402	9589	6813	18144	12823	5321
欧　盟	10774	4252	6522	15358	10345	5013
#德　国	2163	433	1730	1340	220	1120
俄罗斯	5042	5006	36	2622	2348	274
拉丁美洲	9626	9568	58	7558	7329	229
巴　西	2313	2313		409	230	179
北美洲	9890	3434	6456	8226	2937	5289
加拿大	73	33	40	664	664	
美　国	9816	3401	6415	7562	2269	5293
大洋洲	32958	32562	396	26202	22814	3388
澳大利亚	32825	32508	317	25725	22648	3077

16-3 主要年份对外贸易进口主要商品数量和金额

单位:万美元

品　　名	单　位	2011年		2012年		2013年		2014年	
		数　量	金　额	数　量	金　额	数　量	金　额	数　量	金　额
进口总额			**45594**		**18510**		**15700**		**16110**
机电产品(含列名商品)			10326		12224		10204		6778
高新技术产品(含列名商品)			2410		919		1323		252
农副产品(含列名商品)			267		1530		2416		6535
建筑及采矿用机器			35		654		275		
亚麻(破开或打开的)	吨	1520	432	1519	404	2027	516	2504	749
食品加工机械					25		30		
液泵体及液体提升机	台	51	32	993	86	7	22	1	
计量检测分析自控仪器			350		325		453		35
通断及保护电路装置	吨	1	17	10	28	2	6		8
阀　　门	套	2528	236	3745	163	3701	202	3997	274
钢铁棒材	吨	98	20	20	85	874	161	6	2
金属轧机零件			256		326		172		263
金属冶练铸造及零件			22		1		53		5
金属加工机床	台	6	1100	2	121	5	704		
钢铁制标准坚固件	吨	86	99	40	46	60	44	7	5
机械提升搬运装卸设备及零件			11		3		10		
锯　　材	立方米								
活塞式内燃机的零件	吨					10	23		
电线和电缆	吨	4	14			2	36	1	33
塑料制品	吨		3	2	1	11	14	14	18
电动机及发电机	台	11	10	6	3	12	5	24	6
液体食品罐装设备	台					1	91		
纺织纱线生产及预处理机器	台			3	50				
铝　　材	吨								
初级形状的聚乙烯	吨					23	81		
10座至29座的客车	辆								
医疗仪器及器械									
钢铁板材	吨	2773	1469	2489	1514	2955	1360	2516	1106
钢铁或铝制品结构体及其部件	吨	4	4	128	125	91	37	1	2
印刷、装订机械			5				31		

16-3续 单位:万美元

品　　名	单　位	2011年		2012年		2013年		2014年	
		数　量	金　额	数　量	金　额	数　量	金　额	数　量	金　额
出口总额			**57294**		**63546**		**66759**		**74533**
农副产品(含列名商品)			2510		2468		2638		1087
机电产品(含列名商品)			25122		37106		45204		46315
高新技术产品(含列名商品)			639		1882		464		2312
亚麻及苎麻机织物	米	3636	1028	3324446	1056	2700268	918	3880526	1281
亚麻及苎麻纱线	吨	173	126	14	10	21	17		
钢铁棒材	吨	217	19785	271920	20785	231976	16246	242729	16509
家　　具			592		111		131		1836
平板玻璃	平方米	984	44	1253712	35				
塑料制品	吨	1051	430	9	3	3	2	459	655
干　　豆	吨	2177	175	10805	1025	10889	1009	500	67
汽车零件			68						126
车　　床	台	37	518	17	1490	8	352	6	646
粗　　苯	吨								
织物制服装			2135		86		44		1075
含合成短纤85%及以上	吨			17	12				
灯具照明装置及类似品			276				3		843
钢坯及粗锻件	吨								
鞋	双	292	97						
手用或机用工具	吨								
手 电 筒	个			8400	2	4000	2		
裘皮服装	吨								
皮革手套	双			16666	3				
家用或装饰用制品	吨								
玩　　具	件				22		34		
鲜冷牛肉	吨								
鲜 蔬 菜	吨								
锯　　材	立方米								
烟花、爆竹									
圣诞用品							3		
床垫、寝具及类似品					41.4		52		57
钢捧或钢制标准紧固件		718	85	7	4	3	2	105	77
铣　　床	台								
锯　　材	立方米								
鲜、冻猪肉	吨	368	187	200	129	107	43	410	184
植物榨油后的剩余物	吨							1693	126
钢铁板材	吨			78	7				
水　　泥	吨								
棉 纱 线	吨								
摩托车及自行车的零件			130						204
纸及纸板	吨							288	144
纸及纸板足球篮球排球	个								

16-4 主要年份接待旅游人数

国家或地区	2000年	2005年	2010年	2011年	2012年	2013年
接待总人数(人次)	**3764**	**6719**	**30384**	**38468**	**46315**	**47762**
外国人	2600	5285	24766	29787	37735	38511
日本	781	1162	3850	3950	5188	2512
新加坡	98	111	851	574	451	3760
马来西亚	3	88	400	540	247	
韩国	164	1036	3302	4125	7843	4200
美国	133	164	1102	4458	4070	3260
加拿大	79	132	500	1036	1004	2500
英国	63	217	1251	468	413	3300
德国	111	119	719	376	347	3720
意大利	46	131	751	267	204	
荷兰	6	49	100	139	112	
法国	16	165	1002	308	299	4100
俄罗斯	225	1014	5560	7018	8752	6790
泰国	16	72	450	190	463	4369
澳大利亚	66	136	520	576	470	
其他国家	793	689	4408	5762	7872	
华侨						
港澳台胞	1164	1434	5618	8681	8580	9251
接待旅游天数(天)	**9572**	**15453**	**35462**	**44428**	**53075**	**49344**
外国人	8516	11627	28565	34529	42546	39622
华侨港澳台胞	1056	3826	6897	9899	10529	9722

主要统计指标解释

出口总值 指省、市、经济开发区的各进出口贸易公司和负有经营进出口权的企业的出口(包括代理出口)、补偿贸易出口、来料加工产品的出口(实际统计按工缴费的收人统计)。

进口总值 指省、市、经济开发区的各进出口贸易公司及有经营进出口权的企业进口的总值(其中包括代理进口)。

利用外资 是指我国各级政府、部门、企业、中国银行和其他单位通过对外借款、吸收外商直接投资和以及用其他方式筹措的境外现汇、设备、技术等。

对外借款 是我国利用外资的主要部分,包括我国通过外国政府贷款、国际金融组织贷款、外国银行商业贷款,出口信贷及对外发行债券,股标等。方式,从境外筹措的资金。

客商直接投资 是指外国企业和经济组织或个人(包括华侨、港澳同胞以及我国在境外注册的企业)按我国有关政策、法规,在我国境内开办独资企业、与我国境内的企业或经济组织共同举办合资企业,合作经营企业或合作开发资源的投资以及从经政府有关部门批准的项目投资总额内,企业从境外借人的资金。

对外承包工程 指我国对外承包公司承包国外建设:正程项目、我国援外成套项目、我国驻外机构的工程项目和以服务成果向业主收费的技术服务项目及由各对外承包公司提供的成套设备、工程物资等。对外承包工程的营业额是以货币表现的本期内完成的对外承包工程的工作量。

对外劳务合作 指我国对外承包公司派出工程技术人员、工人、管理人员等以收取工资及其他费用的形式向雇主提供的劳务。劳务合作营业额是本期实际从雇主收取的工资及其他费用收入。

旅游人数 指来我国参观、访问、旅行、探亲、访友、休养、考察、参加会议和从事经济、科技、文化、教育、体育、宗教等活动的外国人、华侨、港澳和台湾同胞的人数。不包括外国在我国的常驻机构,如使领馆、通讯社、企业办事处的工作人员和来我国常住的外国专家、留学生等。

旅游外汇收入 指国内各部门为来我国旅游的外国人、华侨、港澳和台湾同胞提供商品和劳务而得到的外汇收入。包括供应商品、饮食和提供住宿、交通、邮电、文化娱乐、导游等各项服务所得的全部外汇收入。

十七、教育、科技及文化事业

EDUCATION, SCIENCE AND TECHNOLOGY, CULTURE

简要说明

一、本篇资料反映齐齐哈尔市的教育文化事业的发展情况和科学技术活动的基本情况。

二、教育部分包括高等教育、中等教育、初等教育、幼儿教育、特殊学校和各种类型的各级成人教育等。主要指标有各级各类学校的校数、在校学生数、招生数、毕业生数、教师数等。

教育资料由市教育局等部门提供。

三、文化部分包括艺术、图书馆、群众文化、广播、电影、电视等文化事业的机构、人员及业务活动等。

文化资料由市文化广电新闻出版局提供。

四、科学技术部分包括国有单位各类专业技术人员，大中型工业企业技术开发情况等。

科技资料来源于企业科技活动年度统计报表及市委组织部有关资料。

17-1 主要年份各类学校学生和教师数

年份	高等学校				中等专业学校			
	学校（所）	在校学生（人）	毕业生（人）	专任教师（人）	学校（所）	在校学生（人）	毕业生（人）	专任教师（人）
1978	3	3325	641	858	10	4088	979	378
1980	4	5212	654	979	8	2689	1422	395
1981	5	5800	1106	1090	9	1210	1627	358
1982	5	5292	2315	1231	7	1887	1492	418
1983	5	5505	1265	1298	7	2387	1438	339
1984	5	6130	1348	1269	9	2508	1649	331
1985	5	7493	1534	1433	10	7090	2225	462
1986	5	8407	1870	1539	10	6997	2498	481
1987	5	8725	2721	1606	10	6444	1953	527
1988	5	9153	2361	1647	10	6333	1981	627
1989	5	9506	2757	1691	10	6646	1290	672
1990	5	9900	2707	1806	10	7061	1300	651
1991	5	10049	2914	1870	10	6723	2537	713
1992	5	9280	2088	1477	9	6011	1838	638
1993	5	12513	2906	1991	9	7070	1940	683
1994	5	11737	2578	1556	9	9023	1637	778
1995	5	11867	3377	1575	9	11059	2000	677
1996	5	10152	3561	1533	9	12819	2593	675
1997	4	9435	2704	1352	9	12987	3953	693
1998	3	10573	2066	1070	9	13617	4246	680
1999	3	12975	2410	1144	9	13875	3984	695
2000	3	16078	2355	1164	9	11038	4170	680
2001	3	19936	2920	1228	9	10979	2825	713
2002	2	20175	2839	1146	9	10561	3232	848
2003	3	27086	5088	1773	7	24297	4197	424
2004	3	32707	6136	1781	4	6845	2816	244
2005	3	34838	7147	2057	4	5094	1952	246
2006	3	34911	9361	2969	4	5049	1536	256
2007	4	40509	10369	2504	4	6454	1137	247
2008	4	43285	10914	2643	4	7603	990	276
2009	5	50304	11789	2855	5	10722	2875	391
2010	5	49867	13174	2939	5	11091	2895	335
2011	5	50035	13533	3070	5	11085	3518	398
2012	6	50372	13971	3262	5	10353	3853	385
2013	6	51255	13733	3220	5	11174	3008	378
2014	6	54815	12898	3593	5	9909	3930	378

17－1 续

年份	普通中学				小学			
	学校（所）	在校学生（人）	毕业生（人）	专任教师（人）	学校（所）	在校学生（人）	毕业生（人）	专任教师（人）
1978	391	393715	134120	20749	4873	811632	121064	28658
1982	386	292539	82091	17226	2816	821422	118733	31326
1983	339	294346	71225	17165	2581	804083	113930	31788
1984	354	292176	67649	16640	2568	792768	33884	0
1985	363	284043	72729	16880	2581	776712	95180	32238
1986	370	282280	76979	17259	2556	756165	105604	32264
1987	384	291777	75294	17689	2576	718385	120274	32250
1988	385	291401	75583	18570	2565	674927	124710	33439
1989	386	271342	82171	17950	2543	646875	119593	29637
1990	421	266391	76222	18079	2521	635833	96145	30225
1991	426	260376	75262	17983	2490	623322	90174	30327
1992	414	251512	73526	17599	2511	625961	91318	30468
1993	409	234501	69718	17281	2484	588616	90652	30038
1994	388	250570	68193	17267	2487	589830	94481	29795
1995	391	274800	69230	17220	2452	578733	100024	29150
1996	390	292111	73641	17605	2420	569671	97881	28809
1997	397	305485	79818	17715	2396	557995	94990	28101
1998	396	347517	89772	18710	2365	488805	138660	27259
1999	396	360474	92133	19517	2320	438893	109790	26891
2000	384	377668	91206	19380	2213	383539	102771	23281
2001	407	382951	95424	19616	2021	341563	98231	22387
2002	397	391593	87999	19909	1917	308605	89597	22106
2003	386	369985	96459	19238	1833	300311	62531	20653
2004	389	330426	96399	18384	1796	306221	42188	20344
2005	351	290435	102073	17441	1738	303450	46199	20792
2006	337	271130	96548	16972	1712	290047	54044	20688
2007	321	251658	88469	16956	1632	282457	48677	20637
2008	319	246151	84187	16918	1562	266799	56644	20404
2009	293	237274	83262	16717	1315	254675	52660	19517
2010	276	232525	76578	16688	1172	248093	48378	18653
2011	229	219425	78612	18176	1054	247840	43951	16247
2012	257	202119	74386	17672	925	242748	40120	16384
2013	260	176918	69001	17541	861	219675	39808	14218
2014	250	175197	57926	17591	840	215004	35438	13388

17-2 高等学校基本情况

（2014年）　　单位：人

学校名称	毕业生数	招生数	在校学生数	教职工数	#专任教师
总计	**12898**	**15292**	**54815**	**4807**	**3593**
齐齐哈尔大学	5938	6664	25224	2334	1510
齐齐哈尔医学院	2128	2232	10482	1074	981
齐齐哈尔高等师范专科学校	1316	1534	4121	331	261
齐齐哈尔职业学院	1522	1996	6465	448	362
黑龙江交通职业技术学院	1862	2785	8213	499	395
齐齐哈尔理工职业学院	132	81	310	121	84

17-3 中等专业学校基本情况

（2014年）　　单位：人

学校名称	毕业生数	招生数	在校学生数	教职工数	#专任教师
总计	**3930**	**3441**	**9909**	**717**	**378**
齐齐哈尔高等师范专科学校		170	574		
齐齐哈尔林业学校	1011	788	1977	186	115
齐齐哈尔铁路工程学校	1585	1393	3540	250	100
黑龙江省齐齐哈尔农业机械学校	543	157	1104	102	60
齐齐哈尔铁路职业技术学校	791	933	2714	179	103

17-4 普通中学基本情况

（2014年）

地　区	学校数（所）	招生数（人）		毕业生数（人）		在校学生数（人）		教职工数（人）	
		高　中	初　中	高　中	初　中	高　中	初　中		#专任教师
全　市	**250**	**21423**	**35699**	**23411**	**34515**	**69147**	**106050**	**21233**	**17591**
市　区	73	8201	9983	8872	10155	25162	29570	6867	5769
市辖县(市)	177	13222	25716	14539	24360	43985	76480	14366	11822
讷河市	27	2326	4630	2458	4383	8364	13475	2395	1968
龙江县	23	2378	4660	2188	4323	7266	13438	2518	2116
依安县	22	1366	2332	1683	2497	4577	6928	1387	1109
泰来县	22	999	2430	1002	1859	3409	8618	1453	1222
甘南县	19	1064	2425	1303	1903	3934	6671	1378	1110
富裕县	6	1101	2049	1260	1999	3534	5722	965	866
克山县	24	1365	2658	1862	2506	4665	7713	1516	1263
克东县	8	1043	1830	1224	1896	3441	5415	948	691
拜泉县	26	1580	2702	1559	2994	4795	8500	1806	1477

17-5 中等职业学校基本情况

（2014年）

地　区	学校数（所）	招生数（人）	毕业生数（人）	在校学生数（人）	教职工数（人）	#专任教师
全　市	40	10773	10378	25291	2573	1960
市　区	21	2689	4933	6785	1361	1006
市辖县(市)	19	8084	5445	18506	1212	954
讷河市	2	2230	737	4154	164	121
龙江县	2	1551	291	3556	182	158
依安县	2	151	813	563	174	131
泰来县	2	1198	613	2132	91	69
甘南县	2	267	541	464	106	94
富裕县	3	1030	948	3135	170	122
克山县	2	1129	750	3160	76	48
克东县	2	300	302	1052	114	95
拜泉县	2	228	450	290	135	116

17-6 小学基本情况

（2014年）

地区	学校数（所）	招生数（人）	毕业生数（人）	在校学生数（人）	教职工数（人）	#专任教师
全市	840	32660	35438	215004	15504	13388
市区	114	8384	9829	53342	4332	3771
市辖县(市)	726	24276	25609	161662	11172	9617
讷河市	170	4024	4595	28108	1738	1565
龙江县	87	4385	4653	29642	1647	1586
依安县	155	2269	2332	15887	1356	1097
泰来县	57	2450	2393	12677	786	695
甘南县	20	3410	2436	18958	738	671
富裕县	13	2025	2038	13427	1110	986
克山县	92	1840	2477	14773	1473	1235
克东县	18	954	2011	10748	1009	628
拜泉县	114	2919	2674	17442	1315	1154

17-7 主要年份成人高等学校基本情况

单位：人

项目	1995年	2000年	2005年	2010年	2011年	2012年	2013年	2014年
毕业生数	4088	4562	5697	5441	6216	4970	7509	5897
广播电视大学	537	1018	1392	840	841	1000	1200	113
职工高等学校	983	1412	716	572	1107	1040	891	870
教育学院	155	768						
高等学校函授部夜大	2413	1364	3589	4029	4268	2930	5418	4914
招生数	5965	6584	5267	6899	7953	7210	7215	7097
广播电视大学	596	770	900	1366	1248	1043	1200	1313
职工高等学校	1327	2063	653	906	940	925	579	453
教育学院	1029	1120						
高等学校函授部夜大	3013	2631	3714	4627	5765	5242	5436	5331
在校学生数	16355	16935	15817	16394	17733	19925	19527	19942
广播电视大学	1599	1908	5193	2841	3126	3182	3200	3191
职工高等学校	4769	5195	1753	3084	2897	2771	2444	2114
教育学院	1581	2896						
高等学校函授部夜大	8406	6936	9871	10469	11710	13972	13883	14637
教职工数	1175	1348	605	486	484	484	407	521
广播电视大学	60	198	198	54	52	52	52	47
职工高等学校	939	1024	407	432	432	432	355	474
教育学院	139	126						
高等学校函授部夜大	37							
专任教师数	635	709	341	280	280	280	279	190
广播电视大学	26	89	89	24	24	24	24	24
职工高等学校	479	523	252	256	256	256	255	166
教育学院	99	97						
高等学校函授部夜大	31							

17-8 主要年份特殊学校基本情况

项目	单位	2012年		2013年		2014年	
		全市	市区	全市	市区	全市	市区
学校	所	13	4	13	4	13	4
班数	个	123	37	119	37	132	42
毕业生数	人	101	35	127	37	100	54
招生数	人	96	22	111	21	195	55
在校学生数	人	1047	347	1022	329	1086	339
教职工数	人	360	119	353	113	367	116
#专任教师	人	277	100	266	94	285	97

17-9 幼儿园基本情况

(2014年)

地区	幼儿园数(所)	班数(个)	在园幼儿数(人)	教职工数(人)	#教师	#保健医
全市	**941**	**3330**	**74501**	**5678**	**3290**	**235**
市区	**249**	**926**	**18074**	**2126**	**1144**	**101**
市辖县(市)	**692**	**2404**	**56427**	**3552**	**2146**	**134**
讷河市	55	166	3419	323	205	17
龙江县	213	563	11352	924	523	36
依安县	19	252	6861	189	137	3
泰来县	111	274	5069	487	308	15
甘南县	34	223	6445	287	182	13
富裕县	76	194	4725	300	184	3
克山县	79	278	6133	311	190	13
克东县	51	191	4517	346	209	13
拜泉县	54	263	7906	385	208	21

17-10 主要年份中小学升学情况

单位:%

项目	1990年	1995年	2000年	2005年	2010年	2012年	2013年	2014年
学龄儿童入学率	98.7	99.6	99.4	99.8	99.9	100.0	100.0	100.0
小学毕业入初中升学率	81.5	91.4	97.6	99.5	99.5	99.8	99.7	100.0
初中毕业入普通高中升学率	18.6	21.5	20.3	32.0	47.6	48.8	53.9	62.1
初中毕业入职业高中升学率	11.5	11.4	4.4	9.5	13.5	10.7	10.5	14.8
普通中学毕业入高等学校升学率			65.9	77.0	87.6	86.1	87.0	91.3

17-11 主要年份国有单位专业技术人员

单位:人

年份	合计	工程技术人员	农业技术人员	科学研究人员	卫生技术人员	教育人员	其他人员
1985	64545	12156	3070	279	10751	27235	11054
1990	98874	17547	3556	552	12247	40918	24054
1991	114506	19915	4043	504	16041	42561	31442
1992	106414	17071	2993	261	15735	43651	26703
1993	104319	17582	2730	287	14313	40220	29187
1994	104527	17549	2787	312	14504	40585	28790
1995	105086	17115	2973	369	15105	41978	27546
1996	106392	17038	3127	341	15532	43566	26788
1997	104809	17025	3278	327	15666	42825	25688
1998	104904	16976	3419	297	15754	44076	24382
1999	105115	17094	3898	215	15901	45167	22840
2000	99138	15111	4174	229	14960	44375	20289
2001	93717	13628	3629	246	14661	45596	15957
2002	88117	12188	3197	201	14201	43051	15279
2003	67239	11563	2880	99	12055	40642	
2004	72441	8264	3094	88	12400	39166	9429
2005	73480	8074	3020	133	12626	40818	8809
2006	70393	6556	3014	128	11813	41516	7366
2007	71987	6316	4031	135	11886	42278	7341
2008	73674	7762	4338	111	11912	42618	6933
2009	73289	7348	4144	128	11263	43793	6613
2010	4686	3468	60		112	31	1015
2011	4760	3625	2		175	30	928
2012	4910	3675	2		205	45	983
2013	68016	8157	3573	152	11040	39592	5502
2014	62867	4814	3261	193	10997	39056	4546

注:2010年到2012年为部分国有企业专业技术人员。2013年起为全市事业单位专业技术人员统计数据,不包括企业和机关。

17-12　事业单位专业技术人员分专业基本情况

（2014年）　　单位：人

项　　目	合　计	高级岗位	中级岗位	初级岗位	其　　他
总　　计	**62867**	**12687**	**26906**	**22598**	**676**
农、林、牧、渔业	4510	1048	2262	1191	9
采矿业					
制造业					
电力、热力、燃气及水生产和供应业	96	3	7	86	
建筑业	244	74	129	40	1
批发和零售业	8		4	4	
交通运输、仓储和邮政业	829	154	323	351	1
住宿和餐饮业					
信息传输、软件和信息技术服务业	50	5	15	22	8
金融业	4	1		3	
房地产业	408	65	173	168	2
租赁和商务服务业					
科学研究和技术服务业	616	159	243	214	
水利、环境和公共设施管理业	1814	421	971	421	1
居民服务、修理和其他服务业	100	15	41	39	5
教　育	39396	7338	17373	14215	470
卫生和社会工作	11328	2410	3980	4810	128
文化、体育和娱乐业	2261	798	883	534	46
公共管理、社会保障和社会组织	1203	196	502	500	5
国际组织					

17-13 主要年份文化单位机构数

单位:个

项目	1990年	1995年	2000年	2005年	2010年	2012年	2013年	2014年
艺术产业								
艺术表演团体	16	14	14	13	12	12	5	5
群众文化单位								
群众艺术馆	1	1	1	1	1	1	1	1
文化馆	18	16	16	16	16	16	16	16
图书馆	13	11	11	11	12	12	13	13
文物保护单位								
博物馆				1	7	11	11	13
文物管理站				6	1	1	1	1
文物管理所				12	12	12	12	12
艺术教育								
艺术学校				1	1	1	1	1

17-14 艺术事业基本情况

(2014年)

项目	从业人员(人)	#高级职称	演出场次(场)	#国内	#农村	观众人次(千人次)	#农村观众
齐齐哈尔市话剧团	72	26	122	122		58	
齐齐哈尔市马戏团	105	28	359	75	4	30	2
齐齐哈尔市艺术团	147	90	95	95		98	
龙江县龙江剧艺术中心	31	26	100	100	81	70	70
讷河市艺术团	49	13	145	145	128	75	65

17-15 群众艺术馆、文化馆(文化中心、站)活动情况

(2014年)

项目	单位	合计	群众艺术馆	文化馆(文化中心)	文化站
机构数	个	197	1	16	180
从业人员数	人	742	41	359	342
其中:高级职称	人	159	30	129	
举办展览数	个	477	10	92	375
组织文艺活动次数	次	3563	76	1009	2478
举办训练习班班次	次	734	5	119	610
训练班结业人次	人次	54802	1620	7432	45750
本年收入合计	千元	50485	8332	28448	13705
其中:财政拨款	千元	49840	8332	28334	13174
本年支出合计	千元	50428	8638	28188	13602
公用房屋建筑面积	平方米	102470	2930	28573	70967
其中:业务用房	平方米	22800	2100	20700	48539

17-16 图书馆事业基本情况

（2014年）

名　　称	从业人员（人）	#高级职称	#中级职称	总藏量（册、件）	#图　书	#报　刊
总　　计	**181**	**63**	**70**	**2007847**	**1706804**	**166561**
市图书馆	82	21	32	1216722	1015270	82955
龙沙区图书馆	5	2		21243	18941	2115
铁锋区图书馆	4			12030	12000	30
富拉尔基区图书馆	10	2	4	54313	46191	8122
讷河市图书馆	9	7	2	87037	77921	8130
龙江县图书馆	7	4	3	50024	41140	8884
依安县图书馆	8	4	3	67500	59300	8200
泰来县图书馆	5	2	3	73280	70000	3280
甘南县图书馆	11	3	6	105119	74751	29018
富裕县图书馆	10	4	3	81403	77505	2211
克山县图书馆	8	4	4	64691	61100	3036
克东县图书馆	8	4	4	41240	41140	80
拜泉县图书馆	14	6	6	133245	111545	10500

17-16 续

（2014年）

名　　称	总流通人次（人、册）	书刊文献外借人次	书刊文献外借册次	公用房屋建筑面积（平方米）	#书　库	#阅览室	阅览室座席（个）
总　　计	**325932**	**138155**	**276330**	**31380**	**4656**	**10342**	**3133**
市图书馆	66799	44896	57980	9900		2630	626
龙沙区图书馆	8973	5760	16020	1500		412	200
铁锋区图书馆	120	30	30	1500	40	800	40
富拉尔基区图书馆	7280	2000	2000	1500		250	150
讷河市图书馆	43605	18254	36508	1500	300	250	100
龙江县图书馆	63365	5924	19900	1500	480	480	120
依安县图书馆	1570	1300	15300	1580	400	600	80
泰来县图书馆	5700	3700	24000	2500	1300	1200	600
甘南县图书馆	39150	8521	14510	1500	500	570	170
富裕县图书馆	48620	33690	67110	2200		910	251
克山县图书馆				1700	446	210	96
克东县图书馆	13750	9580	13972	1500	390	850	50
拜泉县图书馆	27000	4500	9000	3000	800	1180	650

17-17 主要年份广播和电视事业发展情况

项目	单位	全市			市区		
		2012年	2013年	2014年	2012年	2013年	2014年
职工人数	人	1239	1211	1197	581	550	648
广播电台	座	6	11	11	1	1	1
广播节目套数	套	12	11	11	3	2	2
广播发射台、转播台	座	4	4	4	2	2	2
县区广播台	个	9	9	9			
乡有线广播站	个	102	102		1	1	1
有线电视入户率	%	69	69		89	89.4	89.4
广播发射机功率	千瓦	79	90.85	174.95	55	42	126.1
广播人口覆盖率	%	100	99.39	99.39	100	100	100
电视台	座	13	14	14	1	1	1
电视发射台转播台	座	29	11	11	4	1	1
电视发射机功率	千瓦	58	63	63	35	32	32
电视人口覆盖率	%	100	100	100	100	100	100

17-18 广播电视主要统计指标

（2014年）

地区	广播综合人口覆盖率（%）	电视综合人口覆盖率（%）	有线广播电视用户（户）	数字电视用户	付费数字电视用户	有线广播电视传输网络干线总长（公里）
齐齐哈尔市	**99.39**	**100.00**	**920597**	**890480**	**7000**	**14193**
市辖区	100.00	100.00	330736	330099	7000	1105
龙江县	98.01	100.00	100365	95364		3323
依安县	100.00	100.00	69752	66264		1140
泰来县	100.00	100.00	76131	72324		1850
甘南县	100.00	100.00	71949	68351		1250
富裕县	100.00	100.00	61206	58145		1900
克山县	100.00	100.00	40681	38646		22
克东县	100.00	100.00	44104	41898		403
拜泉县	96.26	100.00	92056	87453		
讷河市	100.00	100.00	33617	31936		3200

17-19 广播节目制作时间

（2014年）　　单位:时:分

地　　区	全年制作广播节目时间	新闻资讯类	专题服务类	综艺类	广告类	其他类
齐齐哈尔市	**6375:00**	**2360:00**	**1359:00**	**1430:00**	**106:00**	**1120:00**
地市级	2318:00	462:00	716:00	656:00	106:00	378:00
县　级	4057:00	1898:00	643:00	774:00		742:00
龙江县	1027:00	152:00	163:00	584:00		128:00
依安县	1244:00	524:00	90:00	180:00		450:00
泰来县	128:00	128:00				
甘南县	280:00	280:00				
富裕县	420:00	235:00	185:00			
克山县	265:00	238:00	17:00	10:00		
克东县	183:00	183:00				
拜泉县	90:00	30:00	60:00			
讷河市	420:00	128:00	128:00			164:00

17-20 电视节目制作时间

（2014年）　　单位:时:分

地　　区	全年制作电视节目时间	新闻资讯类	专题服务类	综艺益智类	广告类	其他类
齐齐哈尔市	4624:00	2476:00	853:00	226:00	916:00	153:00
地市级	912:00	317:00	201:00	30:00	211:00	153:00
县　级	3712:00	2159:00	652:00	196:00	705:00	
富拉尔基区	181:00	181:00				
龙江县	234:00	65:00	93:00		76:00	
依安县	546:00	365:00	90:00		91:00	
泰来县	95:00	50:00	15:00		30:00	
甘南县	500:00	380:00	10:00		110:00	
富裕县	550:00	265:00	152:00		133:00	
克山县	429:00	383:00	11:00		35:00	
克东县	302:00	200:00	82:00		20:00	
拜泉县	147:00	45:00	12:00		90:00	
讷河市	728:00	225:00	187:00	196:00	120:00	

主要统计指标解释

普通高等学校 指按照国家规定的审批程序批准举办,通过全园统一招生考试,招收高级中等学校毕业生和具有同等学历者,实施高等教育,培养高等专门人才的学校。包括大学、专门学校、专科学校和短期职业大学。

成人高等学校 指按照国家规定的审批程序批准举办、招收高中毕业或同等学历者,利用多种形式对成人实施高等教育,培养相当普通高等学校专科或本科毕业水平的专门人才的学校,包括广播电视大学、职工高等学校、农民高等学校、干部管理学院、教育学院、独立函授学院以及普通高等学校举办的函授、夜大学等。

小学学龄儿童入学率 指调查范围内已入小学学习的学龄儿童占校内外学龄儿童总数(包括弱智儿童在内,但不包括盲聋哑儿童)的比重。计算公式是:

$$\text{小学年龄儿童入学龄} = \frac{\text{已入学的小学学龄儿童数}}{\text{校内外小学学龄儿童总数}} \times 100\%$$

工程技术人员 指在国民经济各行业从事工程技术工作的自然科学技术的专业人员,包括:高级工程师、工程师、助理工程师、技术员和未评定职称的技术人员。

农业技术人员 指在国民经济各行业从事农业技术工作的自然科学技术的专业人员,包括:高级农艺师、农艺师、助理农艺师、技术员和未评定职称的技术人员。

卫生技术人员 指在国民经济各行业从事卫生医务工作的自然科学技术的专业人员,包括:正副主任医师、主治医师、医师、医(护)士和未评定职称的技术人员。

科学研究人员 指在国民经济各行业从事科。学技术活动的专业人员,包括:正副研究员、助理研究员、研究实习员、技术员和未评定职称的技术人员。

教学人员 指在国民经济各行业从事教学活动的专业人员,包括:副教授、讲师、助教、教师和在中学从事自然科学技术方面的教学活动的人员。

文化事业机构 指从事专业文化工作和为专业文化工作服务的单独核算、独立建制的单位。不包括这些单位举办独立核算的其他机构和各部门的业余文化组织。

艺术表演团体 指从事戏曲、音乐、舞蹈、杂技等专业艺术表演,有独立帐户,实行单独核算的团体。不包括半工半艺、半农半艺的业余剧团。

电影放映单位 指具有放映机器设备、固定或不固定的放映场所与专职或兼职的放映技术人员,经文化行政部门登记批准,经常为一定的观众对象映出电影的机构。包括经批准对外开放进行营业,并与电影发行放映管理机构分帐的专用放映单位或军委系统租片单位在内。

电影观众人数 指各类型放映单位及军委系统租片单位映出的观众人数。一个观众连续看了一部长片和短片专场规定的短片,为二人次。

艺术表演观众人数 指售票、包场演出或民族地区免费演出的艺术表演观众人次数。不包括彩排审查和内部观摩演出的观看人次数。

十八、体育、卫生及其他事业

SPORTS，PUBLIC HEALTH AND OTHERS

简要说明

一、本篇资料反映齐齐哈尔市体育、卫生、社会福利及其他事业发展情况。

体育：主要内容有体育系统职工、运动员、教练员和裁判员人数，体育场地数，运动员获奖情况，体育锻炼达标人数等。

卫生：主要内容有卫生机构、人员、床位数，医院诊疗人次及入院人数等。

社会福利：主要内容有社会福利事业基本情况，社会福利救济，婚姻状况等。

二、上述资料分别由市体育局、市卫生局、市民政局、市司法局等部门提供。

18-1　主要年份体育事业发展情况

项　　　目	单位	1990年	1995年	2000年	2005年	2010年	2013年	2014年
体育设施								
体育场	个	1	1	1	6	6	6	6
体育馆	座	1	1	2	8	9	8	8
游泳馆	座	1	1	1	1	1	1	1
运动场	个	3	3	20				
小运动场	个	4	4	47	672	672	672	452
篮球场	个	140	10	2400	1130	1130	1130	1122
排球场	个	52	52	541	128	128	128	131
轮滑场	个	2	2					2
各种训练房	个	13	13	45				
举办运动竞赛会								
市级	次	24	22	9	8			
县区级	次	223	107	85	145			
乡镇级	次	329	107	150				
参加运动会人数	人	113257	123407	89675				
国家体育锻炼标准达标人数								
优秀级	人	112241	84109	71594				
良好级	人	219396	162663	184596				
及格级	人	420920	292267	315000				
专业体育队伍								
优秀运动队在队运动员	人	104	74	118	118	118	119	119
游　泳	人	18	16	18	18	18	18	18
冰　球	人	40	26	40	40	40	40	40
速　滑	人	26	21	36	40	40	40	40
花　样	人	20	11	20	20	20	21	21
曲棍球	人			4				
优秀运动员专职教练员	人	24	19	18	16	15	14	6
少儿业余体校								
重点业余体校	所	2	2	3	2	5	5	4
普通业余体校	所	33	17	20	16	18	18	13
在校学生数	人	2703	1405	1259	1433	1275	1290	1176
专职教练员	人	108	95	101	83	93	78	73
运动员在国际国内比赛中获奖牌数								
金　牌	枚	90	158	120	345	222	205	265
银　牌	枚	44	137	4	175	253	212	149
铜　牌	枚	34	122	3	220	213	189	128

18-2 等级运动员和等级裁判员分项人数

（2014年） 单位：人

项目	等级运动员	一级	二级	等级裁判员	二级	初级
总计	**136**	**41**	**95**	**72**	**72**	
田径	18	4	14			
游泳	15	8	7			
拳击						
柔道						
跆拳道	5	4	1			
射击	3	3				
射箭						
篮球	12		12			
排球	28	8	20			
乒乓球	12	3	9			
速滑	3	2	1			
冰球	6	5	1	6	6	
武术	7	2	5	53	53	
围棋	4		4	1	1	
国际象棋	1		1			
中国象棋	1		1			
足球	15		15			
健身气功						
短道速滑	6	2	4			
摔跤						
体育舞蹈				12	12	

18-3 主要年份体育系统职工人数

单位：人

项目	1990年	1995年	2000年	2005年	2010年	2013年	2014年
总计	**635**	**453**	**645**	**444**	**412**	**331**	**319**
运动员	121	129	118	118	118	119	119
专职教练员	136	64	107	138	107	78	73
专职文化教师	4	6	1	4	5	9	9
医务人员	5	3	2				
行政管理人员	201	126	227	78	103	48	46
工人	168	125	189	106	79	77	72

18-4 全市卫生机构、床位及人员数

（2014年）

卫生机构名称	机构数（个）	床位数（张）	人员数（人）				
				卫生技术人员	其他技术人员	管理人员	工勤人员
总　计	**992**	**25726**	**30733**	**24634**	**1207**	**2180**	**2712**
医　院	100	19939	21966	17468	795	1581	2122
综合医院	67	15441	16201	13246	510	1091	1354
中医医院	16	2393	4041	2893	218	399	531
中西医结合医院	4	275	237	195	15	18	9
专科医院	13	1830	1487	1134	52	73	228
口腔医院	2	21	45	35	6	4	
耳鼻喉科医院	1	185	285	228	11	10	36
精神病院	5	1384	786	617	26	27	116
传染病院							
其它专科医院	5	240	371	254	9	32	76
疗养院	1	650	210	122	11	20	57
社区卫生服务中心(站)	60	878	1524	1306	53	70	95
卫生院	150	3161	2810	2279	134	192	205
门诊部	54	66	450	429			21
诊所、卫生所、医务室	436		954	929			25
急救中心(站)	1		53	24	1	7	21
采供血机构	1		62	48	9	1	4
妇幼保健院(所、站)	17	422	643	524	33	49	37
妇幼保健院	10	422	570	462	33	38	37
妇幼保健所	3		30	27		3	
妇幼保健站	4		43	35		8	
专科疾病防治院(所、站)	9	610	478	365	24	46	43
疾病预防控制中心	18		680	523	51	59	47
卫生监督所	17		328	308	1	14	5
健康教育所							
其他卫生机构	128		575	309	95	141	30

注：卫生机构总计中不包括村卫生室。

18-5 全市卫生机构卫生技术人员数

（2014年） 单位:人

卫生机构名称	合计	执业(助理)医师	#执业医师	注册护士	药剂人员	技师人员	#检验人员	其他人员
总计	**24634**	**9364**	**7990**	**9676**	**1474**	**1454**	**994**	**2666**
医院	17468	6094	5575	7992	953	977	654	1452
综合医院	13246	4644	4294	6138	670	762	506	1032
中医医院	2893	1026	913	1198	225	146	104	298
中西医结合医院	195	94	75	52	11	14	7	24
专科医院	1134	330	293	604	47	55	37	98
口腔医院	35	14	10	7	2	4	3	8
耳鼻喉科医院	228	85	83	122	10	6	6	5
精神病院	617	142	119	370	24	24	17	57
传染病院								
其它专科医院	254	89	81	105	11	21	11	28
疗养院	122	28	15	85	2	7	3	
社区卫生服务中心(站)	1306	533	465	509	120	78	45	66
卫生院	2279	1078	634	405	225	134	81	437
门诊部	429	248	211	114	27	11	8	29
诊所、卫生所、医务室	929	510	466	203	76	9	6	131
急救中心(站)	24	12	12	12				
采供血机构	48	10	9	22		16	16	
妇幼保健院(所、站)	524	257	206	141	30	51	34	45
妇幼保健院	462	215	172	132	29	46	29	40
妇幼保健所	27	16	13	5		2	2	4
妇幼保健站	35	26	21	4	1	3	3	1
专科疾病防治院(所、站)	365	113	98	131	21	47	36	53
疾病预防控制中心	523	283	202	29	16	111	100	84
卫生监督所	308							308
健康教育所								
其他卫生机构	309	198	97	33	4	13	11	61

18-6 市区卫生机构、床位数

（2014年）

项　　目	合　计	龙沙区	建华区	铁锋区	富拉尔基区	昂昂溪区	梅里斯区	碾子山区
卫生机构数(个)	**437**	**130**	**101**	**89**	**49**	**21**	**33**	**14**
医　　院	60	18	20	8	6	5	1	2
综合医院	40	13	12	4	5	4	1	1
中医医院	7	2	1	2	1			1
中西医结合医院	2		2					
专科医院	11	3	5	2		1		
疗 养 院								
社区服务中心(站)	43	11	10	7	7	2	2	4
卫 生 院	18	2	1	2	2	2	8	1
门 诊 部	41	25	15		1			
诊所、卫生所、医务室	232	67	48	68	29	7	11	2
急救中心(站)	1	1						
采供血机构	1		1					
妇幼保健院(所、站)	8	1	2	1	1	1	1	1
专科疾病防治院(所)	4	1	1	1				1
疾病预防控制中心	8	2	1	1	1	1	1	1
卫生监督所	8	2	1	1	1	1	1	1
其他卫生机构	13		1		1	2	8	1
床位数(张)	**15273**	**4754**	**4012**	**3296**	**1734**	**774**	**364**	**339**

18-7 各县（市）卫生机构、床位数

（2014年）

项　　目	全　市	市　区	市辖县（市）	讷河市	龙江县	依安县
卫生机构数（个）	**992**	**437**	**555**	**93**	**103**	**57**
医　　院	100	60	40	6	6	3
综合医院	67	40	27	5	5	2
中医医院	16	7	9	1	1	1
中西医结合医院	4	2	2			
专科医院	13	11	2			
疗 养 院	1		1			
社区服务中心（站）	60	43	17	3	3	1
卫 生 院	150	18	132	18	21	18
门 诊 部	54	41	13	8		
诊所、卫生所、医务室	436	232	204	39	54	14
急救中心（站）	1	1				
采供血机构	1	1				
妇幼保健院（所、站）	17	8	9	1	1	1
专科疾病防治院（所）	9	4	5		1	1
疾病预防控制中心	18	8	10	1	1	1
卫生监督所	17	8	9	1	1	1
其他卫生机构	128	13	115	16	15	17
床位数（张）	**25726**	**15273**	**10453**	**1335**	**1677**	**756**

18－7续 (2014年)

项目	泰来县	甘南县	富裕县	克山县	克东县	拜泉县
卫生机构数(个)	**41**	**57**	**44**	**64**	**50**	**46**
医院	4	5	6	4	3	3
综合医院	3	4	4	2	1	1
中医医院	1	1	1	1	1	1
中西医结合医院				1	1	
专科医院			1			1
疗养院			1			
社区服务中心(站)	1	1	3	1	2	2
卫生院	12	11	10	17	6	19
门诊部		2	2			1
诊所、卫生所、医务室	11	22	10	24	27	3
急救中心(站)						
采供血机构						
妇幼保健院(所、站)	1	1	1	1	1	1
专科疾病防治院(所)					1	2
疾病预防控制中心	1	2	1	1	1	1
卫生监督所	1	1	1	1	1	1
其他卫生机构	10	12	9	15	8	13
床位数(张)	**926**	**973**	**1887**	**1388**	**613**	**898**

18-8 全市医疗机构运营情况

（2014年）

医疗机构	机构数（个）	诊疗人次数（人次）	门、急诊人次（人次）	观察室收容人数（人）	健康检查人数（人）
总计	**992**	**14888239**	**13233367**	**41456**	**598446**
#医院	100	7457624	7401823	39240	277057
综合医院	67	5471593	5419429	27904	176395
中医医院	16	1599590	1598236	10798	96853
中西医结合医院	4	121016	121016		
专科医院	13	265425	263142	538	3809
疗养院	1	209	209		150
社区卫生服务中心	60	652787	585498	1851	131678
卫生院	150	1425902	1397181	365	155971
门诊部	54	183224	169845		
诊所、卫生所、医务室	436	760529	753856		
妇幼保健院（所、站）	17	94136	83341		33519
专科疾病防治院（所、站）	9	89017	89017		71

18－8续

（2014年）

医疗机构	入院人数（人）	出院人数（人）	死亡率（%）	每百门急诊入院人数（人）
总计	**663318**	**659449**	**0.91**	**6.91**
#医院	553979	551286	1.05	7.48
综合医院	459890	457736	1.10	8.48
中医医院	66533	66266	0.89	4.16
中西医结合医院	5897	5803	0.43	4.87
专科医院	21659	21481	0.64	8.23
疗养院	209	121	0.83	100.00
社区卫生服务中心	13769	13600	0.01	2.35
卫生院	69777	68603		4.99
门诊部	5643	5643		
诊所、卫生所、医务室				
妇幼保健院（所、站）	7102	7057		8.52
专科疾病防治院（所、站）	11944	12022	1.43	13.42

18-9 齐齐哈尔市所属医院基本情况一览表

（2014年）

单位名称	床位数（张）	人员数（人）	#卫生技术人员	#医生
齐齐哈尔电业局职工医院	4	26	20	10
龙沙区妇幼保健站		12	10	8
齐齐哈尔公安医院	260	200	143	49
齐齐哈尔第二机床厂职工医院	281	285	252	65
齐齐哈尔糖厂职工医院				
齐齐哈尔虹桥医院	218	64	56	20
齐齐哈尔市正阳中医院	20	39	34	18
齐齐哈尔永安医院	130	82	63	31
齐齐哈尔龙沙区医院	30	28	25	9
齐齐哈尔守平牙科医院	5	22	21	7
龙沙区群英门诊部		16	16	8
齐齐哈尔市房建公司职工医院	78	29	21	7
黑龙江省农垦总局齐齐哈尔分局中心医院	280	245	272	86
齐齐哈尔第一机床厂职工医院	425	408	364	124
齐齐哈尔市第一医院	1830	3449	2667	758
齐齐哈尔市结核防治所		20	14	9
齐齐哈尔龙沙区正阳牙科医院	16	23	14	7
齐齐哈尔北方民族医院	102	57	47	17
齐齐哈尔市长征医院	20	26	22	11
枢帆中医门诊		10	10	7
齐齐哈尔平民医院	20	20	16	8
齐齐哈尔医学院第四附属医院专科医院	140	86	65	15
解放门医院	70	53	50	23
齐齐哈尔市第二医院	505	523	452	155
齐齐哈尔市第一神经精神病医院	300	230	206	39
齐齐哈尔市传染病防治院	340	121	89	32
建华中医院	20	46	38	14
齐齐哈尔市五官医院	185	285	228	85
齐齐哈尔市柏康中西医结合医院	40	52	39	32

18－9续1　（2014年）

单位名称	床位数（张）	人员数（人）	#卫生技术人员	#医生
齐齐哈尔医学院第二附属医院	1624	676	542	271
建华区妇幼保健所		15	12	5
齐齐哈尔市东市场医院	30	21	16	12
齐齐哈尔建华医院	841	1072	924	277
齐齐哈尔市协和医院有限公司	60	51	35	12
齐齐哈尔市铁锋区医院	20	35	28	8
齐齐哈尔市结核病防治院	266	249	185	36
齐齐哈尔同济肛肠医院				
齐齐哈尔现代男科医院	20	43	31	12
齐齐哈尔医学院第三附属医院	1290	1728	1500	549
齐齐哈尔市和平医院	280	218	185	59
齐齐哈尔市铁锋区中医院	20	3	3	2
齐齐哈尔市铁锋区妇幼保健站		13	10	7
齐齐哈尔丽人女子医院	70	86	55	19
齐齐哈尔市中医院	1216	2391	1610	523
齐齐哈尔冬青中医骨伤科门诊部		11	11	7
齐齐哈尔纺织厂职工医院				
齐齐哈尔市昂昂溪区人民医院	100	81	54	24
齐齐哈尔市昂昂溪区妇幼保健站		9	7	6
齐齐哈尔铁路分局昂昂溪铁路医院	140	117	86	34
齐化集团有限公司职工医院	39	24	18	7
富拉尔基区中医院	80	79	62	21
齐齐哈尔医学院第一附属医院	760	803	590	229
富拉尔基发电总厂职工医院	25	34	30	9
富拉尔基区牙病防治所		5	4	4
齐健医院	60	41	33	14
齐市富拉尔基区人民医院	96	88	70	31
北满特殊钢集团有限责任公司职工医院	499	508	425	135
富拉尔基区妇幼保健站		9	8	5
黑龙江省齐齐哈尔市碾子山区人民医院	285	263	221	78
齐齐哈尔市碾子山区中医院	20	7	5	1
齐齐哈尔市碾子山区牙病防治所		2	2	1
碾区妇幼保健所		9	9	7
齐齐哈尔市梅里斯达斡尔族区妇幼保健所		6	6	4
齐齐哈尔市梅里斯达斡尔族区人民医院	100	87	72	34
齐齐哈尔市龙江县妇幼保健院	60	50	47	25
龙江县结核病防治所	4	20	19	11

18－9续2 （2014年）

单位名称	床位数（张）	人员数（人）	#卫生技术人员	#医生
龙江县第一人民医院	400	625	507	173
龙江县中医院	115	152	126	39
龙江第二人民医院	120	124	112	82
依安县铁路卫生所				
依安县农厂职工医院	80	31	27	14
依安县人民医院	282	445	417	122
依安县中医院	100	204	144	64
依安县结核病防治所	0	19	19	3
依安县妇幼保健院	27	65	50	24
黑龙江省泰来农场职工医院	24	14	13	10
泰来县中医医院	100	152	129	45
黑龙江省六三监狱医院	30	32	23	10
泰来县人民医院	510	535	464	157
泰来县妇幼保健院	40	65	51	20
甘南县商业职工医院	20	8	8	2
北京市双河农场医院	60	77	58	32
甘南县妇幼保健院	50	38	32	14
甘南县人民医院	280	438	348	90
黑龙江省查哈阳农场医院	130	154	130	47
甘南县中医院	200	257	191	74
黑龙江省第一水利工程处职工医院	20	9	8	6
齐齐哈尔市富裕精神病人疗养院	650	210	122	28
黑龙江省齐齐哈尔市第二神经精神病院	394	297	255	55
黑龙江省富裕牧场职工医院	30	25	23	12
黑龙江省繁荣种畜场职工医院	60	25	14	2
黑龙江省富裕县中医院	72	98	80	32
黑龙江省富裕县人民医院	380	190	155	73
富裕县妇幼保健院	73	91	71	16
黑龙江省富裕县造纸厂医院				
克山县中医院	100	140	123	52
克山县中西医结合医院	100	88	66	28
克山县第一人民医院	671	392	322	66
克山县妇幼保健院	32	42	33	13
克东县中医院	140	176	128	46

18-10 主要年份社会福利事业基本情况

项目	单位	2012年		2013年		2014年	
		全市	市区	全市	市区	全市	市区
社会福利工厂单位数	个	41	35	33	31	27	24
社会福利工厂职工人数	人	779	616	565	548	456	438
收养类情况							
院　　数	个	95	13	91	13	153	93
工作人员	人	781	311	763	311	1450	983
床　　位	张	17764	3189	17835	3189	18076	6127
收养人数	人	16623	2928	16605	2776	12286	4541
社会福利院	个	3	2	3	2	4	2
社会福利院收养人员	人	1659	1449	1659	1449	1865	1449
社会儿童福利院人数	人	419	389	419	389	419	389
收容遣送站	人						
殡葬事业单位							
火葬场	个	17	5	17	5	16	4
烈士纪念建筑物管理单位	个	1	1	6	3	5	2

注：自2014年起，“收养类情况”含民营。

18-11 主要年份享受救济补助人员情况

项目	单位	2012年		2013年		2014年	
		全市	市区	全市	市区	全市	市区
社会救济对象总人数	人	334660	120413	319847	100200	253128	62799
城镇居民最低生活保障人数	人	165981	88102	158920	83799	109570	50545
城镇居民最低生活保障家庭数	户	80476	40449	78295	38704	64834	31002
农村居民最低生活保障人数	人	168679	32311	160927	16401	143558	12254
农村居民最低生活保障家庭数	户	94805	7882	96143	8825	94514	7756

18-12 主要年份婚姻登记情况

项　　目	单位	1990年	1995年	2000年	2005年	2010年	2013年	2014年
准予登记结婚	对	45215	41017	30866	35762	40127	43694	40299
初　婚	人	73752	76491	56236	64994	71438	81393	73071
再　婚	人	6026	5543	5496	6530	8816	5995	7527
恢复结婚	人	543	572	591	435	474	2263	2810
申请离婚	对	5166	4874	12890	13820	20411	21191	22201
准予离婚	对	3412	2530	12741	13820	18267	21191	22201

18-13 主要年份律师、公证及调解工作基本情况

项　　目	单位	2013年	2014年	项　　目	单位	2013年	2014年
律师工作				**人民调解工作**			
律师事务所	个	61	64	专职司法助理员	人	215	318
律师工作人员	人	284	301	人民调解委员会	个	1664	1678
专职律师	人	278	295	调解人员	人	7479	7851
兼职律师	人	6	6	调解民间纠纷	件	16516	16995
聘请担任常年法律顾问	个	240	261	婚　姻	件	3529	3968
民事诉讼代理	件	3624	2861	邻里纠纷	件	2976	3062
刑事辩护及代理	件	2346	2603	合同纠纷	件	967	1008
非诉讼法律事务	件	860	135	赔　偿	件	797	801
解答法律询问	件	24700	8800	劳动纠纷	件	415	520
代写法律事务文书	件	6300	1364	村务管理纠纷	件	189	311
公证工作				土地承包纠纷	件	2380	2351
公证处	个	14	14	征地拆迁纠纷	件	341	259
公证人员	人	97	109	计划生育纠纷	件	105	96
#公证员	人	42	43	施工扰民纠纷	件	167	119
公证员助理	人	29	39	房屋宅基地纠纷	件	813	956
办理公证件数	件	43924	31161	其他纠纷	件	3837	3544

18-14　主要年份国内公证文书分类

单位:件

分　　类	办证件数		分　　类	办证件数	
	2013年	2014年		2013年	2014年
民事公证	**36396**	**25210**	**经济公证**	**592**	**1357**
继 承 权	4846	6293	购　　销		
遗　　嘱	842	497	拍　　卖		1
赠与合同	1297	635	贷　　款	17	
亲属关系	7134	1548	担　　保	28	
死　　亡	108	176	招 投 标		2
房屋买卖	35	26	劳务合同		
房屋租赁	3	7	建筑工程承包	8	
留学协议	10	6	工商税务业承包		
遗赠扶养协议		11	农、林、牧、副、渔业承包		
委 托 书	662	2397	财产租赁		
赠 与 书	163	635	企业租赁		
声 明 书	1509	7763	还款协议		2
现场监督	34	44	土地使用权出让转让		28
签名印鉴属实	269	542	其他经济合同		
文本相符	274	2398	法人资格		
宅基地使用权			法人委托书		
证据保全	61	125	公司章程		
赡养协议	9		执行许可证明		
合伙协议	2	1	提　　存	7	1
夫妻财产协议	46	37	抵押登记		
其他民事协议	70	113	公司会议记录		
其　　他	19022	1956	其　　它	532	1323

主要统计指标解释

医院　指名称为医院，设有固定床位能收容病人住院并能为病人提供医疗、护理服务的医疗机构。

卫生技术人员　指卫生事业机构支付工资的全部固定职工和合同制职工中现任职务为卫生技术工作的人员。

医生　指经卫生部门审查合格，从事医疗工作的专业人员。分为中医医生和西医医生。包括卫生技术人员中的中医师、西医师．、中西医结合高级医师、中医士、西医士和其他冲医。

等级运动员人数　指经考核正式批准授予等级运动员称号的人数。运动员等级分为国际级运动健将、运动健将、一级运动员、二级运动员、三级运动员、少年级运动员。

等级裁判员人数　指经考核正式批准授予等级裁判员称号的人数。裁判员等级分为国际裁判、国家级裁判、一级裁判、二级裁封：三级裁判。

体育场　指有400米跑道(中心含足球场)，有固定道牙，跑道6条以上，并有固定看台的田径场。以看台容纳观众人数分：甲级25000人以上，乙级15000—25000人，丙级5000—15000人，丁级5000人以下。

体育馆　指在固定看台，可供篮球、排球、羽毛球、乒乓球、体操等项目训练比赛活动用的室内场地。以看台容纳观众人数分：甲级6000人以上，乙级4000—6000人，丙级2000—4000人，丁级2000人以下。

社会福利事业单位　指集中收养社会孤老、残、幼的机构。包括由民政部门管理的社会福利院、儿童福利院、精神病人福利院和城镇集体办的福利院，以及农村集体举办的敬老院。

社会福利事业单位　收养人数包括民政部门管理的和城镇及农村集体举办的社会福利事业单位中收养的老人、少年儿童、缺乏生活自理能力的残疾人员和精神病人。

社会福利企业单位　指以安置城镇有一定劳动能力的盲、聋、哑和肢体残疾人员就业为目的，享受国家减免税待遇的全民或集体所有制企业。包括福利工厂、福利商业服务业、假肢厂和安置农场等单位。

律师工作者　指受聘参加法律顾问处工作，担任法律顾问、刑(民)事代理人、刑事辩护人、办理非诉讼事件、解答法律询问、代写法律事务文书等主要律师业务的专职和兼职法律工作者。

公证人员　指在国家公证机关依法办理公证事务的司法人员。包括公证员、助理公证员和在公证处工作的其他人员。

调解人员　在人民调解委员会担负调解民间一般民事纠纷和轻微违法行为所引起的纠纷的工作人员。包括调解委员会的委员和调解小组的调解员。

办理公证　提公证处年内办结的公证文书件数。公证文书系按司法部规定或批准的格式制作。包括国内公证和涉外公证两部分。其中国内公证分为经济合同公证和民事法律关系公证两大类。

调解民间纠纷　指调解委员会依照法律规定，根据自愿原则，用说服教育的方法调解民间发生的有关民事权利和义务的争执，促成当事双方达成协议和该谅解，解决纠纷。包括婚姻家庭纠纷，财产权益纠纷等，不包括法院受理调解的民事案件数。

齐齐哈尔市2014年
国民经济和社会发展统计公报

齐齐哈尔市统计局

（2015年4月1日）

2014年，面对错综复杂的国际经济形势和国内经济增速放缓的不利影响，全市人民在市委、市政府的领导下，深入贯彻落实党的十八大和十八届三中、四中全会精神，坚定不移推进改革，砥砺前行，我市国民经济保持了平稳增长，经济发展质量不断提高，人民生活水平持续改善，各项社会事业取得新进步。

一、综　　合

年末全市总人口553.2万人，比上年下降0.7%。其中，农业人口356.8万人，下降0.7%；非农业人口196.4万人，下降0.6%。全市人口出生率为4.87‰，下降0.25个千分点；人口死亡率为3.62‰，下降0.10个千分点；人口自然增长率为1.25‰，下降0.15个千分点。

表1　总人口

指　　标	年末数(万人)	比重(%)
人口	553.2	
其中:非　农	196.4	35.5
农　业	356.8	64.5
其中:男　性	280.3	50.7
女　性	272.9	49.3
其中:18岁以下	83.6	15.1
18-60岁	377.3	68.2
60岁以上	92.3	16.7

初步核算，全市实现生产总值(GDP)1238.8亿元，比上年增长5.2%。第一产业增加值299.3亿元，增长6.8%；第二产业增加值408.2亿元，增长3.7%；第三产业增加值531.3亿元，增长6.0%。三次产业结构为24.2:33.0:42.8。第一、二、三产业对经济增长的贡献率分别为28.1%、29.0%和42.9%。人均地区生产总值24830元，增长7.1%。

市场物价涨幅趋于平稳。全年居民消费价格指数(CPI)101.3%，比上年上涨1.3个百分点。工业品出厂价格指数(PPI)99.3%，比上年下降0.7个百分点。

初步核算，全年能源消耗总量1136.2万吨标准煤；万元GDP能耗0.9258吨标准煤，比上年下降8.8%。

2014年末，全市从业人员205.7万人。其中，城镇从业人员82.1万人，农村从业人员123.6万人。城镇新增就业人员11.8万人，下岗失业人员实现再就业9.5万人。

二、农　　业

全市实现农林牧渔业总产值549.9亿元，比上年增长6.9%。其中，农业产值318.5亿元，增长3.7%；林业产值5.7亿元，下降0.2%；牧业产值214.5亿元，增长12.1%；渔业产值9.1亿元，增长8.3%；农林牧渔服务业产值2.0亿元，增长5.5%。

粮食蔬菜产量增加。粮食蔬菜喜获丰收，粮食产量实现“七连增”；全年蔬菜产量92.2万吨，瓜果类21.5万吨，甜菜37.1万吨，油料1.5万吨。

畜牧业总产值完成214.5亿元，比上年增长12.1%，占农林牧渔业总产值的比重为57.9%。年末大牲畜存栏177.0万头，增长2.7%。其中，黄牛及肉牛存栏101.0万头，增长6.0%；奶牛存栏68.5万头，下降1.1%。全年肉类总产量55.5万吨，增长5.0%。

表2　牲畜存栏和主要畜产品产量

名　　称	单位	绝对数	比上年%
大牲畜年末存栏	万头	177.0	.7
其中:奶牛	万头	68.5	-1.1
黄牛及肉牛	万头	101.0	6.0
猪年末存栏	万头	306.9	-0.7
羊年末存栏	万只	80.7	.8
猪　肉	万吨	31.0	5.4
牛　肉	万吨	11.3	6.4
羊　肉	万吨	3.0	5.3
禽　蛋	万吨	14.5	4.7
牛　奶	万吨	179.0	1.
绵羊毛	吨	9696.0	6.1

全市绿色食品国家级原料基地种植面积已达1400万亩，占总播种面积的40.7%，新增120万亩。全市绿色（有机）食品认证数量306个，11个产品获得了国家农产品地理标志认证。

围绕建设“生态市园林城”，推进林业机制创新，全年完成造林面积20.8万亩。其中，人工造林9.6万亩，封山育林11.2万亩。

三、工业和建筑业

全年规模以上工业企业完成增加值262.3亿元，比上年增长2.6%。其中，轻工业完成增加值135.2亿元，增长16.5%；重工业完成增加值127.1亿元，下降10.0%。全年装备工业完成增加值56.3亿元，下降21.2%；食品工业完成增加值125.1亿元，增长18.3%，两大工业基地增加值占规模以上工业增加值的69.2%。

全年规模以上工业实现主营业务收入905.1亿元，比上年下降3.3%。实现利税总额84.0亿元，下降10.8%。其中，实现利润47.4亿元，下降13.4%；实现税金36.6亿元，下降7.1%。

表3　主要工业产品产量及增减情况

名　　称	单位	绝对数	比上年%
大　米	万吨	74.6	–5.8
小麦粉	万吨	21.2	29.1
成品糖	万吨	3.3	–51.9
乳制品	万吨	66.8	5.5
白酒（折65度商品量）	万千升	3.7	19.9
啤　酒	万千升	17.9	0.2
家　具	万件	18.2	–10.4
人造板	万立方米	64.2	133.6
亚麻布	万米	1483.6	17.7
机制纸及纸板	万吨	6.9	–4.9
焦　炭	万吨	53.5	–17.7
水　泥	万吨	665.6	–4.6
生　铁	万吨	73.1	3.2
粗　钢	万吨	99.0	–5.6
钢　材	万吨	68.6	–2.4
数控金属切削机床	台	235.0	20.5
金属轧制设备	万吨	5.7	–44.3
铁路货车	辆	7889.0	–26.4
发电量	亿千瓦时	111.8	–1.9

全年建筑业企业实现增加值27.3亿元，按可比价格计算比上年增长10.2%。资质等级三级及以上的建筑业企业（指总承包及专业承包企业，不包括劳务分包企业）实现利润2.1亿元，比上年增长16.7%，完成房屋建筑施工面积340.3万平方米，增长4.1%，其中，实行投标承包的房屋建筑施工面积占62.7%。

四、固定资产投资和房地产业

全市固定资产投资755.1亿元，比上年增长4.8%。在投资中，民间投资595.2亿元，增长5.0%；国有及国有控股投资137.8亿元，下降6.7%；外商及港澳台投资22.1亿元，增长246.7%。装备、食品两大主导产业完成投资172.4亿元，下降28.8%，占工业投资的59.5%。新增固定资产608.9亿元，增长20.7%。全市房地产开发投资完成130.0亿元，增长10.9%；商品房销售面积225.1万平方米，下降22.5%；商品房销售额93.9亿元，下降17.5%。

表4　分行业固定资产投资

行　　业	投资额
总　　计	755.1
农、林、牧、渔业	115.7
采矿业	2.7
制造业	264.3
电力、燃气及水的生产和供应业	23.0
建筑业	16.0
交通运输、仓储和邮政业	59.9
批发和零售业	60.3
住宿和餐饮业	6.3
房地产业	132.5
科学研究、技术服务和地质勘查业	3.1
水利、环境和公共设施管理业	22.3
居民服务和其他服务业	2.3
教育	2.8
卫生、社会保障和社会福利业	12.4
文化、体育和娱乐业	2.6
公共管理和社会组织	20.2

五、国内贸易

全年实现社会消费品零售总额618.4亿元，比上年增长13.5%。分行业看，批零贸易业实现零售额569.5亿元，增长15.0%；住宿、餐饮业实现零售额48.9亿元，增长14.7%。分城乡看，城镇消费品零售额532.4亿元，增长14.3%；农村消费品零售额86.0亿元，增长9.1%。

限额以上企业（单位）批发零售贸易业24类商品零售额中，金银珠宝类下降7.9%，家用电器类下降0.2%，化妆品类下降4.0%，石油及制品类下降1.7%；文化办公用品类增长366.7%，通讯器材类增长60.9%，汽车增长5.8%；家具类增长5.2%。

六、对外经济贸易

全市实际利用外资额47783.0万美元，比上年增长15.0%。新批外商投资企业10户，总投资额42922.0万美元，合同外资28084.0万美元。全年实现进出口总额90642.5万美元，增长10.0%。其中，进口16109.9万美元，增长2.6%；出口74532.6万美元，增长11.7%。

七、交通、邮电和旅游

全年完成货物发送量12655.6万吨。其中，铁路1448.5万吨；公路11207.0万吨；航空66吨。客运量6036.4万人。其中，铁路1655.7万人；公路4365.0万人；航空15.7万人。

全市完成邮电业务总量42.3亿元，其中，电信业务总量39.2亿元，邮政业务总量3.1亿元。

年末固定电话用户66.4万户，下降18.7%，移动电话用户427.3万户，增长33.4%。固定宽带接入用户54.1万户，增长22.9%。

全年接待国内游客1537.0万人次，实现国内旅游收入59.9亿元。全年接待海外旅游者6875.0人次，旅游外汇收入209.0万美元。

八、财政和金融业

全市财政总收入完成141.8亿元，比上年下降2.1%。地方财政收入完成96.0亿元，下降8.2%。其中，公共财政预算收入74.6亿元，增长15.8%。全市财政总支出340.5亿元，增长3.7%，地方财政支出194.8亿元，下降1.9%，公共财政预算支出174.8亿元，增长11.9%。

2014年末，全市金融机构各项存款余额1434.7亿元，比年初增长10.9%。其中，单位存款397.8亿元，增长7.2%；城乡居民储蓄存款963.5亿元，增长11.3%。金融机构各项贷款余额1164.3亿元，增长28.2%。其中，短期贷款余额687.7亿元，增长31.5%；中长期贷款余额454.2亿元，增长21.0%。

九、人民生活和社会保障

据抽样调查，城镇居民人均可支配收入21352.0元，比上年增长12.0%；人均消费支出17381.1元，增长10.3%。城市居民人均建筑面积26.0平方米。农村居民人均纯收入11282元，增长13.0%；村镇人均住宅建筑面积19.9平方米。

城镇登记失业率4.1%；参加养老保险职工人数为49.4万人；参加失业保险职工人数为48.7万人；参加基本医疗保险人数为174.2万人。

十、科学技术和教育

全年实施重点科技计划项目33项；获省级以上科学技术奖12项；科技成果鉴定274项；全年认定技术合同54项；高新技术企业产值达243.0亿元。

全年普通高等学校招收学生1.3万人，与上年持平；在校学生4.6万人，增长4.5%。普通高中招收学生2.1万人，下降10.8%；在校学生6.9万人，下降4.0%。初中招收学生3.6万人，增长2.5%，在校学生10.6万人，增长1.1%，初中入学率达99.8%。小学招收学生3.3万人，下降8.3%；在校学生21.5万人，下降2.1%；小学适龄儿童入学率达100.0%。

十一、文化、卫生和体育

2014年末，全市共有专业艺术表演团体5个，文化馆17个，公共图书馆13个，广播电台11座，广播人口覆盖率达100%。电视台14座，电视人口覆盖率达100%。

全市共有各类卫生机构992个。其中，医院、卫生院249个，卫生防疫防治机构18个，妇幼卫生机构17个。卫生机构床位2.6万张。卫生技术人员2.5万人，其中，医生9767人。

2014年，我市体育健儿在世界性比赛中获得金牌1枚，银牌2枚，铜牌1枚；在亚洲比赛中获得银牌2枚；在省比赛中获得金牌265枚，银牌149枚，铜牌128枚。群众性健身运动广泛开展，全民健身活动场所、器材配置逐步完善。

十二、环境保护

全市共有自然保护区21个，自然保护区总面积69.1万公顷。其中，国家级自然保护区2个，面积14.5万公顷。市区空气质量好于和达到新标准二级的天数为315天。交通噪声为67.8分贝，区域环境噪声为51.7分贝。

注:1.本公报各项统计数据均为初步统计数。

2.部分数据因四舍五入的原因,存在着与分项合计不等的情况。

3.生产总值、各产业增加值、总产值绝对数指标按现价计算,增长速度按可比价格计算。

4.2011年起,规模以上工业统计口径为年主营业务收入2000万元及以上工业企业;城镇固定资产投资统计口径为城镇计划投资500万元及以上的固定资产投资和房地产开发投资。

5.本公报中城镇新增就业、社会保障数据来自人力资源社会保障局;财政、金融、旅游、卫生等数据来自于部门统计。

齐齐哈尔市统计局2014年大事记

1月7日—8日，省统计局工业处张辉斌处长、韩春英副处长来我市督查经济普查工作，市经普办主任、市统计局局长马汇川，市经普办副主任、市统计局副局长杨国才陪同督查组到县区督导。

1月21日，党组书记马汇川主持召开局党组会议。会上，学习贯彻了全国、全省统计工作会议精神，对省局李玉涛局长题为《紧随航标指引服务科学发展为经济社会持续健康发展提供优质统计保障》的讲话进行了解读，进一步明确了全市统计工作的目标和努力方向；组织学习了十八大、十八届三中全会、中央近期若干工作会议和习近平总书记一系列重要讲话就统计工作作出的重要指示；传达了党的群众路线教育实践活动第一批总结暨第二批部署电视电话会议主要精神；并对召开全市统计工作会议有关事宜进行了部署。

党组成员耿文鑫、刘洪哲、杨国才参加会议，副调研员陈敬东列席会议。

1月24日，全市统计工作会议召开，会议的主要任务是深入贯彻落实党的十八大、十八届三中全会、中央经济工作会议和十二届三次、四次会议和全国、全省统计工作会议精神，总结2013年全市统计工作，部署2014年统计工作任务。会上，市统计局党组书记、局长马汇川同志作了题为《服务深化改革创新统计发展推动全市统计工作再创新佳绩》的工作报告；报告回顾了2013年全市统计工作，在部署2014年全市统计工作任务时，报告强调要"抓住一个重点，突出两大主题，推进三项建设。即：紧紧抓住第三次全国经济普查这个重点；切实突出统计调查和统计服务两大主题；积极推进统计法制、统计信息和统计队伍三项建设"确保全年统计工作能够有序开展。会议还对2012年度各县(市)、区统计局工作目标评比结果进行了通报；对统计基层基础建设年活动中的标兵单位进行了表彰。

会议由市统计局常务副局长耿文鑫同志主持，各县(市)、区统计局局长、市统计局、省统计局齐齐哈尔经调队的领导及市统计局机关的全体同志共80多人参加了会议。

2月19日—20日，黑龙江省全国人大代表第一视察团到我市视察，局长马汇川陪同视察团视察我市部分企业。

2月24日，党组书记马汇川主持召开局党组会议。传达贯彻齐齐哈尔市十五届人大代表四次会议、政协齐齐哈尔市第十一届三次全体、第十五届政府第三次全体(扩大)会议、中共齐齐哈尔市第十二届纪律检查委员会第四次全体(扩大)会议和全市开展党的群众路线教育实践活动启动大会等近期一系列会议精神，部署近期主要工作。党组成员耿文鑫、刘洪哲、杨国才参加会议，副调研员陈敬东列席会议。

2月27日，党组书记马汇川主持召开局党组会议，研究制定齐齐哈尔市统计局党的群众路线教育主题实践活动实施方案。党组成员耿文鑫、刘洪哲、杨国才参加会议，副调研员陈敬东、李北星列席会议。

2月28日，齐齐哈尔市统计局党的群众路线教育实践活动动员会议在金源宾馆会场召开。党组书记、局长马汇川作齐齐哈尔市统计局党的群众路线教育实践活动动员讲话，市委党的群众路线教育实践活动第十一督导组组长杨超对开展实践活动提出具体要求。

市委第十一督导组全体成员及市统计局、经调队全体人员参加会议。

3月6日，全局党员干部参加全市党的群众路线实践活动集中学习，观看《在回归中前行——甘南现象解读》和《泰来县为群众服务纪实》的宣传教育片。

3月10日，全体机关干部集中开展党的群众路线教育实践活动学习。

3月28日，局长马汇川参加全市领导干部学习习总书记兰考讲话弘扬焦裕禄精神研讨交流会。

4月1－2日，齐齐哈尔市统计局副调研员陈敬东带领有关人员就"贯彻群众路线、倾听基层心声"活动，先后到龙江县、富拉尔基区统计局开展调研。

4月9日，市经普办召开全市"三经普"数据审核验收工作会议。来自16个县(市)区经普办的业务副主任及核算专业人员参加会议。

4月15日，局长马汇川参加市政府一季度经济形势分析会。会上，马汇川就全市一季度主要经济指标完成情况及我市经济普查进行情况作了汇报。

4月15日—17日，齐齐哈尔市统计局副局长杨国才带领核算、法规、投资专业相关同志先后到依安县、克山县就“贯彻群众路线、倾听基层心声”活动开展调研。调研组通过与相关部门座谈及深入企业和乡村的方式对如何贯彻群众路线、倾听基层心声及县域经济和房地产市场情况进行深入调查研究。

4月16—17日，局党组成员、常务副局长耿文鑫带领农村科、人口社会科技科、计算中心有关同志，围绕备春耕生产、就业与劳动报酬和信息基础建设等工作，赴拜泉、克东两县开展党的群众路线教育实践活动调研工作。

4月22日，市统计局召开对照焦裕禄、于海河先进事迹谈体会、找差距研讨交流会。班子成员依次发言，各科(处)室负责人参加了会议，市委第十一督导组领导莅临指导。

4月25日，为积极响应全市中心城区集中开展春季绿化及环境整治动员会的号召，市统计局全体机关干部来到曙光大街，参加了“中心城区环境整治”活动。

4月28日，市长孙　主持召开了齐齐哈尔市工业经济运行分析会，会上统计局长马汇川针对新增项目达产的工业企业进入“规上”工业名录提出了具体要求。

5月12日，局领导马汇川、耿文鑫、刘洪哲、杨国才、陈敬东参加市委县处级以上领导干部学习习近平总书记系列讲话精神学习研讨，听取了《求实》杂志社研究员黄苇町的专题辅导。

5月29日上午，市局召开了2014年统计设计管理工作会议，各县(市)区统计局有关人员共25人参加了会议。

5月30日，齐齐哈尔市统计局撰写的《工业经济稳中向好，五大问题应需改善》统计分析资料，孙　市长作出重要批示：“请志鹏阅，并工信委速研，全市下滑及停产企业原因、企业库存增加原因(每一户企业情况)?”

6月4日，省统计局副局长葛新一行6人到我局就提高统计数据质量、统计行风建设和开展第三次全国经济普查、“提升统计分析信息服务质量”主题活动四方面工作开展统计巡查。

6月17日，副局长耿文鑫参加国家人社部来齐调研座谈会，并向调研组汇报了我市1–5月份经济运行情况。

7月7日，我局撰写的专题分析报告《齐齐哈尔市混合所有制经济现状及发展思考》被国家统计局内网“统计分析”栏目采用。

7月11日，局长马汇川列席市政府十五届二十四次常务会议，并汇报了二季度和上半年全市经济运行情况。

7月16日，市统计局召开了领导班子专题民主生活会，市委第十一督导组组长杨超、副组长吴斌、成员张云鹏莅临会议进行点评指导。

班子成员及副县级领导干部认真剖析查摆，开展批评与自我批评，真正达到了“红红脸、出出汗”，“团结—批评—团结”的目的。

7月29日，市统计局党组成员、常务副局长耿文鑫，高新区管委会工委委员、调研员张中华等一行6人来到龙沙区南航街道南郊社区，同南郊社区到进行了共建对接工作。

7月31日，市统计局群教办领导小组召开专题会议，会议由局党组成员、常务副局长、局群教办主任耿文鑫主持，局机关党委和各支部党支部书记参加了会议。

8月5日下午，按照市直机关工委的统一安排，市统计局由副局长杨国才带队，组织机关干部参观了以“产业升级、花园鹤城”为发展理念的齐齐哈尔市新城—中汇城。

8月20——22日，副调研员陈敬东等人陪同省统计局设管处副处长周志强，对讷河市和铁锋区乡镇统计规范化建设工作进行了检查。

8月25日，局长马汇川主持召开局务会议。会议通报了局领导班子党的群众路线教育实践活动专题民主生活会情况，部署了近期重点工作，并对职工带薪休假制度、职工病休假制度、差旅费管理办法进行了说明。

8月26日——8月30日，局长马汇川参加国家统计局31期地(市)统计局主要负责人培训示范班。

9月4日，局长马汇川主持召开提升统计分析信息服务主题活动推进会，各科(处)室、事业单位负责人参加会议。

9月11日，国家统计局赴黑龙江检查组与省局第三检查组一行到我市检查劳动力调查工作。市统计局局长马汇川、副局长耿文鑫和人口科负责同志、市就业局相关负责同志陪同检查组领导，一起先后深入到龙沙区新宫社区和铁锋区东湖社区，检查样本社区的一图二表；了解劳动力调查工作的进展情况；部门、社区、住户配合等情况。并与调查员一起入户调查，现场指导业务。

9月17日，2015年度《统计与咨询》杂志通联工作会议在我市嫩江宾馆召开。省统计科研所所长、副主编张景鸣对过去一年刊物发行工作做了总结，对今后的刊物发行工作明确了努力方向。各市（地）、有关县（市）统计局，省农垦总局统计局，绥芬河市、抚远县统计局，农垦分局的与会人员分别发言，交流了经验，参会人员共33人。

我市拜泉县、依安县、克山县统计局荣获2014年度《统计与咨询》发行工作先进单位。

9月17日，为了深入了解工业运行情况，各重点企业的经营状况，省统计局工交处副处长李忠奎等三人来到我市进行调研，并深入到齐齐哈尔二机床有限责任公司进行实地调研。

9月23-24日，省统计局投资处副处长戚萍一行，代表省政府第三调研组对我市固定资产投资运行情况以及项目建设情况进行调研。调研组召开了由发改、工信、统计三部门参加的座谈会，并深入到建华区、富拉尔基区项目现场进行实地核查。副局长杨国才及投资科人员陪同调研组全程进行调研。

调研组对我市固定资产投资运行情况及统计工作给予了充分肯定并对今后工作提出了建设性指导意见。

9月29日，我局撰写的《齐齐哈尔市中小型工业企业发展现状调查报告》得到市领导重视，市委书记韩冬炎同志阅后做出重要批示："请工信委相关同志研究，掌握需求、掌握政策是我们服务的源泉。"

10月14日，局长马汇川列席市政府十五届二十七次常务会议。会上，听取了我市前三季度经济指标完成情况汇报，局长马汇川针对我市前三季度经济运行中存在的问题做了分析发言。

10月17日，市统计局召开了党的群众路线教育实践活动总结大会，全体党员干部参加了会议，市委第11督导组组长杨超、副组长吴斌、成员刘凯丰出席了会议。

会上，党组书记、局长马汇川做了总结，对我局开展党的群众路线教育实践活动的主要做法、取得成效做了详细阐述，并对巩固拓展教育实践活动成果、坚持和发扬教育实践活动的好做法、好经验，落实好作风建设责任提出了明确要求。

市委第11督导组组长杨超对我局在党的群众路线教育实践活动中所做的工作和取得的成效给予了充分肯定，同时对巩固拓展教育实践成果，加强作风建设提出了新要求。

11月17日，党组书记马汇川主持召开局党组扩大会议。组织学习党的十八届四中全会精神，传达市委落实"两个"责任会议精神。

11月20日，省工交处处长杜国喜、副处长韩翠英会同省工信委运行处一行4人，赴齐齐哈尔进行统计报表数据质量抽查，局长马汇川全程陪同。

12月22日，我局荣获全省提升统计分析信息服务质量主题实践活动综合评比第二名。

12月22日，局长马汇川主持召开局长办公会议，听取各专业科2014年年报和2015年定期报表准备情况的汇报。各专业就落实好全省2014年年报和2015年定期报表会议精神，从报表的变化情况、存在的问题和下步安排做了汇报。

局长马汇川在听取汇报后指出，在即将过去的一年里，全局同志戮力同心，克服人员少，任务重等诸多困难，较好地完成了各项工作任务。

针对年报工作局长马汇川强调:一是要在落实好全省会议精神上下工夫，要弄通，学透；二是要在提高数据质量上下工夫，加强对宏观数据的评估；三是要在工作创新上下工夫，总结工作经验。